LES BÉBÉS DE L'HUMOUR

PSYCHOLOGIE ET SCIENCES HUMAINES

Paule Aimard

les bébés de l'humour

PIERRE MARDAGA, EDITEUR
LIEGE - BRUXELLES

Du même auteur :

L'enfant et son langage, Villeurbanne, Simep, 1972 ; 3ᵉ éd., 1982.

Les jeux de mots de l'enfant, Villeurbanne, Simep, 1975.

Psychopathologie de l'enfant, Villeurbanne, Simep, 1980.

Le langage de l'enfant, Paris, Presses Universitaires de France, coll. « Le Psychologue », 1981.

Les troubles du langage de l'enfant, Paris, Presses Universitaires de France, coll. « Que sais-je ? », 1983, 2ᵉ éd., 1988.

L'enfant et la magie du langage, Paris, Laffont, 1984.

En collaboration avec :

KOLHER C., *De l'enfance à l'adolescence*, Paris, Casterman, 1970.

MORGON A., DAUDET N., *Education précoce de l'enfant sourd. A l'usage des parents et des éducateurs*, Paris, Masson, 1977, 2ᵉ éd., 1987.

MORGON A., *Approche méthodologique des troubles du langage chez l'enfant*, Paris, Masson, 1983.

MORGON A. *L'enfant sourd*, Paris, Presses Universitaires de France, coll. « Que sais-je ? », 1985.

MORGON A., *Orthophonie. Documents et témoignages*, Paris, Masson, 1987.

© Pierre Mardaga, éditeur
12, rue Saint-Vincent, 4020 Liège
D. 1988-0024-35

Cet essai est dédié

à Aurélien,
à Céline et David, Loïc, Laure
et Benoit, à Ivan, Jessica
et leurs cousins, Lara,
à Etienne et Julie, Bruno et Louis,
à Frédéric et Cyril, Adrien et Agathe,
Clément et Rémi,
à Baptiste, à Charlotte, à Rémi,
Augustin et Igor, Maud et Sonia,
Antoine et Olivia, Elsa et Arthur,
sans oublier Marie, Grégoire et Rémi,
Guillaume et Ludovic, Sabine
et ses sœurs, quelques autres,

aux parents qui m'apportèrent avec
tant de gentillesse et d'amusement,
les documents qui sont l'essentiel
du livre,
à Mathilde, Sylvie, Mylène, Sophie,
Catherine et autres « lecteurs-conseil ».

Avant-propos

Vous avez tous été les témoins une fois ou l'autre de petites scènes qui se jouent entre des tout petits. Lorsque deux enfants d'un an — un an et demi se trouvent en présence, il arrive que l'un d'eux se mette à pleurer. Que fait l'autre?

Le plus souvent, il observe et, décontenancé, se met à pleurer aussi, par imitation, contagion, sympathie, inquiétude... on ne sait. Il n'y a là aucun humour. Mais le bébé spectateur ne se laisse pas forcément gagner par l'imitation. Parfois il se détourne et feint d'ignorer l'autre ou encore observe longuement et se met à rire (se moque-t-il? est-il désemparé?). Autres solutions : il reste calme et fait semblant de pleurer ou dans d'autres cas s'approche du bébé pleureur et lui fait une bise.

Pour vous, dans quelles scènes peut-on parler d'humour? Certaines sont touchantes, font sourire, mais il n'est pas facile de tomber d'accord sur l'humour. Pour simplifier, nous conviendrons, au départ, que le moment précis importe peu : nous voyons naître des comportements dont certains, au bout du compte, se situeront dans la ligne de l'humour. Assigner un point de départ est une question de convention.

Vous le voyez, ce n'est pas dans les théories ni dans les essais des hommes d'esprit qu'il faut chercher les sources de l'humour, mais dans la vie de tous les jours, au commencement, au cours des premières années de la vie alors que l'enfant est encore, pour l'essentiel, «infans», celui qui ne parle pas.

Les débuts de l'humour ? Question rarement formulée bien qu'elle serpente entre le jeu, le rire, les imitations ou d'autres activités de l'enfant. Mais aucune étude d'ensemble, en langue française, n'est consacrée aux tout débuts. Il est vrai que le projet n'est guère raisonnable !

L'humour de l'enfant en général n'occupe pas non plus une grande place dans les études psychologiques prises au piège des niveaux, stades et étapes maturatives qui masquent du même coup la drôlerie et la gravité du sujet. Etrangement, les chercheurs ne se sont pas lancés ou n'ont pas trouvé les moyens appropriés sur ce sujet qui fascine. Comment l'expliquer ?

Il est possible que certains n'aient pas su comment s'y prendre. C'est l'hypothèse la plus probable : un sujet si fragile, si peu accessible aux moyens d'évaluation habituels, ou trop fourre-tout pour avoir sa place dans les connaissances très ponctuelles de la recherche contemporaine. C'est cela, me semble-t-il qu'évoque Zazzo (1983) dans sa préface au livre de Françoise Bariaud qui sera cité plus loin :

«Quant à la genèse de l'humour chez l'enfant, ou même, plus modestement aux réactions d'humour dont l'enfant est capable, nous ne savons pratiquement rien».

«... Le projet idéal serait de saisir l'humour au moment de son émergence, lorsqu'il commence à se différencier des formes jusque-là confondues du sourire, du rire, des peurs de l'enfant».

«En admettant que ce projet ne soit pas fou .../... il est pratiquement irréalisable avec les moyens dont dispose un chercheur isolé».

Les premières données que j'avais réunies commençaient à s'organiser lorsque ces réflexions vinrent me montrer que je n'étais pas seule tentée par cette histoire d'humour. Pour reprendre les termes de Zazzo : je ne réclamais pas le titre de chercheur, le projet était peut-être fou, quant à savoir si j'étais isolée... non, je me savais entourée de tout mon Piccolo Teatro et de la bonne volonté des parents qui essayaient bien d'y croire !

Comment s'y prendre pour approcher l'humour ? Il est impossible de ne pas partir des productions de l'enfant. Les parents racontent volontiers les astuces d'un enfant de deux ans, ou ses petites maladresses verbales mais ne pensent pas toujours que celles-ci ont été précédées par des conduites qui, de diverses façons, participent à ce qui va devenir l'humour. Le surgissement des premières traces d'humour n'est possible que dans la mesure où ont cheminé, depuis le début, des phénomènes d'ordre divers que ce livre va tenter de rechercher.

Appelons « préalables » (après avoir penché un temps pour « préludes » qui évoque trop « ludique ») les conduites qui se mettent en place chez l'enfant avant qu'il soit question d'humour. Un pré-humour, à peine reconnu comme tel au début. Personne ne pense être témoin des premières traces de l'humour en notant des imitations, des intonations ou des grimaces qui témoignent de l'éveil du bébé. C'est leur devenir dans les comportements ultérieurs qui permet de les rattacher au sujet. S'il n'a pas l'obsession des sources, l'adulte ne remarque pas à quel moment son bébé fait ses premiers pas sur le terrain de l'humour. C'est pourtant si simple : Yael est sur les genoux de son père, elle regarde avec lui un livre sur les animaux. Un gros singe tient un bébé singe. Son père montre le petit singe et demande, mi-rieur, mi-interrogatif : *C'est Yael ?* Après une brève hésitation, l'enfant s'indigne : *Non ! Diane !* Vous comprenez qu'il s'agit de sa petite sœur, bien sûr !

L'humour et la prime enfance... nous sommes à l'intersection de deux thèmes.

L'humour, en premier lieu, en même temps insaisissable et omniprésent de la première page à la dernière, qui va nous faire courir, nous essouffler loin des sentiers battus, nous faire poursuivre des chimères, se cacher derrière les haies pour s'évanouir dans un tourbillon. L'humour sur lequel on aimerait pouvoir être précis : de quoi parle t-on ?

La quête vaine d'une définition. Précise et dépourvue d'humour, celle du dictionnaire (Robert) :

« Forme d'esprit qui consiste à présenter la réalité de manière à en dégager les aspects plaisants et insolites ».

Des miettes de ce que vous cherchez. Les difficultés tiennent tant au mot lui-même qu'à ce qu'il recouvre.

Le mot *humour* d'abord. Le dictionnaire précise qu'il nous vient de l'anglais (1715) qui lui-même nous avait emprunté *humeur* dont Corneille faisait grand usage. Ce mot qui est *humor* ou *humour* suivant que vous parlez anglais d'un côté ou l'autre de l'Atlantique et que d'autres langues ne conçoivent que comme « humour anglais ».

Quant à ce qu'il recouvre ? Il apparaît rapidement qu'humour n'évoque pas la même chose pour tous. On tente alors d'assigner à l'humour un cadre, de l'enfermer pour qu'il ne nous échappe pas ou pas trop, mais le malaise réapparaît dès qu'il s'agit de préciser le contenu du cadre. Une image fugitive.

Nous sommes proches du comique ou du drôle, qui font rire. Mais l'humour ne déclenche pas toujours le rire.

Proches parfois de la moquerie, de l'ironie qui se font aux dépens d'autrui ce qui est parfois le cas de l'humour, mais pas toujours.

Proches encore de l'astuce et de la fantaisie, mais celles-ci n'ont pas toujours les couleurs de l'humour. Volontiers tentés par l'opposition du sérieux et non-sérieux (J. Chateau)[1]... Pourquoi prolonger l'inventaire si souvent amorcé, discuté, et finalement vain ?

Première difficulté : l'inconfort d'un objet d'étude que chacun connaît et perçoit, à sa manière, sans que s'en impose une définition commune. Avec les parents qui ont collaboré à cette étude, l'accord a été tacite : nous avons supposé que le mot humour recouvrait pour nous à peu près les mêmes notions.

C'est alors que surgit le deuxième handicap. Plus vous analyser l'humour, plus vous le décortiquez, plus il vous file dans les doigts. Essayez d'expliquer pourquoi une histoire ou un dessin sont humoristiques... il ne reste au bout du compte qu'un ridicule petit tas de comique méconnaissable. L'humour, c'est neige au soleil. Ecrire sur l'humour expose à faire s'évanouir, en croyant les éclairer, le charme, le piquant, l'essence même de l'humour. Présentée sous une forme érudite, une histoire naïve ne fait plus rire personne.

L'humour continue cependant à fasciner et nous continuons à le poursuivre. Il ne manque pas d'explications pour en analyser les mécanismes, mais, comme celles du rire et du plaisir, elles sont condamnées à décevoir. C'est alors qu'il s'impose de faire interférer les questions sur l'humour et celles de la petite enfance, sujet qui présente au moins l'avantage d'avoir été exploré sous tous les angles.

Le désir d'aller aux sources est évoqué souvent, dans les études sur l'humour, mais il est rare que la question soit poussée jusqu'au moment de la vie où cela commence. Or on sait bien que l'humour ne vas pas surgir tout habillé de la bouche du bébé qui ne parle pas. Tous tombent d'accord : certaines conduites sont ressenties comme chargées d'humour avant que l'enfant sache parler et affirmer que : *C'est drôle !*

Il n'empêche que la plage des débuts de l'humour reste inexplorée, ou non explorée comme nous le souhaiterions.

Peut-on parler d'humour chez des tout petits ? Les bébés sont touchants, adorables, drôles, mais il faut attendre qu'ils marchent, se déplacent, découvrent le monde, commencent à parler, pour qu'ils deviennent initiateurs ou créateurs d'aventures, d'anecdotes ou de bons mots. Certains comportements sont alors ressentis comme humoristiques parce qu'ils diffèrent peu de ceux de l'adulte. Mais ces conduites ont été précédées sur le chemin de l'humour. D'où sortent-elles ? Comment l'enfant en est-il arrivé là ?

Il faut remonter au début. A 6 ou 7 mois, le bébé tousse dans l'espoir d'attirer l'attention. A 10 ou 12 mois, une imitation intonative nous semble comporter une touche d'ironie ! Il nous imite et se moque légèrement. Il recommence intentionnellement une grimace qui fait rire... Peut-on parler d'humour ou de pré-humour ? Peu importe, ce qui s'organise au début nous intéresse dans la mesure où il prépare l'humour et va permettre qu'il soit possible. J'avais lancé les parents sur ces premières pistes lorsque je trouvais les mêmes questions dans «La genèse de l'humour chez l'enfant» de F. Bariaud :

«... Dans quels rires, dans quels sourires de la prime enfance résident les racines du rire et du sourire d'humour ?»

et encore :

«J'aurais voulu pouvoir déceler à quel moment l'humour apparaît dans le cours du développement de l'individu, comment, peut-être, il se différencie d'un tronc commun qui serait le risible ou le drôle au sens plus général ; et pouvoir suivre ensuite ses complexifications croissantes...»

C'est bien dans les regards, les rires, les sourires, imitations, jeux, plaisirs et activités de la petite enfance que commencent à prendre forme des conduites qui vont participer à ce qui sera l'humour. Ne risque-t-on pas alors d'embrasser trop large, de mettre son nez partout sans attraper l'essentiel ? Un projet trop ambitieux, irréaliste ? Comment pourrait-il en être autrement avec l'humour qui ne peut être pris dans les filets de la routine, qui se plaît autant dans les débordements loufoques que dans l'intimité feutrée et ne craint pas le petit nuage du théâtral ou de la poudre aux yeux !

Il existe des théories de l'humour. Elles fournissent à ceux qui les adoptent un cadre rassurant en délimitant l'angle de vue. Nous nous y référerons. Mais aucune théorie n'explique l'humour. Chaque façon de l'aborder apporte sa contribution. C'est bien parce que l'humour est multiple et difficile à saisir que l'on doit emprunter des voies diverses.

Revenons aux premiers rires et sourires. Oui, il y a une part de rire dans l'humour, souvent, mais pas toujours. Une part de jeu, aussi, mais pas n'importe quel jeu. Une part de complicité, de moquerie, parfois... ces facteurs sont possibles mais non obligés. Encore faut-il qu'ils soient bien dosés et tombent au bon moment. Autant d'ingrédients qui participent à la grande alchimie de l'humour.

L'humour, c'est chaque fois une trouvaille qui se concocte comme un mélange subtil, dans un grand chaudron (le chaudron, avec son côté « à l'ancienne », la part de tradition et de folklore qui s'y brasse). Vous vous reportez aux images du druide Panoramix, car il faut une pincée de magie pour que, de cette mixture, sorte l'humour !

Dans le grand chaudron, qu'y met-on ? Les lunettes d'Etienne, la carotte de Bruno, la purée, le dé, les sucettes, le vélo de Loïc, le polo rouge de Frédéric, le petit rot, le demi-sourire du bain. Nos documents de base. Nos hypothèses.

Comment en vient-on à étudier les sources de l'humour ? Sans doute est-ce, dans mon itinéraire personnel, de nombreuses années de pratique dans des domaines qui sont proches et corrélés. Le langage, sa genèse et ses troubles. Le comportement des très jeunes enfants et l'approche thérapeutique des enfants sans langage. Certainement aussi un très fort penchant pour les enfants et quelque curiosité pour l'humour. Sur ce fond, des motivations ont été déterminantes.

J'ai étudié, dans les années 70, les relations entre humour et début du langage[2] à partir des productions de ma dernière fille et de quelques enfants du même âge. Je compris rapidement qu'en privilégiant le langage j'avais laissé échapper bien des conduites apparentées à l'humour, au cours des premières années, c'est-à-dire avant deux ans et demi, âge des premiers documents que j'avais alors réunis. Il me fallait reprendre le thème différemment. Tout m'y encourageait, autant mon travail personnel que l'intérêt porté au bébé dans la société en général et dans la recherche psychologique contemporaine. La plage inexplorée devenait un désir obsédant.

Un autre argument s'est révélé décisif sans que ses liens avec l'humour aient été clairs dès le début. Les troubles du comportement des enfants très jeunes, notamment des enfants qui n'organisent pas de langage, se sont trouvés l'un des pôles d'intérêt de mon activité de pédopsychiatre. Un enfant qui ne s'intéresse pas au langage ou qui n'a aucun langage autour de trois ans, ne dispose pas du même éventail de comportements pour répondre aux différentes situations de la vie. Il ne peut satisfaire sa curiosité en posant des questions, apaiser son inquiétude en s'informant. Son ajustement aux frustrations et aux émotions de la vie s'opère différemment, souvent par des comportements plus entiers.

Certains s'expriment en s'isolant ou en criant, en mordant ou en boudant à la moindre frustration. Ils sont souvent agressifs ou malheureux dès qu'on les contrarie et ne trouvent pas comment s'en sortir. Les proches trouvent ces enfants usants, agressifs et grinçants. Un cercle vicieux. Ils sont pris dans un engrenage qui bloque les progrès et laisse peu de place à l'amusement et au plaisir que l'on partage lorsque tout va bien.

Ces enfants me sont apparus comme le négatif des Enfants de l'Humour. L'illustration du non-humour. A côté de leurs désordres, les histoires apparemment banales des Enfants de l'Humour prennent une signification exemplaire. Tout peut être tellement simple !

Imaginons des enfants qui se situent aux deux extrêmes : le mieux adapté — le plus mal adapté. Deux façons de s'engager dans la vie, de construire une image du monde et de soi, de trouver sa place dans les relations familiales et les rouages sociaux. D'un côté, rien n'arrive à endiguer l'angoisse qui fait grincer le système. Il suffirait d'un peu d'huile dans les rouages, précisément la goutte d'humour qui fait dramatiquement défaut. Alors que de l'autre côté, tout baigne dans l'huile et cela semble aller de soi. Alors, l'humour est-il un sujet léger ou grave ?

Cerne-t-on mieux la question ? On peut préciser encore ce que n'est pas l'approche de l'humour proposée ici.

Ce n'est pas un humour d'érudits. La bibliothèque éclectique réunie depuis la mise en chantier de ce livre — et bien avant — constitue une mine de références qui ont leur vie propre mais ne sauraient fournir matière à une mise en forme théorique utilisable.

Ce n'est pas un humour anecdotique. Bien qu'il s'appuie en premier lieu sur des exemples, ce livre se veut le contraire d'un recueil de mots d'enfants ou de bonnes histoires. L'humour est plutôt traité comme comportement que comme événement.

Ce n'est pas un humour monolithique qui répondrait à une définition ou une formule valables en toutes circonstances. L'humour est multiple, dans ses mécanismes, ses moyens d'expression, ses couleurs, ses limites territoriales. En traquant ses débuts nous percevrons mieux sa diversité.

Ce n'est pas un humour bien classé et ordonné qui peut entrer dans le quadrillage d'un plan méthodique. Il ne réside pas dans ce qui est habituellement considéré comme important mais dans les interstices et les libertés, ce qui explique peut-être qu'il ne se soit pas laissé facilement attraper jusque-là ! Parcourez un livre de psychologie : tout est dit sur le développement de l'enfant, la motricité, l'éveil, l'autonomie, les perceptions, les comportements de communication... aucun chapitre ne traite de l'humour. Non, celui-ci se glisse là où on ne le cherche pas, dans les franges et les interstices des sujets habituels. Nous trouverons des idées en cherchant l'humour «autour de» ou «du côté de»... de l'imitation, de la nouveauté, de la complicité, etc. Personne ne songerait à enfermer l'humour dans un «plan» !

Cette étude s'appuie sur les productions des enfants. J'aurais souhaité présenter ces documents en oubliant le vocabulaire et les modèles, comme si les sciences humaines ne s'étaient pas encombrées de tant de dogmes. Une démarche impossible !

Je me suis efforcée cependant de jouer l'observateur candide. Le lecteur peut interpréter chaque histoire... Qu'en pensez-vous, vous-mêmes ? Vous pouvez vous exercer avec cette histoire d'Etienne, un peu avant deux ans :

> Peu après la naissance de Julie, il se relève souvent le soir. Il est au lit, censé dormir mais il se relève alors que nous dînons, son père et moi.
> Il débarque dans la cuisine, tout rond dans son pyjama, les cheveux ébouriffés, son lapin sous le bras. Il hausse les sourcils, d'un ton bien assuré, il nous regarde bien et imite notre intonation :
> — *Mais ? mais ?*
> Il coupe court aux reproches et, si nous surenchérissons :
> — *Mais, qu'est-ce que je vois ? mais qui est-ce qui arrive ?*
> Il retourne se coucher tout content.

Libre à chacun de décider : fantaisie ? astuce ? drôlerie ? charme ? humour ? Tout cela se discute, mais ne doit masquer ni les questions sous-jacentes (pourquoi Etienne n'arrive-t-il pas à dormir et se relève t-il ainsi ? est-ce Julie, l'inquiétude, le plaisir de venir troubler le tête-à-tête des parents ?), ni le fonctionnement de la scène (revenir impunément en endossant un instant le rôle des parents qui font gentiment semblant d'être étonnés : *mais ?*)

Dans chaque histoire ainsi, se combinent la drôlerie, le charme, la complicité et aussi ce que l'on ne peut dire clairement.

Les documents que j'ai réunis sont des histoires, des scènes ou parfois des détails infimes. Les auteurs sont des bébés ; leurs parents ont été des collaborateurs irremplaçables. J'ai dû me limiter aux comportements de l'enfant avec les adultes. Les documents concernant les comportements d'enfants entre eux ne sont pas exploités ici car ils auraient introduit des développements trop multiples.

Un petit nombre seulement des épisodes recensés sont rapportés dans ce livre, mais il n'a pu être élaboré que grâce à la masse des données qui ont constitué pour moi un matériel de travail unique.

On dit que, pour être entendu aujourd'hui, il faut épater, parler haut, faire «fort», du jamais vu, sous des titres ronflants... Le lecteur a déjà compris qu'il ne trouvera ni sensationel, ni gros rire. Ici, tout est simple et feutré, la voix est chuchotée, rien de claironnant... le petit monde quotidien du bébé.

Ce livre se découpe en quatre parties. La première : mes sources, est théorique, les trois autres étudient les documents réunis : les racines, les règles et des réponses.

NOTES

[1] CHATEAU J., Le sérieux et ses contraires, *Revue Philosophique*, 1950, p. 449.
[2] AIMARD P., *Les jeux de mots de l'enfant*, Lyon-Villeurbanne, SIMEP éd., 1975.

Première partie
MES SOURCES

Le lecteur va faire la connaissance des Bébés de l'Humour et apprendre comment ont été réunis les documents sur lesquels s'appuie cette étude.

Puis je présenterai les références théoriques qui peuvent aider à comprendre les débuts de l'humour. Elles se rattachent à plusieurs courants : l'éthologie, la linguistique contemporaine, Freud et les siens, les théories cognitivistes de l'humour, l'« Eurêka ! » d'A. Koestler, enfin les références systémiques.

LES BEBES DE L'HUMOUR

Les documents sur lesquels repose cette étude ont été réunis de façon artisanale. La collecte en a été possible grâce à de jeunes parents qui ont eu la gentillesse de me communiquer des observations réunies à ma demande.

Il fallut en premier lieu trouver des bébés et des parents qu'intéressait ce projet ! Je leur demandai alors de noter, au fil des jours, ce qui leur évoquait l'humour dans les comportements, les rires et les sourires de leur bébé et aussi ce qui leur semblait lié au plaisir, à la communication et au jeu ou ce qui les amusait. Des consignes souples qui fournirent une moisson abondante et peu sélective, permettant aux principaux thèmes de se dessiner d'eux-mêmes. Les parents avaient parfois l'impression de ne réunir que des banalités, ce qui était souvent exact, mais je cherchais justement ces banalités et les petites remarques apparemment toutes simples.

Cette méthode «papier-crayon» (il s'agissait de prendre un carnet, ou des petits papiers et de noter à mesure, car on oublie très vite) fut, on l'imagine, très inégalement suivie. Les parents ont leurs occupations, celle-ci s'y ajoutait. Il faut être réellement convaincu pour se plier à une telle contrainte. Celle-ci ne fut cependant pas trop lourde pour la plupart. Pour certains la collecte fut irrégulière, entrecoupée de longues périodes d'oubli... les épisodes rapportés étaient cependant bien choisis et finement racontés si bien que ces participations occasionnelles furent, elles aussi, bien utiles. D'autres s'efforcèrent d'être plus méthodiques... je les en remercie, sachant très bien l'astreinte que cela représente. Plusieurs se dirent enchantés que cette collaboration leur ait permis de garder le souvenir d'anecdotes qui sinon seraient tombées dans l'oubli. Aucun ne s'est imposé la tenue d'un «journal» strict.

Avec certains, nous avons fait le point tous les trois ou quatre mois, avec d'autres de façon plus irrégulière. Ces rencontres au cours desquelles les parents me racontaient leur moisson du trimestre étaient souvent l'occasion de mieux comprendre des comportements et de suivre ensemble les progrès. Plusieurs familles ont déménagé; nous avons continué par correspondance. Quelques parents, initialement intéressés par le projet, ne se sont pas engagés ou n'ont pas persisté dans cette histoire d'humour que je leur proposais. L'humour du bébé a dû leur sembler une idée farfelue!

Le support méthodologique était léger au départ. Il a fallu poser des jalons, échafauder les premières hypothèses. De ce fait, la recherche s'est déroulée en deux périodes qui ont chevauché plus ou moins. La première a déblayé le terrain, une préexpérimentation en quelque sorte. Il fallait sensibiliser les parents. Initialement, beaucoup étaient séduits par cette idée d'humour mais voyaient mal quels indices pouvaient s'y rattacher. Il fallait donc les rendre attentifs à des phénomènes précoces, proches de l'humour sans en être vraiment. Je mesure maintenant combien il était difficile de faire comprendre «ex nihilo» quelles observations j'attendais d'eux. Mettez-vous à leur place: sans orientation précise on ne voit guère ce qui peut être en rapport avec l'humour chez un bébé de trois mois!

Les consignes étaient vagues. Dans ce que fait votre bébé, qu'est-ce qui vous fait rire ou vous amuse? Dans vos activités communes qu'est-ce qui le fait sourire ou rire, qu'est-ce qui lui fait plaisir? Comment le manifeste-t-il ? Il s'y ajoutait quelques hypothèses plus précises, comme celle-ci : le bébé se trouvant dans une situation familière, quelles réactions entraîne la survenue d'un événement nouveau ou insolite ?

A partir des premières données réunies, j'ai pu esquisser un schéma un peu moins flou pour les parents qui, intéressés par ces débuts, ont inscrit dans le projet de nouveaux bébés. Cette vague nouvelle d'enfants très jeunes — dès la naissance pour certains — a permis de remonter aux sources.

Les enfants ont constitué au total trois sous-groupes :

– 21 enfants ont été suivis, de façon régulière et prolongée, pendant près de deux ans pour les très jeunes, plus de 5 ou 6 ans pour les plus anciens.

Parmi ces 21, 12 sont des enfants de la seconde vague, suivis depuis leur naissance alors que les hypothèses construites étaient déjà formulées.

– 8 autres enfants ont constitué un groupe occasionnel ; pour eux, les données réunies ne couvrent qu'une période de quelques mois ou se réduisent à des exemples clairsemés. Les parents, tout en s'intéressant à la question, n'ont pu réaliser une collecte régulière, ont été trop occupés ou encore nos contacts ont été trop épisodiques pour permettre des échanges suivis.

– Des exemples dispersés enfin proviennent en partie des parents de l'humour attentifs à d'autres enfants, en partie à la collaboration amusée de mes proches.

Il en résulte que certains prénoms apparaissent une ou deux fois alors que ceux d'autres enfants vous seront rapidement familiers.

Un ensemble de plus de trois mille exemples [1].

La mère est le plus souvent le porte-parole. Les deux parents se sont trouvés concernés cependant pour la plupart. Toutes les fois que cela a été possible, j'ai rencontré les deux parents, certains pères tenant personnellement à être présents.

Pour trois enfants, les notes ont été réunies par leur grand-mère, avec laquelle l'enfant passe une ou deux demi-journées par semaine.

Ce procédé me semble toujours, avec le recul, la seule façon d'aborder la question. Je suis consciente depuis le début des critiques qu'il peut susciter.

Il est, en premier lieu, totalement subjectif. Les parents notent ce que bon leur semble.

Il s'oppose ainsi totalement à la mode, à l'objectivité des recherches contemporaines en psychologie du premier âge. L'enregistrement magnétoscopique des activités du bébé et des situations d'interaction avec l'adulte permettent des études minutieuses, systématiques qui peuvent être exploitées de toutes les façons possibles. Ces méthodes ont transformé l'approche de la psychologie du premier âge et fournissent une foule de données qui peuvent être traitées scientifiquement.

Nous nous situons aux antipodes! Mais pour capter l'humour, il faudrait une caméra en permanence! Les parents qui notent la qualité d'un sourire, les nuances d'une moue, l'évolution d'une grimace savent bien qu'ils ont saisi l'éphémère, dans la spontanéité de la vie. De plus les séquences drôles ne le sont que dans leur contexte. Ainsi l'enregistrement ne pourrait se limiter au bébé et devrait adopter un grand angle pour le situer avec ses partenaires, dans son cadre de vie. L'utopie!

Il faut donc admettre que le sujet ne se prête pas à n'importe quel traitement. Il est fugace, subtile, pointilliste. Merci aux parents qui ont su saisir et sauver de l'oubli ce pêle-mêle d'instantanés. Le florilège qu'ils ont permis de constituer justifie le procédé.

Une critique vient également à l'esprit de tous : s'agit-il finalement de l'humour des parents ou de l'humour du bébé ? Les parents l'ont exprimé eux-mêmes, sous toutes les formes possibles. Décrivant une grimace « irrésistible », un air « malin », un regard « qui en dit long »... tous ont, une fois ou l'autre relativisé leur témoignage : « nous, ça nous a paru drôle... mais », ou « là, vraiment on a senti que c'était humoristique, enfin c'est plutôt dans notre idée ».

Dès les premiers mois nous verrons le bébé exprimer plaisir, connivence, attente, mépris et bien d'autres sentiments. Il ne cherche pas volontairement à faire de l'humour, mais il prend l'habitude de s'exprimer et de communiquer, y compris par le biais de formes déguisées ou drôles.

Alors, l'humour des parents? Comment pourrait-il en être autrement? Celui-ci a même certainement été en tout premier lieu, sans que je le cherche, un critère de recrutement des parents. Ne se sont embarqués dans cette aventure, initialement assez floue, et n'ont persisté que les parents qui adhéraient à cette hypothèse d'humour chez leur bébé. Dans la plupart des histoires, on le verra, ils s'amusent, s'émerveillent des talents de leur enfant. Ils observent et rapportent finement des détails que les autres ne voient pas ou laissent échapper.

Aucune sélection n'a été recherchée, au départ, quant au milieu socio-culturel, mais les modalités de collaboration ont fait que plusieurs conditions se sont trouvées analogues chez tous. Il s'agit d'enfants en bonne santé qui n'ont pas présenté, pendant toute la durée de l'étude, de problème majeur sur le plan somatique (deux ont subi pendant les premiers mois une intervention chirurgicale qui n'a pas entravé leur évolution) ou psychologique. En gros, ils se développent normalement mais cela n'est apparu qu'au fil du temps; on ne pouvait en faire un critère de choix. Tous sont élevés chez eux, avec leurs deux parents.

Les conditions de vie : dans la plupart des cas les deux parents travaillent. Les mères qui n'exercent pas de profession ont des activités personnelles. Les enfants vont chez une nourrice ou à la crèche et ont une vie sociale plutôt ouverte.

Les parents exercent pour la plupart des professions médicales ou paramédicales. Plusieurs sont orthophonistes ou psychologues. Deux sont enseignants, deux musiciens. Pas de situation traumatisante, du moins à ma connaissance, pour l'essentiel.

On peut déplorer que l'étude se soit limitée à un milieu socio-culturel assez uniforme et privilégié. Il ne pouvait en être autrement : les parents ont été recrutés parmi mes proches. Il fallait des parents relativement préparés à cette collaboration. Les conditions mêmes de l'étude constituent une sélection socio-culturelle. Il s'agit d'enfants favorisés, ne serait-ce que par l'attention amusée dont ils ont été l'objet.

Il serait du plus haut intérêt d'apporter un complément indispensable : l'humour d'enfants qui s'engagent dans la vie dans des conditions moins harmonieuses. C'est à eux que les comportements humoristiques rendraient le plus service.

Ces parents — ils sont appelés, dans ce livre, les Parents de l'Humour — sont des observateurs amusés de l'éveil du bébé et entretiennent avec lui une relation de tonalité plutôt gaie, ce qui est résumer de façon bien faible leur engagement avec l'enfant.

Un argument encore touchant l'humour des parents : il est certain que leur écoute, leurs réactions aux comportements du bébé modèlent en grande partie le devenir de ce qui sera l'humour. Ils relèvent des petites mines drôles, les commentent, les imitent... les mettent en relief et leur donne une importance qui encourage l'enfant à les reproduire. L'enfant ressent l'amusement qu'il suscite. Il recommence, quand il a bien intériorisé leurs habitudes, il prévoit d'avance qu'il va faire rire et prend l'initiative de relancer le jeu. Avec un adulte amusé et joueur, les vocalises, les appels, les mimiques sont amplifiés, reçoivent le label «drôle» et deviennent des «déclencheurs de rire» qui, par effet feed-back, entretiennent un climat favorable.

C'est bien leur amusement et leur plaisir que racontent les parents, mais ça n'est pas étranger au sujet puisque c'est ce qui cultive, entretient, donne naissance même peut-être, aux comportements qui sont en train de s'organiser chez le bébé. Il se crée entre l'adulte et l'enfant un jeu d'écho, chacun riant lorsqu'il voit l'autre amusé, renvoie à son tour l'écho de son rire.

Le rôle des parents peut être comparé à celui qu'ils jouent dans l'acquisition du langage. En observant des situations de jeu commun ou d'autres situations de communication moins standardisées, on note aisément qu'une partie du discours de l'adulte est un commentaire sur l'état du bébé ou de ce que fait le bébé. L'adulte parle à sa place, comme s'il devinait ce que l'enfant voit, a envie de faire, ressent. Le monde du bébé est mis en parole. Cette «omniprésence d'interprétation par la mère des activités du bébé» (J. Bruner) permet entre adulte et enfant l'existence d'un discours commun qui fournit des modèles au langage de l'enfant en train de s'organiser et traduit une empathie dans laquelle le langage a déjà sa place.

La reconnaissance de l'humour a la même fonction. L'adulte reçoit et commente comme humoristiques des mimiques ou des conduites auxquelles est ainsi conféré un statut d'humour. Le caractère d'humour est renvoyé à l'enfant comme dans un miroir. Ces vibrations d'humour flottent autour de nombreuses situations qui se répètent. Un ton qui favorise certainement au bout du compte l'acquisition d'un «sens de l'humour».

Les parents sont des intermédiaires, des interprètes, mais aussi souvent des initiateurs et sans le vouloir, des amplificateurs. Lorsqu'ils relèvent un petit sourire, une moue... le simple fait de les isoler, de les raconter et d'en faire «une histoire», les majore. Les parents eux-mêmes en conviennent parfois, lorsque nous revoyons leurs notes ensemble, ils pensent qu'ils ont peut-être interprété ou enjolivé des faits sans importance. C'est parfois vrai : le bébé fait un grand bâillement, ouvre une immense bouche, se tord tout le visage. Quel clown ! Rien de drôle, mais sa mère trouve la grimace vraiment comique : *Il fait les choses à fond ce bébé, ce n'est pas un petit bâillement de rien du tout, non, là on s'applique. Un vrai petit chat!* Et la mère l'imite, en rajoute, en fait toute une aventure. L'adulte ne se doute pas qu'il façonne le goût du bébé pour le rire et l'amusement partagé.

Le bébé perçoit très tôt son pouvoir de charmer et d'amuser l'adulte : il réussit à capter l'attention, à surprendre, à faire rire. Il existe des liens évidents entre l'humour de l'adulte, son goût pour le rire et l'accès du bébé à des comportements drôles. Si les anecdotes rapportées par les parents traduisent souvent leur propre amusement ou leur propre humour, elles permettent aussi de saisir le climat de sécurité et de complicité qu'ils procurent à l'enfant. Les habitudes de vie se déroulent dans le rire, le plaisir et le jeu.

Il vient à l'esprit immédiatement que ce ton de «vie en rose» n'est pas donné à tous les enfants. Certains présentent dès la naissance ou peu après des handicaps qui entravent lourdement la vue du monde qu'ils peuvent organiser (les enfants sourds, aveugles, handicapés moteurs notamment). Pour d'autres il s'agit de problèmes somatiques graves ou prolongés, de carences ou perturbations sévères du milieu familial. Il est vrai que l'on ne s'interroge sur le jeu, le rire, le plaisir et l'humour qu'une fois assuré l'essentiel, lorsque les conditions biologiques et psychologiques de base ne sont plus des problèmes.

L'humour n'est plus l'interrogation prioritaire lorsque l'enfant partage les détresses matérielles ou psychiques d'un milieu lourdement affecté, les conflits et les incohérences de certaines existences. Aucune faille pour l'humour non plus, dans la carapace de conformisme, de certaines éducations.

Est-ce dire qu'une petite enfance difficile exclut l'humour? Non, on ne peut rien en déduire. On constate simplement que la distribution des aptitudes et leur épanouissement ne sont pas les mêmes pour tous. L'inné et l'acquis, une fois encore, inextricables. Les enfants dont l'entourage est moins favorisé ne sont pas l'objet de la même attention : personne n'est là pour — ou n'a le temps de — s'émerveiller de leurs comportements ou de leurs réflexions. Cela ne signifie pas que ces enfants sont étrangers à l'humour. Tous aménagent des réponses comportementales aux choses de la vie, et certains le font avec humour. Sans doute le font-ils, lorsqu'ils y parviennent, avec un humour vigoureux et salvateur.

Cherchant à préciser le rôle des conflits et détresses précoces dans le développement de l'humour chez l'enfant. McGhee recueille les souvenirs d'enfance d'adultes humoristes. Quelques-uns sont typiques. L'un d'eux raconte par exemple que, pendant les scènes violentes entre ses parents, caché sous la table, il comptait les points, comme s'il avait assisté à un match. Un comportement qui lui permettait de supporter cette situation de stress comme un jeu. Une façon de s'adapter à la peur et l'angoisse. (McGhee, 1979). Des réactions de ce type sont vraisemblables mais il s'agit d'enfants déjà grands ou d'une réalité qu'ils ont remodelée.

Les données anamnestiques réunies ne sont pas cohérentes. Un environnement sans conflit, danger ou problème à résoudre favoriserait l'humour chez les enfants très jeunes dont la mère est chaleureuse et attentive. Mais, dans une population scolaire, les filles qui ont le plus d'humour sont celles qui ont connu avant trois ans insécurité, conflits et détresse.

De toutes façons, rien ne permet d'évaluer l'impact de telles situations chez les tout-petits.

On ne doit pas retenir un schéma simpliste : bébé heureux = humour. Avec un échantillon limité et relativement uniforme, on ne peut qu'esquisser une approche partielle de l'humour.

Sur la présentation matérielle des exemples. Le style des exemples n'est pas homogène. Les histoires m'ont été transmises par voie orale ou écrite. Les deux parfois. Selon la modalité, les histoires sont transcrites différemment.

Transmission orale. Les parents racontent les histoires qu'ils ont réunies et le plus souvent écrites, comme un brouillon qu'ils conservent. Il intervient alors forcément une remise en forme pour me raconter. Ce que je note est alors une traduction écrite de leur récit qui respecte autant que possible leurs propres termes.

L'histoire est alors à la troisième personne, comme la raconterait un témoin. L'adulte qui interagit est le père, la mère ou un autre familier. Pour permettre au lecteur de retrouver le rôle de chacun, l'emploi du prénom est suivi de (M) = prénom de la mère, (P) = prénom du père, (GM) = prénom de la grand-mère.

La même convention a été adoptée lorsque ces prénoms apparaissent dans les commentaires du texte. Exemple de transmission orale :

Clément, un an.
Il poursuit des activités qui ne sont pas vraiment approuvées : il mange discrètement l'éponge dont la consistance lui plaît. Sa mère la cache, mais il se débrouille pour la trouver.

Transmission écrite. Plusieurs parents ont rédigé eux-mêmes les exemples. Seule formule possible lorsque nous ne pouvions pas avoir de contacts directs réguliers. Pour d'autres, la formule écrite s'est combinée aux entretiens, dans tous les cas (texte écrit mais nous nous rencontrions et faisions des commentaires chaque fois) ou occasionnellement.

C'est alors le texte des parents qui apparaît. Ils traduisent de façon personnelle leur regard, leur amusement, leur interprétation parfois. Ils racontent à la première personne. Le « je » des exemples n'est pas l'auteur de ces lignes mais l'un des parents. Exemple de transmission écrite :

Frédéric, dix-huit mois.
Je (M) vais le chercher chez sa baby-sitter au moment du goûter. Il fait rigoler toute la table en s'essuyant consciencieusement après chaque cuillerée.

Dans les deux formes, se mêle, aux tournures de l'écrit, le style de l'oral dont les termes ont été conservés autant que possible. On ne s'étonnera donc pas des *rigolade, rigolote, rigoler...* et autres expressions décontractées.

Les histoires se détachent du texte, en petits caractères, avec une marge. Les commentaires qui y apparaissent ont été rédigés, sur le moment, par les parents.

Chaque exemple comporte le prénom (omis lorsque se succèdent plusieurs exemples d'un enfant ou une série de remarques qui sont les mêmes pour tous) suivi de l'âge en lettres; la précision au jour près de la notation conventionnelle (2; 03.12 = deux ans, trois mois et douze jours) nous a semblée superflue, voire ridicule pour ce sujet.

En italique : ce qui est dit.

Soulignés, dans quelques rares exemples, les mots qui ont un rôle pivot dans l'anecdote.

Les prénoms ont été précieusement respectés. Le lecteur aura rapidement le sentiment de connaître Loïc, Frédéric, Lucie et d'autres... Il y a eu deux Charlotte, plusieurs Rémi (les deux principaux sont Rémi et Rémi J.), deux Julie... Mais l'un des enfants a été suivi de façon régulière, les autres plus occasionnellement. Ce détail ne gêne pas la saisie globale.

Deux particularités : Jessica est cingalaise et Frédéric est parti aux Etats-Unis, avec ses parents, à 18 mois; dans ses histoires, les deux langues se mêlent mais le bilinguisme n'a pas été l'objet d'une attention particulière.

DES REFERENCES THEORIQUES

Lorsque interfèrent deux sujets aussi inépuisables que l'humour et la petite enfance, on sait immédiatement que les données disponibles vont être trop nombreuses et dispersées. Premier temps : sélectionner, ce qui est subjectif encore. Quelles références peuvent aider à aborder le sujet ?

On pense en premier lieu aux théories du rire et de l'humour. Il apparaît alors que leur objet d'étude, les phénomènes qu'elles cherchent à expliquer, appartiennent au monde des adultes : ce sont des anecdotes, des traits d'esprit ou des histoires qui universellement font rire, avec le traditionnel clin d'œil à l'humour britanique que confirme l'essai de R. Escarpit[2].

Nous sommes à cent lieues de notre sujet. Jusque-là, pas un mot sur les sources. Le réseau des sous-entendus et des allusions que prennent en compte ces théories suppose que les rieurs possèdent des références communes. Elles font appel à Hippocrate de Cos pour la théorie des humeurs, à Socrate pour l'ironie. Des modèles qui ne nous avancent guère pour comprendre le tout-petit. L'anecdote humoristique, objet d'étude, est aussi éloignée du « sourire malicieux » qu'un texte poétique l'est du premier mot. Les études sur l'humour achevé gênent plus qu'elles n'éclairent le sujet.

Le ton est tout autre dans les publications contemporaines qui sont réellement centrées sur le sujet, notamment dans deux groupes de travaux, dont j'ai eu connaissance après avoir commencé cette étude.

C'est à partir des années 70 que l'humour de l'enfant est individualisé comme objet d'étude dans des travaux de langue anglaise[3]. L'approche de l'humour emprunte ici des détours : étude du jeu, du faire-semblant, de la pensée métaphorique, du rire, du sourire, de la créativité. Il en résulte des «mini-théories» de l'humour et non une théorie unique qui serait — nos avis convergent — une monstruosité.

Cette approche situe l'humour dans le développement cognitif, social et émotionnel. Sur chaque thème, elle apporte l'avis du spécialiste : l'un parle du sourire, l'autre de la fantaisie. Ici, le point de vue du linguiste, là celui du psychanalyste. Il en est souvent ainsi : le monde de l'enfance éparpillé dans les catégories qu'a construites l'adulte.

Autre source précieuse : dans *La Genèse de l'Humour chez l'Enfant*, Françoise Bariaud[4], après une synthèse des théories sur la genèse de l'humour, présente un travail personnel qui — déception après l'espoir du titre ! — ne concerne pas la petite enfance, mais les réactions d'enfants de 7 à 11 ans auxquels sont présentés des dessins humoristiques.

Bien qu'il ne concerne pas la même tranche d'âge et n'éclaire donc pas réellement «la genèse», ce livre m'a vivement encouragée. Alors qu'elle analyse les réponses d'enfants déjà grands, F. Bariaud — et, avec elle, R. Zazzo dont les réflexions sont citées ci-dessus — exprime son regret de n'avoir pu saisir les débuts de l'humour avant 7 ans.

Regrets aussi de s'être limitée aux modèles rigides de la psychologie génétique et d'avoir ainsi manqué, par choix initial et aussi du fait de ces modèles, les tout débuts de l'humour. Si, par raison, elle a limité son étude à des enfants de plus de 7 ans qui sont capables de jugement et savent exprimer pourquoi ils trouvent que les dessins présentés sont drôles, Françoise Bariaud persuade que, pour elle aussi, les débuts de l'humour sont à chercher bien plus tôt dans la vie de l'enfant :

«... Dans quels rires, dans quels sourires...»

Cette phrase obsédante nous hantait tous : les sources de l'humour, les tout débuts. Ce regret, les données que j'avais déjà réunies pouvaient le combler. Nous nous retrouvions autour de ce sujet qui m'habitait depuis si longtemps. Tout contribuait à renforcer ma conviction initiale.

L'humour s'offre et se dérobe en même temps. Une forme dont on cerne mal les contours, que l'on tente d'aborder par un côté puis un autre, avec différents éclairages, sachant qu'il est illusoire d'espérer en faire le tour complet. Pour tourner autour, on fait appel à tout ce que l'on a glané, au fil des années. Je vais me limiter à quelques références, celles qui peuvent aider le lecteur tenté d'emboîter le pas de cette remontée aux sources, celles qui m'ont servi.

I. **L'éthologie**[5] a totalement dépoussiéré les idées sur le premier développement. Le regard qu'elle adopte fait redécouvrir des conduites qui semblent parfois des évidences, mais avaient été longtemps occultées par d'autres théories.

Elle s'intéresse aux débuts de l'humour en général, dans l'espèce humaine. R. Escarpit cite des exemples dans lesquels nous repérons certains de nos thèmes. Tout d'abord «sécurité» et «rire de base», résultat de la détente qui suit une forte tension. Konrad Lorenz «imagine une horde d'hommes primitifs entourés, dans la nuit hostile, par des milliers de dangers inconnus»:

> «A un certain moment une grosse antilope débouche dans un grand bruit de branches, et ils sursautent nerveusement, apprêtant en hâte leurs lances pour le combat. L'instant d'après, quand ils reconnaissent un animal inoffensif, leur crainte fait place à des jacassements soulagés, mais excités et finalement à de grands éclats de rire». (K. Lorenz, *So kam der Mensch auf den Hund*.)

Une autre anecdote illustre ce que l'on pourrait interpréter comme les débuts de la complicité. «Un homme vient de comprendre le stratagème de son chef pour attirer les chacals»:

> «Ils échangent un sourire et soudain éclatent bruyamment de rire avec le même déchaînement de gaîté qui pourrait être de nos jours celui de deux petits garçons qui viennent de réussir un tour particulièrement malicieux». (*Id.*)

Il reste une part de ce rire-là chez l'homme de tous les temps! Mais revenons à éthologie et prime enfance. On ne peut plus se passer de la notion de compétence précoce lorsqu'on étudie la prime enfance. Dès sa naissance le bébé possède des compétences insoupçonnées — ou longtemps non perçues par le regard «scientifique» — lui permettant de reconnaître la voix des familiers, leur visage.

Il me fallait réellement croire à la compétence et à la précocité, y croire jusqu'à l'illusion, pour entraîner les parents dans l'aventure de l'humour, les convaincre qu'ils allaient être des découvreurs, avant même que leur bébé ait terminé sa première année.

L'un des mérites les plus immédiats aussi est d'attirer l'attention sur les interactions entre le bébé et ses proches. Les progrès ne sont plus décrits comme des acquisitions obligées et isolées. C'est dans son contexte de vie, avec ses partenaires familiers que l'enfant progresse, à partir des imitations réciproques, des habitudes communes, des séquences d'activité qui s'organisent et s'enrichissent continuellement.

L'étude des savoir-faire qui précèdent le langage fournit un modèle dans lequel se retrouvent la plupart des schémas de comportement décrits chez le petit.

> Une étude de J. Bruner, parmi les nombreux travaux dont il a eu l'initiative sur ce thème, porte sur 6 enfants observés pendant 6 mois, à partir du 7ᵉ mois. Elle analyse des enregistrements magnétoscopiques réalisés pendant une heure tous les 15 jours, en laboratoire ou au domicile, dans trois situations courantes : la mère nourrit l'enfant, elle donne le bain, ils jouent à un jeu qui leur est familier à ce moment-là.
>
> Les documents recueillis permettent de dresser l'inventaire des activités communes, des interventions de chacun, des initiatives et de la part qui revient aux différents moyens de communication (regards, sourires, mimiques, postures, éléments vocaux, langage). Ce type de recherche a été énormément utilisé par la psychologie contemporaine.

Ces observations aident à comprendre la régulation des interactions mère-enfant. Dans ce jeu réciproque, s'organisent et progressent, dès le début de la première année, les compétences du bébé dans les différents champs de ses activités : la nourriture, les perceptions, l'attention, la manipulation de l'environnement, la locomotion et l'interaction avec autrui.

L'une des caractéristiques de ces interactions précoces est propre à l'espèce humaine. La comparaison des interactions didactiques (l'adulte transmettant un savoir au jeune) dans différentes espèces, montre que le fait d'initier le jeune à des situations nouvelles, d'introduire du nouveau pour en faciliter l'acquisition n'existe que chez les humains. En même temps, l'enfant est attiré par la nouveauté et ne demande qu'à être séduit par l'imprévu. Dans différentes sociétés humaines, l'adulte organise spontanément des activités, des jeux, des rituels qui permettent à l'enfant de tirer parti de la nouveauté.

> L'une des situations souvent étudiée est celle du jeu coucou — caché qui comporte d'infinies variantes avec un bébé dès 8 ou 10 mois. Le jeu avec le nouveau fait intervenir : l'objet disparaît, revient, se glisse dans de nouvelles cachettes, suscitant des attentes et des surprises qui stimulent l'enfant dans une ambiance de rire.

En initiant l'enfant au nouveau, l'adulte l'embarque avec lui dans la mobilité du jeu psychique. En même temps qu'il découvre la réalité, l'enfant apprend qu'elle a différents visages et aussi qu'il peut décoller du réel, découvrir un monde aux dimensions insoupçonnées, celui du langage, du jeu, de l'imaginaire, un monde dans lequel tout est possible, les pirouettes de la fantaisie et de l'humour.

Cette mobilité va avec la pensée symbolique. Elle apparaît dès que l'enfant fait semblant, commence à se déplacer d'un plan à l'autre. De la réalité à un autre plan : il fait comme s'il toussait ou comme s'il boudait. Ce n'est pas de l'humour dès le début, mais une avancée vers l'humour.

Il prend un morceau de bois et s'en sert comme cuiller : il quitte le plan de la réalité. Le bâton est un bâton mais, lorsque le contexte s'y prête, il peut en même temps être aussi cuiller. L'enfant qui va de l'un à l'autre garde les pieds sur terre, il navigue à l'aise d'un plan à l'autre. Pour cela il faut que les deux concepts soient bien clairs dans son esprit : il connaît sans ambiguïté le bâton et la cuiller, deux objets qui, par quelque analogie de forme, sont momentanément confondus. Il conserve la maîtrise de la confusion. Il se déplace d'un plan à l'autre mais ne perd pas le contrôle du réel. Une mobilité maîtrisée. Celui qui perd la maîtrise de ses va-et-vient entre réel et imaginaire délire : un adulte qui se sert d'un bâton comme cuiller ou comme peigne... est estimé fou ou alors il est assez «enfant» pour faire le clown !

Nous nous retrouvons au même point que l'interprétation cognitiviste : l'humour apparaît avec la pensée symbolique. Nous nous interrogerons sur les premières traces, les premières allées et venues entre réel et imaginaire.

Le courant éthologiste fait prêter attention aux préalables des apprentissages. Les déductions que nous en tirerons font la synthèse de différentes approches. On s'intéresse particulièrement aujourd'hui aux compétences requises pour qu'une fonction se développe normalement. Par exemple un certain nombre de conditions sont nécessaires pour que l'enfant organise le système phonétique de sa langue, pour que le langage se construise comme il faut, pour l'apprentissage de la lecture. On parle de prérequis.

On peut définir les savoir-faire préalables qui permettent au langage de s'organiser : ce sont des aptitudes d'ordre sensoriel, moteur, conceptuel, social dont la coordination permet le langage, le rend possible. Grâce aux aptitudes perceptivo-motrices et communicatives qu'il possède, le bébé pré-verbal se trouve déjà sur le chemin du langage. Il en est de même pour d'autres apprentissages comme la marche, la propreté, la lecture, le graphisme.

Quant à l'humour, il va de soi qu'il ne surgit pas, subitement, de rien. Il existe un savoir-faire préalable, un pré-humour, qui est au centre de notre sujet. Sans qu'il ait été possible de l'exprimer clairement au départ, les témoignages réunis par les parents permettent d'étudier ces préalables de l'humour.

II. La linguistique a fourni, depuis le début du siècle, une terminologie et des modèles qui ont été repris dans de nombreux domaines des sciences humaines. Les formules qu'on lui emprunte sont pratiques lorsqu'on analyse les conduites qui précèdent le langage. Ces notions ne sont peut-être pas familières à tous. Quelques-uns des thèmes empruntés à la linguistique suffiront pour les lecteurs qui ne connaissent pas ces notions. Trois thèmes seulement : les deux axes du langage, l'opposition structures superficielles et profondes, les deux faces du signe.

Comme le langage, la plupart des conduites, les comportements, les activités, tout ce qui se joue entre deux individus suit un déroulement linéaire. C'est le plan du code, du formel, du prévisible, du familier qui se situe, comme le langage, sur l'axe horizontal, l'axe syntagmatique.

Un comportement, pris dans les événements qui se succèdent, peut être isolé de cette chaîne linéaire. Théoriquement un détail peut être remplacé par un autre puisé dans le stock disponible qu'a constitué chacun. Comme à un mot de la chaîne parlée peut être substitué un autre mot, choisi parmi tous les mots potentiellement possibles, de même un comportement peut être substitué à un autre. Chaque point de la chaîne linéaire est relié *in abstractio* à des éléments de même nature qui peuvent lui être substitués sur l'axe vertical des associations appelé aussi l'axe paradigmatique.

Par exemple, dans la phrase des parents d'Etienne (six mois) :

> *« Il est tout timide et doux avec son père »*.

L'axe horizontal suit le déroulement de l'énoncé : les mots se succèdent dans un certain ordre ; tous les mots de cet axe sont concrètement présents, écrits ci-dessus. Prenons un mot, n'importe lequel, de cet énoncé. Il s'associe dans la pensée à un réseau de mots possibles qui pourraient, pour certains, s'y substituer. Ces mots qui ne sont actuellement pas apparents dans l'énoncé, existent sur l'axe vertical, l'axe des transformations et des effets.

Au mot *père* peut être substitué : mère, frère, nounou, mais aussi chat, et si l'on quitte les rails du bon sens : parapluie, tasse, vélo.

A *doux* peuvent être substitués des synonymes : tendre, affectueux, ou des antonymes : dur, ferme, désagréable et encore, créant un énoncé qui n'a plus de sens, n'importe quel adjectif : rouge, humide, froid, sucré... On sent alors étrangement que ces choix apparemment absurdes ouvrent la voie aux images et effets.

Ces substitutions peuvent apparaître sur un schéma :

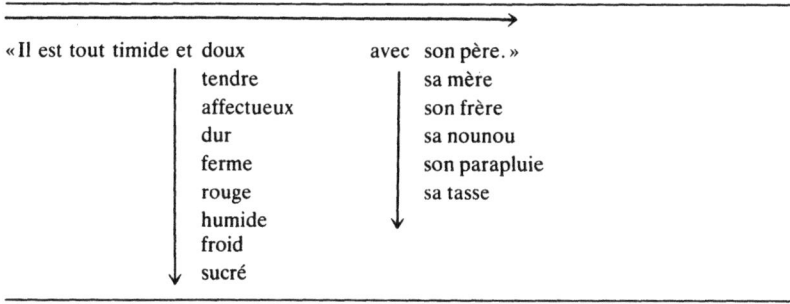

Le même schéma convient à toute séquence d'interaction, comme cette scène : Baptiste, un an, se traîne à quatre pattes. Lorsqu'il arrive sur le seuil d'une pièce où il ne doit pas aller, sa mère l'avertit :

— *Non, Baptiste, pas là-bas !*

Il s'arrête net, s'assoit, la regarde et l'observe. Si elle sourit, il fait « au revoir » avec la main et file. Sinon, il attend qu'on ne le regarde plus.

L'histoire se découpe en petites unités comportementales (l'équivalent des mots dans l'énoncé) qui se succèdent. L'axe horizontal du récit. Chaque unité peut être mise en correspondance, mentalement, avec une unité qui pourrait apparaître à sa place dans le fil de l'action. Maman peut être remplacée par une autre personne, ou donner un autre ordre à l'enfant.

Le nombre de substitutions possibles est très large. A la place de : « si elle sourit » pourrait apparaître : « si elle prend l'air sévère », « si elle le gronde », « si son regard est absent ». De même, à « Baptiste fait au revoir avec la main » pourrait se substituer : « Baptiste se met à pleurer », « il file à toute allure », « il tire la langue ».

Désinserré du contexte, ce schéma semble artificiel. Mais il est aisé de saisir que, dans la réalité, la scène aurait tourné tout autrement si, effectivement, Baptiste avait tiré la langue ou s'était enfui. L'événement qui s'est produit («au revoir avec la main») a introduit un comportement adapté qui a créé un certain effet et modifié le cours de la scène.

Un incident qui coupe le cours du prévu apparaît, comme c'est le cas ici, à l'intersection de deux plans structuraux : l'axe horizontal, celui de la réalité, et l'axe vertical, celui du possible, qui se croisent et coïncident un bref instant. Nous verrons que l'interférence de ces deux plans joue un rôle essentiel dans l'analyse des phénomènes humoristiques. L'axe horizontal, celui du familier, déroule sa linéarité et toc! tombe une conduite imprévue, un fait possible mais non attendu.

Comme le langage et le jeu, les mimiques, les imitations et de nombreuses activités de la vie quotidienne se prêtent merveilleusement aux substitutions, aux glissements, à l'irruption d'un élément nouveau qui surgit d'un autre plan.

Le modèle linguistique fournit aussi l'opposition : structure superficielle — structure profonde. Les sons, les mots, les sens, les formes grammaticales qui s'entendent lorsque nous parlons, qui se voient lorsque nous écrivons, marquent en surface, les notions sous-jacentes qui sont ainsi rendues communicables :

Dans «il chantait», «il», marque superficielle, dit l'identité et le sexe de la personne, les structures profondes, (deux notions qui pourraient l'une et l'autre être rendues différemment par «mon fils» ou «Jean»), «-ait», en surface, situe l'action dans le passé.

Dans «sa poupée», «sa» est une marque de surface qui exprime l'appartenance, et aussi le genre du possesseur.

Lorsque l'acquisition du langage est troublée, pour une raison ou une autre, il ne sert à rien d'apprendre à l'enfant les marques de surface s'il ne comprend pas ou si l'on ne peut pas lui faire percevoir les structures profondes qu'il s'agit de traduire.

Nous verrons que le modèle structures superficielles/profondes est le même lorsqu'on aborde d'autres activités comme les gestes de salutation, les habitudes alimentaires ou diverses situations de communication. Les deux plans structuraux existent aussi pour l'humour.

Est-il nécessaire de parler encore une fois du signe? Le signe linguistique dont les propriétés sont aisément applicables à d'autres signes rencontrés dans les documents, par exemple le geste de l'enfant qui fait «au revoir» avec la main, un signe gestuel. Dès qu'une conduite appartient à un système organisé, elle fonctionne comme signe. Les habitudes alimentaires, vestimentaires, les attributs de chacun...

«... la définition de base du signe : c'est la plus petite association d'un sens, que la tradition, de saint Augustin à Saussure, a nommé son *signifié*, et d'une tranche de sonorité, appelée son *signifiant*.» (Claude Hagège, *L'homme de paroles*, Paris, éd. Fayard, 1985, p. 100.)

Comme le signe linguistique, avec ses deux faces indissociables, les signes socio-culturels fonctionnent comme un tout. Exception chez le petit enfant ; il arrive que, de façon transitoire, les deux faces du signe soient légèrement décalées. Par exemple l'enfant perçoit «non, non, non» ou l'imite, sans comprendre encore l'interdit qu'il véhicule.

III. Freud et les siens ont beaucoup contribué à faire de l'humour un objet d'intérêt... sérieux. Ceci tant par la façon d'aborder son étude que par le caractère des anecdotes humoristiques qui servent d'exemples de référence. Bien peu nous divertissent encore aujourd'hui tant notre façon de percevoir l'humour a évolué depuis ces petites histoires tendancieuses ou ces entorses à la logique dont l'esprit est évidemment situé dans l'espace et le temps : «à Vienne, tournant de siècle». Le contenu des histoires a changé, mais non les «ficelles»!

A première vue «Le mot d'esprit et ses rapports avec l'inconscient» (Gallimard, 1927) semble très loin des remarques simples enfantines. Mais, dans les réflexions qui terminent son ouvrage, Freud dégage quelques caractéristiques de l'humour dont les pistes sont précieuses encore aujourd'hui. Quelques notions sont très proches de nos questions.

Première notion : «L'humour... a quelque chose de libérateur», «le triomphe du narcissisme... l'invulnérabilité du moi qui s'affirme victorieusement» (S. Freud, 1927).

Oui, c'est souvent dans ce ton que surgissent les premières traces d'humour. L'enfant se trouve face aux «épines de la réalité» et doit obéir à l'adulte qui a toujours raison et qui est le plus fort. Il se débrouille dans cette situation par des comportements que l'adulte ressent ou interprète parfois comme humoristiques.

L'enfant cherche à grignoter du terrain, il glane ce qui peut l'aider à consolider l'image de soi, «s'affirmer victorieusement». L'un de ses problèmes est de trouver une place entre les dures contraintes de la réalité extérieure et le plaisir à sauvegarder. «Le moi se refuse à se laisser entamer... par les réalités extérieures.. bien plus, il fait voir qu'elles peuvent même lui devenir source de plaisir. Ce dernier trait est la caractéristique essentielle de l'humour». Autre formule : «l'humour ne se résigne pas, il défie». (*Id.*)

Réunissez : affirmation de soi, principe du plaisir, aménagement d'une réalité supportable, vous aurez une première idée de la place qu'occupe l'humour dans l'économie psychique, fournissant, dans un grand nombre de cas, une solution vivable — mieux que vivable même, puisqu'on en tire les bénéfices du rire ou du plaisir.

En créant des réponses humoristiques, l'enfant met en place des modèles personnels d'adaptation au réel, au monde, aux autres, à ses propres contradictions. Il reste la question : comment l'enfant parvient-il à ces trouvailles adaptatives qui lui évitent de se sentir trop frustré, trop passif, trop blessé ? Comment cela commence-t-il ? Nous retrouvons nos questions.

Deuxième notion : Aux dépens de qui fait-on de l'humour ? Revenons une fois encore aux tout débuts de la vie. L'adulte détient une sorte de toute-puissance ; c'est lui qui sait ce qui est bon pour l'enfant, qui fixe les limites plaisir/réalité. Le bébé fait sienne petit à petit cette vue du monde. Avec des nuances bien sûr, puisque intervient aussi sa dynamique propre. Il intériorise en partie le code ambiant : *C'est bien, c'est bon, gentil, défendu, plaisir à maman*, mais il dispose d'une marge de manœuvre et c'est là qu'il défie, qu'il s'affirme, fait son Narcisse et lance des «proclamations d'indépendance» (S.H. Fraiberg, *Les années magiques*, Paris, Presses Universitaires de France, 1967). Cela se dessine très tôt pour qui sait l'observer.

Adoptant les vues de l'adulte, l'enfant développe cette partie de lui-même qui est en quelque sorte «la voix des parents», le surmoi qui se charge de faire marcher droit. Ce n'est pas uniquement le surmoi, qui parle ainsi. Les rapports du moi et du surmoi sont au centre de la description freudienne de l'humour. C'est cette dualité qui amène l'enfant à faire de l'humour à ses dépens, aux dépens des autres et aux dépens des systèmes.

Faire de l'humour aux dépens de soi-même, c'est se comporter comme l'adulte le fait avec l'enfant : les petits malheurs de la vie ne sont pas très graves, il vaut mieux en rire. L'enfant qui rit de ses propres malheurs ou des frustrations obligées prend du recul : il se parle comme le ferait l'adulte. Se situer au-dessus des ennuis de la réalité — *je suis au-dessus de ça!* — c'est adopter le ton de l'humour. Comme s'il tenait les rôles des deux personnages : le père qui est le père et l'enfant qui s'en accommode. «Le surmoi semble dire au moi : Regarde ! voilà le monde qui te semble si dangereux ! un jeu d'enfant ! le mieux est donc de plaisanter» (S.H. Fraiberg).

Le procédé est le même dans l'humour aux dépens d'autrui : l'humoriste est la voix du père, la voix du sérieux et de la loi, et c'est l'autre qui se trouve traité en enfant. Bien des histoires comportent une nuance dépréciative. Quand le bébé fait de l'humour aux dépens d'autrui, il le traite comme un enfant non responsable, non raisonnable, mais aussi ignorant. Lorsqu'il détourne l'attention de sa mère en montrant *nez Tétène!*, Etienne la prend vraiment pour une enfant, une idiote.

C'est encore l'adulte qu'il vise lorsqu'il se moque du système (de façon générale : toutes les règles qui sous-tendent sa vie : les habitudes alimentaires, vestimentaires, les rituels, les paroles). Les histoires récoltées montrent que l'enfant trouve, avant sa première année, bien des façons de ne pas se plier aux demandes, sans pour autant attaquer ou offenser, sans aller jusqu'au conflit. C'est ainsi que Laure trouve instantanément comment manger avec les doigts sans heurter sa mère, que Maud se permet pendant quelque temps de rester encore *grande et petite*, qu'Etienne ne s'abaisse pas à ramasser son biscuit tombé dans le sable.

Trouver une solution humoristique à un affrontement autorité/obéissance est une pirouette psychique. L'enfant a compris la règle, accepte ce qu'impose l'adulte, mais s'arrange pour conserver son intégrité car il ne se soumet pas, il invente une astuce qui lui permet de s'en sortir sans céder et sans déclencher de conflit.

La vie quotidienne multiplie les occasions de réussir ou rater ces pirouettes. Apprendre à se sortir avec humour de situations difficiles est une arme qui vaut un bon poids de conseils éducatifs. Depuis Freud, et de façon inconstestée semble-t-il (même si on le formule en d'autres termes), l'humour est considéré comme l'un des mécanismes de défense du moi. «... Il prend place dans la grande série des méthodes que la vie psychique de l'homme a édifiées en vue de se soustraire à la contrainte de la douleur, série qui s'ouvre par la névrose et la folie et embrasse également l'ivresse, le repliement sur soi-même, l'extase» (S. Freud, 1927).

Troisième notion *:* Une production humoristique s'accompagne, pour Freud, d'une levée de l'inhibition qui gêne de façon transitoire ou durable un individu. L'humour rejoint en ce point l'effet de l'alcool, de la toxicomanie. C'est en partant de ce thème notamment que Sami-Ali élargit et complète le dossier de l'humour selon Freud en étudiant de petits groupes de jeunes Egyptiens preneurs de haschich qui se défendent innocemment des puissants en partageant un répertoire commun d'histoires humoristiques[6].

Le haschich participe à la levée provisoire de l'inhibition qui frappe leurs capacités relationnelles. Leurs conduites confirment que le mot d'esprit est un processus social qui ne peut se passer d'un tiers auquel il est destiné ; celui qui produit l'humour ne peut en profiter directement, mais il rit par ricochet, car le rire de l'autre montre que le trait d'esprit a rencontré chez autrui les mêmes tensions et les mêmes refoulements.

Dans le circuit d'échanges qui part du sujet pour y revenir, on comprend que l'esprit soit une forme de communication, nécessitant en général l'intervention de trois personnages, le créateur, l'auditeur et la personne visée par l'anecdote. Pour Sami-Ali, les trois personnages en question s'insèrent nécessairement dans une situation œdipienne qui confère au groupe sa dimension imaginaire. Le créateur aussi bien que l'auditeur des histoires drôles se placent dans la position de fils devenus complices face au père tout-puissant. Le rire vient alors soulager une tension commune en supprimant le refoulement. L'humour est inconcevable en dehors du drame œdipien.

Et l'auteur de résumer : « jouer spirituellement avec les choses, c'est d'abord affirmer la toute-puissance du désir face à la misère quotidienne : le moi se refuse à se laisser entamer, à se laisser imposer la souffrance par les réalités extérieures, il se refuse à admettre que les traumatismes du monde extérieur puissent le toucher... Bien plus il fait voir qu'ils peuvent même lui devenir occasion de plaisir ».

Ces commentaires ne sont pas si loin de notre sujet qu'il peut paraître. Dans certains des scénarios qui marchent le mieux c'est le trio : papa, maman et bébé, qui est en scène. L'un des adultes est plutôt spectateur, l'autre est la référence, la loi. Pour le comique, il suffit de deux personnes : l'une fait rire l'autre. Comparez les deux histoires d'Etienne qui ouvrent le chapitre du jeu. Le « jeu du lit » est l'occasion d'une franche rigolade entre Mylène (M) et Etienne. Il ne s'agit que d'un jeu ritualisé et de rire. Dans « le jeu du piano », c'est le trio qui s'amuse, un parfum d'humour... nous ne sommes pas tellement loin des petits fumeurs de haschich du Caire !

Quatrième notion : Relation entre humour et agressivité.

Plusieurs idées se retrouvent autour de ce thème. On constate en effet que l'humour permet de filtrer l'agressivité, ou permet que s'expriment sous une forme acceptable des éléments agressifs qui ne seraient pas tolérés à l'état brut. En contrepartie, il est rare qu'une petite dose d'agressivité ne se glisse pas derrière les productions humoristiques apparemment les plus innocentes. Cependant grâce à je ne sais quel charme de l'humour ce petit rien d'agressif est contrôlé, ne déborde pas, ne fâche pas, ne blesse pas ou pas trop.

L'étude de Sami-Ali isole des procédés qui permettent de maintenir un climat agréable, ou supportable entre des partenaires qui se trouvent engagés dans une problématique complexe. Ces adolescents preneurs de haschich se défendent comme ils peuvent dans un rituel agressivo-défensif.

Pour ce qui nous concerne, la problématique est celle des relations de l'enfant très jeune et de l'adulte avec son réseau d'ambiguïtés et de contradictions. Les règles, la loi face au plaisir. Comme dans toute situation réglementée que semble contrôler l'un des partenaires, apparemment le plus fort, il existe pour le bébé plusieurs issues : adopter les lois, activement ou passivement, se rebeller ou s'en sortir par l'humour.

Une touche d'agressivité se mêle à l'attachement même dans les situations les plus heureuses. Cette agressivité peut s'exprimer en paroles ou en gestes dans des opérations éprouvantes pour les deux partenaires. L'enfant peut aussi la réprimer, ce qui n'est pas éternellement supportable. Il existe entre ces deux extrêmes toute une gamme de variantes qui permettent d'empaqueter l'agressivité sous différentes formes : larvée, masquée, détournée, déguisée, somme toute supportable pour l'économie des partenaires. Les exemples d'agressivité non manifeste ne manquent pas. On sait la part d'agression qui se cache derrière les «chatouilles» ou d'autres taquineries, qui semblent des jeux «pour rire» dans lesquels on fait semblant de s'agresser. Certaines répliques malicieuses qui permettent de glisser des vérités premières assument les mêmes fonctions. Comme Nicolas : sa mère lui propose, d'un ton très impatient, des yaourts aux fruits :

— *Comment veux-tu ton yaourt?*
— *Avec le sourire!*

Et si l'humour ne servait qu'à cela ! Permettre entre autres de sauvegarder l'ambiance, de garder le contact, ne pas remettre en question la relation et l'image de chacun. Nous retrouverons cet usage salubre de l'humour qui se joue entre puissant et faible et nous verrons démarrer ces comportements humoristiques avec leurs ratés et leurs débordements. Car l'enfant qui fait ses débuts ne sait pas toujours bien où il faut s'arrêter, il essaie souvent de jouer sur les limites permis-défendu, il joue au plus malin... mais ne réussit pas toujours à l'être. La réplique de Nicolas n'est recevable que si elle tombe dans un moment pas trop tendu, si le ton n'est pas ironique. L'humour comme antidote de l'agression ne tombe pas toujours juste du premier coup.

Ce masquage de l'agressivité est noté par tous. Pour Koestler aussi, nous le verrons, les sentiments qui tournent autour de l'humour sont mêlés, un peu d'agressivité et de crainte donnant la tonalité dominante. C'est ainsi qu'est fréquemment relevée une tendance agressivo-défensive de nombreuses productions humoristiques. L'enfant se croit attaqué et prend les devants.

Le même procédé se retrouve dans les histoires humoristiques des minorités, des groupes ethniques soumis à une autorité écrasante, des vaincus qui n'ont plus que la dérision, des frustrés et de ceux qui en rajoutent. Il y a du défi dans l'humour.

Cinquième notion : Pour Freud et les autres, une partie du plaisir humoristique est tirée de l'activité intellectuelle que doit déployer le récepteur pour comprendre et partager.

Le calembour ou l'astuce que crée ou colporte un humoriste s'adressent, à peu près toujours, à un public. L'humour est un phénomène social, il a besoin que créateur et récepteur possèdent des références culturelles communes. Aucun effet, ou détournement de l'effet, si le récepteur ne réagit pas : le calembour n'est pas bon ou l'auditeur n'a rien compris. Pire encore, s'il se trouve seul à ne pas réagir au milieu d'une bande qui apprécie hautement l'histoire et rit de bon cœur, ou encore s'il rit à retardement, il se sent terriblement gêné ou frustré. Le caractère allusif ou tendancieux de la blague majore cette gêne. Les autres repèrent tout de suite qu'il n'y a rien compris, et c'est contre lui que se retournent les rires. Il devient évident pour tous qu'il a été incapable du travail intellectuel qui donne la clé de l'astuce. On peut l'interpréter comme insuffisance intellectuelle, naïveté, immaturité. Plus simplement le récepteur ne possède sans doute pas les références qui lui permettraient de comprendre. On peut aussi conclure qu'il n'a pas le sens de l'humour... quelle que soit l'explication il devient la cible idéale des rieurs.

Il est blessant, pour certains, de ne pas comprendre l'humour des autres. C'est être privé de plaisirs rares, mais c'est surtout un signe d'inadéquation à sa catégorie sociale ou à son groupe d'âge.

Ce travail intellectuel, cette étincelle sans laquelle on ne perçoit pas l'humour est proche du « cri d'Archimède » qui sert de schéma à Koestler (cf. p. 42). Il s'agit bien de mettre en relation de façon instantanée, des mots, des faits ou des allusions qu ne s'organisent pas ainsi habituellement. Il faut adhérer à la trouvaille du créateur d'humour, refaire la découverte dans son sillage, se laisser guider par l'effet de surprise qui n'est pas forcément drôle en soi, mais le devient quand il est compris et lorsque le climat s'y prête.

Nous revenons à Freud (1905). Pour lui, le mot d'esprit «sidère» (en allemand = frappe de stupéfaction et aussi mystifie, glisse un «truc»), puis la lumière se fait, il devient intelligible et c'est là que se glisse le plaisir. Plaisir à la fois intellectuel, complice, d'autant plus explosif que l'astuce est plus déroutante ou plus difficile à résoudre.

Il y a une part de défi cognitif dans les opérations de surprise-recherche-trouvaille qui constituent en quelque sorte la re-création par l'auditeur de l'astuce proposée. Il refait le chemin pour son propre compte dans le réseau des associations et allusions qu'il possède en commun avec le créateur.

Une partie du plaisir, mais une partie seulement, vient de l'exercice intellectuel que l'on fournit pour comprendre la plaisanterie ou l'énigme. Nous retrouvons le plaisir de la réussite du bébé qui résout une tâche perceptive ou perceptivo-motrice complexe (T.G.R. Bower, 1978).

IV. Les théories cognitivistes de l'humour[7].

C'est autour de l'année 1970 que s'est dessiné un mouvement d'intérêt particulier pour les débuts de l'humour chez l'enfant. Les recherches et les publications sur ce thème étaient déjà abondantes lorsque fut réuni le premier Congrès International sur l'Humour et le Rire, en 1976 à Cardiff. La littérature qui tourne autour de la question est considérable puisqu'elle englobe, entre autres, les publications traitant du jeu, du rire, du sourire, des acquisitions précoces.

Dans la plupart de ces contributions, l'humour est considéré comme «une activité cognitive de la 2e année de la vie liée à la capacité de représenter les choses symboliquement», ou comme un jeu intellectuel. C'est le plus souvent en suivant les stades de développement décrits par Piaget, de la naissance à l'âge de 7 ans, qu'est abordée l'étude de l'humour. McGhee propose une théorie de l'humour très représentative de ce courant dont voici l'essentiel.

C'est la perception ou la production par l'enfant d'une incongruité qui semble le critère le plus représentatif de l'humour. Pour ce faire, l'enfant doit comparer le modèle actuel à un schéma antérieurement mémorisé ce qui sous-entend qu'il possède des acquis pouvant lui servir de référence. McGhee ne néglige pas l'aspect émotionnel et le contexte social, mais pour lui l'humour est une expérience essentiellement cognitive ou intellectuelle. Il décrit différents stades qui correspondent à l'apparition de capacités de plus en plus élaborées :

Le **premier stade** commence autour de **18 mois**. L'enfant a l'initiative d'incongruités. Il utilise des objets qui lui sont familiers et dont il connaît l'usage, mais il les utilise de façon non appropriée. Les exemples en sont très nombreux depuis ceux de Piaget, dans ses travaux concernant l'enfant de 18 mois, jusqu'aux observations que nous pouvons tous faire, dès que nous regardons des enfants. L'enfant prend une feuille et s'en sert comme d'un téléphone ou prend un bâton et s'en sert comme d'un peigne. Ce jeu laisse penser qu'existent deux schémas intérieurs (le peigne et le bâton ou comment utiliser le bâton et le peigne). L'enfant mêle deux schémas. Il fait semblant que le bâton soit un peigne.

Il y a discordance, usage incongru. Il accomplit parfois ces fantaisies dans le plus grand sérieux ou attend un commentaire amusé de l'adulte.

Dans le **deuxième stade**, à partir de **deux ans**, le langage entre dans le jeu. L'étiquetage incongru est souvent gratuit : l'enfant montre un objet et nomme autre chose ou bien il nomme et désigne un objet fictif. Progressivement il prend plaisir à se tromper de mot, un plaisir qui se prolonge parfois longtemps. Il y a non-cohérence entre l'étiquette utilisée et l'objet.

Le **troisième stade**, à partir de 3 ans est celui de l'incongruité conceptuelle. L'enfant prend conscience que les mots correspondent à des classes d'objets ou de faits qui ont des points communs et aussi qui diffèrent par d'autres points. Une vue cohérente du monde, avec les mots qu'il faut pour en parler, se construit chez chacun. L'enfant a une certaine idée de la réalité. Il perçoit comme incongru ce qui diverge de l'ordre établi et qui peut être source de rire. L'humour est alors souvent lié aux violations de la réalité. Mais tous les degrés d'incongruité ne sont pas ressentis de façon égale, les réactions varient avec les enfants et avec l'âge.

Par exemple l'enfant de stade 2 rit quand on appelle un chat : *chien*, alors qu'un enfant de stade 3 rit si on lui dessine un chat à deux têtes ou si on lui raconte l'histoire d'un chat qui fait *meuh*. On peut introduire plusieurs détails qui bafouent la réalité (et les connaissances de l'enfant), mais si l'on change trop de détails, si l'on déforme trop le modèle initial, l'enfant ne rit plus du tout, car il ne sait plus à quoi rattacher ce qu'il perçoit. On peut imaginer un degré de modification de la réalité dont le taux d'incongruité serait idéal pour provoquer le rire. L'enfant de ce stade aime bien les détails incongrus, il en rit facilement, mais ne sait pas expliquer pourquoi ça le fait rire : un vélo à roue carrée, un éléphant dans les branches... il repère bien que ça n'est pas «normal».

McGhee cite également deux jeux privilégiés entre 3 et 6 ans. L'enfant aime répéter des mots qui riment et créer des mots qui n'ont pas de sens.

Au **stade 4**, à partir de **5 ans**, l'humour commence à ressembler à celui de l'adulte quand l'enfant réalise que le sens des mots peut être ambigu.

Ce résumé donne une idée des vues de McGhee sur les débuts de l'humour. Il faut y ajouter l'importance attribuée aux compétences qui permettent les débuts du langage, ces prérequis dont certains sont communs au langage et à l'humour. Il prend aussi en compte le rôle que joue l'adulte en relevant comme drôles les premiers faire-semblant peut-être initialement occasionnels. Il apprécie également l'importance des phénomènes d'ambiance, notamment la contagion de l'humeur joyeuse lorsque des enfants de 3 ou 4 ans se trouvent réunis[8]. Dans cette optique, on le voit, l'incongruité est au centre des explications de l'humour. Nous avons sans doute un peu surestimé cette hypothèse initialement... il n'empêche qu'elle offre une piste, partielle, mais irremplaçable pour l'âge qui nous intéresse.

Dans l'approche cognitiviste, on peut dire que la perception d'une incongruité serait le premier prérequis cognitif de l'humour, apparaissant vers 18 mois, avec le faire-semblant. Une réaction humoristique n'apparaît que si le niveau d'incongruité est accessible à l'enfant, s'il lui apporte une information qu'il peut traiter.

L'opération tient du défi intellectuel, une facette du jeu de l'humour qui implique en effet deux activités : il faut relever la nature incongrue d'un événement et résoudre l'incongruité, lui trouver un sens. Un exercice qui doit être aisément accessible : ni trop facile, ni trop difficile. Car une tâche trop simple ne retient même pas l'intérêt, mais une tâche trop complexe décourage et entraîne un relâchement de l'attention. Ce qui revient à dire qu'une plaisanterie fait rire si elle présente un niveau de difficulté moyen.

Les théories cognitivistes fournissent des repères précieux mais partiels. Comment tomber d'accord pour situer les débuts de l'humour ? Peut-on parler d'humour lorsque le bébé de 4 mois réagit à une incongruité ou faut-il attendre 8 ou 9 mois, quand il s'engage dans les premiers jeux de type coucou-trouvé ? Ou, mieux, autour de 18 mois, en même temps que la pensée symbolique, comme le propose McGhee ? Est-ce plus tard encore, lorsque l'enfant est capable de formuler un jugement comme *« c'est drôle »* ?

Peu importe ! On ne peut en effet considérer qu'à un moment précis une nouvelle qualité vient à l'enfant : l'humour. Ou qu'à un âge de la vie, tous les prérequis de l'humour sont en place. Non, il en est de l'humour comme du langage : tout ce qui s'organise depuis les premiers jours prend forme progressivement et le langage n'a plus qu'à se glisser dans tout ce qui fonctionne entre l'enfant et ses proches. Il en est de même de l'humour dont les débuts sont corrélés à ceux du langage mais qui se manifeste bien avant que l'enfant construise son langage.

V. Eurêka! C'est *Le cri d'Archimède* (Arthur Koestler, Paris, Calmann-Lévy, 1965) qui m'a finalement le plus aidée. Cet ouvrage dont une partie seulement est consacrée à l'humour propose des modèles d'interprétation qui s'appliquent à trois domaines de l'activité créatrice : l'humour, la découverte et l'art. Les points essentiels peuvent se résumer ainsi. Alors que les comportements, les habitudes, le discours habituel se déroulent de façon linéaire, il peut survenir, sur ce continuum, quelque chose d'inattendu qui entraîne un «effet», une suprise (nous retrouvons l'incongru et les deux axes de la linguistique). Ce quelque chose peut être apparenté à l'art, à la découverte ou à l'humour. Nous allons voir comment.

Archimède cherchant le volume de la couronne de Hiéron est l'exemple clé qui donne son titre à l'ouvrage et son schéma à la théorie de Koestler. Le savant tournait autour de ce problème de volume et remarque un jour que le niveau de son bain monte quand il s'y plonge. Les deux données sont banales, mais à un moment précis deux éléments qui n'ont habituellement pas de point commun se rencontrent. La découverte est instantanée; les phénomènes mis en relation étaient connus antérieurement mais ne s'étaient pas rencontrés ou n'étaient pas venus à l'esprit en même temps. Voilà que tout à coup, deux aspects de l'expérience se rencontrent inopinément et s'éclairent l'un l'autre. L'eau monte dans le bain, ce qui peut être constaté à chaque bain, mais une fois, comme un trait fulgurant, la signification surgit. Voilà la découverte.

Comment cela peut-il être transposé au domaine de l'humour? L'histoire d'Archimède est une merveilleuse illustration de «la découverte», mais — remarque personnelle — elle n'est pas dépourvue d'humour. J'imagine qu'en proférant son «eurêka» le savant a dû jaillir de son bain, partagé entre l'exaltation et le plaisir.

En partie un plaisir de défi cognitif. Mais oui, il suffisait d'y penser, c'était enfantin! Gardons-nous de broder sur les histoires sérieuses, ce n'est pas comme exemple d'humour que le cri d'Archimède est resté.

Prenons l'une des anecdotes que cite Koestler. N'importe quelle histoire humoristique ferait l'affaire, mais nous évitons ainsi de trahir l'esprit de l'auteur.

> A New York, deux femmes se rencontrent dans un supermarché. L'une est gaie, l'autre triste. La première :
> — *... Des soucis?*
> — *Eh bien, pour tout vous dire, c'est mon petit Jimmy!*
> — *Ah! Qu'est-ce qu'il a?*

> — *Rien. Son professeur nous a dit de le mener chez un psychiatre.*
> (Un temps).
> — *Bon, qu'est-ce qu'il y a de mal à ça?*
> — *Ma foi, rien. D'après le psychiatre, il a le complexe d'Œdipe.*
> (Un temps).
> — *Et alors? Œdipe ou pas Œdipe, moi je ne m'inquièterais pas, pourvu qu'il soit gentil et qu'il aime sa maman!*

L'humour naît de la rencontre de deux logiques différentes, ou de plans qui, sans en avoir l'air, introduisent une contradiction. Ici, deux plans de référence : le bon sens réconfortant de l'amie — l'interprétation psychanalytique, deux types de logiques incompatibles. Leur rencontre introduit une contradiction, un malentendu, une énormité. La formule qui cherche à rassurer énonce, en d'autres termes, exactement la même chose que le psychiatre qui, lui, en faisait un argument alarmant.

Voilà la piste la plus générale pour tous les types de productions humoristiques : l'humour naît à l'interférence de deux plans. Koestler utilise le mot « matrice » pour désigner tous ces plans de référence, ces contextes différents, ces registres de discours ou codes de comportement, ces types de logique dont chacun est organisé à sa façon, répond à ses règles propres, évolue pour son propre compte. La rencontre de deux plans entraîne une rupture dans le déroulement linéaire des habitudes et dans les attentes. Avec le schéma de la blague du complexe d'Œdipe nous voyons comment s'articulent les deux plans.

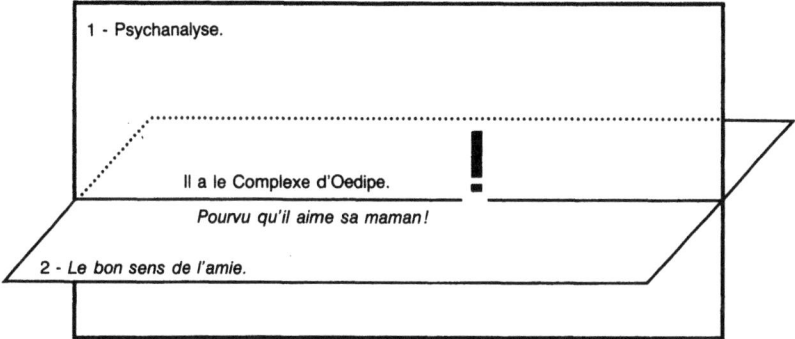

Nous en trouverons des exemples tout au long de notre analyse ; cela cadre aussi bien avec les anecdotes humoristiques sophistiquées qu'avec les histoires absurdes, les remarques naïves, les gags, les jeux de mots.

Cet événement associé à deux contextes, Koestler le qualifie de « bisocié ». Il désigne par le néologisme « bisociation » la rencontre de deux plans, la collision qui déclenche le rire. Le point culminant où se situe la création, ce point unique commun aux deux plans.

Parmi les thèmes que propose Koestler, certains se sont révélés de bonnes pistes pour ma propre recherche.

Le premier schéma est celui qui discerne dans toute histoire d'humour deux plans, généralement incompatibles, du moins nettement distincts, deux plans qui vont, du fait de la création humoristique avoir un point commun. En d'autres termes, il se trouve qu'entre ces deux plans quelque chose va faire « tilt »; c'est là le « point culminant », le clic de l'humour. Dans l'anecdote du complexe d'Œdipe, ce qui fait « tilt » est que les deux discours, énoncés en termes différents ont le même sens. Ils ne sont pas pris dans le même réseau de significations. Nous appellerons « tilt » — comme : ça fait « tilt » — le point de rencontre des deux plans, la brève interférence d'où naît l'humour lorsque sont réunis d'autres facteurs qui apparaîtront plus loin.

Dans les productions de l'enfant, la rencontre de deux plans est souvent fortuite. C'est nous qui ressentons l'humour, l'enfant fait un commentaire dont il ne ressent pas l'incohérence :

> **Julie**, trois ans.
> Elle va entrer dans la piscine, regarde le thermomètre :
> — *Deux heures et demie, j'y vais!*

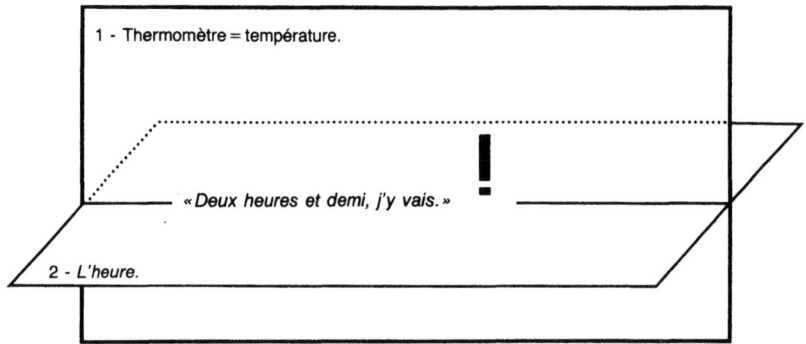

Les deux plans sont évidents, pour nous, deux systèmes de mesure, celui de la température de l'eau et celui de l'heure. La réplique de Julie les fait se rencontrer dans un raccourci qui force le rire. C'est en consultant le thermomètre comme elle regarderait une montre qu'elle lance son non-sens, confondant des données physiques qui sont mesurables et lisibles sur des objets familiers. La confusion est peut-être favorisée par les commentaires que formulent parfois les adultes sur l'heure et la possibilité de se baigner (*C'est trop tôt, tu viens de manger* : une logique dont les liens ne doivent pas s'imposer de façon claire à l'enfant!). La concision de la formule est percutante. Julie ne fait pas d'humour consciemment. A partir du bagage d'expériences qu'elle possède, elle énonce, sans le vouloir, une énormité que nous recevons comme un modèle d'humour absurde tel que l'exploitent, dans le monde des adultes, les histoires des humoristes, les films comiques.

Dans un autre exemple, l'enfant est sans doute semi-conscient de glisser d'un plan à un autre.

> **Jérôme**, cinq ans.
> — *Maman, c'est toi qui seras la grand-mère de mes enfants ?*
> — *Oui, pourquoi ?*
> — *Alors, il vaudrait mieux que tu apprennes à faire les gâteaux !*

On ne s'attend pas au changement de plan : le ton initial est celui des questions profondes sur la vie et l'avenir, puis l'enfant dévoile brusquement la préoccupation terre-à-terre qui sous-tendait sa demande. Outre les deux plans, cette remarque illustre clairement l'effet de surprise et l'attente trompée.

Le deuxième schéma de Koestler concerne la technique de l'humoriste. L'idée essentielle est qu'il fait une trouvaille, une création et qu'il utilise de façon adaptée l'astuce qui se trouve à l'intersection des deux plans.

Il crée un effet, une surprise, déplace l'attention qui suivait son petit bonhomme de chemin. L'effet est produit de toutes façons, que l'enfant l'ait cherché ou non.

Pour faire partager sa trouvaille, il l'accentue, la souligne, l'amplifie. Il peut en rajouter, parfois bien trop, trop lourd, trop «gros». Le bon humoriste, lui, n'en fait pas trop, car l'effet est d'autant plus percutant qu'il y a économie de moyens. Le sommet de l'humour est de faire sobre et d'entraîner l'adhésion de l'interlocuteur. L'enfant très jeune y réussit déjà.

Résumons : création-effet-économie, comme dans la trouvaille de Nicolas :

> **Nicolas**, quatre ans.
> Seul dans la cuisine, il casse quelque chose. Il sort très digne et dit à sa grand-mère :
> — *Je crois qu'y a un moustique qui vient de casser quelque chose !*

Un troisième schéma éclaire un autre thème encore. Un fait humoristique se déroule dans un certain climat que partagent au moins deux personnes, le créateur d'humour et son interlocuteur. Dans ce climat, les «humeurs» varient. Pour ce critère encore, les faits qui se sitent dans la petite enfance sont souvent d'une lecture claire. La tonalité dominante est un climat de complicité. L'adulte et l'enfant se trouvent bien ensemble, sont plutôt enclins à communiquer, éventuellement à s'amuser. Ce fond de bonne humeur ne suffit pas à faire jaillir l'humour. Un peu d'agressivité est souvent sous-jacente. Avec la tonalité agressivo-défensive, retour au thème freudien.

VI. **Les références systémiques.** Plusieurs branches des sciences humaines adoptent un schéma dans lequel l'individu est engagé dans le système des règles de son groupe. Sans le chercher, nous parlons souvent en ces termes : les habitudes, les hiérarchies, les liens humains dans lesquels nous nous situons sont autant de systèmes, ou de structures complexes dont le structuralisme a contribué à faire ressentir l'aspect organisant, en même temps que le caractère contraignant.

Dans les références systémiques, l'homme est pris dans les rouages du système familial, culturel, social. C'est ainsi que l'enfant, avec autour de lui son microcosme, se trouve au centre d'emboîtements complexes. Pour chacun l'emboîtement microcosme-systèmes va être source d'interférences bonnes et mauvaises. Bonnes, par tout ce que l'environnement socio-culturel apporte de structurant et riche. Mauvaises, par le poids de structures trop figées qui ne laissent circuler ni liberté, ni création, ni rêve. Les systèmes dans lesquels on ne respire pas, c'est Kafka.

Le bébé est plongé dès sa naissance dans le cadre obligé des habitudes et conventions de son milieu. Il acquiert progressivement ces règles, même si celles-ci ne sont pas nettement perçues, ni par lui-même, ni par ses partenaires. A l'intérieur du système, le comportement de chacun influence le comportement de l'autre, dans une boucle de régulation dont les mécanismes sont retrouvés dans tous les domaines des Sciences Humaines.

Exemple pour le petit enfant. Un bébé très tendu qui crie beaucoup déclenche une certaine inquiétude maternelle. Que peut-il bien avoir ? est-ce normal ? que faire ? La mère est alors plus désemparée pour trouver des conduites apaisantes (bercer, chantonner, caresser, prendre le bébé) qui fourniraient une solution aux problèmes du bébé et calmeraient également ses doutes sur ses capacités personnelles, créant un effet circulaire positif.

Si l'adulte ne trouve rien, le bébé crie de plus en plus, augmentant la tension et l'agacement de l'adulte, entraînant des réactions en chaîne.

L'ajustement des interactions adulte-enfant est le plus directement impliqué ici, mais autour de ce système intime s'organisent d'autres cercles qui peuvent fonctionner bien ou tourner au cercle vicieux. Dans le groupe familial, lorsqu'un événement comme une naissance vient remodeler les schémas interactionnels, puis dans le petit monde de la crèche et, plus tard, dans le groupe scolaire.

Nous proposons des références dont les territoires sont proches; les idées qu'elles éclairent ne sont pas sans se recouper parfois : la pragmatique de la communication, les rituels sociaux, les phénomènes culturels.

LA PRAGMATIQUE DE LA COMMUNICATION

Les publications de l'Ecole de Palo Alto ont progressivement étendu à d'autres champs les modèles cybernétiques adoptés par les Sciences du Comportement (Behavioural Sciences)[9], décrivant «l'être humain... dès la naissance engagé dans le processus complexe de l'acquisition des règles de communication...» (Watzlawick P.)

D'après ces modèles, la communication peut être expliquée par des règles simples. Il suffit, pour communiquer, d'échanger une information; l'un des partenaires donne une information qui appelle une réaction de la part de celui qui la reçoit. Chaque échange crée un nouvel état qui entraîne de nouveaux ajustements.

Deux ou plusieurs individus en présence peuvent ne rien faire pour communiquer. Sans le vouloir, ils communiquent cependant : on ne peut pas ne pas communiquer, comme on ne peut pas ne pas se comporter. Lorsque deux personnes sont face à face dans un bus, un regard est déjà un message. Le destinataire peut n'y pas répondre, s'y dérober, l'ignorer, mais il manifeste alors par une affectation ou l'accentuation de la gestique qu'il se sait regardé. Il cherche à se dérober mais, à sa façon, il répond.

Toute interaction comporte un échange de messages qui, suivant la familiarité des partenaires et leurs habitudes sont verbaux, toniques, gestuels, comportementaux, ou encore des silences, des figements, des refus, des symptômes.

La théorie générale des systèmes aide à comprendre de nombreuses manifestations psychopathologiques. Tous les membres d'un groupe sont pris dans le même système et tournent autour des symptômes que manifeste l'un ou l'autre, parfois plusieurs en même temps, mais pas forcément. L'un est phobique, bégaie, délire. Les autres ne peuvent y rester indifférents.

Le symptôme est un message non verbal dont l'enfant sait jouer dès les tout débuts, même lorsque la feinte est aussi limpide que celle de Jessica qui, avant deux ans, invente «*j'ai mal au ventre*» lorsqu'elle passe devant le marchand de jouets.

La cellule parents-enfant est incluse dans d'autres systèmes, les habitudes socio-culturelles du groupe, avec leurs références historiques, morales, esthétiques qui apparaissent dans les deux sous-titres suivants.

RITUELS SOCIAUX[10]

Dans toute situation de communication, chacun est engagé à jouer une sorte de jeu rituel qui possède son répertoire et sa syntaxe propre. Les séquences d'action commune ou de dialogues s'inscrivent dans un système complexe de rituels aux formes cérémonielles précises : approche, invite, évitement, indices de fin.

Les évaluations mutuelles des interlocuteurs permettent des anticipations, des synchronisations, la poursuite ou l'interruption de l'interaction. On connaît les rituels de prise de contact dans les échanges verbaux, l'incidence des regards, des intonations, des pauses, des gestes d'impatience ou de contenance.

Les habitudes sociales modèlent des précautions rituelles qui accompagnent toute prise de contact, verbale ou autre, que ce soit dans des rapports familiers ou cérémonieux.

L'acquisition de ce savoir-faire social va de soi chez le bébé. En même temps qu'il construit son langage, qu'il imite nos gestes et les actions qu'il voit, il saisit les indices qui constituent le système de règles d'usage du discours et des relations interpersonnelles, règles qui varient à l'infini suivant les cultures et, pour certaines nuances, dans chaque famille ou entre différents partenaires.

Nous verrons que certains comportements, perçus comme humoristiques, concernent souvent l'apprentissage de ces indices ou des erreurs dans leur usage ou leur appréciation (notamment lorsqu'il s'agit de perdre la face ou des fausses pistes).

PHENOMENES CULTURELS

Pour l'ethnologue, chacun de nous est pris dans des règles de conduite... «pour partie résidus de traditions acquises dans les différents types de structures sociales par lesquelles, au cours d'une longue histoire, chaque groupe humain a passé, et pour l'autre partie, règles acceptées ou modifiées consciemment en vue d'un but déterminé»[11].

La dimension culturelle est aussi évidente pour les choses matérielles, par exemple dans les habitudes alimentaires et leurs règles, lorsqu'il s'agit d'abandonner le biberon pour la petite cuiller... Maud! ou de préférer la cuiller aux doigts... Laure! Elle l'est aussi dans les relations individuelles et les hiérarchies — être grand ou petit, parent ou enfant — ou l'imaginaire. Elle suit des règles générales qui sont collectives, situées dans le temps et l'espace — par exemple les habitudes éducatives des sociétés occidentales à la fin du XXe siècle — et des règles privées à usage intime — les limites de ce que l'on permet ou défend à un enfant dans la vie de tous les jours. L'enfant se situe, comme nous le sommes tous, dans le système des formes culturelles.

Ce modèle est très proche de ceux que nous avons analysés jusque-là : «... tel qu'il se pose aujourd'hui aux ethnologues, le problème de la culture, donc de la condition humaine, consiste à découvrir des lois d'ordre sous-jacentes à la diversité observable des croyances et des institutions» (C. Lévi-Straus, 1983). Situant ainsi l'enfant dans le réseau des relations familiales, des habitudes socio-culturelles de son groupe, avec les incidences éducatives et hiérarchiques qui se mêlent, on en vient à interpréter ses initiatives comme autant d'ajustements au jeu socio-culturel ou aux règles des systèmes auxquels nous appartenons. C'est dans les essais, les ratés et les approximations de ces ajustements qu'émergent parfois des phénomènes humoristiques.

C'est en se trompant ou en jouant sur la place sociale des humains et des choses, sur les nuances hiérarchiques que l'enfant produit parfois des traits d'humour. Il les formule simplement :

> **Julie**, trois ans.
> Son père met un tablier de cuisine pour faire le repas :
> — *Oh, papa... on dirait maman!*

C'est comme appartenant à un groupe avec tout ce qui le caractérise qu'il lui arrive de dévier ou de se moquer des conventions du groupe, de braver le groupe.

Il en est de même lorsque l'humoriste grandit! Cet humour qui joue sur les rôles, sur les fonctions ou les attributs sociaux, fonctionne de même dans les productions humoristiques élaborées!

Cette approche fournit quelques formulations pratiques pour parler des habitudes et des règles. Elle revient somme toute à redire le caractère spécifiquement humain de l'humour et son émergence dans toutes les failles des systèmes dans les rouages desquels se développe et évolue l'enfant. Dans les brèches. Une liberté.

On rejoint ainsi, à la périphérie du sujet, des thèmes qui appartiennent à l'Histoire et au Mythe : la dérision du pouvoir, la transgression du sacré, la folie et la raison[12] dont on ne pense pas toujours qu'elles ont pris leurs racines dans les contestations et les clowneries de la première année. Dans nos bébés débordants, nos bouffons en herbe, nos triomphateurs immodestes, nous verrons se dessiner un bref instant ces rois de comédie, ces « fols » et ces tyrans dont nous sommes en même temps les jouets et les spectateurs éblouis.

Au terme de cet inventaire, on redoute de voir s'échapper tout ce qu'il y a de léger, d'astucieux et d'éphémère dans l'humour. Il reste un désir fixe : ne s'occuper que des documents sans se laisser détourner, à droite ou à gauche, par les théories et les modèles qui, forcément réductionnistes, menacent de figer, d'emprisonner nos histoires naïves dans des schémas méconnaissables. Jouer l'observateur candide. Il faudrait pouvoir les présenter en poète ou laisser les histoires parler d'elles-mêmes, sans les surcharger de commentaires. Le lecteur y trouverait ce que bon lui semble.

Ne pouvant échapper à l'esprit de sérieux, incapable de traiter le sujet en humoriste... je dois fournir au lecteur quelques clés. Sans elles il risque d'être découragé dès les premières pages qui ne contiennent, il faut être lucide, qu'une toute petite dose d'humour : 99 % de préalables pour une paillette d'humour !

CLES POUR LE PARCOURS

En ce point de la lecture vous disposez de deux types d'informations. Vous savez sur quels documents nous travaillons. Vous possédez un éventail de références auxquelles il va être fait appel à différents moments du texte.

Il faut avancer d'un grand pas dans le temps, franchir les deux ou trois premières années de travail qui ont été assez confuses. Nous nous situons alors au moment où les premières données réunies me permirent de voir un peu plus clair. Mettons en commun ce qui était alors acquis et comment s'est dessiné le découpage de ce livre.

REGARD SUR LES DOCUMENTS

Les documents sont souvent des détails infimes, des histoires extrêmement simples, des images, des apparences.

Ses sourires ou ses rires traduisent — nous permettent de saisir — un «état» de l'enfant, mais comment l'appeler? Un état en partie physique, en partie psychique, une disponibilité qui a quelque chose à voir avec : bien-être, vigilance, attente d'amusement, plaisir.

En parlant de l'enfant, on peut donner l'impression qu'il est seul ou que l'on s'intéresse à lui comme s'il était isolé. Les parents étant les narrateurs et les observateurs, ne précisent pas toujours qu'ils participent à la scène. Le bébé qui rit, gazouille, tire la langue est rarement seul : un adulte est là, près de lui qui a commencé ou qui le regarde. Que l'adulte participe à l'interaction ou n'intervienne que comme référence, il est toujours entre les lignes. Les situations rapportées sont à peu près toutes des interactions courantes avec les partenaires habituels.

Ces observations n'isolent pas le bébé comme un objet d'étude. Elles prennent en compte la situation globale. En termes de photo : un instantané, au grand angle. L'enfant, avec ceux qui l'entourent, et du même coup tout ce qui circule entre eux. Les paroles, regards, rires, sourires, chatouilles et chahuts dessinent un va-et-vient dont, en apparence, au début, l'initiative la plus nette revient à l'adulte. Il est presque accessoire de se demander qui est l'initiateur du rire et du plaisir. L'important est ce qui circule dans leur microcosme.

Le plaisir et le rire ne sont pas seuls à circuler, même si l'on en parle moins, l'angoisse et l'agressivité ont souvent leur mot à dire. C'est dans l'ambiguïté des affects que naît souvent l'humour.

Comme individu appartenant à un système, l'enfant reçoit, clairs ou filtrés, des messages qui émanent d'autrui et lui transmettent des affects parfois confus. Les histoires réunies sont ses réponses et ses ajustements aux messages qu'il perçoit. Dans la dimension synchronique (l'événement actuel) et diachronique (l'enfant dans ce «groupe vital qui possède une histoire»).

L'enfant et ses partenaires familiers, fonctionnent dans leur microcosme et sont pris en bloc dans d'autres systèmes plus généraux, les références socio-culturelles. Comme des poupées gigognes. Il faut toujours avoir présents à l'esprit ces emboîtements en série. Le maintien d'un équilibre doit être respecté à chaque niveau, ainsi que dans les interférences d'un système à un autre. Nous en saisirons un peu mieux les mouvements en terminant.

LES HYPOTHESES

On part donc sans avoir exactement ce qu'est l'humour mais persuadés que des traces ou des préformes en seront saisies dès les premiers exemples. Les sources, ou un filet très ténu, dont il ne faut pas perdre la trace, qu'il faut suivre longtemps avant que brille une paillette. Comme l'orpailleur fait passer inlassablement dans son tamis l'eau de la rivière, rêvant de la paillette d'or.

La première partie de la recherche évoque l'orpailleur obstiné qui ne trouve pas grand-chose. Il ne pense qu'à ça, mais... rien! Le jeu avec l'humour n'est cependant pas trop ingrat, car bien avant qu'il s'agisse vraiment d'humour, les histoires baignent dans un halo de rire et de charme, même si objectivement elles rendent simplement compte de l'éveil du bébé, de ses progrès et de l'amusement des parents. Ce qui prédomine est un charme drôle :

> **Julie**, six mois.
> Ce qui nous fait beaucoup rire, ce sont ses mimiques, son air résolu et fonceur.

Le plaisir de participer, l'activité complice, dans une histoire de gâteaux, qui plus est :

> **Etienne**, dix-huit mois.
> Je prépare une pâte à tarte. Il fonce vers le tiroir et, joyeux, me rapporte le rouleau à pâtisserie en disant : *dabo! dabo!*

Les talents d'imitateur :

> **Etienne**, dix mois.
> Il adore imiter les bruits et les sons. Dans la rue, il imite un chien qui aboie puis chante *ah! ah!* dans le rythme de l'église qui carillonne.

Le jeu, la poursuite, le rire :

> **Etienne**, dix-huit mois.
> Si je veux le changer pour aller dormir, il se sauve à toute allure. Quand je le trouve, il hurle de rire.

Tout cela existe dans l'humour, mais n'a rien de spécifique. Au début, il s'agit de facteurs isolés, grêles. Un tout petit filet qui commence. Dès qu'ils se combinent entre eux, forment un flot plus net, nous sentons bien que l'humour prend forme. Comme lorsqu'on joue à la cachette : on «brûle»! Il devient évident qu'à certains moments le bébé a l'intention de faire rire :

> **Bruno**, sept mois.
> ... Lui-même fait des grimaces, du bruit, des mouvements pour faire rire.

Plus encore lorsque son pouvoir s'exerce aux dépens de l'adulte :

> **Etienne**, quatorze mois.
> Il nous tire le nez, me tape dans le dos quand je suis accroupie, me chatouille les orteils lorsque je repasse. Et il rit aux éclats.

Puis, sans transition, les taquineries drôles glissent vers un scénario complet, dans lequel les intentions sont plus complexes. La ligne est franchie :

> **Frédéric**, dix-huit mois.
> Il se trouve seul quelques minutes dans la salle de bains. Inquiète de ce grand calme, j'entre et le trouve les mains pleines de Kleenex qu'il a tous sortis de leur boîte.
> Avant que je n'ouvre la bouche, il enfouit son visage dans la poignée de mouchoirs et affecte de se moucher bruyamment. Je ris. C'est gagné pour lui.

Pourquoi ce comportement appartient-il à l'humour ? Nous allons reprendre l'hypothèse de départ : pour qu'un comportement ou un événement appartiennent à l'humour, il faut que soient réunis un certain nombre de critères.

LES CRITERES D'HUMOUR

Réunissant les critères d'humour proposés dans «le Cri d'Archimède» et quelques autres traits, nous nous constituons une grille. Quels critères vont être retenus ? Des critères d'importance inégale. En récapitulant, nous introduisons immanquablement quelques redites.

Des critères sont essentiels. Un événement est considéré comme humoristique lorsqu'il introduit une **discontinuité**, une rupture. Le déroulement prévu, attendu, conforme est interrompu et modifié. Il y a un une cassure. C'est en ce point que quelque chose fait «tilt». Le tilt de l'humour.

Il produit un **effet de surprise**. Quelque chose de nouveau, original, non attendu qui rompt avec la logique, cherche une solution inattendue mais permise.

Opère un **déplacement de l'attention**. C'est souvent le premier pas : repérer quelque chose de non pertinent, non prévu et focaliser l'attention dessus. L'humour détourne. Avec ces trois critères qui interfèrent, l'humour réalise une véritable **acrobatie mentale**.

La réussite de l'humour tient souvent à la **concision**. Il joue sur un seul point culminant, un «tilt», c'est le plus fréquent, ou une succession de petits points. Parfois un état soutenu qui se prolonge.

Il existe une couleur dominante, **agressivo-défensive** le plus souvent. L'événement résulte de la confrontation adulte/enfant, grand/petit, capable/non capable qui met à l'épreuve l'image de soi et les questions fondamentales d'identité. C'est parfois la notion de participation, appartenance et **complicité** qui domine et nuance la coloration agressivo-défensive.

L'humour a besoin d'un **climat**.

Dans les techniques de l'humour se succèdent **création** (une trouvaille, l'inattendu), **effet, récupération** : les retombées sont comptabilisées dans l'économie de chacun.

Enfin, le critère le plus constant : l'humour joue sur — ou se trouve opérer à la jonction de — **deux plans**. Les conduites, les rôles, les discours qui se trouvent réunis appartiennent à deux plans différents. C'est au point de rencontre des deux que quelque chose fait «tilt». D'autant plus qu'il existe une **charge affective** plus grande et des **éléments inconscients sous-jacents**.

Soumettons à l'épreuve des critères la scène de Frédéric et des Kleenex. **Discontinuité**, oui : il rompt d'un coup le déroulement de son déballage, puis enchaîne immédiatement sur un autre comportement (il se mouche). Provoque **un effet** de surprise et déplace l'**attention** ou la mobilise sur un autre sujet. Une **acrobatie mentale**, rapide, concise, qui opère très rapidement, réussissant à détourner l'adulte de sa sottise.

Un **seul point** culminant assure la réussite.

Coloration mêlée. **Agressivo-défensive**, très feutrée : surtout défensive (il se sait coupable et cherche à ne pas être grondé), mais en même temps se moque tellement ouvertement de l'adulte qu'il glisse une touche d'agressivité masquée. Dans le **climat** habituel de **complicité** des deux partenaires.

Technique : une **création** (quelle trouvaille à 18 mois !), **un effet** avec **récupération** immédiate. La réussite est assurée, après une astuce pareille, l'enfant n'est plus grondable !

Deux plans : le bébé qui se laisse aller à son plaisir et déballe tout / l'enfant qui endosse notre logique (Kleenex = pour se moucher). Le point de contact entre les deux plans, c'est la pirouette instantanée de l'enfant qui voit apparaître l'adulte-censeur et trouve une solution adaptée. Ce que l'on voit est le changement d'activité réussi, mais cette volte-face si rapide ne peut être le résultat d'une réflexion consciente (comme si l'enfant récapitulait, à sa façon, les données du problème : je suis en train de faire une bêtise, maman arrive, elle va s'en rendre compte, me gronder, il faut que je trouve un truc). Elle émerge **d'éléments inconscients** qui trouvent à s'exprimer en surface par «fait semblant de se moucher».

La plupart des documents, surtout chez l'enfant très jeune, ne comportent qu'un critère ou un très petit nombre de critères. Sans la complicité de notre regard, ils ne serait pas jugés humoristiques. Mais les prémices qu'ils contiennent leur confèrent droit de cité. Par exemple, Loïc arpente l'appartement avec un chiffon sur la tête... C'est banal. Il se promène en enfilant un short comme si c'était une veste : on avance d'un pas. Loïc surprend, n'est pas conforme à l'ordre attendu, profite du climat complice pour rire et faire rire. Il ne s'agit encore que d'infimes nuances.

Lorsque Charlotte circule dans les chambres de ses sœurs en se coiffant d'un soutien-gorge, elle a choisi le vêtement qui va faire rire. Nous trouvons : rupture de continuité (ce n'est pas le vêtement attendu ou le vêtement n'est pas porté par la personne attendue), elle attire l'attention, produit un effet, met les rieurs de son côté, crée un climat ou utilise un climat favorable. Récupération immédiate : elle obtient son petit succès. Elle joue sur les contrastes des deux plans (vêtement-adulte inadéquat sur la tête d'une petite fille, vêtement intime qu'elle exhibe.

Les critères seront repris de façon occasionnelle dans notre analyse. Il serait fastidieux d'y soumettre chaque histoire, mais le lecteur pourra vérifier que ces points d'ancrage sont très utiles tant pour le traçage de l'humour précoce que pour les productions humoristiques de la vie quotidienne.

LE DECOUPAGE DE NOTRE ETUDE

Les documents se sont organisés d'eux-mêmes, autour de comportements ou de situations qui constituent les têtes de chapitres dans les parties suivantes.

Dans **les racines**, naissent les premières histoires autour de l'insolite (1), de l'imitation (2), des présences (3), du corps de l'enfant (4), du jeu (5) et de l'humour à table (6).

Dans **les règles**, on voit l'enfant intégrer les règles socio-culturelles, les conventions de langage et des systèmes sémiotiques, dans les interdits (7), les entorses et pieds-de-nez (8), les fausses pistes (9) et quelques aspects du thème inépuisable : humour et langage (10).

Dans la dernière partie enfin, on voit que l'humour apporte parfois **des réponses**, dans l'humour-art de vivre (11) et les choses de la vie (12).

NOTES

[1] Il s'y ajoute quelques exemples empruntés à Kornei Chukowsky, auteur d'une abondante littérature enfantine en russe, traducteur de Shakespeare, Swift, Kipling et Oscar Wilde, qui a consacré sa vie à étudier les enfants et leur progrès. Plus en poète, en observateur amusé, en grand-père émerveillé qu'en psychologue, il s'est efforcé de saisir et de traduire «les lois capricieuses et insaisissables de la pensée enfantine». *From two to five* (University of California Press, Berkeley, 1963, seule traduction disponible en Occident) est, en partie, un recueil des mots d'enfants et anecdotes qu'il a réunis tout au long de sa vie, savourant le mélange de poésie, de naïveté et de bon sens de ces productions. Des histoires «universelles» (première publication en Union Soviétique : 1925)

[2] ESCARPIT, R., *L'humour*, Paris, Presses Universitaires de France, «Que sais-je?», 1972.

[3] *Children's Humour*, éd. P.E. McGhee et A.J. Chapman, John Wiley and Sons, 1980, suit de peu la publication de : *Humour. Its origine and development*, P.E. McGHEE, éd. W.H. Freeman and Company, 1979.

[4] *La genèse de l'humour chez l'enfant*, Presses Universitaires de France, 1983.

[5] L'éthologie, chez l'animal, chez l'homme, est l'étude des comportements dans leur contexte.

[6] SAMI-ALI, *Le haschich en Egypte. Essai d'anthropologie psychanalytique*, Payot, 1971. Cet essai propose l'interprétation par la psychanalyse de l'intoxication cannabique à partir de nombreuses données socio-culturelles concernant les consommateurs de haschich du Caire. Sous l'angle de l'économie psychique, l'intoxication entraîne une euphorie libératrice, elle lève l'inhibition et transforme les preneurs de haschich en conteurs et créateurs d'histoires dont l'humour très particulier — l'humour objectal, pour l'auteur — est le thème essentiel du livre. On y traite notamment de l'esprit tendancieux, de la complicité, de l'agression déguisée, des rapports autorité/soumission et de la situation œdipienne qui alimente l'imaginaire.

[7] Ces théories sont celles de la psychologie génétique de Piaget. L'évolution de l'enfant passe par des stades de développement. La maturation biologique et l'apport du milieu intefèrent pour que l'enfant puisse intégrer les données du réel et développer des structures perceptivo-motrices et cognitives. Dans cette perspective, l'humour intervient dans la maîtrise du réel (McGhee), comme une expérience essentiellement cognitive.

[8] Résumé à partir de : Paul E. McGHEE, *Humour, its origin and development*, éd. W.H. Freeman and C°, San Francisco, 1979.

[9] WATZLAWICK, P., HELMICK-BEAVIN, J., JACKSON, D., *Une logique de la communication*, Paris, Le Seuil, 1972. BATESON, G., *Vers une écologie de l'esprit*, Paris, Le Seuil, 1977.

[10] E. GOFFMAN, *Les rites d'interaction*, éditions de Minuit, 1974.

[11] C. LEVI-STRAUSS, in *Le regard éloigné*, éd. Plon, 1983. L'ethnologue devant la condition humaine.

[12] M. LEVER, *Le sceptre et la marotte*, Paris, éd. Fayard, 1983.

# Deuxième partie
LES RACINES

1
L'insolite

L'insolite trouble :

Etienne, trois mois.
Regarde le visage de sa mère qui a les cheveux tirés en arrière par un bandeau. Intrigué, il fronce les sourcils, reste en arrêt. Sa mère le rassure :
— *C'est moi, Etienne, regarde!*
Elle enlève le bandeau. Il la reconnaît et rit.

Le familier rassure et obtient de faciles succès :

Adrien, quatre mois.
Est souvent gardé chez Lisette (GM). En fin d'après-midi, il faut le faire patienter jusqu'à ce que sa mère vienne le chercher. Dès qu'il se tient à peu près assis, le meilleur moyen est le recours au scénario le plus ancien et le plus partagé : l'enfant est assis sur les genoux, face à l'adulte qui le tient et le fait sauter au rythme de différentes comptines du type «A cheval sur mon bidet» :
— *Pout! pout! pout!*
Adrien saute à chaque «pout», rit aux éclats et se renverse en arrière. Il a vite compris le jeu; dès qu'on le met en position, il rit et se renverse.

Deux histoires simples. Dans la première, ce qui, au bout du compte, fait rire est un détail nouveau, dans l'histoire d'Adrien, c'est au contraire la répétition d'une activité familière. Nous avons tous connu des situations analogues et leurs nombreuses variantes. Ici, les enfants sont très jeunes, mais les mêmes scènes se jouent et se rejouent longtemps au fil des années.

A première vue, ces comportements semblent s'opposer. Dans le premier exemple, Etienne est tout d'abord dérouté par une image inhabituelle du visage maternel, puis se détend dès qu'il retrouve ses repères. Mylène (M) donne un coup de pouce pour dissiper l'inquiétude : *C'est moi, regarde!*

Il y a, dans le rire qui s'ensuit, autant de soulagement (*je n'y comprenais rien... ouf! c'est bien elle!*) que d'amusement (*une drôle de tête avec ses cheveux tirés!*).

La plupart des enfants du groupe ont manifesté ces étonnements. Ils n'arrivent pas à trouver la clé sans intervention de l'adulte : l'image nouvelle les déroute. Elle ne les fait rire que si l'adulte rassure et explique :

> **Laure**, huit mois.
> Un jour sa mère a un foulard dans les cheveux. Laure est contrariée, l'observe, touche, tire. Elle est mécontente et ne retrouve son rire que quand le foulard est enlevé.
>
> **Guillaume**, seize mois.
> Son père s'est fait un shampoing. Guillaume ne le reconnaît pas avec les cheveux collés en arrière. Il a peur et pleure.
> Il faut lui expliquer, lui montrer qu'avec les cheveux mouillés lui aussi change de physionomie.

L'image insolite fait irruption dans le champ des habitudes. Elle dérange, même si elle n'intervient qu'un instant. Les retombées sont ambiguës : le même événement fait rire ou inquiète. Les deux, dans bien des cas.

Rupture, éphémère, ambiguïté : quelques indices.

Lorsque le bébé rit de «*pout! pout! pout!*», il n'est plus question de nouveauté. Adrien se trouve engagé dans des jeux familiers, souvent répétés dans la bonne humeur. Les enfants adorent ça. Le jeu se situe autour de 4 mois, mais le plaisir de recommencer, de rabâcher, les mêmes séquences se prolonge pendant des années et fort longtemps dans la vie.

Le bébé repère, on le sait, des indices annonciateurs du jeu, les marques qui le précèdent. Et le voilà qui «attend», rit d'avance, se prépare. Il va au devant avec des comportements anticipateurs que son partenaire comprend avec plaisir lui aussi. L'enfant anticipe, prend l'initiative d'inciter l'adulte à s'engager dans leurs jeux communs.

On ne peut guère prévoir pour chacun l'évolution de ces habitudes ludiques. Il arrive que certains de ces plaisirs familiers durent peu.

Dans le mouvement du progrès, l'enfant intègre toute nouveauté, au point qu'il existe un glissement permanent. A mesure qu'il devient connu et habituel, le nouveau tombe dans le banal. Les frontières nouveau-familier se déplacent continuellement, toujours dans le même sens : le répertoire de l'enfant s'enrichit.

Dans cette banalisation de l'expérience, certaines séquences répétitives ont le privilège de durer et de faire rire longtemps. Le familier s'accorde d'un climat de sécurité favorable au rire, au plaisir et à toute une gamme d'interactions qui sont à l'opposé de rupture, éphémère, ambiguïté, les marques du nouveau ou de l'insolite. Et cependant, l'insolite et le familier ont tous deux à voir avec l'humour.

Ce contraste est l'un des premiers notés avec les Parents de l'Humour. Tous observèrent des comportements apparentés à l'étonnement d'Etienne lorsqu'il reconnaît mal le visage maternel, mais en même temps, ils restaient convaincus que leur bébé riait beaucoup plus ou réagissait bien mieux dans les situations répétitives, dans leurs jeux ritualisés.

Données théoriques et observations personnelles allaient dans le même sens : ce que nous cherchions appartenait autant au nouveau qu'au familier. Les franches séances de rire résultent souvent de l'introduction de variantes dans les séquences ludiques familières : une blague relance le rire. Les imprévus sur fond de routine drôle sont bien souvent les meilleures situations. Nous retrouvons tous, instinctivement, ces pratiques dès qu'un bébé nous est confié !

> **Adrien**, dix mois.
> Le jeu de la cuiller. C'est l'âge où, assis dans sa chaise haute, l'enfant adore «faire tomber». Adrien fait tomber sa cuiller à droite. Je (GM) la lui redonne avec un commentaire amusé. Il la lance à gauche. Même jeu. Plus la chute est bruyante, plus il rit.
> Le plus apprécié, ce sont les variantes du jeu, les surprises. Je cache la petite cuiller :
> — *Plus de cuiller! Où est-elle?*
> A son tour Adrien, au lieu de faire tomber la cuiller, la cache dans son dos. Le rire redouble.

Des brides de coucou-trouvé se mêlent au rituel par petites touches. Si l'on se cachait toujours de la même façon, sans variantes, le jeu n'amuserait pas longtemps. Il y faut un peu d'invention. Habitude et création se mêlent dans la façon de vivre de chacun. Cela se dessine déjà chez les bébés.

L'insolite naît dans le jeu du nouveau et du familier. Ils semblent s'opposer, mais s'entremêlent à mesure que se déroulent les choses de la vie. Ils jalonnent le parcours hésitant de la construction du réel, des relations avec les proches et le monde. Nous verrons qu'à chaque instant l'un déborde sur l'autre. Ils s'enchevêtrent au point qu'on ne peut s'empêcher de les réunir au moment de conclure.

L'ATTRAIT ET LE TROUBLE DU NOUVEAU

Aux premiers jours, tout est nouveau pour le bébé. Il a tout à découvrir, tout à construire. Impossible de délimiter clairement ce qui est nouveau pour lui. Les réactions aux stimulations courantes sont actuellement bien décrites grâce aux enregistrements magnétoscopiques qui permettent d'analyser globalement les différentes réactions émotionnelles, tonico-motrices et physiologiques des bébés.

Les parents repèrent eux aussi quelles manifestations entraînent des stimulations inhabituelles. Le bébé réagit, par exemple, lorsqu'il entend un bruit violent, une voix familière déguisée, un fort éternuement ou devant l'image d'un familier qui a une forme inhabituelle.

Le nouveau va avec les premiers étonnements du bébé. Il n'attend rien et se trouve surpris par un stimulus inhabituel. A mesure que se constitue le répertoire des expériences personnelles, alors que la répétition du familier permet l'anticipation et l'attente de ce qui va suivre, la gamme du nouveau se déplace.

Dans les situations nouvelles, celles notamment que l'adulte appelle insolites, saugrenues, incongrues ou cocasses, existe une rupture : le continuum qui se déroule brusquement interrompu. Il y a discontinuité.

On ne sait cependant guère ce que le bébé perçoit. On dit, en effet, qu'un événement est nouveau quand on ne l'attend pas (unexpected). Or le bébé, lui, n'attend rien encore. De même pour l'insolite. Il surprend : on attendait autre chose (misexpected). Pour ressentir un événement comme insolite il faut déjà avoir un schéma de référence et prévoir ce qui pourrait arriver. C'est Etienne et la drôle de tête de maman : il connaît bien la tête normale et celle qu'il a sous les yeux en diffère.

C'est aussi l'événement qui survient dans un contexte inhabituel ou à un moment inattendu, comme le pantin musical d'Augustin :

> **Augustin**, six mois.
> Il aime son pantin musical. On le fait jouer le soir quand il va s'endormir. Si la musique démarre à un moment inhabituel, déclenche le rire.
> Quelques semaines plus tard, il a trouvé le maniement du pantin, ça ne le fait plus rire.

Le comportement d'Augustin confirme deux idées. L'enfant rit quand le jouet familier se met en marche à un moment inhabituel ; c'est alors le contexte qui est insolite. Le bébé a repéré des indices suffisamment clairs pour connaître le moment de déclenchement du pantin. Il ne rit plus lorsque lui-même acquiert la maîtrise du mécanisme. Il n'y a plus de surprise. La banalisation et la maîtrise éliminent ou transforment le plaisir.

Le nouveau et l'insolite ont en commun de surprendre. Ils apparaissent comme des discontinuités dans le déroulement du prévisible. L'irruption d'un autre aspect de la réalité. Une brèche pour l'humour.

Ils ont en commun aussi de fasciner. L'enfant ne demande qu'à être séduit par la nouveauté. Il est curieux, avide, explore tout. Même si l'enjeu est minime. Une nouveauté, c'est la joie.

En commun encore de déclencher une double réaction émotionnelle. Deux mouvements contraires, ce qui est bien normal puisqu'ils excercent en même temps attrait (la curiosité, l'appétit de découvrir) et crainte (l'inquiétude de ne pas comprendre, de ne pas s'y retrouver, d'être perdu).

Les réactions dans lesquelles se mêlent approche et évitement, en fonction de l'attractivité du stimulus, de son degré de nouveauté, de la dynamique de chacun sont bien étudiées en psychologie. Un exemple : Berlyne (1960) propose à huit enfants de 24 à 28 mois le stimulus «un diable qui sort de sa boîte», bien propre à faire valoir le mélange de curiosité et de crainte qui va surgir chez chacun. Mais les réactions qu'il recueille sont, on peut le prévoir, difficiles à systématiser[1].

On saisit déjà que l'étude de l'humour ne se situe pas sur le même plan que celle du rire ou du sourire. Ceux-ci, comme les regards, les mimiques et les vocalises ont une valeur communicative. Au même titre que les modifications physiologiques enregistrées en laboratoire (accélération cardiaque, rythme de succion d'une tétine), ils traduisent des états intérieurs ou des sentiments que nous ne pouvons saisir autrement. Ces marques fonctionnent comme des messages : dans une interaction, chacun perçoit ce qui l'informe sur les sentiments de l'autre. Un petit enfant n'a pas d'autres moyens de communiquer ses sentiments.

Tous les parents savent que les situations nouvelles peuvent susciter des réactions totalement opposées. L'enfant pourrait rire, mais souvent bizarrement, il exprime de l'étonnement, de l'inquiétude ou de la peur. Deux tonalités intérieures opposées font surface. D'un côté plaisir-satisfaction, de l'autre, désagrément-frustration. Rien d'étonnant : les réactions à un fait nouveau s'inscrivent, comme tous les comportements, dans un réseau de forces contraires. Au couple approche-plaisir, s'oppose évitement-aversion. Le plaisir ou son contraire sont l'enjeu de chaque histoire d'humour[2].

Le nouveau comme l'insolite opèrent un effet. Suivant le climat, le sentiment de sécurité et la durée du stimulus, les réactions du bébé vont d'un extrême à l'autre, du rire aux pleurs. Il ne faut pas qu'il y ait trop de nouveauté, ni que l'incertitude se prolonge trop. L'écart par rapport à l'attente et aux habitudes doit être supportable. L'enfant doit pouvoir résoudre l'énigme. Après un bref instant d'inquiétude, Etienne reconnaît le visage connu ; il faut qu'il puisse comparer instantanément l'image nouvelle et celle qui lui est familière. Quelques instants de plus, ce sont les larmes. Dans le dosage nouveau/familier intervient la durée de l'incertitude.

L'enfant ne perçoit des différences que par rapport aux classes conceptuelles qu'il organise progressivement. C'est ainsi que lui sont perceptibles les écarts du nouveau — des écarts infimes pafois — ceux plus nets de l'insolite et de ce que l'adulte appelle l'incongru, le cocasse, le bizarre, l'étrange (de plus en plus déviant par rapport au répertoire de l'enfant). Ces termes apparaissent souvent dans les commentaires des parents. Ce sont les interprétations des adultes, mais on ne sait pas toujours ce qu'a voulu faire l'enfant lorsqu'il n'est pas vraiment dans le droit fil de la logique, comme Loïc :

> Loïc, deux ans.
> Plante ses chaussettes pour décorer les montants de son lit.

A deux ans, c'est une invention-clin d'œil, sans doute dénuée de provocation. On trouverait facilement bizarre ou un peu fou l'adulte qui se comporterait de même.

Le bébé perçoit le nouveau par toutes les voies et dans toutes les situations du quotidien. Il l'entend, le voit, le perçoit par tous les sens.

Il l'entend. C'est un bruit violent, une voix inhabituelle ou la blague que lui fait l'adulte lorsqu'il déguise sa voix :

> **Etienne**, trois mois.
> Je (M) m'amuse à changer de voix. Je prends une voix de « sifflet », en faisant *« petit, petit, petit »* comme pour appeler les poussins.
> Etienne éclate de rire, s'arc-boute, puis s'énerve vite et recommence chaque fois que le jeu reprend. Il cesse de l'amuser vers 3 mois et demi.

Sans qu'on l'ait recherché, Etienne se trouve exactement dans les conditions que proposent Sroufe et Wunsch (1972) pour étudier le rire chez le bébé : « mère parlant d'une voix de fausset semblable à celle de Mickey Mouse», constatant que ce déguisement vocal n'est perçu que lorsque l'enfant a bien intégré l'image de sa mère et l'associe à sa voix[3].

Les réactions de l'enfant sont effectivement mobiles et évoluent rapidement. Comme pour Frédéric dont les parents repèrent les rapides changements :

> **Frédéric**, trois mois.
> Lorsque son père lui parle avec une voix étrange, il semble ne pas le reconnaître, fait la moue et pleure violemment, comme angoissé.

Les bizarreries qui l'intriguaient deviennent vite familières. Un mois plus tard, il maîtrise la situation :

> A quatre mois.
> De plus en plus sensible à ce qui, dans le ton de l'adulte qui lui parle, peut induire le rire. Un changement d'intonation ne lui fait plus peur, mais le fait sourire, pousser des cris joyeux ou rire franchement.

Mais tout n'est pas gagné ! Peu après :

> A cinq mois.
> Des jeux qui jusque-là provoquaient le rire, la drôle de voix, le petit grondement dans l'oreille, peuvent provoquer la peur ou les larmes si le bébé est fatigué.

Ces variables ne sont pas tellement prises en compte dans les études systématiques, or le bébé passe par des moments de calme, de joie, d'énervement. Il arrive qu'il ait sommeil, qu'il soit fatigué. Ses réactions changent alors du tout au tout. Il en est de même plus tard : à certains moments les meilleurs gags tombent à plat ou irritent.

Outre les voix, le monde sonore tout entier offre à l'enfant un mélange de formes connues et d'autres qui surprennent :

> **Laure**, huit mois.
> Réagit beaucoup aux bruits imprévisibles. Certains bruits soudains, comme un objet qui tombe, déclenchent des pleurs.
> Par contre des petits bruits lui plaisent : elle éclate de rire au bruit que produit un rouleau de Scotch que l'on dévide doucement.
> Puis ses réactions aux bruits s'atténuent : elle a appris les bruits de son environnement et s'y est habituée.

Il en est des bruits comme de tout ce que l'enfant perçoit.

La surprise initiale entraîne pleurs ou rires, puis cesse de déranger. Le nouveau change de camp et passe dans le familier.

Le nouveau, *il le voit*. Un changement intervient dans le visage des familiers, cette forme la plus nettement connue et reconnue par le bébé, ou dans la silhouette, les vêtements habituels ou encore dans le petit réseau des objets familiers : lit, espace proche, biberon, jouets.

Tous les bébés vivent, dès 3 ou 4 mois, des histoires de visage non reconnu parce que les cheveux sont lavés ou les lunettes changées, et ces histoires se prolongent tard. David, à un an, supporte mal que des lunettes viennent troubler le visage de sa mère. Rien ne lui permet d'en rire, il en reste au désagrément qu'inspire la nouveauté.

> **David**, un an.
> A la table familiale, il se tient sur les genoux de sa mère. Celle-ci essaie de grosses lunettes à monture d'écaille. David n'aime pas cela du tout, il se fâche alors qu'il tolère très bien les mêmes lunettes sur le nez de celui qui les porte habituellement.

L'adulte sent vite l'inconfort du bébé et l'aide à s'en sortir. Il lui fournit les clés qui permettent de résoudre l'incongruité en insistant sur les indices qui raccrochent au familier :

> **Frédéric**, dix-huit mois.
> Je me lave les cheveux qui restent tout dressés bizarrement sur la tête. Il faut un moment, des grimaces, des paroles, pour que Frédéric passe de l'inquiétude à un rire mitigé.

Le visage n'est pas seul en cause. Certaines positions modifient l'angle de vue ; le bébé ne retrouve pas ses repères habituels ou, s'il ne s'inquiète pas d'emblée, prend le temps de reconstituer une image acceptable, compatible avec les modèles qu'il possède, comme :

> **Laure**, quatre mois.
> Assise dans son fauteuil-relax, elle voit sa mère qui se penche derrière elle. Pour Laure le visage maternel apparaît donc « à l'envers ». Petites grimaces de sourire très inhabituel.
>
> **Ludovic**, six mois.
> Il se tient à quatre pattes, sur la tête, prêt à faire une pirouette. Il marque un temps d'arrêt et découvre « le monde à l'envers », ce qui le fait beaucoup rire. Autour de lui ses parents et son frère rient aussi, ce qui le fait redoubler. Il recommence plusieurs fois.

Tous les détails qui, autour de l'enfant, se détachent du fond routinier viennent solliciter son attention, comme autant de surprises qui avivent son intérêt. Certains enfants particulièrement observateurs, sont attirés par les détails, les recherchent, en rient :

> **Laure**, neuf mois.
> Très observatrice, elle est amusée par des détails insolites : une poignée de porte baissée de façon inhabituelle, un déguisement, sa mère qui fait le chien.

Bruno, neuf mois.
Il se met à rire d'événements insolites : un monsieur qui éternue bruyamment, son père qui marche avec des béquilles, le fils de la gardienne qui fait le clown devant lui (saute, court, crie), un objet qu'il essaie d'attraper et que l'on retire.

La réaction de Bruno que fait rire une démarche inhabituelle ou un éternuement sonore contraste avec celle d'un bébé plus jeune :

Aurélien, quatre mois.
Un éternuement sonore : il fond en larmes avec une mimique de désespoir.

Quel chemin parcouru en si peu de temps! Bruno a jalonné son monde de repères assez stables pour que des incidents de ce type soient totalement banalisés. Au point d'en rire et d'aimer en rire.

Les interférences entre nouveau et familier sous-tendent toutes les expériences de l'enfant. Nous les retrouverons dans les imitations, dans les présences, les jeux et les activités corporelles. Les habitudes de portage, de caresses, de jeux corporels constituent un stock d'expériences vécues qui intègrent chaque nouveauté.

Le nouveau introduit plusieurs thèmes. Il se trouve proche de la notion d'incongruité. Entre peur et rire, la résolution de l'incongruité dépend de plusieurs facteurs. L'âge de l'enfant avant tout : les cheveux de maman coiffés en l'air déroutent le bébé de 3 ou 6 mois, alors qu'à deux ans le changement est à peine remarqué. Puis, à tout âge, du degré de l'incongruité. Quels écarts perçoit l'enfant? Que ressent-il comme différent, insolite? Comment y réagit-il?

La part de nouveau est parfois minime :

Laure, cinq mois.
Petites mimiques comiques en voyant sa mère tenir dans sa bouche la capsule de biberon.

Les enfants faciles, d'humeur rieuse sont amusés par des riens. Tout leur fait plaisir.

Reprenons l'exemple du visage humain. Il se trouve l'une des formes les plus prégnantes pour le tout-petit et, de ce fait, la plus étudiée au cours du premier développement. (Voir aussi dans «présences» : la fascination du visage).

Le visage humain, cette forme ovale régulière, quand elle se présente à la bonne distance, est le modèle qui est regardé par le bébé avec le plus de constance et de plaisir. Forme bien connue, vite reconnue, associée à des moments de présence, de communication et d'activités communes. La «forme visage» est sans doute le modèle complexe le plus universellement perçu et apprécié par le bébé.

De nombreuses observations ont étudié tout ce que peut nous apprendre la situation de fixation du visage par le bébé, en tenant compte de différents paramètres : l'âge, la familiarité du visage, son caractère figé ou mobile, etc. Résumons les résultats.

La photo d'un visage humain «intéresse» l'enfant dès 4 mois. Le bébé lui sourit. La fréquence du sourire est deux fois moindre si le visage est modifié, ce qui est réalisé en introduisant différents bouleversements comme absence d'un détail (il n'y a pas de bouche, pas d'œil) ou désordre (l'oreille à la place du nez).

Tout laisse penser qu'il s'est constitué dans la pensée de l'enfant une forme de visage (un *pattern*), un modèle auquel il compare la photo. La forme perçue est l'objet d'un rapide examen dans sa globalité et ses détails. Si elle est conforme au modèle intériorisé, elle est «reconnue», associée au familier. Mais si elle diffère du modèle, elle pose un problème que l'enfant ne peut résoudre sans effort. Trop déformé, le modèle n'évoque plus rien ; l'enfant n'y retrouve aucun schéma connu. Avec de petites déformations, il peut retenir l'attention, voire amuser. L'enfant se heurte à une petite dose de «nouveau» qui brouille un schéma familier du répertoire.

A partir de 8 ou 9 mois, le visage humain n'excerce plus d'attrait et ne fait plus vraiment sourire. Il est devenu banal. Les réactions redeviennent intéressantes vers un an.

Le visage familier, trop «facile» est alors sans effet. Le visage trop déformé, trop «difficile» ne déclenche aucune réaction. Mais l'enfant réagit (surprise, sourire ou rire) si le visage présente une irrégularité aisément perceptible (l'oreille à la place de la bouche par exemple). Il réagit aussi devant un dessin nettement incongru comme une tête d'animal sur un corps humain ou un corps à deux ou trois têtes (Kagan, 1966)[4].

Ces progrès traduisent la construction du réel : dès ses premiers mois, l'enfant construit un modèle et perçoit ce qui, dans les formes qui s'offrent à lui, coïncide avec les modèles de son répertoire ou ce qui en diffère. Un jeu de questions aux frontières familier/nouveau. Une petite dose de nouveau ne brouille pas totalement la perception et peut introduire un attrait inhabituel. Une nouvelle forme de la réalité que l'enfant peut trouver cocasse ou risible.

Pour que l'enfant apprécie une forme nouvelle il faut que le degré de familiarité l'emporte sur la dose de nouveauté. Les repères du réel doivent sauter aux yeux même si des détails sont là qui les masquent.

L'évolution des réactions à l'incongruité permet de saisir des mécanismes initialement d'ordre cognitif, liés à la saisie de l'information.

La perception d'une incongruité accroche l'attention. Elle lance un défi cognitif qui, s'il se prolonge, va entraîner tension et inquiétude : *je n'y comprends rien, je ne retrouve rien de connu.*

Cette réaction initiale explique l'air sérieux et interrogateur d'Etienne devant le bandeau qui brouille le visage maternel. Le sourire soulagé, «*eurêka*», *j'ai trouvé, c'est facile, pas inquiétant, je m'y retrouve!* La tension tombe en même temps qu'est perçu le non-sérieux : *était-ce bête, mais oui, il s'agissait de trouver l'astuce.*

Nous sommes, sans l'avoir cherché, tout près du mot d'esprit freudien. Ainsi éclairé, l'humour est «une expérience essentiellement cognitive dans sa nature» conformément à la thèse de McGhee. Nous nous hâtons d'ajouter : ... en partie cognitive. Avec le détail incongru, deux plans de référence, deux images coexistent dans le champ perceptif du bébé. L'une est familière : le visage de maman qu'il connaît bien, l'autre, brouillée par un détail nouveau, ne correspond pas au schéma connu.

L'enfant doit faire coïncider deux images qui, à première vue, ne vont pas ensemble. Il reconnaît, mais ne reconnaît pas vraiment. Tant qu'il ne trouve pas suffisamment de repères pour résoudre l'énigme, il flotte, ne sachant que faire de ces deux images incompatibles. Il suffit d'un «tilt», pour que les deux images entrent en correspondance et que tout bascule dans la détente et le rire. A ce moment, il y a une part de découverte, avec son mélange de défi cognitif (résoudre l'incongruité), de détente émotionnelle (*je n'y comprenais rien, j'ai bien failli me laisser avoir!*) et de complicité. En se dissipant, la brève peur rapidement écartée modifie la tension émotionnelle qui alimente le rire. Le défi n'est pas purement cognitif, il est pris dans un tourbillon d'émotion, un trouble aussi bref que violent. Lorsque Etienne hésite devant le visage maternel, il est sur le point de se «faire avoir». En apportant un indice qui l'aide, l'adulte précise l'image de la réalité et renforce la confiance de l'enfant. Nous sommes aussi dans l'éphémère, car, entre «se faire avoir» ou non, tout se joue en un éclair.

Une autre piste mérite un détour, celle de l'humeur. L'humeur qui, dans la langue française, sonne si proche d'humour sans y être totalement liée. La «bonne humeur» — nous la rencontrerons souvent — qui, chez le bébé, peut basculer comme rien, toute prête à déraper du rire au chagrin. Bébé de bonne humeur, pas d'inquiétude, rire franc. Mais il suffit de nuances (l'inquiétude dure trop, le bébé est fatigué, un brin d'insécurité) pour que l'humeur rose vire au gris ou au noir. La complicité et la sécurité sont les premiers garants de la bonne humeur : pour Etienne il suffit que Mylène ôte son turban :

Regarde, c'est moi! L'humeur inquiète est balayée. Le nouveau révèle la labilité de l'humeur.

C'est là que démarre aussi la piste de la créativité. Dans beaucoup d'exemples, l'enfant est spectateur, récepteur des situations ou stimulations que lui procure le monde et que lui fournissent les proches. Jusque-là, il réagit aux nouveautés. Puis vient un moment où l'enfant devient créateur d'histoires. Il commence à avoir des initiatives dans les interactions, glisse une nouveauté dans la routine, un gag naïvement surréaliste, une trouvaille. Certaines sont signées, elles ne peuvent être que des créations enfantines. Quel adulte se permettrait ça ou imaginerait qu'il va réellement faire rire avec ça?

Dès qu'il crée quelque chose qui n'est plus dans le droit fil de la routine, l'enfant entre dans la confrérie des humoristes. Il jongle avec le réel et l'attendu. Il décore les montants de son lit avec ses chaussettes (Loïc), il installe sa dînette et fait goûter son chien (Jessica), il vous offre un caillou et c'est une pêche. L'enfance rend acceptable n'importe quelle création.

Avec l'insolite prennent place de grands repères : l'incongruité, le défi cognitif, l'humeur, la créativité, la discontinuité... plus qu'il n'en faut pour entrer au pays de l'humour!

D'autres notions encore. La référence : l'enfant perçoit une différence dans la mesure où il a déjà construit un modèle, une forme auditive, visuelle ou autre, à laquelle le détail nouveau est comparé, ce qui permet de le percevoir comme déviant, insolite. L'éphémère, aussi qui existe tant dans l'événement (un trait nouveau sur fond de familier), que dans l'humeur (le nouveau introduit la surprise, suspend l'attention, tout peut chavirer) et dans l'évolution de l'enfant : ce qui est nouveau aujourd'hui ne le sera plus demain. Nous sentirons dans tous les chapitres la fragilité des mouvements émotionnels et l'incertitude de la résolution.

LA SECURITE DU FAMILIER

Les réactions des tout-petits au nouveau, fugitives, échappent certainement souvent à l'adulte. Par contre tous les adultes racontent le plaisir et le climat de rire qui accompagnent les routines quotidiennes. Cela dès les toutes premières semaines :

> **Aurélien**, deux mois.
> Adore qu'on le secoue en rythme. On lui agite les bras alternativement, le droit, le gauche, le droit. De même avec les jambes. Mêmes réactions quand

on tape son derrière sur sa chaise. Ce sont, chaque fois, des roucoulades entrecoupées de gros rire.

Clément, trois mois.
A adoré depuis tout petit les jeux moteurs qui se répètent : posé sur un grand lit, on le roule, le pousse. Il se laisse déplacer avec des rires et une mimique de plaisir extrême.
Et à six mois.
Depuis tout petit a aimé « la petite bête qui monte »...

Adrien. six mois.
Ce qu'il préfère : les gestes rythmés répétitifs comme frotter un meuble pour faire briller la cire, se brosser les dents, brasser une sauce, tourner la manivelle des stores.

Des situations qui se répètent, dans lesquelles complicité, plaisir et amusement sont visibles de part et d'autre. Le plaisir de chacun augmente le contentement de l'autre. Dans la gamme des plaisirs partagés, cette ambiance heureuse se situe très au-dessus de la « bonne humeur ».

Il s'y ajoute que tout est très répétitif dans la journée du tout-petit. Les mêmes situations se reproduisent plusieurs fois par jour avec les mêmes partenaires ou un nombre limité de familiers. On le prend, on le change, le baigne, le fait manger, l'installe couché, assis ou dans son parc.

Dans ces routines quotidiennes, les Parents de l'Humour ont été des partenaires complices. On trouvera dans toutes ces pages les plaisirs du bain, de la promenade, des repas, des cachettes, plaisirs qu'ils ont suscités et partagés. Ils ont, par leur engagement amusé, favorisé la part de drôlerie et de plaisir qui accompagne les habitudes courantes.

Chaque enfant construit son répertoire d'habitudes. La répétition du familier a pour elle la sécurité, la prévisibilité des conduites attendues. Chaque séquence se déroule de la même façon, l'enfant la connaît et sait d'avance ce qui va suivre. Lorsqu'on l'habille, vers 10 mois, il commence à accompagner le geste que l'adulte imprime à ses membres. Il aide. Pour cela, il faut qu'il soit capable de prévoir l'ensemble du schéma gestuel. De même dans les situations qui s'y prêtent, il rit d'avance, il « attend ».

Son attente rieuse nous enchante à plusieurs titres. Nous y voyons l'appétit de l'enfant pour la vie, courant au devant des événements, mais aussi sa capacité de lâcher le plan du réel: il imagine un climat, des sentiments et ses yeux pétillent avant même que le plaisir ait commencé. L'adulte donne le ton: *attend ! attend !* Lorsque l'enfant l'imite, « *attend* » figure souvent parmi les premiers mots.

La répétition des situations permet l'anticipation. Dès 4 ou 5 mois, il «va au devant» de nombreuses activités. Il frétille quand il nous sent proche, ébauche des mouvements anticipatoires lorsqu'on va le prendre. Initiatives de plus en plus actives, au cours de la première année :

> **Adrien**, dix mois.
> Quand il a envie de jouer, il rit d'avance, gonfle son ventre pour qu'on le chatouille. Avec un gros rire.
>
> **Clément**, dix mois.
> Des complicités très fines. Son père l'a habitué à un petit jeu : il le regarde en coin puis tout à coup se tourne vers lui en le regardant bien en face, pour le surprendre, ce qui le fait beaucoup rire.
> Clément connaît bien le jeu. Il suffit qu'il perçoive une ébauche de la mimique paternelle (le mouvement des sourcils qui accompagne le regard en coin) pour qu'il prenne les devants et se mette à rire.

Avant la fin de sa première année, l'enfant est assez sûr de son partenaire, des activités communes, de la fixité de leur déroulement et du climat qui en résulte. Il a franchement l'initiative du jeu, y entraîne l'adulte ce qui témoigne d'une sécurité extrême dans l'élaboration des relations et des rituels sociaux. Sécurité et stabilité : son attente est rarement trompée.

La situation idéale est celle des séquences habituelles, avec un partenaire familier, dans un climat d'amusement. Il arrive qu'au milieu des rires, l'adulte s'amuse à changer de ton, prenant l'air grave ou sévère. Si le climat de rire est solidement installé et que la feinte ne dure pas trop, le brusque changement rieur/sévère n'entame pas la bonne humeur. C'est une question de dosage !

Le changement de l'adulte surprend l'enfant par la nouveauté qu'il introduit dans le familier. En lui présentant deux attitudes incompatibles qui se succèdent en un temps très bref, l'adulte trompe l'attente de l'enfant. Le bébé doit surmonter des apparences contradictoires. Le jeu du nouveau et du familier est très étroitement réglementé.

Le familier est un bon terrain pour le rire, mais il n'est pas, à lui seul, générateur d'humour. Plutôt que des pistes, il fournit un climat propice à l'humour. Il faut que tombe un événement insolite pour que le jaillissement de l'humour soit possible. Dans le sens de l'humour, intervient en premier lieu la complicité des partenaires. La sécurité qu'elle assure permet alors à l'enfant de supporter des phénomènes non prévus.

L'adulte ne s'étonne pas de voir l'enfant rire et rire encore à quelque chose qui l'a déjà amusé vingt fois. Il jouit ainsi de son pouvoir d'amuser à peu de frais. C'est simple et naïf. Ce rôle trouve des échos dans le coin d'enfance enfoui en chacun de nous qui continue à rire des plaisanteries ressassées, expliquant que, malgré sa facilité, le comique de répétition soit l'un des plus vivaces.

Partageant le plaisir de l'enfant, l'adulte se trouve indispensable sur les deux tableaux : il assure la sécurité du familier et possède l'initiative d'introduire le nouveau. Il lui revient encore de contrôler les limites rire/pleurs. Où s'arrêter, en ménageant l'attente et la surprise, jusqu'où taquiner ou stimuler ? Maître du jeu, l'adulte peut fasciner l'enfant par un spectacle nouveau, sans que soit menacé le climat de jeu et de rire.

Avec le familier, se précise l'importance de la sécurité, de l'anticipation et de la complicité.

Dans les entrelacs entre nouveau et familier, il devient évident pour tous que l'humour est un phénomène culturel. Il peut sembler superflu de s'en expliquer encore pour l'humour qui est, avec le langage, le plus spécifiquement humain en l'homme. Les chemins de l'humour serpentent en effet autour des habitudes et des règles qui constituent le répertoire des traits culturels.

Quelle que soit la diversité des comportements, des attitudes éducatives, des variantes sociales et ethniques, le déroulement du quotidien actualise toujours des traits culturels propres au groupe social. Il se mêle partout des règles d'ordre général et d'autres d'ordre individuel. Ne serait-ce que dans la façon de voir le bébé et de le traiter. Comparez le bébé d'aujourd'hui qui est, on le dit, « une personne » et celui du début du siècle, si vulnérable. Ici-même, il y a moins d'un siècle, ce qui n'est presque rien dans la longue durée de l'Histoire.

La façon d'habiller l'enfant, de le transporter, de l'entourer de gadgets et de peluches, de le nourrir et de régler sa vie, les rêves que l'on nourrit pour lui... tout participe au réseau social dans lequel se dessine progressivement sa place. Les traits culturels, on le voit, reflètent les attitudes fondamentales qui règlent les rapports humains. Autour de chaque enfant s'élabore une version privée des règles du groupe, la version que les parents ont eux-mêmes vécue, intériorisée et modelée à partir de leur expérience personnelle.

Comme dans le langage, on peut voir dans le répertoire culturel des structures de surface et des structures profondes[5]. Le scénario des histoires rapporte les traits de surface, mais l'analyse qu'on peut en faire cherche les mécanismes sous-jacents. Le bébé de six mois qui, aujourd'hui, dans notre culture, commence à s'alimenter avec une petite cuiller ne se doute pas que cette simple habitude — un trait culturel de surface — est la résultante de toute une évolution multifactorielle. Tant de facteurs interviennent : les progrès moteurs et nutritionnels de l'enfant, les progrès d'hygiène et de diététique, le souci de favoriser l'évolution de l'enfant qui devient grand et va pouvoir progressivement imiter les habitudes alimentaires des autres. Sous-jacents encore, des thèmes plus généraux, comme ceux qui tournent autour d'autonomie/activité. Ce qui se joue entre l'enfant et ses partenaires habituels est en rapport avec l'appropriation des règles, des habitudes, des conventions et des limites.

Les scénarios nouveau/familier se déroulent dans le temps. De ce fait, ils se prêtent à une représentation linéaire qui suit le déroulement du récit. Les diagrammes du familier et du nouveau ont des points communs et d'autres qui les opposent. Commençons par deux séquences de familier. La représentation en est très simple comme l'est l'histoire elle-même.

> **Etienne**, trois mois.
> Je prends une voix « de sifflet » et lui fais :
> — *Petit! petit! petit!*
> comme pour appeler les poussins. Eclats de rire. Il s'énerve, s'arc-boute.

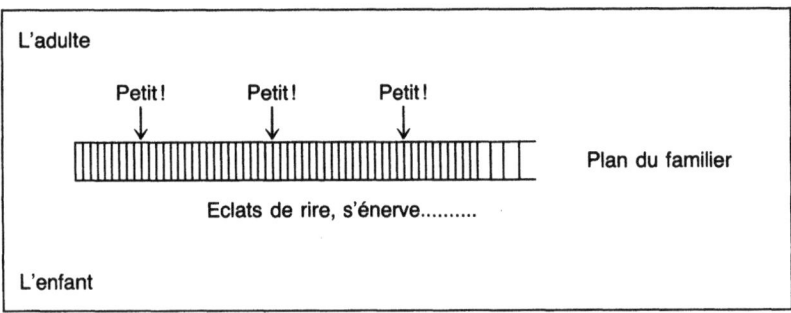

La séquence se prolonge, sans cassure, sans surprise. Même diagramme pour l'exemple type du familier :

> **Adrien**, quatre mois.
> Assis sur les genoux, l'enfant saute en rythme :
> — *Pout! pout! pout!*
> A chaque *pout!* le rire redouble.

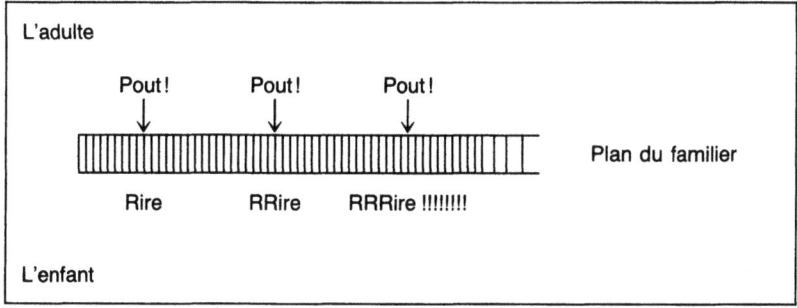

La zone horizontale hâchurée figure le plan du familier. Les événements s'y inscrivent dans le sens de l'écriture, de gauche à droite. Au-dessus de cette ligne sont inscrites les interventions de l'adulte ou ce qui appartient au monde de l'adulte — au-dessous, les interventions de l'enfant. Les événements déclenchent des réactions dont nous ne percevons que les manifestations de surface (l'enfant rit, ailleurs il pleure, se détourne). La plupart des scénarios simples dans lesquels la répétition d'une conduite familière entraîne rire, plaisir et d'autres réactions, quelle qu'en soit la tonalité, peuvent s'inscrire dans ce diagramme. On aimerait pouvoir y inscrire aussi l'amplification progressive du rire, sa bascule possible sur un registre grinçant (dans : *petit! petit!*, Etienne finit pas s'énerver, s'arc-bouter, ce qui est proche de l'ambiguïté des réactions aux chatouilles), surtout l'amalgame qui lie de façon indissociable les conduites de l'adulte et celles de l'enfant. L'aspect formel importe peu, ce qui compte c'est que l'adulte met lui aussi — est le premier à mettre parfois — rire, plaisir, jeu, complicité, dans le chaudron.

Ni question, ni incertitude, ni cassure. Il s'agit d'une série ouverte qui peut se prolonger tant qu'on veut.

Que donne le diagramme de l'insolite (Etienne intrigué devant la drôle de tête de maman)?

Même convention de représentation, pour l'essentiel. Des signes apparaissent dans la ligne du familier :

? : L'enfant s'interroge : *qu'est-ce que c'est, je n'y comprends rien!*

+ : Il trouve la réponse, résout l'incongruité.

− : Il ne trouve pas.

Nous traduisons à notre façon les mécanismes dont on peut supposer qu'ils sous-tendent les réactions apparentes de l'enfant.

La succession d'événements qu'introduit l'adulte n'est pas la répétition d'un même fait familier; ses interventions diffèrent et répondent aux besoins de la situation. Que se passe-t-il de part et d'autre de la ligne du familier dans les deux temps de l'histoire?

Etienne.

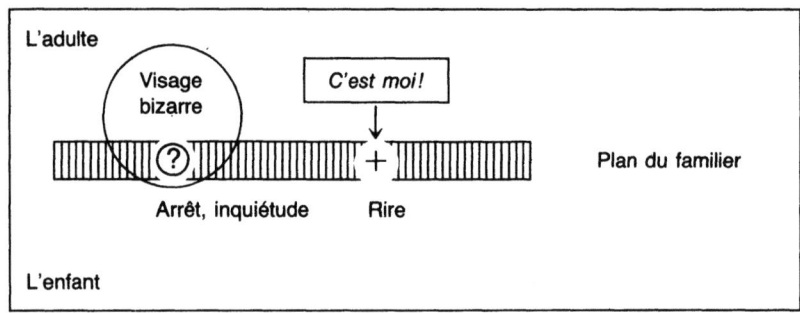

1. Côté adulte, l'événement est : le visage de maman avec détail bizarre. Nous l'appelons : visage bizarre.

Côté enfant : arrêt, inquiétude en surface et, dans sa tête, sans doute un point d'interrogation : il ne sait qu'en penser. Il compare ce visage atypique et le modèle classique du visage qu'il a en mémoire. Il pourrait résoudre le problème tout seul (ce qui se passe dans d'autres exemples). Il pourrait se laisser submerger par le trouble et se mettre à pleurer (les exemples ne manquent pas). Les questions supposées sont représentées par le point d'interrogation.

2. L'adulte donne alors un coup de pouce pour l'aider à trouver. En d'autres termes : pour faciliter la résolution de l'énigme, l'adulte donne une information supplémentaire, plusieurs informations même : sa voix que l'enfant ne peut pas ne pas reconnaître et son affirmation : «*c'est moi!*».

Il faut tout cela pour que l'enfant trouve la solution et que le rire succède à l'inquiétude.

Contrairement au diagramme du familier, celui du nouveau est une structure fermée. L'histoire a un commencement et une fin, un déroulement, une syntaxe.

Bien d'autres histoires se déroulent comme celle d'Etienne. Dans le même diagramme apparaissent d'autres résolutions. Par exemple Frédéric entend la voix de son père déformée, elle le surprend puis le fait rire :

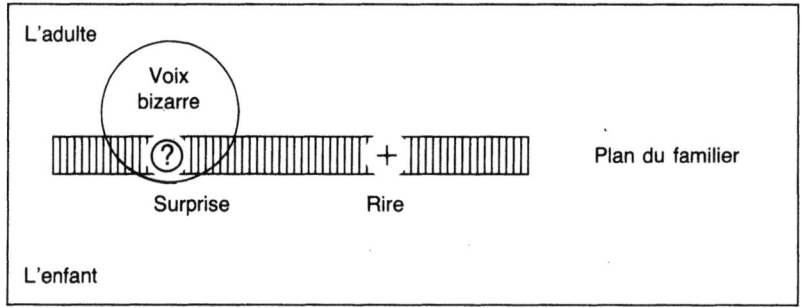

L'événement est insolite, c'est une énigme et l'enfant trouve la solution tout seul : il hésite, puis se rend compte que c'est bien la voix familière et la solution fait «tilt» sans que l'adulte réintervienne.

Un jour de fatigue, Frédéric perçoit la voix bizarre et ne trouve pas la solution. C'est le désarroi. Il pleure. L'image du tout-petit désarmé.

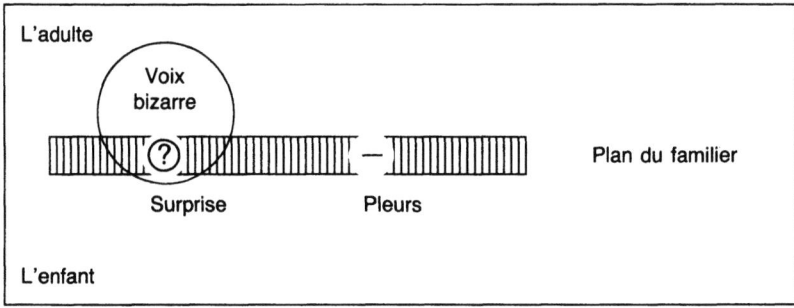

Dans les histoires familières, il n'y a pas de point d'interrogation, pas d'inquiétude sur la résolution, pas d'attente ambiguë. Lorsque attente il y a, elle est tellement complice qu'elle appartient aux conventions ludiques des partenaires. Le nouveau, au contraire, introduit de vraies questions et de vraies surprises.

Si le familier met en présence deux plans, celui de l'enfant et celui de l'adulte, ceux-ci sont si intimement liés dans leurs habitudes communes qu'ils en viennent à se confondre. Alors que dans le nouveau ou l'insolite, les deux plans sont momentanément distincts, incompatibles ou en opposition. Par exemple dans le scénario « visage bizarre », ce visage méconnaissable appartient au plan du nouveau alors qu'il existe un « visage habituel » dans la tête de l'enfant, sur le plan du familier. Mais pendant quelques instants, les deux modèles ne cadrent pas, l'enfant n'arrive pas à percevoir l'analogie des deux images. Il faut le coup de pouce maternel « *c'est moi!* » pour que les deux plans se rencontrent, trouvent un point commun qui fait « tilt », sur la ligne commune des deux plans. L'énigme est résolue, soulagement dans le rire.

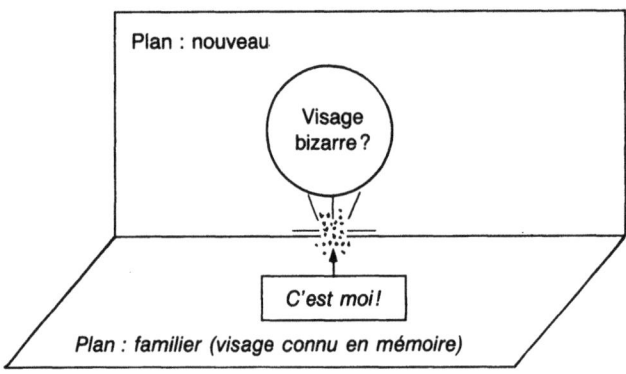

Les scénarios de l'insolite et du nouveau sont évidemment bien plus proches de l'humour que ceux du familier. Il s'agit cependant rarement d'humour intentionnel de la part de l'enfant, même s'il se laisse aller au rire d'un *happy end*. C'est l'adulte qui ressent le plus souvent la situation comme humoristique.

NOTES

[1] BERLYNE D.E. (1960), *Conflict, Arousal and Curiosity*, New York, McGraw-Hill.

[2] Ces conceptions de K. Lewin (*Psychologie dynamique dans relations humaines*, Paris, Presses Universitaires de France, 1959) sont étayées par les découvertes contemporaines de la neuro-endocrinologie qui font la brillante démonstration du jeu des catécholamines «sur le trafic neuronal de l'hypothalamus» avec ses sites spécialisés dans le plaisir (hypothalamus latéral) ou les réactions aversives (structures médianes). J.D. VINCENT, *Biologie des passions*, Paris, éd. Odile Jacob, 1986.

[3] SROUFE L.A., WUNSCH J.C., 1972, «The development of laughter in the first year of life», *Child Development*, 43, 1326-1344.

[4] KAGAN J., HENKER B.A., HEN-TOV A., LEVINE J., LEWIS M., Infant differential reactions to familiar and distorted faces, *Child Development*, 37, 519-532.

[5] Se référant au modèle des universaux linguistiques, C. Lévi-Strauss pose la question : «Y a t-il des universaux de la culture ?». Des recherches américaines portant sur des centaines de populations dressent la liste de traits universels : classe d'âge, sports athlétiques, parure, calendrier, apprentissage de la propreté corporelle, organisation collective, cuisine, travail coopératif, cosmologie, galanterie, danse, art décoratif, etc. ... Tel qu'il se pose aujourd'hui aux ethnologues, le problème de la culture, donc de la condition humaine, consiste à découvrir des lois d'ordre sous-jacentes à la diversité observable des croyances et des institutions». LEVI-STRAUS C. (1983), «Humour et culture», in *L'ethnologue devant la condition humaine. Le regard éloigné*, Paris, Plon.

2
L'imitation

Même s'il n'apprend pas tout par imitation, l'enfant acquiert beaucoup en regardant, en observant et s'essayant. Plus grand, nous disons qu'il nous singe... il ne fait que ça depuis le début !

Prenons l'exemple de l'acquisition du langage. L'imitation intervient à tous les niveaux structuraux de la langue. Le bébé babille, produit des sons un peu au hasard au début, puis les reprend dans des exercices répétitifs; c'est une auto-imitation. L'adulte entre dans le jeu, imite ses *«are»* et *«aguegue»*, disant bien d'autres choses, que l'enfant reprend à sa façon, auxquelles il répond, jouant dans cette boucle audition-phonation (les modèles sonores produits se superposent aux formes acoustiques entendues) qui permet au répertoire de se conformer au système phonétique de la langue maternelle.

Dans le jeu avec les sons, l'adulte diversifie les formes produites par le bébé, introduit des combinaisons que l'enfant va imiter et sans même le chercher, fournit des modèles correcteurs qui, pris dans le flot des imitations, vont permettre à l'enfant d'améliorer ses productions. C'est ainsi que par des essais successifs s'améliorent et se corrigent les imitations qui ressemblent de plus en plus au langage commun. Les mêmes essais-erreurs-corrections interviennent pour les mots, les formes grammaticales, la syntaxe, les usages.

De la même façon, l'enfant apprend les gestes, les mimiques, les habitudes. Mais ses capacités ne se développent pas toutes au même rythme. Il en résulte des asynchronies dans ses imitations, première source d'étonnement. Il est capable par exemple dès 5 ou 6 mois d'imiter des intonations, alors qu'il ne dit encore aucun mot. Il produit alors des imitations partielles, qui nous surprennent, car nous sommes habitués à recevoir globalement la phrase et son intonation. Ces imitations intonatives ne sont au début que de petits échos, puis ressemblent de plus en plus aux intonations que l'enfant entend.

Elles surprennent tout d'abord par leur précocité. L'enfant n'est pas en âge de parler et ses productions attestent qu'il est déjà dans le monde du langage. Aussi par la discrète incohérence qu'elles étalent au grand jour : avant d'avoir remarqué ces imitations partielles du bébé nous n'avions pas songé que l'intonation pouvait à ce point être dissociée de l'énoncé.

En imitant l'intonation seule, l'enfant la souligne. Ainsi isolées, nos habitudes intonatives sont caricaturées comme le sont les mimiques et les gestes qu'imite l'enfant. Innocentes au début, les imitations vocales se chargent de sous-entendus :

> **Frédéric**, un an.
> Il s'amuse souvent à imiter le ton de voix que l'on prend autour de lui (gronderie, câlin).
> Il passe quelques jours dans la famille et rencontre beaucoup de personnes nouvelles, notamment des tantes qui ont des timbres de voix très différents. Il les imite, mine de rien.

Le jargon intoné supplée l'insuffisance verbale. L'enfant ne dispose que de quelques mots, mais se débrouille pour se faire comprendre avec des intonations dont on ressent particulièrement, lorsqu'elles sont ainsi séparées du verbe, qu'elles véhiculent dans le discours humain, aussi sûrement que le font les mots, une part des sentiments et des désirs :

> **Baptiste**, quinze mois.
> Si nous grondons son frère, il nous attrape, dans son jargon, imitant notre ton impératif.

Elsa use de l'imitation avec raffinement :

> **Elsa**, deux ans.
> Imite beaucoup sa mère. Lorsque celle-ci s'énerve, crie et dispute Elsa (c'est rare), l'enfant se plante devant elle et se met à crier comme elle, en imitant sa voix et ses intonations.

L'imitation est si réussie et surprend tellement qu'elle désarme. La scène finit dans le rire. Du très bon humour.

L'imitation est souvent différée. Les bébés jargonnent dans leur lit, lorsqu'ils sont tranquilles ou avant de s'endormir. Ils répètent les sons, les mots et les formes qu'ils ont entendus. Comme pour le langage, l'acquisition des savoir-faire, des règles interpersonnelles et sociales progresse beaucoup par imitation. L'enfant imite nos gestes, nos mimiques. C'est un fait trop banal et universel pour qu'il soit utile d'en donner des exemples. Vous en avez sous les yeux tout au long de la journée. Nous ne retenons ici que quelques caractères particuliers de l'imitation.

LA PRÉCOCITÉ DES IMITATIONS

L'imitation par un très jeune bébé est à peine drôle, mais tant d'émotion et de surprise entrent en vibration à chacun de ses progrès ! Lorsque Charlotte, à huit semaines, tire la langue à son père qui, en jouant, lui tire la langue, l'amusement et le plaisir ne sont pas seuls en piste.

Il s'y mêle le sentiment de détenir un pouvoir exceptionnel auprès de cet enfant si malléable, prêt à copier tout ce qu'on lui propose. Il singerait n'importe quoi.

Le mystère aussi. Tout en riant des petites grimaces, nous ne pouvons pas échapper à la question des mécanismes sous-jacents. Tirer la langue en voyant simplement l'adulte le faire, implique la coordination de fonctionnements très complexes : percevoir la forme «langue sortie», établir une analogie entre l'image perçue et les mouvements qui permettent de tirer la langue, des analogies entre ce qui se passe chez autrui et les mouvements que l'enfant doit exécuter lui-même, faire démarrer tous les muscles — ils sont nombreux — qui interviennent dans un mouvement apparemment simple. Voilà qui cadre mal avec ce que l'on sait de la maturité perceptivo-motrice d'un enfant de quelques semaines. Et cependant, tous les parents peuvent observer de telles imitations. R. Zazzo le notait déjà chez sa fille de 28 jours, à une époque où la psychologie du premier âge ne reconnaissait pas au bébé de telles compétences. Non sans ironie une «vérité» aussi simple n'a refait surface que dans les années 70. Les esprits savants sont enfin devenus capables de reconnaître une évidence !

Les parents ont souvent un peu d'illusion sur les réussites de l'enfant. Ils croient qu'il imite, alors qu'eux-mêmes induisent l'action ou qu'ils relèvent des réussites de hasard. Mais leur rêve n'est pas inutile ; en félicitant les imitations, en les reprenant et les soulignant, ils permettent à l'enfant de s'exercer et de réussir. Banalité encore, l'enfant n'imite que ce qu'on lui donne à imiter. Les conduites que les parents aiment, montrent, induisent et encouragent se trouvent ainsi sélectionnées :

Charlotte, trois mois.
Son père (qui est musicien) est au piano, il joue et vocalise. Elle, confortable-

ment lovée dans son hamac, écoute, sérieuse. Puis, aux sons aigus, elle se met à vocaliser.
De même lorsque son père joue de la flûte. Lassée d'être mise à l'écart par ce tuyau brillant, elle se manifeste par des vocalises suraiguës. Elle ne manifeste jamais de colère ou de jalousie pour l'instrument, mais elle s'efforce d'occuper l'espace sonore elle aussi.

La précocité des vocalises de Charlotte serait mise en doute dans d'autres contextes. Mais elle vit dans un univers de sons et de voix. Quoi de plus naturel ? C'est son monde. Son oreille et sa voix sont modelées dans ce bain sonore, et c'est sa voix précisément que l'enfant utilise pour exprimer qu'elle est là. Jalouse de la flûte ? Non, mais les proches comprennent très bien qu'elle se heurte à une question de rivalité : si elle veut se faire entendre, c'est ainsi qu'il faut procéder. Sa discrète attaque fait d'autant plus sourire l'entourage que cette flûte tient vraiment beaucoup de place pour les autres aussi ! Par la voix de Charlotte, c'est celle de la majorité qui se fait entendre !

Etienne, trois mois.
Le chant l'intéresse beaucoup. Nous avons beaucoup écouté ensemble un disque d'E. Schwartzkopf, notamment la mélodie de Duparc sur un poème de Baudelaire : « mon enfant, ma sœur, songe à la douceur... ». Lorsque je chante, il me regarde avec ses yeux charmeurs, un petit sourire doux, en se tenant les deux mains. Il m'accompagne de petites modulations vocales. Lorsque la ligne mélodique monte et s'enfle, « ... d'aller vivre ensemble... », il fait :
— *Aaaaaiiit*
en suivant la mélodie. Dès que je lui chante cette mélodie il démarre ; elle le « fait chanter » d'une petite voix douce.

Imitation-concurrence de la part de Charlotte qui ne veut pas laisser envahir l'espace par l'omniprésente flûte de son père, imitation-participation d'Etienne qui commence réellement l'apprentissage du chant, comme il s'initiera un peu plus tard au piano. Ces imitations sont beaucoup plus que le petit écho souvent renvoyé par l'enfant qui entend chanter.

IMITATION - PANURGE

Le tout-petit a tellement tendance à imiter qu'il s'embarque parfois sans raison dans des imitations qui ne riment à rien. S'il était plus grand nous dirions « sans réfléchir ».

Etienne, trois mois.
Il se trouve en compagnie d'un bébé de quinze jours plus âgé. Il ne le regarde pas, mais il est très intrigué par la voix de l'autre enfant. C'est une grosse voix de bébé bien bavard qui fait :
— *Aeeeeuh ! eeeeuh !*

Dans les jours qui suivent, Etienne modifie ses intonations pour la première fois et fait des
— *Aeeeuh !*
très prolongés qui se terminent par un petit cri, comme l'autre bébé.

Pour Etienne, l'imitation est positive. Il découvre, en imitant ce bébé, un autre registre vocal. Mais les effets sont parfois fâcheux, comme pour Antoine (4 mois) ou Aurélien (7 mois) qui fondent en larmes lorsqu'un autre bébé pleure à côté d'eux. On ne peut s'empêcher de penser à la contagion du rire ou du fou-rire qui fuse sans raison lorsque plusieurs enfants sont ensemble. Contagion des pleurs aussi : simple imitation ou tristesse partagée ? Plusieurs critères évoquent l'humour pour l'adulte spectateur.

Comme pour les imitations d'intonations, l'enfant ne saisit qu'une part de la réalité. Il imite ce qu'il perçoit en surface : les pleurs. Mais, dissociés des sentiments qui les motivent, ceux-ci sont vidés de leur sens. L'imitation de pleurs « à vide » sonne de manière naïve. Comme si le bébé ne savait pas que les pleurs vont avec la tristesse.

En se mettant à pleurer pour rien, l'enfant manque de jugement : il imite n'importe quoi sans comprendre. Là, le comportement irresponsable de l'enfant inquiète un peu : il est prêt à emboîter le pas à toutes les apparences. Certains adultes, tel Panurge, restent de grands enfants.

C'est encore « le bébé désarmé », comme dans « le polo rouge » (page 299) : le tout-petit ne possède pas encore les références qui lui permettraient de prendre du recul et de résister à la contagion.

L'OBSERVATEUR MINUTIEUX

Il imite donc nos intonations, nos mimiques, nos gestes et nos manies. C'est avec l'autonomie motrice que le style des imitations se personnalise. Il nous imite de a à z, notre démarche, nos habitudes alimentaires, nos occupations à la cuisine, dans les magasins... Dans ses imitations, nous aimons la petite touche de trouvaille :

> **Elsa**, avant deux ans.
> Elle aide à la cuisine, en imitant tout ce que je (M) fais. Parfois elle a une idée, elle récupère les feuilles de radis, les met dans un récipient et les fait chauffer sur le radiateur.

A peu près toujours, le sérieux. Elsa joue la petite mère imperturbable :

> A deux ans.
> Dans la rue, elle aime pousser son landau avec sa poupée dedans. Elle imite maman qui pousse Arthur dans sa poussette, avec les mêmes attitudes, le même rythme.

Parfois, c'est au contraire la clownerie de l'imitation qui nous accroche : l'enfant a saisi des détails qui, joués par une petite bonne femme, prennent une tournure vraiment comique :

> **Charlotte**, dix mois.
> Elle est très amusée par «ma» (M) gym. Elle essaie de m'imiter en gesticulant dans tous les sens.

Puis l'imitation gagne en précision, quelques mois plus tard :

> A dix-huit mois.
> Je fais ma gym le matin. Elle m'observe puis s'allonge sur le sol, lève les jambes, se tortille, recommence... m'imite, bien sûr !

Nous sourions ici encore du contraste : Charlotte est à l'aise, sûre de ses mouvements alors qu'elle est prise au piège des apparences. La gym de maman n'est pas vraiment remuer bras et jambe n'importe comment ! Elle ne reproduit qu'une toute petite partie de l'apparence. De même, Céline :

> **Céline**, dix-huit mois.
> Tôt le matin, avec Madeleine qu'elle voit habituellement faire sa gymnastique. Elle lui serre les genoux, la plaque au sol :
> — *Titati* (gymnastique).

Et un peu plus âgée, ayant intégré une partie seulement des avantages de la gymnastique :

> **Céline**, deux ans et demi.
> Avant de se mettre à colorier, elle fait de grands mouvements des épaules :
> — *Je m'échauffe un peu.*

Voyez-vous l'intérêt de la mise en train musculaire avant de dessiner... ? Céline en est convaincue !

Certains aiment la précision, les détails et mettent toute leur application à réaliser une imitation fidèle :

> **Clément**, vingt mois.
> Il observe beaucoup les actions et attitudes des adultes ce qui entraîne d'innombrables imitations auxquelles il s'applique dans le moindre détail, saisissant très bien les attitudes et les nuances. Il les rend vite rituelles lorsqu'il s'agit par exemple de se brosser les cheveux ou les dents. L'opération se déroule dans le plus grand sérieux : il prend sa brosse personnelle, exige qu'on laisse couler un tout petit filet d'eau et profite de la situation pour boire un peu en aspirant l'eau à travers sa brosse.

Une réussite qui force l'admiration. David, comme beaucoup de garçons, a un faible pour les voitures. Rien ne lui a échappé :

David, deux ans et demi.
Il pose ses mains d'une certaine façon sur le volant de son camion :
— *Regarde, Paule, elle fait comme ça.*
C'est juste, il imite exactement le geste que fait sa tante sur le volant de sa voiture. Et modifiant légèrement sa position, il ajoute :
— *Et papa fait comme ça.*
Juste encore !

La saisie minutieuse des détails restitués dans des imitations différées. C'est ainsi que plusieurs enfants imitent puis recréent, à leur façon, la danse :

Lara, dix mois.
Imite beaucoup ce qu'elle voit faire. Elle danse : tient des deux mains le rebord de son parc et fléchit les genoux, en rythme, surtout quand elle entend de la musique, mais elle le fait aussi spontanément en entendant sa mère le raconter.

Charlotte, dix-huit mois.
Ecoute souvent de la musique. Elle se dandine, «danse». Parfois elle fait de grands mouvements des bras, comme si elle «dirigeait». Elle l'a vu faire sans doute autour d'elle.

Clément, vingt mois.
Hier, sans raison, il s'est mis à danser. Il s'est mis à chantonner «*lalala*», puis tourne sur lui-même avec l'air de s'amuser en faisant des gestes (les deux bras au-dessus de la tête, puis derrière la nuque). Plus il tournait, plus il riait et finalement tombait puis recommençait.

L'enthousiasme ! L'enfant met tant de cœur à des tâches banales que son dynamisme conquiert l'entourage :

Céline, dix-huit mois.
Elle traîne son fauteuil d'osier vers l'évier, grimpe, fait couler l'eau.
— *Que fais-tu, Céline ?*
— *Ma vaissè !* (= vaisselle).

Et elle récidive, un jour de fête ; elle s'attaque à une colossale vaisselle :

Céline, dix-neuf mois.
Toute la famille déjeune chez son arrière-grand-père. Elle avale son repas en vitesse et, alors que les adultes en sont au fromage, elle se précipite vers l'évier, d'un ton impératif :
— *Vaissè ! vaissè !*
Elle se met alors à s'activer, entreprend de laver les quelques assiettes qui sont déjà dans l'évier, en utilisant les deux bacs, l'un pour la mousse, l'autre pour rincer. Mais quel vacarme !

Il arrive que l'imitation retourne une situation et modifie le déroulement des événements. Le temps d'un goûter :

> **Aurélien**, dix mois.
> Une grosse brioche pour le goûter. Aurélien n'en a encore jamais mangé. Une tranche sur sa tablette. Il l'attrape et la jette immédiatement par terre, d'un geste décidé.
> Nous mangeons notre brioche devant lui, avec des commentaires insistants :
> — *Mmm, c'est bon, comme c'est bon...*
> Personne ne s'adresse directement à lui. Puis nous récupérons sa tranche et la reposons devant lui. Il s'en saisit alors le plus naturellement du monde et la dévore ainsi que les deux autres tranches que nous lui fournissons.

On voit tout ce qui n'est pas dit ! Il pourrait bien être privé de brioche, ce gros bêta inexpérimenté. L'entourage n'intervient pas directement, mais tente de lui ouvrir les yeux. Pas besoin de discours, notre néophyte a vite compris. Ce qu'il imite, dans la dignité, est leur plaisir de manger.

Il arrive que l'imitation en fasse trop. L'enfant imite en bloc tous les détails sans percevoir que certains sont étrangers à l'action :

> **Céline**, deux ans.
> Elle vient d'accompagner sa mère chez le coiffeur. Au retour elle rejoue la scène, coiffe sa mère, imitant tout ce qu'elle a vu. En même temps elle mâche puissamment en faisant beaucoup de bruit.
> — *Qu'est-ce que tu fais ?*
> — *Ben, je te lave les cheveux !* (la shampouineuse mâchait du chewing-gum !)

C'est encore le surgissement d'attitudes hâtivement entrevues à un moment où l'enfant semblait n'y pas prêter attention :

> **Elsa**, deux ans et demi.
> Elle commence à faire du tricycle. Elle acquiert rapidement une aisance surprenante, au troisième jour elle lâche les mains, met les pieds sur le guidon.
> Ces gestes n'ont pu être remarqués qu'au cours des vacances (il y a deux mois) : des enfants plus grands se livraient à des tas d'acrobaties dont elle a gardé le modèle pour les imiter maintenant.

IMITATION INTERACTIVE

Dans les interactions adulte-enfant on s'imite beaucoup. Une façon de maintenir le conctact et de renforcer l'intimité.

> **Antoine**, quatre mois.
> Il éternue, son père l'imite, il sourit.
> Sa mère tousse, il l'imite.

Imitations réciproques qui s'accompagnent de marques complices. L'enfant aime bien qu'on l'imite. Le plaisir en plus !

> **Antoine**, un an.
> Il rit beaucoup qu'on l'imite, quand il fait des

— *Eh! eh!*
Lara, dix mois.
Depuis plusieurs mois, sa mère fait un petit bruit de gorge qui la fait rire. Elle-même l'imite et «glousse». Elle a souvent l'initiative de glousser soit toute seule, soit pour faire rire sa mère.
Aurélien, dix mois.
Commence à exceller dans les jeux d'imitation. On se répond alternativement : petits halètements, grognements, bruits de gorge, bruits avec les lèvres.
Baptiste, quinze mois.
Ne se lasse pas de nous écouter faire des onomatopées.
Lui-même imite beaucoup ces onomatopées ou les cris des animaux.

En intervenant par l'imitation dans une séquence de grogne ou de pleurs, l'adulte peut en dévier le déroulement. Ces manipulations marchent avec le bébé tout petit, mais aussi avec des plus grands :

Rémi J., trois mois.
Il couine, sa mère, derrière lui l'imite avec la même intonation. Il s'arrête et sourit.
Peu après l'effet est le même avec son père.
Laure, vingt mois.
Elle grogne pour rien. Sa mère l'imite. Elle se rend compte qu'on la met en boîte, s'arrête mais donne des petites tapes d'un air entendu.
Bruno, trois ans.
Il pleure très souvent en se forçant un peu, dès qu'il est contrarié ou qu'il sent notre attention attirée ailleurs.
Un jour, lasse de l'entendre pleurnicher, je (M) me mets à l'imiter. Stupéfait, il s'arrête, recommence puis se met à pleurer vraiment et se jette dans mes bras, comme pour me consoler.
Une autre fois, je recommence, mais essaie de garder un air rieur pour ne pas l'alarmer. Il m'observe un moment, mi-figue, mi-raisin, et cela finit par l'amuser. Nous jouons ainsi un bon moment à faire semblant de pleurnicher.
La fois suivante, il commence à pleurer, se souvient de notre jeu, me guette d'un air entendu et se met à rire dès que je prends une mimique significative.

Les imitations réciproques rétablissent la bonne humeur momentanément compromise. Pour l'adulte, c'est une façon économique de détendre l'atmosphère. L'enfant ne s'en prive pas et c'est à son tour de nous manipuler. Nous avons vu Elsa faire ce pas de géant : c'est l'enfant qui possède le truc pour désamorcer.

IMITATION TENDANCIEUSE

Certaines imitations plus complexes permettent à l'enfant d'exprimer ce qu'il ne pourrait ou ne saurait dire autrement. Trois rubriques : identification, théâtre, dérision.

L'imitation-identification est par elle-même constructive ; l'émotion à fleur de peau. Il y a une part de «faire comme les grands» qui compte déjà beaucoup, mais il s'y ajoute l'appartenance à une catégorie sociale : les garçons dans la classe des hommes et les filles dans la féminité en même temps que des complicités particulières. L'enfant n'imite pas n'importe quel personnage.

> **Baptiste**, vingt mois.
> Il prend une petite mallette de jouets (qui ressemble à la valise de son père), monte sur son tricycle et dit :
> — *Bouillot!* (= boulot!)
> Il prend aussi un vieux cartable et, imitant son frère, sort de la pièce en disant :
> — *(E)cole!*
> A vingt deux mois.
> Imite son grand-père qu'il adore : s'assoit sur son fauteuil, prend un petit tabouret pour poser ses pieds et une remorque de camion pour imiter la télécommande de la télé.
> Aussi, s'enfonce le chapeau de son grand-père jusqu'aux oreilles, prend sa sacoche et part en disant :
> — *A t'a heure, bouillot, bye, bye!* (à tout à l'heure, je vais au boulot, bye, bye!).

Il occupe la place de papa ou de grand-père dans «son fauteuil» :

> **Clément**, vingt mois.
> Aime particulièrement s'installer dans le fauteuil de son père et s'y installe exactement comme il le fait : bien calé, les bras sur les bras du fauteuil, la tête un peu rejetée en arrière. Il fait l'important.
>
> **Adrien**, seize mois.
> Au retour des vacances il redécouvre le poste de TV, met le contact et va s'installer en face, dans le fauteuil qu'occupe habituellement son grand-père dont il imite exactement la position : les deux bras sur les bras du fauteuil, sérieux, sans broncher.

Un an plus tard, l'idole n'a pas changé! L'imitateur se lance dans des séquences plus élaborées :

> A deux ans et demi.
> Chipe les clés de l'appartement : sort sur le palier, puis fait semblant d'arriver. Il grabotte les clés dans la serrure, comme s'il ouvrait, fait le geste de poser un cartable invisible, jette un coup d'œil dans la coupe où se trouve en attente le courrier, va dans la penderie et achève son parcours en lançant :
> — *Je suis grand-père!*

Application, précision, fidélité au modèle puisque, tout petit, sans attribut particulier, il évoque indiscutablement grand-père. Avec ce mélange de sérieux et de non sérieux! L'enfant sent bien l'effet qu'il produit. Adrien jette un coup d'œil pour s'assurer qu'il est regardé. Un peu plus grand, Frédéric imite fidèlement le cérémonial du départ en vacances avec ses grands-parents. Il rejoue la scène, seul, à plusieurs reprises, sans omettre de détails : la démarche de grand-père, la vérification de chaque porte, les clés : *tiens j'ai oublié quelque chose!* et brusquement : *quelle connasse!...* une conductrice avait coupé leur route !

Pour Elsa, c'est la fierté que son père l'accompagne chaque matin à l'école. Ils partent tous les deux avec leur cartable, une analogie qui les rapproche :

> Elsa, deux ans et demi.
> Elle va à l'école le matin, depuis quelques semaines. Toute fière de partir avec son père, elle lui rappelle :
> — *Tu prends ton cartable, papa?*

Elle fait sa protectrice, sa «petite bonne femme» qui doit penser à tout. Sans elle, papa oublierait son cartable ! Un instant c'est papa qui est l'enfant. C'est aussi la camarade : avec leur cartable, ils sont logés à la même enseigne. Papa est tout proche.

Et les innombrables imitations de la féminité de maman ! Les maquillages, les hauts talons. Là aussi se mêlent imitation-identification et faire-semblant.

Ces imitations renforcent et confirment l'appartenance au groupe, à la classe, les marquages sexuels. L'enfant qui se glisse aussi habilement dans le tissu des apparences affirme sa détermination, son appétit pour la vie. Ces jalons contribuent à façonner son identité, l'image de lui-même.

L'imitation-théâtre joue sur un tout autre registre. L'enfant imite en amplifiant. Il soigne ses effets, ajoute des clowneries. Une pincée de rire en plus. Certains ont le talent d'amuser avec des scènes imitatives qui ont le ton des comédies. Frédéric en est le champion :

> Frédéric, vingt mois.
> Il s'amuse souvent, sans doute à l'exemple de son ami Michaël, à contrefaire des démarches bizarres : penché en avant, bras écartés, en boîtant ou à quatre pattes, les jambes raides comme un petit chien. Il rit beaucoup quand on le regarde mais plus encore lorsque nous l'imitons.

Un peu plus tard, les imitations de démarches tournent aux clowneries :

> A vingt-deux mois.
> Il exécute des danses burlesques, des petits spectacles qu'il nous offre et s'offre à lui-même. Il rit bien lorsque, tournant sur lui-même il perd l'équilibre et tombe sur le sol.

A deux ans.
Ses mimiques se perfectionnent, gagnent en sophistication, passant de l'imitation de gestes (les clowneries) à celle des expressions.
Il peut jouer l'indignation lorsque Philippe (P) pioche dans l'assiette de son fils. Frédéric lève les yeux au ciel, fronce les sourcils, met les poings sur les hanches et fait finalement une moue tellement réussie que nous éclatons de rire.
La malice : il fait les yeux en coulisse, un sourire narquois, figé, un petit sifflement ravi. Il joue à l'enfant.
Il feint l'étonnement, lorsqu'il entend son père arriver ; il écarquille les yeux dans une expression d'attente inquiète jusqu'à ce qu'il voie son père et bascule alors dans le rire.

Il joue de l'imitation dans tous les registres :

> A vingt mois.
> Son père parle à un ami en faisant des gestes de la main. En même temps Frédéric se parle tout seul, très sérieusement en faisant exactement les mêmes gestes.
>
> A deux ans.
> Il imite le sérieux des adultes, tenant un papier sans importance qu'il fait semblant de déchiffrer tout en déambulant.

Dans les deux cas l'imitation porte sur des détails finement observés. Une pointe de moquerie dans «les gestes de la main» : si Frédéric s'aperçoit qu'on le regarde, il sourit. Oui, une imitation discrètement parodique. S'il forçait la dose, le ton serait facilement mordant! Il l'est parfois!

L'imitation-dérision se moque, et c'est clair. C'est Elsa imitant maman encore :

> Elsa, deux ans et demi.
> Outre ses imitations «bonne femme» des attitudes, des activités, outre celle des intonations, Elsa reproduit avec une exactitude troublante certaines expressions de sa mère. Celles qui traduisent justement qu'elle n'en peut plus des comportements d'Elsa.
> Par exemple elle pousse de grands soupirs excédés, lorsqu'elle se heurte à une petite contrariété dans ses jouets.
> Ou encore elle téléphone à sa grand-mère, ou fait semblant de lui téléphoner, d'un ton las :
> — *Elle est pénible!*
> C'est la formule et le ton de sa mère.

C'est aussi Adrien. Bon garçon, il admet facilement que les habitudes ne soient pas identiques chez lui et chez Lisette (GM). Il est d'accord, chez elle, il reste assis pendant son repas, il va même au devant de ses demandes en reprenant ironiquement ses formules habituelles :

Adrien, vingt mois.
Il a compris depuis toujours que chez Lisette (GM) il doit s'asseoir dans sa chaise haute pour le repas, même si le règlement est plus souple chez ses parents. Il n'oppose pas la moindre résistance, tout se passe très aimablement, mais au moment du repas, il lui arrive de venir se camper devant Lisette, il la regarde bien en face et scande, en imitant son intonation :
— *On-man-ge as-sis !*

D'autres imitations, au même âge, sont des attaques tout aussi feutrées. Il reproduit fidèlement l'intonation chantante de Lisette qui répond : *oui ?* d'une voix montante, au téléphone. Dans la foulée, il l'appelle : *Lisette - oui !*

L'imitation permet de se moquer discrètement, gentiment et surtout impunément ou relativement impunément. L'enfant nous met dans sa poche ! Amusé par son numéro, l'adulte change de ton : l'énervement se dégonfle. L'imitation-dérision agit sur l'état d'esprit du partenaire en modifiant le climat. C'est une question d'humeur.

Quels critères se précisent avec l'imitation ?

Le jeu des contrastes en premier lieu. Le caractère drôle naît du contraste entre le sérieux et le non sérieux de l'enfant. Charlotte et Céline croient faire leur gym, mais non, elles ne font que gigoter, Elsa croit qu'elle fait cuire ses feuilles de radis, Baptiste croit qu'il part au boulot, Antoine croit qu'il parle... Ils croient et ne croient pas tout à fait. Ils font semblant. Ils sont le plus souvent à mi-chemin entre imitation et faire-semblant.

La complicité des partenaires qui entretient des rituels imitatifs lorsque le climat est propice :

Clément, deux ans.
Ils jouent à faire semblant de dormir.
Clément se réveille très tôt le matin. Il arrive que les parents essaient de prolonger un peu la nuit, en le prenant dans leur lit. Ils somnolent ou font semblant de dormir dans l'espoir de le retenir au lit.
Il y a toujours un moment où l'un des parents entrouvre un œil pour voir s'il dort ou se rendort. Clément guette ce moment et rit beaucoup lorsqu'il les prend en flagrant délit : ils ne dorment pas !
Puis il les imite, ferme les yeux un moment, les rouvre à la dérobée pour surveiller.
Parfois leur mouvement est synchronisé : Clément et son père ouvrent l'œil en même temps ! Ils se surprennent en train de guetter et de ne pas dormir !

Plusieurs critères sont au rendez-vous.

Il existe à peu près toujours deux plans : celui de l'enfant qui est petit / celui des activités d'adulte que l'enfant essaie d'imiter. Le point de rencontre est souvent limité à une toute petite ressemblance partielle : Charlotte se contorsionne (plan de l'enfant) croyant qu'elle fait sa gym (plan de l'adulte). Une infime analogie de mouvement existe dans chaque plan, encore ne faut-il pas être trop exigeant.

L'inattendu, c'est la survenue dans les activités de l'enfant de modèles qui viennent d'ailleurs. L'effet de surprise : le petit écho moqueur, une toute petite fille attaquant une grande vaisselle.

Le climat dominant est à peu près toujours la complicité, notamment dans les imitations-identification, les imitations-panurge : du moins y a-t-il toujours une part de complicité dans les imitations, même s'il se glisse un peu d'agression, comme dans les imitations-dérision.

Très proche du familier, l'imitation n'est pas, en elle-même, créatrice d'humour. L'humour naît plutôt lorsqu'il se glisse une trouvaille, une touche de créativité qui transforme la réalité. Ce sont encore les petites inadéquations qui, dans les imitations de l'enfant, vont dans le sens de l'humour.

3
Les présences

Des présences rendent euphorique alors que d'autres figent : la clé du climat.

Adrien, un an.
La promenade. Assis dans sa poussette, il ne perd pas une miette du spectacle de la rue. Il suit tout ce qui bouge surtout les pigeons et les chiens. Il fait participer et se retourne pour voir si l'on est bien là. Il rit, comme pour partager son plaisir. Il arrive qu'on s'arrête lorsqu'on rencontre quelqu'un.
Les adultes se mettent à parler. Adrien change de visage, il se cale au fond de sa poussette, l'air digne, sans manifester quoi que ce soit et il reste figé, comme absent. Il ne «voit» plus le spectacle de la rue.

Les présences paralysantes! L'entrée en jeu d'un inconnu, même neutre, dissipe instantanément le climat de charme dans lequel s'épanouissait le petit garçon heureux. Adrien spectateur de la rue nous fait sourire par son appétit dévorant et complice. Mais Adrien figé nous plaît aussi.

Plusieurs contrastes dans le sketch de la promenade. En premier lieu, le passage immédiat d'une humeur libre à un climat contraint et en même temps la disproportion entre la contrariété minime et ses effets. Contrastes fréquents chez le petit enfant.

En un éclair nous changeons de registre, Adrien passe d'une humeur à une autre. Le petit garçon à l'aise devient ce bloc d'indifférence. On a peine à le reconnaître dans deux images aussi différentes. A quel moment est-il lui-même et à quel moment joue-t-il? Il ne joue pas, il est à la fois le bébé vivant et le bébé figé. La succession très rapide de deux états aussi contrastés est déjà porteuse d'humour.

A un an, tout est limpide, mais en grandissant, l'enfant apprend les habitudes sociales et s'adapte à ce genre d'intrusion. Il aménage des réponses acceptables, comme Adrien, dans la même situation, quelques mois plus tard :

> **Adrien**, dix-huit mois.
> Quand il se promène, il rencontre parfois des gens qui lui font des fêtes. Il les fixe avec un air sérieux et fait sa mimique de rire forcé, sans son, une fraction de seconde.

L'enfant ne reste pas longtemps désarmé ! La première rencontre est simplement proche de l'humour par le contraste entre la banalité de l'événement et l'ampleur des répercussions. Dignité, élégance : pleurs et grogne sont bons pour les bébés capricieux ! Dans la seconde, l'enfant maîtrise son affaire : il reste conforme au modèle du bébé figé mais, en glissant un bref sourire forcé, il accorde une concession au code des adultes. Un instant, l'adulte croit qu'il va entrer dans le jeu et communiquer, mais non, Adrien ne s'engage pas dans la communication.

Comment, au cours de la première année, s'amorce le jeu social des rencontres et des présences ?

VOILA PAPA, VOILA MAMAN ! LA VIE EN ROSE !

Les parents savent tous que ce sont, dès les premiers jours, leur présence, leur proximité, leur voix, leur odeur, qui créent les premières traces. Les souvenirs du bébé. Il « reconnaît » leur voix, parmi bien d'autres.

> **Rémi J.**, trois mois.
> En week-end chez ses grands-parents, prend son biberon alors que tout le monde discute autour de lui (une dizaine de personnes). Il marque un temps d'arrêt quand il entend la voix de sa mère et s'arrête de façon un peu moins nette lorsque c'est son père qui parle.

Réaction identique chez Aurélien, au même âge. Ces réactions à la voix — la voix maternelle en tout premier lieu — dès les premiers jours, voire les premières heures, permettent toutes les hypothèses. La « reconnaître » implique que le bébé connaît déjà cette voix ce qui oriente vers les perceptions de la période fœtale, un sujet très étudié depuis quelques années.

Ce qui importe est ce constat que vous faites tous : la présence des familiers est source de plaisir, déclenche des sourires, des vocalises, des activités motrices comme le pédalage. Mais de tels signes n'apparaissent pas s'il s'agit d'un non familier. Chaque enfant tisse avec ses proches un réseau d'habitudes communes, de reconnaissances réciproques dans l'atmosphère d'intimité qui est le terrain idéal du rire, du plaisir, du jeu et de l'humour. Tous ceux qui ont des enfants petits le vivent dans d'innombrables situations qui sont proches de la promenade d'Adrien. Plusieurs traces d'humour s'y devinent.

La présence compte par elle-même, avec ce que l'enfant perçoit le plus nettement, le visage humain. Celui-ci, à bonne distance, est l'un des plus précoces stimulants de l'intérêt du bébé. Bien plus qu'une présence immobile ou qu'un visage figé, ce qui plaît au bébé, c'est un visage dont les traits s'animent : l'adulte parle, les lèvres bougent, les yeux se plissent, il remue à droite, à gauche. Le plus attractif est un visage «vivant» qui s'adresse au bébé. Un visage vivant et non un masque.

L'effet est décuplé lorsque le spectacle familier s'enrichit de variantes, de mimiques, grimaces... le fou-rire !

Le plaisir de la présence est d'autant plus ressenti qu'elle met fin à une absence. Il y a alors cumul : la sécurité retrouvée et une émotion inhabituelle. Lorsqu'on se retrouve après une séparation de dimension raisonnable, la joie éclate. Il suffit parfois simplement de la séparation que constitue la nuit.

Les départs et les retrouvailles sont souvent des moments intenses. Ils modifient l'ambiance, apportent un changement dans l'humeur, entraînent une élévation du seuil d'éveil ou d'intérêt («arousal» des auteurs anglo-saxons). Une levée d'inhibition. Un effet de surprise qui désarme un bref instant. Vous l'avez tous vécu, le matin au réveil ou après les séparations de la journée :

> **Aurélien**, quatre mois.
> Le matin, quand nous nous approchons de son lit, grandes manifestations de joie : sourire franc, pédalage, bras écartés, petits cris suraigus.
>
> **Adrien**, six mois.
> Rit aux éclats quand il voit arriver ses parents le soir. Une explosion de joie.
>
> **Baptiste**, neuf mois.
> Son visage s'illumine et il se met à gazouiller lorsque son père rentre.

En cas de retrouvailles plus espacées, le bonheur déborde :

> **Etienne**, six mois.
> Période pendant laquelle il ne voit son père que tous les quinze jours. Son père arrive, s'approche de son lit et lui dit :
> — *Bonjour mon Titou, tu vas bien ?*
> Etienne reste en adoration, fait des yeux charmeurs avec son petit sourire béat,

tend les mains vers le visage de son père, en faisant des petits «*eueu*» très doux et un petit rire silencieux.

La simple présence est déjà porteuse de sécurité, condition essentielle pour que l'enfant se laisse aller à rire.

A la présence s'associe le bien-être du familier. Beaucoup de bébés et d'enfants plus grands apprécient le plaisir du «chez soi». Retrouver ses affaires, son lit, ses jouets est apparenté aux vertus que possèdent la sucette ou la «patte-couverture». Certains le remarquent chez des tout-petits déjà : Charlotte, à 5 mois, heureuse de retrouver sa maison après de courtes vacances.

Tous les bébés manifestent leur plaisir à la présence et savent très bien attirer l'adulte. Même les plus «sages» et autonomes, qui, dès 4 ou 5 mois, restent volontiers éveillés, seuls dans leur lit à gazouiller, chiffonner leur drap ou jouer avec leurs doigts, trouvent comment se manifester et arborent un grand sourire dès qu'ils arrivent à leurs fins :

> **Aurélien**, quatre mois.
> (...) Il joue avec ses mains, les attrape, les tourne dans tous les sens. Quand il commence à en avoir assez, je lui installe son boulier, à portée de main. Il joue un moment, mais s'énerve car il n'arrive pas à en porter les éléments dans sa bouche. Alors il grogne. Je m'approche, il sourit.

Une présence, oui, en préférant sans hésiter, comme les autres bébés, une présence «en mouvement» à une présence statique :

> Au même âge.
> Il devient surtout grognon quand je lui travaille au nez. Beaucoup plus content si je m'active devant lui (préparer les biberons, ranger la cuisine), même si je ne tiens aucun compte de lui.

Maman qui écrit à sa table, c'est figé, il ne se passe rien. A la rigueur supportable assis sur ses genoux, bavant sur ses dossiers, grattant puis chiffonnant ses papiers... là, ça va, le travail est un plaisir!

Revenons à la fascination du visage. Le visage d'autrui, cette forme ovale idéale, est le stimulus visuel le plus anciennement et le plus couramment perçu. Le bébé de quelques semaines reconnaît le visage maternel, perçoit la moindre modification. Le visage familier, forme connue et reconnue, répétitivement identique, avec son accompagnement vocal, et sans cesse modifié par le mouvement :

> **Frédéric**, quinze jours.
> Sourit à la voix et aux visages connus qu'il suit des yeux. Même intérêt pour son père et sa mère.
>
> **Etienne**, deux mois.
> Premier sourire : voix et visage maternels.

L'adulte reçoit en retour les réponses du bébé, ses sourires et ses vocalises qui se trouvent pris dans un système imitatif réciproque, puisqu'au même moment l'adulte, lui aussi, sourit et parle. L'imitation, avec les apprentissages qu'elle permet, fonctionne comme un amplificateur du plaisir partagé. Le visage est aussi un terrain d'exploration du bébé, le premier sans doute. A portée de son regard et très tôt aussi à portée de ses mains qui vont, à plaisir, tâter, griffer, fourrager, explorer les reliefs et les creux qui ont tous leur attrait propre. A portée de sa bouche, aussi. En bloc et en détail, un joujou vivant et docile :

> **Adrien**, trois mois.
> Quand il est face à l'adulte qui le change, il regarde le visage avec beaucoup d'attention, adore toucher le nez, mettre les doigts dans les narines, dans les yeux. Si on cligne, il essaie d'imiter et rit.
> **Etienne**, trois mois.
> Ce qui l'intrigue c'est le nez de son père. Il veut l'attraper. Quand son père approche son visage, il rit vraiment aux éclats.
> A six mois,
> ... tend les mains vers le visage de son père, lui saisit les cheveux, le nez, en faisant des *eueu* très doux.
> Et aussi :
> Sa tendresse est rude, il me (M) saisit le visage, les cheveux, me « mange » la joue.
> **Baptiste**, six mois.
> Au biberon du soir, il s'amuse à me (M) toucher le nez, tout en tétant, il ne s'occupe plus du tout du biberon. Il rit avec les yeux.
> **Jean**, six mois.
> S'amuse beaucoup avec le visage de sa mère, le martyrise, lui prend le nez. Lui tord le nez, sa mère crie :
> — *Non, non, non!*
> Et Jean en rajoute, recommence, hurle de rire.

Puis ce sont des habitudes ludiques, avec le visage :

> **Charlotte**, dix mois.
> Elle me mordille le nez et attend, souriante que je profère le « aïe » traditionnel qui déclenche une cascade de rire.

La bouche qui change de forme, bouge, s'ouvre, qui fait des baisers, qui mordille, où l'enfant comprend vite qu'il se passe des choses exceptionnelles avec la nourriture et avec la parole.

Les cheveux excercent souvent une réelle fascination. Comme spectacle, ils contribuent à la mobilité du visage, induisent naturellement des jeux sur les formes (visage à moitié caché, mèche devant la bouche). Lorsqu'ils sont longs ils produisent un va-et-vient rythmé, rideau qui cache puis dévoile le visage. Comme toison ou fourrure, ils permettent au bébé, avec ses mains, mais aussi son visage et toute la partie antérieure de son corps de saisir, de caresser, d'agripper, de s'enfouir, de fourrager. Au plaisir du regard s'ajoute celui de prendre à pleines mains, de se vautrer, de caresser comme des peluches et plus tard de faire «coucou» derrière les longs cheveux :

> **Aurélien**, quatre mois.
> Tranquille dans son relax, on a d'abord cru qu'il aimait les bisous sur ses petits pieds nus. Mais on s'est rendu compte qu'à ce moment-là, ce qui l'amuse est la tête qui va et vient d'un pied à l'autre, avec la masse de cheveux juste à portée de ses mains. Il se moque complètement des bisous. Il suffit de poser la tête sur ses genoux, il attrape les cheveux, ravi, se met à gazouiller.
>
> **Charlotte**, cinq mois.
> Adore, au coucher, me tirer par les cheveux alors que je me penche sur elle pour l'embrasser.
>
> **Augustin**, six mois.
> Rires déclenchés par les cheveux. Sa mère se penche avec de longs cheveux quand elle le change. Ces cheveux effleurent le visage de l'enfant, il essaie de les attraper, adore ça. Un peu plus tard il lui suffit d'entendre le mot «cheveu» pour rire.
>
> **Etienne**, huit mois.
> Manifeste sa tendresse en serrant le cou, en mordant la joue. Il serre la tête et les cheveux avec passion, les attire vers lui, aime beaucoup câliner.
>
> **Etienne**, huit mois.
> Toujours attiré par les cheveux : sur les épaules de son père, plaisir de fourrager les cheveux qu'il prend à pleines mains. Ce sont les cheveux des parents qui déclenchent le plus de rire : toute modification dans ma tête le fait rire : il montre du doigt avec un petit cri, il faut qu'il touche. Que ce soit un bonnet, les cheveux mouillés, les cheveux brossés «en l'air», un jour, un ruban rouge autour du front : quel succès ! Il riait toutes les fois qu'il me regardait, voulait le toucher, me l'abaissait sur le nez.
>
> **Sabine**, dix mois.
> Jeu avec les cheveux. Sa mère la change, elle fait bouger ses cheveux qui sont assez longs, ramène une mèche devant la bouche, parle derrière les cheveux. Déclenche un gros rire.

Le moindre changement est repéré nous l'avons vu, qu'il s'agisse de Laure, d'Etienne ou de Guillaume. Et, suivant l'âge, le changement de coiffure entraîne toute une gamme de réactions :

> **Etienne**, deux ans et **Julie**, six mois.
> Leur mère revient de chez le coiffeur ; elle a changé de coiffure et arrive toute bouclée. Les deux enfants l'attendent sur leurs coussins de jeu, avec leur père. Toute activité cesse, trois paires d'yeux la dévisagent en silence. Julie est effarée,

vaguement inquiète, Etienne éclate d'un gros rire, se précipite pour lui passer la main dans les cheveux. Les commentaires paternels :
— *Oui, c'est chouette!*
détendent la situation, mais Etienne ne peut pas s'empêcher de rire dès qu'il la regarde.

Les yeux qui vivent, pétillent, changent d'expression, peuvent disparaître derrière les paupières :

Frédéric, deux ans et demi.
Fascination réciproque depuis les premiers jours de Cyril, son frère, qui a maintenant deux mois. Surtout, pour Frédéric : les yeux de Cyril. Le désir de toucher, de comprendre comment fonctionnent ces yeux tellement brillants (...)
Il réclame ce regard et lorsque Cyril a les yeux fermés, demande :
— *Ouvre-les!*

Les enfants n'aiment pas que les adultes ferment les yeux. Les yeux fermés, pour eux, c'est le sommeil. Ils ont besoin d'un adulte éveillé, vivant, bougeant, les regardant. Les yeux ne doivent pas se fermer :

Sabine, dix mois.
N'aime pas qu'on ferme les yeux. Elle vient soulever les paupières.
A vingt mois.
Sa mère est assise sur le divan et regarde la télévision. Sabine prend sa tête entre les mains jusqu'à ce qu'elle la regarde. Si les yeux restent fixés sur l'écran, elle essaie de chercher derrière les lunettes pour «attraper» les yeux.

QUELLES PISTES FOURNISSENT LES PRESENCES ?

Avec la sécurité qu'elle procure, les habitudes de plaisir et de rire qu'elle induit, la présence est le grand maître du climat. Pour tous, les présences règlent l'humeur. Humeur joyeuse, humeur maussade.

Il faut que les partenaires évoluent dans un climat commun convenable pour qu'un incident puisse faire tilt. Comme entourés d'un petit nuage, léger, dans les tons pastels, des roses ou bleus un peu nacrés, parfois pailletés, avec de brefs éclats, parfois troublés de zigzags violents — le rire jaune —, ou d'éclairs sombres — l'œil noir et l'humour noir. Un nuage fragile, un espace possible dans lequel des événements peuvent détendre, faire plaisir, faire rire parfois. La vie en rose.

Léger brouillard qui devient gaz hilarant lorsque plusieurs enfants se trouvent partager une activité dans le chahut, la bousculade, la rigolade.

Le climat est l'espace et le temps dans lesquels s'opèrent toutes les alchimies. Suivant les ingrédients, les proportions et les joueurs, il va en jaillir le rire, parfois l'humour.

Le jeu des présences invite à reprendre le thème : les pleurs sont proches du rire. Suivant le moment, l'attention, la fatigue, l'interlocuteur, bref suivant le climat, le bébé peut répondre à la même sollicitation en riant ou en pleurant.

> **Rémi J**, trois mois.
> Tranquille dans son berceau, à plusieurs reprises, on voit s'amorcer une mimique qui hésite, pourrait aussi bien évoluer vers des pleurs qu'un sourire, sans raison. Flotte un petit moment.
>
> **Charlotte**, dix mois.
> Les fou-rires peuvent succéder aux airs sérieux en quelques secondes. Elle passe très rapidement d'une expression à l'autre. Etrange impression pour les adultes...

Nous ne comprenons pas toujours les raisons de tels changements. Mais le passage des pleurs au rire s'explique parfois clairement :

> **Etienne**, trois mois.
> Rit de plus en plus et transforme ses pleurs en rires quand on lui parle.
>
> A cinq mois.
> De plus en plus gai. Il faut dire que je le chahute beaucoup. S'il râle, je le chatouille en lui disant :
> — *Non! non! non!*
> Il s'arrête, sourit et se met à rire franchement.
>
> Et à huit mois.
> Quand il a sommeil et qu'il râle, le soir avant de s'endormir, je lui dis :
> — *Eh bien mon Titou!*
> Entraîne des éclats de rire. Il rit aux larmes.

Parfois un instant d'incertitude :

> **Baptiste**, huit mois.
> Si je tape fort sur la table, un instant d'arrêt, peur puis rit aux éclats.

Ici, l'enfant ne sait pas comment interpréter ce bruit violent, puis il trouve sans doute le contexte suffisamment rassurant pour balancer dans le rire. Les facteurs décisifs sont parfois plus enchevêtrés :

> **Julie**, huit mois.
> Lorsqu'elle tombe, parfois elle pleure, parfois elle ne dit rien ou se met à rire.
> Si elle tombe en jouant seule, elle pleure. Par contre si elle tombe en jouant avec son frère, elle ne pleure pas, elle rit même souvent.

La complicité du grand frère, le plaisir de jouer déplacent le seuil de tolérance. On le retrouve dans les réactions aux bobos que se font des enfants plus grands : pris dans le jeu, dans une ambiance qui détourne leur attention ou se retrouvant, après le jeu, à froid, fatigués ... devant l'égratignure et le filet de sang qui coule, ce sont fanfaronnade ou sanglots !

Il s'agit souvent simplement de fatigue ou de sommeil lorsque les réactions de Frédéric à la «voix étrange» évoluent de trois à cinq mois.

Cette réversibilité des effets, ce mouvement total d'un extrême à l'autre, sans prévision possible, ce jeu avec les contraires, cette volte-face, Jean qui pleure et Jean qui rit, c'est le terrain même du double jeu propice à l'humour. Il y a une attente, une coupure... la chute n'est pas prévisible. Le climat l'oriente le plus souvent vers le rire, mais parfois hésite et grince. Sourire-grimace.

Cette double face, l'enfant la manifeste dans des occasions multiples. De façon intentionnelle, malgré son jeune âge :

> **Charlotte**, 4 mois.
> Hurle dans les bras de Hikse venu la garder pendant deux heures. Je (M) rentre, la prends dans mes bras et là, se retournant, elle regarde Hikse et ce sont des sourires, des gloussements, des regards câlins à en rester pantois.

Nous ne sommes pas très loin de la «promenade d'Adrien», mais l'exploitation est plus effrontée, plus «féminine»! La volte-face ne manque pas de talent à quatre mois. Simple caprice? non, Charlotte est bien trop sociable pour en rester là. Elle trouve rapidement comment s'intéresser aux personnes non familières et mieux encore comment forcer leur intérêt :

> **Charlotte**, dix mois.
> Présentation à un étranger ou un demi-étranger (le personnel de la halte-garderie). Cinéma de charme. Elle se love dans mon (M) épaule ou celle de son père et répète le geste autant de fois qu'on la salue.
>
> Ou encore :
> Dans le train, elle scrute avec avidité le visage des voisins et dès qu'elle peut accrocher le regard, <u>elle</u> fait le nécessaire pour être regardée.

Autre façon de jouer sur rire et pleurs :

> **Bruno**, un an.
> Il aime transgresser les interdits. Il comprend très bien quand on lui dit «non», mais continue à faire ce qui est défendu, soit <u>en riant</u>, soit <u>en pleurant</u>.

En riant, il essaie de faire rire ou de susciter la bienveillance de l'adulte. En pleurant, il joue les coupables, se gronde et se punit lui-même. On voit s'amorcer un jeu sur l'apprentissage de l'interdit, avec une discrète manipulation de l'adulte. Il mime les deux issues possibles, accentuant, par ce raccourci, le caractère souvent dérisoire des interdits. Plus tard, il maîtrise la signification des pleurs et des rires, sait les produire sur commande, en les amplifiant :

> **Bruno**, trois ans.
> Il manifeste beaucoup ses sentiments et passe ainsi facilement du rire aux pleurs.

Il change en un clin d'œil en adoptant les mimiques adéquates.
Les changements sont instantanés, par exemple, lorsque nous lisons une histoire ou lorsqu'il chante. Il prend un air désolé quand : « mon âne a mal au nez » ou totalement réjoui pour : « elle embrasse son grand-père en descendant ».

Du cabotinage ! Bruno y excelle aussi lorsqu'on lui raconte des histoires connues. Il affiche tristesse ou joie. Pour cela il faut en même temps prendre l'histoire au sérieux et être capable de distance, de recul.

Pendant ses premiers mois, l'enfant n'est pas très rassuré par les pleurs. Il ne sait qu'en penser. Est-ce sérieux ou non ? Le jugement de sécurité est difficile. Il arrive qu'il balance entre contagion de pleurs et rire :

> Loïc, deux ans.
> Sa mère fait semblant de pleurer, il fond en larmes. Elle s'arrête et lui montre qu'elle fait semblant. Alors il réclame :
> — *Maman, pleure encore !*
> Elle recommence. Le soir, on raconte l'histoire à son père et pour faire la démonstration, on reprend la scène. Mais en présence de son père, Loïc ne pleure pas, alors qu'il recommence à imiter les pleurs une autre fois, en l'absence de son père.
>
> **Bruno**, trois ans.
> Il « pleure » très souvent en se forçant un peu, dès qu'il est contrarié ou sent notre attention retenue ailleurs. Un jour, lasse de l'entendre pleurnicher, je (M) me mets à l'imiter. Stupéfait, il s'arrête et recommence, puis se met à pleurer vraiment et se jette dans mes bras, comme pour me consoler.
> Une autre fois, je recommence en essayant de garder un air rieur pour qu'il ne s'alarme pas. Il m'observe, mi-figue, mi-raisin et cela finit par l'amuser.
> Nous jouons le scénario : « semblant de pleurnicher ». La fois suivante, il commence à pleurer, me guette et se met à rire dès que je prends une mimique évocatrice. D'autres fois, il se regarde pleurer dans la glace.

Distinguer : pleurer pour de vrai / faire semblant de pleurer, qui est, au fond, pleurer pour rire. C'est bien là une contradiction. De plus, il est rare que l'enfant voie pleurer l'adulte ce qui ajoute peut-être à son désarroi. Loïc est intrigué. Lorsqu'il croit avoir saisi que ce n'est pas sérieux, il demande à sa mère de recommencer. Mais il n'est pas totalement convaincu puisqu'une autre fois, seul avec elle, il croit de nouveau qu'elle pleure vraiment. La présence de son père, le soir suffit à modifier le climat de sécurité !

Bruno, lui, prend les choses très au sérieux au point de se mettre à pleurer lorsque sa mère pleure et d'avoir un mouvement pour la consoler. Dans les essais suivants, le climat de rire est sauvegardé : il suffit que sa mère garde « un air rieur » (un indice, un seul petit indice de non-sérieux) pour qu'il change de plan. Ce n'est plus l'histoire du petit garçon sensible qui s'étonne de voir maman pleurer et ne peut s'empêcher de partager sa tristesse, mais deux complices qui jouent à « faire semblant de pleurnicher ». Le scénario est vite adopté, dès qu'il se met à pleurer, Bruno guette les indices de complicité maternelle et la scène tourne au jeu.

Initialement, c'est un procédé de l'adulte qui cherche à écourter un moment de grogne de l'enfant. Et ça marche. Leur complicité est telle que l'enfant prend plaisir au jeu et oublie qu'il s'est fait mettre en boîte au début. Le plaisir du jeu commun l'emporte.

Il est un thème en miroir, qui permet de mieux comprendre les présences : quels ajustements opère l'enfant pour supporter l'absence ?

Nous prenons deux exemples, autour d'un an, dans des situations banales : l'enfant est confié pour un moment à une amie qui a des enfants du même âge. L'épreuve est minime. Pour Rémi, c'est une journée de déprime alors que Marie trouve une issue différente.

> **Rémi J**, un an.
> Sa mère le laisse pour une journée dans une maison amie alors qu'il a l'habitude de la crèche. Il y retrouve A., même âge, qu'il a vu souvent, mais les deux bébés se regardent à peine.
> Il passe la matinée debout, raide, sans bouger, alors qu'il est habituellement actif et très mobile. Aucun jouet ne vient le distraire. Finalement, immobile et silencieux, il fond en larmes. Inconsolable. A. l'imite et tous deux pleurent bruyamment.

Nous retrouvons le contraste : bébé actif (qu'il est habituellement) / bébé figé, comme dans la promenade d'Adrien, mais ici de façon plus durable, dans un climat plus lourd. Un enfant encore tout désemparé qui ne trouve d'autre issue que les larmes. Un gros désespoir. Il est vrai que Rémi vient d'être malade, gardé par plusieurs personnes... trop d'inconfort et d'inquiétude se sont accumulés. Tous les enfants doivent trouver une solution aux séparations transitoires. Survivre hors des présences habituelles, trouver comment aménager l'absence et l'attente. C'est l'un des grands problèmes de la petite enfance. Marie fait un pas de plus dans cette voie :

> **Marie**, un an.
> Confiée à une amie de sa mère, à l'essai pour un petit moment. L'amie est un peu plus stricte et demande à Marie de ne pas toucher un objet avec un « non » impératif.
> Marie ne manifeste rien, mais elle va chercher son manteau, ses moufles, tout ce qu'il faut pour partir et va se planter vers la porte d'un air grave.

Marie, comme Rémi, opère sans un mot (ils n'ont pas encore de langage), dans le plus grand sérieux. Pas la moindre brèche pour plaisanter. Le spectateur ne peut retenir un sourire devant tant de gravité ! Dans les deux cas l'enfant se trouve sans défense dans un climat qui le trouble. La résolution diffère totalement, mais le début du scénario est le même. Pendant une première période critique, la tension se mêle à l'inquiétude, puis la résolution est rapide, dans les larmes pour Rémi, dans l'action lorsque Marie prend son sort en mains. Dans les deux cas, un grand branle-bas d'émotions, elles débordent Rémi alors que Marie apparemment les contrôle.

Combien d'enfants ont, comme Rémi, versé des larmes derrière un fauteuil alors que tout était déployé autour d'eux pour leur rendre supportable cette situation non dramatique ! Il suffit qu'un jour ils soient plus vulnérables.

Quel progrès marque le comportement de Marie ? Elle a tout d'abord évalué les données d'une situation sociale nouvelle. Elle se heurte à des exigences et un ton inhabituels. Les habitudes qu'elle découvre ne diffèrent des siennes que de façon minime, mais elle ne peut supporter cet écart. Elle apporte une solution à cette situation qui la trouble. En se tenant vers la porte, au plus près, ses affaires sous le bras, il est clair qu'elle ne veut pas s'installer sur un territoire dont elle n'accepte pas les règles. Elle se fixe dans cette attente avec confiance, comme si l'arrivée prochaine de sa mère ne pouvait être mise en doute. C'est une résolution par l'action, reposant sur la seule initiative de l'enfant. Il faut qu'un enfant possède des repères relationnels très stables pour faire montre d'une telle sécurité au moment où un incident introduit une légère remise en question.

Combien d'autres solutions auraient été moins positives ? Marie aurait pu encaisser, s'adapter, passer sans broncher d'un gouvernement à un autre. Une soumission temporaire, se résignant aux différences humaines. Une soumission apparente, en attendant que ça passe, ou une passivité, se laissant manipuler par l'autorité sans broncher.

Elle aurait pu se laisser démonter et fondre en larmes, incapable de se raccrocher à ses repères personnels, ne sachant comment s'adapter à ces nouvelles contraintes. Un pouvoir fort, un enfant faible.

Elle aurait pu se révolter, hurler, refuser, résister au nouveau pouvoir, s'affirmer de façon trop fonceuse, sans évaluer que le caprice risquait d'engendrer de nouvelles réactions de l'adulte. Se désoler : *je veux ma maman !*

Non, Marie fait l'économie de tous ces débordements et des heurts inutiles. Le système de cet adulte étranger n'est pas pour elle. Pas d'affrontement, elle sort indemne, ce qui implique une bonne conscience de soi, un fort sentiment de sécurité pour s'engager, seule, dans l'attente du retour. Elle se retire du jeu et le fait de façon supportable : pas d'affront, pas d'opposition bruyante. Net et déterminé. L'adulte n'a pas à réintervenir : *mais, comment, Marie, tu veux déjà partir?*

Rire de Marie serait une grave offense. L'adulte n'en pense pas moins : Marie a gagné. Déterminée, autonome, précise, rapide, libre. Les critères de l'humour. C'est dans les ajustements à l'absence que l'enfant construit sa liberté. L'exemple de Marie évoque déjà l'humour comme «révolte supérieure de l'esprit» selon les termes d'André Breton (dans : *l'Anthologie de l'Humour Noir*) !

La décision de Marie est dans la ligne du «jeu de la bobine» qu'ont exploité et réinterprété, depuis Freud (*Au-delà du principe de plaisir*[1]), les psychanalystes lacaniens et autres. Une histoire qui aide à apprécier la dynamique de l'enfant dans le jeu des présences et des absences en montrant

«... comment un enfant de 18 mois arrive à dominer le «vécu obnubilant» de l'absence de sa mère en substituant à ce vécu un symbole. Seul dans son berceau, l'enfant joue avec une bobine entourée d'un fil. Il jette la bobine par dessus bord en criant «*fort!*» (= loin, parti!) et ramène la bobine auprès de lui avec un joyeux «*da!*» (voilà!).

Il reproduit avec l'objet les départs et retours maternels. A travers le jeu, l'enfant joue un rôle actif, commande à volonté départs et retours : il peut faire revenir la bobine dès qu'il le souhaite. Le rôle actif et rassurant qu'il s'attribue lui permet de surmonter le vécu pénible.»

En remplaçant la réalité pénible par un jeu qu'il manipule à volonté, l'enfant prend de la distance par rapport à l'événement qu'il vit. Le jeu introduit une distanciation par rapport au réel, par l'intermédiaire d'un double volet symbolique : la bobine remplace symboliquement la mère — le langage accompagne le va-et-vient.

En même temps qu'il confère à l'objet une valeur de remplacement, d'objet transitionnel, l'enfant organise un comportement qui va lui permettre de se passer de sa mère. Il apporte une solution acceptable à des situations qui vont se répéter. L'enfant qui n'arrive pas à se débrouiller en pareille situation va dépendre indéfiniment des interventions que peuvent faire des tiers. Par exemple, dans l'histoire de la bobine, un adulte qui passerait par là essaierait de rassurer l'enfant : *faut pas pleurer, elle reviendra ta maman!* Il lui tiendrait compagnie un moment. Il ne s'agirait que de solutions partielles, transitoires, incapables de réconforter l'enfant de façon durable.

L'histoire de la bobine n'est pas drôle. Elle aide à percevoir une conduite existentielle fondamentale. Pour l'enfant c'est un pas vers :

autonomie, liberté, symbolique, langage. L'une des façons de se débrouiller dans l'inconfort de l'absence.

Certains enfants n'arrivent pas à organiser de tels ajustements. Les raisons en sont diverses. Parfois, ils sont surprotégés au point qu'ils n'ont même pas l'occasion de forger eux-mêmes des solutions. Souvent les expériences communes sont si peu fiables, si incohérentes que les départs et retrouvailles échappent à toute règle. Pour des tas de raisons, ils n'arrivent pas à mettre au point des comportements autogérés. Or il faut que l'enfant apprenne à trouver tout seul comment résoudre une situation pénible qui est appelée à se renouveler.

Les enfants du non-humour sont en échec en ce point. Comme si, dans leur univers à eux, ils ne pouvaient réussir ça, soit parce qu'il n'y circule pas grand-chose de l'ordre du plaisir et du symbolique, soit parce qu'il circule tant d'angoisse et d'agression que tout dynamisme est vain.

Ceux qui ont lu *Le bébé est une personne* (Bernard Martino, Paris, éd. Balland 1985, ou vu les émissions télévisées) ont peut-être gardé l'image de l'enfant qui est racontée à la fin du livre, en guise de conclusion, en quelque sorte. Le narrateur réalise, avec son équipe de techniciens, un reportage sur la pouponnière de Loczy, près de Budapest, «mondialement connue» pour les méthodes employées avec des bébés sans famille. Dans cet établissement, les relations adulte-enfant, très précisément codifiées, tentent de conférer au bébé autonomie et sécurité, cherchant à ce qu'il «devienne un adulte indépendant, moralement et émotionnellement sain», ce qui, en d'autres lieux, est rarement le devenir des enfants qui souffrent de carences relationnelles depuis leur naissance. L'équipe filme les bébés, qui sont dans leur parc, sur une terrasse :

«.../... Myriam, 10 mois ... joue seule dans le parc, assise sur son derrière.

Nous sommes en train de filmer, trois adultes autour de l'enfant avec tout notre matériel. Jacques L., le cameraman, pour ne pas être gêné par les barreaux du parc, entre dans le territoire de Myriam, il enjambe la barrière et s'accroupit non loin d'elle pour la filmer, tandis que je reste à l'extérieur avec l'ingénieur du son. Cette «effraction» s'est passée en silence.

Myriam est inquiète, elle ne connaît pas Jacques. C'est la première fois qu'elle le voit. C'est sans doute aussi la première fois qu'elle voit une caméra. Elle se met à quatre pattes et commence à s'éloigner en tournant le dos, puis elle s'arrête et se balance d'avant en arrière, pour, me semble t-il, endiguer l'angoisse qui monte .../... Ne voulant pas être à l'origine d'une terreur enfantine je m'apprête de dire à Jacques de couper et de sortir du parc, mais à ce moment on voit que Myriam est en train de réussir à reprendre le contrôle d'elle-même. Elle se tourne vers nous et, à quatre pattes, «crapahute» jusqu'à nous, jusqu'à toucher l'optique de la caméra. Je me souviens que sur le coup nous avons ri, heureux de ce que nous sentions être une «victoire» de la petite fille.»

L'écart entre l'attente et ce que fait l'enfant ! Ici l'adulte sent l'inquiétude que devrait déclencher sa présence sur le territoire de l'enfant. Réaction attendue : panique de l'enfant. Contrairement à l'attente, cette petite fille surmonte les aspects négatifs de la situation ; elle a le ressort de s'adapter tout simplement aux circonstances et d'y déployer sa curiosité. Bénéfice supplémentaire : elle peut explorer la caméra alors qu'un enfant affolé ou simplement réservé se priverait de cette découverte.

L'adulte rit et se dit «heureux» ... il s'est inquiété pour rien, il n'est pas le plus malin, l'enfant lui donne une leçon. Rire et bonheur surtout devant une telle démonstration : sans le climat qui règne dans cette pouponnière, ces enfants seraient les plus vulnérables, les plus submergés d'angoisse, les plus dépourvus de curiosité, les moins prêts à se prendre en mains... et Myriam réussit son tour de force ! Elle est armée pour trouver par elle-même des solutions positives à des situations dérangeantes. Le rôle essentiel de l'humour.

NOTE

[1] In *Essais de Psychanalyse*, Payot, 1920.

4
Le corps de l'enfant

Il trotte devant vous, les pieds écartés, le jean trop large, masquant mal une couche volumineuse. Précautionneux, imperturbable. Quelle dégaine! C'est Charlot! vous y pensez chaque fois.

L'humour émanerait-il, comme par enchantement, du corps de bébé? Non, ça n'est pas si simple. Mais le corps de l'enfant entre dans la danse à plus d'un titre. Il est lieu de rencontres et de convergences. C'est le corps qui reçoit et traite toutes les informations; tout ce que nous exprimons au bébé, tout ce que nous lui adressons ou qu'il perçoit à la dérobée : les visages et les objets, les voix qu'il entend, les bercements et le rythme de la marche, l'eau du bain, la nourriture... Le corps est un intermédiaire obligé.

Ce que nous percevons du bébé, nous le recevons aussi par son corps et ses modifications. Son regard, ses sourires, ses tensions, son agitation. Son aspect physique est par lui-même porteur de messages. La «morphologie-bébé» exerce sur la plupart des individus un charme particulier (comme les bébés humains, les bébés animaux possèdent ce mélange d'attirance et de séduction : canetons, chatons, chiots, chevraux et autres «petits»). Objectivement la forme du corps, avec les membres courts et la tête relativement volumineuse, le grand front bombé, les yeux au milieu du visage. L'attirance est majorée lorsque le bébé est dodu, potelé, avec ses fossettes. Les fabricants de jouets savent exploiter ces traits pour offrir aux enfants de vrais bébés, bons déclencheurs de comportements maternels.

L'aspect du corps comme ses activités – gestes, mimiques, babillage – participent à la dynamique interactionnelle, à tout ce qui circule de plaisir, d'amusement et de charme. L'humour avant le langage va s'exprimer, être ressenti et partagé en partie à l'occasion de scénarios dans lesquels le corps intervient. L'une des pistes de l'humour passe par le corps de l'enfant. Dans les plaisirs simples, les jeux et les fonctionnements corporels. Le thème de la nourriture qui pourrait avoir sa place ici est traité dans un chapitre indépendant, tant il introduit de connotations propres.

Trois mois. Vous le sortez du bain. Bien sec, détendu, heureux, il gigote et vous lance ce regard pétillant des moments de plaisir commun. Vous le mettez à plat ventre. Chaque jour vous vous amusez de ses progrès : la tête décolle avec peine, un bras s'appuie, l'autre reste coincé, vous devez intervenir pour qu'il arrive à s'appuyer ferme... et voilà le crâne qui se dresse, cette tête qui semble si lourde sur ce cou grêle, un moment en arrêt, dodelinante, de nouveau dressée. *Bravo!* Votre amusement contraste avec l'air sérieux de votre sportif absorbé par son effort. Il bave, le regard grave. Et tout à coup, ploff! il pique du nez. Sa prouesse s'achève sans gloire, le nez dans la serviette. Vous le retournez. Vos regards se croisent et vous riez ensemble.

Cette scène ne comporte pas d'événement humoristique et cependant il flotte le climat de l'humour. Au charme de la «morphologie-bébé» s'ajoute la marche en avant des progrès. A tout moment, une touche de nouveauté surprend et fait plaisir dans le spectacle qu'offre l'enfant. Aux performances acquises jusque-là s'ajoute continuellement un détail nouveau qui devance notre attente. L'adulte est aussi étonné par la rapidité des changements, rassuré par rapport aux vagues inquiétudes enfouies en chacun sur le devenir de l'enfant. Chaque progrès fait vibrer plusieurs cordes : la surprise, l'attente anticipée, la satisfaction, la réassurance, l'amusement et aussi le sentiment profond que chaque pas est une avancée sur la voie de «l'humain». La verticalisation progresse.

Vous claironnez : *bravo! qu'il est grand!* mais sous la banalité de vos émerveillements, ce qui résonne est beaucoup plus profond : *c'est bien un petit homme, sur le chemin de «l'homo sapiens sapiens».* Dresser sa tête : une première étape.

Le climat de l'humour tient là aussi à l'accumulation de nombreux contrastes. Contraste entre l'effort du bébé, son application et la modicité des résultats immédiats. Contraste aussi entre son sérieux et l'amusement qu'il suscite.

Voilà qui projette en demi-teintes un éclairage humoristique sur les scènes de progrès moteurs. Avec ceux-ci se déplace continuellement la ligne entre les deux plans : bébé/enfant plus grand. Lorsque vous souriez de la tête dodelinante, vous passez très vite d'un plan à un autre : *regardez mon bébé avec sa grosse tête. Il tient sa tête, il devient grand!* Et brusquement : *Plopf!* Il pique du nez. C'est, au propre et au figuré, «la chute» de la scène. Oui, il est encore un tout-petit. La scène joue sur les plans : grand/petit (on a cru qu'il était grand, mais non) et sérieux/non sérieux (le bébé sérieux, l'adulte riant de la chute). Elle a l'éphémère et les contrastes de l'humour. On y trouve aussi l'ambiguïté de la résolution : l'adulte rit, le bébé peut en rire ou en pleurer. Double face, Jean qui pleure et Jean qui rit.

Le bébé évolue très vite. Quelques semaines plus tard, il se retourne seul, se dresse sur les avant-bras, relève la tête avec assurance et domine son monde. *Salut l'athlète! mon costaud!*

Les progrès moteurs et posturaux se déroulent souvent dans cette atmosphère amusée et fugitive. Regardez les débuts des premiers pas : le bébé hésite, partagé entre l'envie de se lancer et les difficultés qu'il éprouve à contrôler son équilibre. Il a peur, figé, il pleure parfois. Ses pieds hésitent sur la ligne symbolique entre «bébé» et «grand». Il faut le rassurer, l'encourager, tendre les bras, parfois le brusquer un peu pour qu'il accepte de se lancer. Quelques jours plus tard, la tonalité est totalement différente. Il marche dans tous les sens, euphorique, jargonnant, heureux. Les plaisirs, les jeux, les activités que l'enfant vit dans son corps sont comme une toile de fond sur laquelle va s'inscrire l'humour.

PLAISIRS MOTEURS, JEUX PHYSIQUES

Le simple plaisir de fonctionner est bien souvent le plus apparent. Tous les bébés ou à peu près tous, adorent gigoter, pédaler, agiter leurs mains, comme ils font des roucoulades et des vocalises. Notre amusement et nos commentaires majorent le plaisir et renvoient à l'enfant une image positive et structurante. Cela dès le début et pour les activités les plus banales. Chez différents bébés, entre 2 et 7 mois :

Trois mois.
Ce qui le fait rire : quand son père le secoue dans sa poussette ou ailleurs. Il chahute un peu en secouant les pieds, actionnant les jambes.
Deux mois.
Plaisir et jeux corporels : il adore quand on le secoue en rythme, quand on agite ses bras alternativement, en mesure, quand on accentue le mouvement de balancement de son transat.

Quatre mois.
Rit de toutes les situations remuantes, surtout quand on le fait sauter sur les genoux, quand on fait « la boxe », mais aussi quand on lui souffle sur le visage.

Cinq mois.
Surtout intéressé par ses progrès moteurs, pour saisir, ramper, sauter comme un lapin. Il rit de tout ce qui met son corps en jeu, les mouvements de gymnastique, saut sur les genoux, en se balançant, d'avant en arrière, de haut en bas...

Cinq mois.
Déclencheurs de fou-rire : quand on chahute sur le lit, on le roule, le pousse, le fait sauter.

La liberté des déplacements introduit, pour tous, une découverte extraordinaire :

Aurélien, dix mois.
Il se déplace à quatre pattes. Les trois premiers jours, il était tellement heureux qu'il avait l'air hilare dès qu'il se déplaçait.

Et bien après l'âge de la marche :

Bruno, deux ans.
Il rit en courant, en glissant sur un toboggan.

Je découvre que nos athlètes sont tous des garçons ! J'avais oublié Maud :

Maud, neuf mois.
Elle se montre facilement triomphante de ses activités motrices et de ses progrès. Elle se tient debout contre un jouet, ravie, se trémousse dès qu'elle entend la musique. Depuis l'âge de 7 mois, elle se déplace beaucoup à quatre pattes. Depuis qu'elle a acquis cette autonomie de déplacement, elle adore tout explorer, tout déballer et reste de grands moments à jouer seule.

Plusieurs situations décuplent le plaisir que procurent les jeux moteurs. Au bien-être physique et au plaisir de réussir s'ajoutent d'autres facteurs. Quelques-uns sont évidents : le chahut, la griserie, la complicité. Tous sont impliqués et participent à cette maîtrise de l'espace et de la verticalité jusqu'au sommet que réalise la position exceptionnelle : « sur les épaules ».

Le chahut. Si l'on exclut quelques bébés calmes qu'inquiètent les excès, la plupart des enfants rient, rient beaucoup, très fort et apprécient énormément toute accumulation d'activité. Ce qui remue, bouscule, dépasse la mesure. Déjà dans les jeux moteurs et plus encore pour :

Julie, six mois.
Quant Etienne et son père chahutent, le soir, elle les dévore des yeux, la bouche grande ouverte et saute sur mes genoux.

Bruno, deux ans et demi.
Ce qui le fait rire, c'est toujours le chahut, surtout avec un autre enfant. On renverse tout, on saute sur le lit.
Et encore à quatre ans et demi.
Ce qui le fait rire, les chahuts du soir avec son père entre le repas et le coucher.

Tous les exemples se ressemblent. Frénésie d'action, accumulation, plaisir d'en faire le plus possible, d'aller plus loin, souvent trop loin (il s'énerve, ne peut plus s'arrêter et l'histoire finit dans les pleurs). Le plaisir du «beaucoup», qui s'amplifie encore chez les enfants d'âge scolaire dans les bousculades et les chahuts et à tous les âges, dans les fêtes, le grandiose, l'excessif. Orchestré par l'entourage parfois :

Jean, quinze mois.
Un soir, il reste seul avec ses sœurs qui nous racontent le lendemain matin :
— *Hier soir, Jean nous a fait mourir de rire, un vrai festival!*
Et elles racontent les glissades, les pirouettes de Jean dans un tas de coussins, bientôt rejoint par son chien... dans le fou-rire collectif.

Ces jeux prennent plus d'ampleur encore lorsque deux complices se retrouvent dans le chahut :

Laure, deux ans avec **Loïc**, quatre ans.
C'est l'accumulation qui les fait rire. L'association : jeux physiques + accumulation.
Ils font des roulades, des cabrioles sur des coussins, des poufs, des matelas de gymnastique. Ils entassent des montagnes de coussins, sautent, se cachent dessous dans des rires qui n'en finissent plus.

Par son excès, le chahut est souvent proche de la griserie.

La griserie. Les jeux de vertige. Dans les débordements moteurs, les grands jeux fous, avec la griserie de la vitesse et les impressions fortes que recherchera l'adulte dans les sports de vitesse ou de vertige. L'enfant est à la limite supérieure de ses moyens et goûte à ces plaisirs par l'intermédiaire d'un partenaire privilégié ce qui ajoute au plaisir, comme Baptiste qui, dès ses premiers mois, manifeste un faible pour les jeux... vifs :

Baptiste, huit mois.
Adore «faire du cross» avec son frère. Lui dans sa poussette, son frère se précipite, file très vite, tourne serré, fait des coups de freins avec bruitage, en fonçant à toute allure. C'est du délire!
A dix mois.
Adore se faire traîner par son frère sur un camion accroché derrière un tricycle. Il soulève même les pieds pour aller plus vite! Adore faire le cheval sur les épaules de son frère ou de son père.
A un an.
Adore faire de la balançoire, du toboggan avec son frère.

Heureux Baptiste, introduit, tenu par la main, dans le monde du vertige!

La complicité. Il y a toujours un partenaire complice dans ces jeux moteurs, notamment lorsqu'on joue sur la vitesse, dans les jeux de vertige, brefs et grisants. Le bébé n'est pas près de pouvoir se livrer seul à des activités aussi démesurées. Le partenaire qui permet la démesure est assez hardi pour attirer le bébé au bord du danger (Baptiste sur son camion!), assez costaud pour assumer le rôle moteur essentiel (c'est le plus souvent avec papa que le bébé fait «l'avion»). Surtout il aime jouer, jouer avec l'enfant et même dépasser un peu la mesure. Il se laisse aller au plaisir du jeu, d'une certaine façon il «fait l'enfant», ce qui ne déplaît à personne. Regardez ce qui s'entremêle dans ces histoires «d'avion»: le bébé est tenu à bout de bras, dans un grand élan moteur, en faisant des loopings, en courant, parfois en tournant, avec un bruitage qui imite le moteur, évoque une grande descente. En l'air, l'enfant domine la scène. Il éprouve certainement un mélange de plaisir et de peur, un sentiment de toute-puissance et de frousse.

> **Aurélien**, trois mois.
> L'avion l'a amusé pendant environ une semaine, vers deux mois, puis l'effet s'atténue.
>
> **Antoine**, huit mois.
> Rit aux éclats avec son père qui fait l'avion.

C'est le premier jeu de vertige, celui que l'enfant retrouvera sur les balançoires, dans les glissades, les tourniquets, les toboggans ou dans le grand vent. Il faut bien toute la sécurité qu'apportent les deux mains solides de l'adulte pour l'initier de façon supportable à cette voltige. Le paroxysme du rire chez Adrien:

> **Adrien**, huit mois.
> Avec son père, gros chahut, il le tient bras tendus en l'air. Ils font «l'avion». Parcourent ainsi le couloir en courant. Arrivé au bout du couloir, Adrien hurle de rire.

Le rire tout près des pleurs pour Frédéric:

> **Frédéric**, dix mois.
> Parmi les causes de rire: son père le tient horizontalement, le fait monter et descendre dans l'air. Mais s'il est fatigué, le jeu le fait pleurer.

Ce sont les pères et grands frères surtout qui sont instigateurs de «l'avion»: il faut être solide pour faire virevolter ces gros bébés! Mais nous remarquons aussi – non sans amusement – que «l'avion» n'est pratiquement proposé qu'aux garçons, du moins dans ce petit groupe.

Inconsciemment, l'adulte ne propose pas les mêmes activités et ne partage pas les mêmes plaisirs selon le sexe de l'enfant. Il en est de l'avion comme du chahut, avec Adrien encore :

> **Adrien**, deux ans.
> Les jeux physiques un peu bousculés restent le privilège de son père. Il est fou de joie et complice dans cette gym un peu acrobatique.

Les parents qui ont garçon et fille d'âge proche constatent effectivement qu'ils ont des habitudes propres avec chacun de leurs enfants, par exemple avec Olivia dont le frère Antoine a adoré «l'avion» et recherche le chahut et la lutte :

> **Olivia**, dix mois.
> Avec son père, ne rit pas de «l'avion». Elle rit quand il lui souffle sur le visage, de plus en plus fort, «force 10» déchaîne des torrents de rires.

Les pères ont souvent d'autres jeux avec leurs filles : des chatouilles, des jeux moteurs, des grimaces, comme avec Maud :

> **Maud**, six mois.
> Avec son père, privilégie des jeux de grimaces : tire la langue, imite ses grimaces. Elle anticipe et tire la langue la première pour l'inviter à jouer. Par la suite ce sont les jeux moteurs, les jeux physiques qui sont réservés à son père.

Avec maman ce sont d'autres plaisirs :

> **Julie**, deux ans et demi.
> Elle grimpe partout, comme un vrai singe, danse, fait de la «ninastique» et du patin à roulettes. Elle se débrouille très bien sur les patins. Je la prends par la main et nous patinons toutes les deux.
>
> **Charlotte**, dix mois.
> Aime à la folie DANSER dans les bras de sa mère, surtout sous l'œil admiratif de son père ou d'autres membres de la famille. Fière, le dos cambré, elle relève haut la tête et fredonne «lalalala».

Complicité féminine. Son plaisir partagé, son imitation et le double rôle de l'adulte qui danse et «fait danser l'enfant». Il y a aussi la mise en scène, le plaisir d'être regardées, de se donner en spectacle. Pour quel spectateur ? Papa qui, d'un même regard, a le plaisir de voir tourbillonner sa femme et sa fille. Le trio, l'un des piliers de l'humour : il suffit de deux partenaires mais ils font référence à un troisième rôle.

La distribution des rôles est spectaculaire aussi dans les mini-chahuts de Lara :

> **Lara**, cinq mois.
> Ce qui la fait beaucoup rire : le mouvement, le rythme, le chahut, surtout avec son père qui la remue pas mal. C'est encore plus drôle lorsque le jeu se déroule devant la glace : elle se regarde et le rire redouble.

Décuplé si sa mère s'en mêle dans l'illusion de limiter leurs hardiesses : il en fait un peu trop avec ce bébé. Elle prend alors un ton faussement indigné :
— *Oh, non!*
Tout le monde continue le jeu bien sûr. Lara la regarde et rit encore plus.
A dix mois.
Grand jeu avec son père. A quatre pattes sur le grand lit, elle file aussi vite qu'elle peut vers la tête du lit. A ce moment-là son père l'attrape par les pieds et la tire vers son point de départ. Grande rigolade.
Là aussi le rire est majoré si sa mère les taquine, trouve qu'ils exagèrent et dit des : *non, non!*

L'agencement est analogue : un partenaire entraîne l'enfant dans le jeu, lui permet de bouger, de se griser de sensations et de mouvements. Aux limites du possible, du danger, du permis. En face : « maman sage » qu'amusent franchement leurs débordements, se fait un devoir d'introduire la voix de la raison : *non, non, c'est trop! un peu de sérieux!* Son indignation est feinte – personne ne s'y trompe – mais elle ne fait qu'augmenter le plaisir des joueurs par la surenchère introduite : permis/défendu. Voilà le trio en scène, une distribution classique sur les tréteaux de l'humour.

Avant même d'avoir acquis la marche, bien des enfants sont assez autonomes pour avoir eux-mêmes l'initiative de séquences de jeu-plaisir qu'ils aiment répéter. Par moment, ils savent se passer de partenaire, comme Lara qui, dès 8 ou 10 mois, danse toute seule en se trémoussant sur place – qu'elle entende de la musique ou non – ou qui crée son propre petit chahut :

Lara, dix mois.
Tranquille dans son parc, elle se crée son propre chahut. Debout, les deux mains sur le rebord du parc, elle se déplace, se dandine puis se laisse tomber lourdement. Elle rit puis se relève et recommence. Elle fait tout le tour du parc en poursuivant son petit manège.

Chaque enfant dispose d'un répertoire personnalisé et mouvant, car un jeu amuse pendant un temps, puis est détrôné pour resurgir parfois dans de rares moments d'intimité, comme pour Etienne autour d'un an.

Etienne, quatorze mois.
Avec son père une complicité et une tendresse qui n'appartiennent qu'à eux. Des jeux qui leur sont réservés :
— *Boum! bélier, boum!* à quatre pattes, ils se poussent, tête contre tête. Puis Etienne tape dessus et rit fort car il aime toujours beaucoup les cheveux.
Et aussi :
Son père déclenche de grands rires en disant avec une intonation qui lui est propre : *Mister Watson and Mister Crick are requested to the information desk!*

Etienne répond en chantonnant : *titititi...*
Il l'appelle : *Crick vagabond*, ce qui déclenche des flots de rires.

Les conventions privées qui sous-tendent ces jeux intimes préparent le réseau des références qui permettront à l'humour de circuler entre partenaires.

«Z'épaules, papa!» J'entends encore cet appel! Vous avez tous connu cette voix lasse, câline, impérative qui réclame de grimper sur les épaules. Les enfants adorent cette position privilégiée.

Au plaisir d'être juché là-haut, favorisé et seul à l'être puisque papa ne s'occupe d'aucun autre à ce moment-là, apaisé, bercé par le rythme de la marche, en sécurité, invulnérable, s'ajoute celui de dominer, de profiter du spectacle sous un angle tout à fait nouveau.

Il se trouve ainsi porté, qui plus est, dans des circonstances rares (promenades longues, visites, foule, fête). On répond à sa demande motivée (il est fatigué) ou à une caprice admis (il aime ça, il en profite). Tout confirme le caractère exceptionnel de cette position. L'enfant se repose, s'endort parfois ou profite de cet instant pour des plaisirs rares : fourrager dans les cheveux, caresser les sourcils, glisser des taquineries gentilles ou agaçantes, mains sur les yeux (*une nouvelle blague, marcher sans voir?!*), tripoter les oreilles... juste un peu, car si l'enfant dépasse la mesure, c'est la chute, excédé, papa repose son fardeau sur le sol. L'enfant prend des risques mesurés. Avec, de surcroît, le petit vertige du haut-lieu, un vertige réel, peut-être insupportable pour certains.

Tout commence simplement, lorsqu'on transporte ainsi un enfant qui commence à se tenir solidement assis. Il n'est pas trop lourd encore et fréquente aussi bien les épaules de maman que celles de papa. Une variante de portage que l'enfant aime bien, en toutes circonstances, avec, en premier lieu, le plaisir d'être pris, tenu en contact avec l'adulte.

Aurélien, sept mois.
Depuis le premier jour où l'on a essayé, il adore être assis sur nos épaules. Il s'amuse un peu avec nos cheveux, mais pas trop, c'est surtout de dominer qui semble l'amuser.
Le relais a été pris par le sac à dos dans lequel il trône, regardant de tous les côtés.

Le plaisir est avivé par les mouvements de la monture :

Baptiste, dix mois.
Adore faire le cheval sur les épaules de son père ou de son frère.

Autour de la position « z'épaules », un halo d'humour! L'adulte est heureux de procurer à son bonhomme le plaisir d'être là-haut, subissant même s'il fait semblant de se fâcher, les petites misères que lui inflige le jeune dominateur. C'est le monde à l'envers, l'adulte-esclave consentant et ravi, l'adulte-victime qui s'abandonne sans pouvoir se défendre et fournit à l'enfant, en même temps que sa position privilégiée, toutes les facilités pour l'agacer.

Le triomphe des contrastes : pendant quelques instants, dans un contexte rare, le plus petit devient le plus grand. Celui qui voit habituellement le monde par en bas domine la scène et, de son mirador, découvre un monde « nouveau », insoupçonné, ce qui en soi peut le surprendre et l'amuser. Du nouveau sur le fond familier.

Pour l'enfant qui ne marche pas ou pas très solidement, voilà le complice, le tuteur qui lui confère la verticalité : là-haut, il est un homme. Un surhomme même, hissé, haussé, évoquant pour tous l'image du triomphe, le tour de piste du champion, le héros. Il domine au propre et au figuré. Il a bien souvent conquis cette position de haute lutte, à force de plaintes, de ruse et d'insistance. Complice, consentant ou forcé, l'adulte a cédé. L'enfant est toujours gagnant là-haut, percevant en partie la morale de l'histoire : d'une façon ou d'une autre, c'est le plus petit qui est roi... oui, mais roi de comédie, car chacun sait bien qu'on fait semblant, on joue pour un moment.

Il s'y ajoute qu'en le hissant ainsi l'adulte l'expose. Il l'expose aux regards, en fait le point de mire, l'objet à admirer. *Regardez, mesdames et messieurs, le beau bébé que je suis fier de montrer, un enfant chéri-gâté pour lequel je n'hésite pas à me transformer momentanément en baudet!*

Oui, il y a encore, dans « z'épaules », l'abaissement et la docilité de l'adulte, car ce porteur peut aussi galoper, sauter, secouer. L'enfant, sur son piédestal, ne s'y trompe pas : il voit bien qu'il attire les regards. Il est en même temps un spectateur privilégié et le clou du spectacle.

Le jeu reste parfois intime. L'enfant saute, trotte sur ce cheval complice qu'amusent aussi ces galopades. Cheval... ou autre animal, symboliquement plus complexe – et moins galopeur ! – pour Frédéric qui, après la naissance de son petit frère, retrouve avec bonheur les jeux sur le dos de maman :

> **Frédéric**, deux ans et quatre mois.
> Depuis la naissance de Cyril, je (M) peux de nouveau porter Frédéric sur mon dos. Pour lui, je ne suis pas alors un cheval, mais une vache, animal nourricier !

Cyril obtient le lait et Frédéric la promenade ! Il rit beaucoup, me tape le dos en criant :
— *Vache maman !*
Si je fais «*meu*», c'est le grand bonheur.

LES SENSATIONS QUI FONT RIRE

Précocement certains rires sont liés à des positions du corps, ou, plus exactement, à des changements brefs et rapides imprimés au corps. Ce sont en effet les changements perceptifs, les passages rapides d'une position à une autre ou d'un état à un autre qui créent l'événement :

Lara, deux mois.
Le premier grand éclat de rire franc : on la tient dans les bras, horizontale, puis on s'assied un peu brusquement : une grande descente pour elle !

Etienne, trois mois.
Il va à Strasbourg en avion, avec maman.
Il aime bien le décollage avec les réacteurs à bloc, ça l'endort. (...) A l'atterrissage, des trous d'air, il est sur les genoux de sa mère (elle est un peu malade, très crispée), tout heureux, il rit aux éclats à chaque secousse.

Etienne, quatre mois.
Ce qui le fait rire : l'ascenseur de sa nounou ; dès qu'il se met en route, à la montée et à la descente.

Adrien, six mois.
Des petits rires contenus, prolongés, dans l'ascenseur ou lorsqu'il reçoit des rafales de vent en plein visage.

Les mêmes sensations laissent exploser un enthousiasme impertinent lorsque Frédéric revient en France en avion.

Frédéric, trois ans.
Retour en avion avec son père et son frère. Un décollage dur. Tout le monde est mal à l'aise. Lorsque c'est fini, Frédéric explose :
— *Bravo !*
Depuis, à chaque voyage, lorsqu'on arrive en voiture par exemple, il manifeste sa joie, encourage et remercie le chauffeur :
— *Bravo, papa !*

Tous les canaux sensoriels entrent en jeu. Le plaisir vient de ce que l'enfant entend, voit, touche, de toutes les afférences. Il s'amuse même parfois à se procurer lui-même des sensations qui le taquinent :

Baptiste, dix-huit mois.
Il se bouche l'oreille droite avec l'index puis éclate de rire car il entend moins bien.
Il voit que nous remarquons son jeu et qu'il nous amuse, il se bouche alors les deux oreilles, rit aux éclats, le nez retroussé, dans un rire suraigu, proche du ricanement.

Les parents ont tous un répertoire de jeux favoris, source de plaisir et de rire. Des activités très simples comme souffler sur le visage (ici encore le visage est vedette, mais n'a pas l'exclusive), un plaisir souvent noté, dès les premiers mois, comme avec Olivia déjà – «*force 10*» – ou :

> **Aurélien**, trois mois.
> Plaisir encore... quand on lui souffle dessus, sur le visage ou sur les fesses.

Les caresses et les chatouilles sont à l'origine de jeux ritualisés sur le corps les plus diversifiés. Elles entraînent dans un même tourbillon activités motrices et perceptives.

«La petite bête qui monte...» Tout le monde joue une fois ou l'autre à «la petite bête qui monte», ou l'une de ses variantes. Notre main s'avance, index et majeur marchent vers le corps du bébé, se hissent sur son pied, grimpent, grimpent, sur la jambe, sur le ventre et finissent dans le cou dans un «gligligli» généralisé qui s'accompagne de baisers et de taquineries. Les paroles traditionnelles scandent la montée jusqu'au «final» auquel participe le corps tout entier.

Dès 4 ou 5 mois, le bébé participe nettement. Il «répond» aux chatouilles. Pour simplifier, nous allons appeler «chatouilles»[1] l'ensemble des comportements des doigts de l'adulte sur le corps du bébé.

Il suffit de les regarder pour saisir que ce n'est pas un jeu simple. Que s'est-il passé avant? Comment commencent les contacts des doigts de l'adulte avec la peau ou le corps du bébé?

Au tout début, le ton est plutôt grave. Les parents, pour la plupart, touchent leur bébé, pendant ses premiers jours, avec beaucoup de retenue. Presque du bout des doigts. On peut à peine parler de caresses. Plutôt d'effleurements[2], d'un doigt ou deux qui ont de brefs contacts avec la joue, le front et les mains. L'index touche la commissure des lèvres : *merveille, un petit sourire!*

La paume caresse le crâne, comme pour en prendre la mesure et le façonner en même temps. Doux, tendre, fragile. Une contemplation tactile. On fait le tour de son bébé, cette peau si fine, le petit cou fragile et ce duvet tiède. Tout doucement, dans un émerveillement tranquille. Les parents se retiennent, ne s'autorisent qu'un plaisir mesuré, de même qu'ils lui chuchotent des petites choses tendres. Par ses contrastes, cette situation a quelque chose de touchant au point d'être comique : tout est feutré, se déroule en demi-teinte, alors qu'ils ont envie de chanter, de laisser exploser leur joie, de la serrer très fort et de la faire sauter en l'air, leur petite merveille!

Dès qu'ils se trouvent à l'aise avec ce petit corps qui se remplit, devient grassouillet et de plus en plus « joli », les parents prennent des libertés et devancent l'enfant sur le chemin des jeux tactiles. Ils lui tapotent les fesses. Les caresses deviennent plus prolongées, plus appuyées. L'adulte sélectionne, sans le chercher, celles que l'enfant préfère, celles qui l'apaisent ou l'amusent.

Pendant les premières semaines, l'enfant a sans doute une perception globale : présence + voix + visage + la somme des afférences reçues. Puis, vers 4 ou 5 mois, il réagit nettement aux chatouilles :

> **Aurélien**, huit mois.
> Rit beaucoup lorsque nous faisons « la petite bête ». Il se penche en avant, agite ses mains dans un double mouvement. Une main essaie d'écarter la mienne (celle qui le chatouille) et, dès que le jeu cesse, son autre main se tend vers moi comme pour m'inviter à recommencer.

L'ambiguïté des chatouilles apparaît d'emblée. Elles provoquent en même temps approche et évitement. Elles introduisent des phénomènes incompatibles : certains éléments attractifs et stimulants sont source de plaisir et d'autres troublent. Plaisir et peur. Attente et fuite. Souvent l'enfant fuira, au sens propre, dès qu'il sera capable de le faire pour se dérober aux chatouilles. Celles-ci contiennent une contradiction fondamentale. Une fois encore : « le plaisir et son contraire ».

Les réactions de l'enfant dépendent du partenaire et de la tonalité du jeu. Dans le climat ludique habituel, il sait que l'agression de l'adulte ne va pas le déborder, que l'excitation va rester supportable. Il rit, parfois ne peut plus s'arrêter de rire, il se contorsionne, se replie sur lui-même mais il ne peut rien faire. Il subit le jeu de l'adulte. Celui-ci l'agresse et en même temps lui fait plaisir. Le plus souvent les chatouilles ne sont pas isolées, mais mêlées à des baisers et des caresses ; l'enfant clame ses désirs contraires :

> **Rémi**, trois ans.
> Les chatouilles, ça marche toujours. Il aime bien les bisous sur le ventre, dans le dos, dans le cou. Il rit beaucoup en criant : *arrête !* On arrête et aussitôt il réclame : *encore !*

Une agression déguisée. Mais une agression tout de même car l'enfant est désarmé, il n'a aucune façon de se protéger. Il est du reste étrange de constater que les adultes qui continuent à craindre la chatouille se trouvent toujours aussi désemparés alors qu'ils auraient, raisonnablement, bien des façons de s'y soustraire. Ils restent cloués sur place, subissant les attaques, secoués de rire, bien que cela leur soit insupportable, ne pouvant que crier : *arrête ! arrête !* Comme des enfants.

Les chatouilles sont tout de même appréciées par l'enfant dans la mesure où le plus souvent le jeu se déroule dans des limites supportables, avec un partenaire familier. L'expérience de l'enfant lui a appris qu'il n'a rien à craindre avec ce partenaire-là, l'agression est feinte. C'est ce jugement de sécurité (Rothbarth, 1973-1977) qui permet de rire tout en faisant le geste de se dérober. Il perçoit des indices de « non danger ».

Lorsque l'agresseur est moins « sûr », ou lorsque l'adulte en fait trop, l'enfant peut être débordé, secoué d'un rire « nerveux », accompagné de réactions toniques, de crispations qui ne traduisent plus du tout le plaisir. C'est ainsi lorsque les chatouilleurs sont des enfants plus grands, volontiers excessifs, qui croient masquer leur agressivité en se limitant à des chatouilles mais dépassent les limites supportables. C'est le cas aussi de nombreux adultes qui, sans le vouloir, « vont trop loin » avec le bébé, satisfaits de mesurer leur pouvoir sur ce bébé qui se tortille, grimace, pris au piège d'un jeu dans lequel il est impuissant.

Les pleurs sont près du rire. L'enfant rit si la situation est assez claire pour qu'il perçoive sans ambiguïté les chatouilles comme un jeu, une caresse déguisée. Le chatouilleur est un agresseur... mais l'enfant sait qu'il fait semblant. A. Koestler voit dans cette scène « *probablement la première situation dans laquelle l'enfant doit vivre sur deux plans à la fois* », plaisir et peur maîtrisée.

On note peu d'histoires de chatouilles chez les Enfants de l'Humour. Peut-être parce que, les trouvant trop banales, les parents ne me les ont pas communiquées. Il semble aussi que leurs habitudes de chatouilles s'en tiennent souvent à l'amorce ou à une forme atténuée du jeu. Chatouille évoque énervement, excitation, ce que les parents essayent d'éviter. Chatouille-excitation s'oppose à caresse-apaisement. Les chatouilles qu'eux-mêmes ont subies dans leur enfance ont laissé parfois aux parents le souvenir pénible d'une agression.

Clément, six mois.
Depuis tout petit, a aimé « la petite bête qui monte ». Il rit beaucoup.
Vers 6 mois, il commence à anticiper, riant aux éclats dès que la main arrive à son genou. Puis, il suffit d'indices de plus en plus minces pour que son rire se déclenche. Il suffit de dire les premiers mots, d'adopter l'intonation ou un ton confidentiel et contenu qui évoque celui de « la petite bête ».

Comme Aurélien, encore :

Aurélien, huit mois.
Il aime toujours beaucoup les chatouilles qui lui tirent de grands éclats de rire.
Un jour, on joue à « la petite bête qui monte ». Je (M) suis assise par terre en face de lui. Comme d'habitude, il rit comme un fou tout en repoussant ma main.

Mais au bout de quelques secondes, il vient rechercher ma main pour que je recommence et dès que je le chatouille il rit mais me repousse de nouveau. Plusieurs fois de suite.

On voit poindre puis entrer en action l'anticipation. De même chez Jean, qui s'amuse au rituel traditionnel : «*montre-moi ton nez, ta bouche...*» :

Jean, sept mois.
Je (M) m'amuse à lui faire montrer le nez, les yeux... Il s'y attend tellement que c'est lui qui demande le jeu. Il me prend la main, la met sur son nez et rit. Ou encore il tire d'avance sur ses paupières avant qu'on lui ait demandé de montrer ses yeux.

Une nuance touchante, l'hésitation de Clément :

Clément, deux ans.
Il aime bien jouer à «montre moi ton nez, ta bouche...».
Une personne enchaîne en lui demandant : le menton, ce qui est évidemment moins familier. Il hésite et finit par montrer son menton sans se tromper. C'est alors un grand soulagement et il rit énormément : il s'en est bien sorti et surmonte la difficulté de l'épreuve.

Comme les doigts chatouillent, la bouche mordille. D'autres jeux avec le corps sont porteurs des mêmes ambiguïtés : les bisous dévorants, la petite main avalée, le cou mordillé. Tous émanent de l'agresseur non dangereux qui permet à l'enfant dévoré de rire sans arrière-pensée.

Charlotte, deux mois.
Elle glousse de plaisir dès que le jeu arrive : mordiller son cou, pincer un peu sa fesse, faire une bise au nombril, le tout ponctué de «un, deux, trois!». A «trois», la voix monte et reste suspendue... alors elle attend, sourire en l'air, prête à éclater, les yeux ronds comme des billes. Rapidement «trois» devient à lui seul un déclencheur de rire, même sans aucun jeu corporel.

Aurélien, sept mois.
Rires aussi aux «bisous dévorants» sur le visage et surtout sur le ventre où se mêlent caresse et chatouille.

Les grimaces. Le visage de l'enfant est, depuis les tout débuts, l'objet d'un investissement exceptionnel. Ce que l'on donne à voir, même lorsqu'il est tout emmitouflé. C'est son visage que l'on fixe, c'est à lui que l'on parle, que l'on fait des sourires. C'est de lui que parlent les commentaires : *il est beau, ses grands yeux...* Ce sont les détails du visage que l'on nomme en priorité et qui sont le plus embrassés et amusés. Ils entrent dans les jeux traditionnels qui s'accompagnent de discours, de chants ou rituels ludiques. C'est sur le visage enfin que se lisent les grimaces. Même si l'enfant ne les fait pas volontairement (il plisse les yeux, ouvre une grande bouche, retrousse les ailes du nez), elles font rire en même temps qu'elles déforment le visage jusqu'à le rendre méconnaissable.

Les bébés comprennent vite le succès qu'ils peuvent tirer de leurs clowneries :

> **Aurélien**, dix mois.
> Invente toute une série de mimiques rigolotes, mi-grimace, mi-clownerie où il fronce le nez en reniflant, arrondit la bouche, fait la moue... Comme il y a du répondant en face, il se complaît à faire ses petites têtes marrantes.

Les grimaces se jouent sur le visage de l'enfant comme celui de ses partenaires. Le bébé est amateur des grimaces qu'il voit, par le simple fait qu'un visage en mouvement ou présentant un détail nouveau est plus attractif qu'un visage figé. Ce visage est souvent celui des parents qui s'amusent eux-mêmes en produisant des grimaces.

Ce qui est perçu par le bébé est en premier lieu une nouveauté, une forme du visage qui diffère du modèle habituel, un contraste familier/nouveau. Il s'agit aussi d'une complicité avec son climat de jeu et de rire : l'adulte qui fait des grimaces ne le fait généralement qu'avec le bébé, à son intention. Il se laisse aller au non-sérieux. C'est, sur le plan des mimiques, l'équivalent du registre de langage qui s'adresse au bébé : on ne l'utilise que pour lui. Dans le code des interactions sociales, les grimaces font rire ou, dans certains cas, font porter un jugement dépréciatif sur leur auteur : *il est fou, il fait l'idiot ou il se moque*. Le risque n'est pas le même lorsqu'on fait des grimaces au bébé : c'est tout simple, il va rire.

Les enfants plus âgés possèdent tout un répertoire de grimaces, qu'ils jouent entre eux ou adressent au bébé. Là, le rire est encore plus franc. La seule vue des autres enfants, surtout d'enfants en mouvement, suffit déjà à faire rire le bébé ou à induire une humeur joyeuse. Spectacle, complicité, participation dès que le bébé le peut, une formule de rire garanti.

> **Bruno**, sept mois.
> Il s'est mis à rire d'événements insolites... Le fils de sa gardienne qui fait le clown devant lui, il saute, crie, fait des grimaces.

Le bébé n'est pas en reste ! Sur son visage, le spectacle est permanent ! On ne peut guère parler de grimaces au début, mais lorsqu'il ouvre une grande bouche, tord les lèvres, fait les yeux blancs... l'adulte interprète ces mouvements de hasard et les souligne d'un commentaire qui va les situer dans le monde des mimiques. *Mais qu'est-ce que c'est cette grande bouche ! Cette fois on dirait un clown !*

Chez ce producteur involontaire et observateur attentif, l'imitation va, dès les premiers mois, enrichir et préciser la production. Comme vous, il tire la langue ou ferme les yeux. En souriant de ces imitations furtives et maladroites, vous sentez déjà que le seuil des grimaces intentionnelles est tout près d'être franchi.

> **Bruno**, neuf mois.
> J'ai (M) la presque conviction que cet âge-là est une grande étape pour ce qui nous intéresse[3].
> En effet la même grimace que je lui ai faite quand il avait 8 mois ne l'intéressait guère. Puis elle l'a fait rire début novembre et depuis une semaine il la reproduit, même quand il est seul.
> La grimace : bouche avancée comme pour faire une bise, en accentuant le mouvement. On fronce le nez avec une respiration bruyante. J'alternais avec une autre grimace : bouche grande ouverte avec la même respiration, mais Bruno imitait surtout la première en accentuant la respiration avec tant de conviction que ça le mouchait !
> Au début il imitait mon mouvement de la bouche puis il s'est amusé à faire des variantes, en tordant la bouche dans tous les sens.
> L'imitation dure quelques semaines seulement.

Bruno reste par la suite l'un des meilleurs amateurs de grimaces. Celles-ci figurent en bonne place dans ses plaisirs et ses amusements :

> **Bruno**, quatorze mois.
> Beaucoup de goût pour les grimaces. Il en invente de nouvelles qu'il aime reproduire. Elles durent peu.
> Il est ravi lorsqu'il me (M) voit imiter ses grimaces. Par exemple il lève les yeux jusqu'à les rentrer sous les paupières ou il avance la lèvre inférieure.

Plus grand, il continue et améliore la performance :

> **Bruno**, deux ans et demi.
> Très attiré par sa propre image. Un jour il va devant la glace pour se regarder pleurer. Ou encore va vérifier son effet dans la glace lorsqu'il a trouvé une nouvelle grimace.

L'adulte participe à peu près toujours au jeu. On peut même souvent penser qu'il est l'initiateur. Dans ce domaine aussi l'imitation réciproque façonne les plaisirs et les prédilections. Même lorsque existe une palette d'échanges étendue, certaines activités sont le privilège d'un seul partenaire. Certaines grimaces n'ont cours que dans l'intimité absolue et sont parfois réservées à un seul des proches, comme pour Maud :

> **Maud**, trois mois.
> Début d'une grimace d'imitation avec son père : faire les « petits yeux » en fronçant le nez et soufflant.
> Vers 6 mois, elle fait sa grimace toute seule, sans modèle immédiat.

Et à six mois.
Avec son père, privilège des jeux de grimaces. Tire la langue, imite. Puis elle anticipe, c'est elle qui tire la langue pour inviter son père à jouer. (...).

Plusieurs étapes jalonnent ainsi l'histoire des grimaces. On y trouve, comme dans l'évolution du babil, une part d'imitation, une part d'exercice solitaire, de plaisir partagé, avant que l'enfant en maîtrise le jeu. Il peut alors s'en servir à sa guise. Cette grimace sur le visage, il la donne à voir. Il aime qu'on le regarde, ce que l'adulte ne manque pas de faire. Il aime entraîner le rire, mais celui-ci n'est pas toujours franc. Car la grimace, elle aussi, est source d'ambiguïtés. L'envie de rire n'est pas sans arrière-pensée. Ce masque grotesque, éphémère, peut troubler l'adulte : son bébé pourrait avoir cette face affreuse ? Avec les formules traditionnelles encore toutes proches : « si les cloches de saint Jean sonnaient... la grimace resterait sur ta figure ».

L'enfant qui fait des grimaces est maître de déclencher un flot d'affects mêlés : cherchant à faire rire, il éveille des résonnances confuses. Dès qu'il maîtrise son jeu, il ne se contente plus d'utiliser les grimaces pour faire rire, mais aussi pour « se moquer de ».

Dans les relations entre enfants, le pouvoir des grimaces peut aussi conférer un privilège exceptionnel, celui de faire rire l'autre.

Baptiste, un an.
Il s'amuse à faire des grimaces : fronce le nez, avance la lèvre inférieure et fait ressortir ses deux dents, ce qui nous fait rire. Devant son succès, il recommence.

Maud, trois ans.
Dans la détresse que crée la naissance de Sonia, Maud se met à faire des grimaces et des pitreries. Le spectacle est une fête pour Sonia qui, dès qu'elle est un peu plus grande répond aux grimaces de Maud par des flots de rire. Il se développe ainsi une complicité dans le rire. Maud assure le rôle de faire rire sa sœur.

Une fois encore c'est le privilège de l'amuseur, celui qui, faute d'autre réussite ou dans une économie passagèrement ébranlée, réussit à faire rire. Pour Maud, ici, cela évoque un rire jaune. Une forte nuance « jaune » dans le petit nuage de l'humour, mais, le rire prenant le dessus, la gentillesse et la séduction du partenaire se montrent contagieuses... et la coloration vire au rose. Une bonne forme d'humour - art de vivre. Les grimaces pour faire rire les compères sont aussi au premier plan des rigolades futures dans « l'humeur joyeuse » des trois ou quatre ans.

Le visage a le privilège des grimaces, mais d'autres parties du corps sont entraînées dans le jeu et le rire. Mouvement, rythme et imitation se mêlent dans des jeux et des comptines comme :

Un p'tit pouce qui bouge,
Un p'tit pouce qui bouge,
Un p'tit pouce qui bouge
Et ça suffit pour rendre gai !
Deux p'tits pouces...

Le petit enfant connaît, de son corps, ce qu'il peut voir et toucher. Ses mains en premier lieu, puis ses pieds lorsque, vers 6 mois, il commence à les attraper puis les tirer jusqu'à sa bouche. Ici encore c'est la curiosité, l'appétit exploratoire qui nous amusent :

Rémi, huit mois.
Depuis peu, il a découvert ses oreilles. Il les triture, ça dure longtemps, patient.
Il prend aussi un air attentif en se caressant les cheveux.

Adrien, neuf mois.
A beaucoup joué avec ses pieds. Depuis peu, dès qu'il est assis il adore qu'on lui enlève ses chaussettes. Il regarde ses pieds nus et rit aux éclats quand ses pieds bougent.

Baptiste, un an.
S'enlève ses chaussettes pour se chatouiller les pieds. Il rit tout seul dans son lit.

Frédéric, dix-huit mois.
Son corps et le nôtre l'intéressent. Il s'amuse bien à chercher le nez, les oreilles, la bouche. Il y met le doigt, la main.
Il tape sur son ventre rebondi, tire sur son zizi lorsque l'occasion se présente...

Il revient aux pieds et aux orteils d'induire souvent le rire. Ils transmettent leur pouvoir comique aux chaussettes et aussi en partie aux chaussures, comme nous le verrons peu après. L'enchaînement des exemples permet de saisir la filiation directe de ces thèmes.

On facilite la tâche de l'enfant dans l'exploration éblouie de son corps. Par les routines ludiques, qu'elles soient surtout gestuelles, ou gestuelles et vocales (les marionnettes, les comptines sur les doigts), ou uniquement verbales (*«où est le nez»*...).

Le miroir participe aussi à cette filiation : l'enfant s'y découvre tout entier alors qu'il ne peut autrement avoir de lui-même que des vues partielles. Il découvre en même temps le visage et la silhouette de ses proches, identiques à l'image qu'il s'était faite d'après nature. On a tout dit sur le rôle structurant du miroir pour l'image du corps que l'enfant commence ainsi à percevoir, de son rôle jubilatoire... Oui, la plupart des enfants, après un premier étonnement, sont plutôt contents de se voir ainsi, puis vont adopter le miroir dans leurs habitudes :

Lara, trois mois.
On la tient sur les bras. Tout à coup, elle se retourne et se découvre dans la grande glace : éclate de rire.

> **Charlotte**, trois mois.
> Devant la glace, elle regarde nos visages, mon (M) visage puis son visage, revient au mien, puis éclate de rire.
> De nouveau elle se regarde et devient sérieuse, voire étonnée, puis me regarde de nouveau et devient sérieuse et là c'est un gros rire.
> **Frédéric**, cinq mois.
> Le miroir provoque indifférence ou curiosité, selon les moments.
> Frédéric en découvre progressivement la fonction. Il ne se voit que lorsqu'on le tient dans les bras. Il nous donne alors des grandes tapes sur l'épaule ou le visage, en riant aux éclats tout en regardant la scène (en se regardant) dans le miroir. Il se donne en spectacle.
> Et à six mois.
> Lorsqu'il se voit dans le miroir ce sont des rires joyeux et des cris. Plus encore s'il se regarde dans la glace de l'ascenseur, ce qui est moins fréquent et surtout, dans ce cas, il est «déguisé» avec son bonnet, ses moufles...
> **Baptiste**, cinq mois.
> Devant le miroir, rit aux éclats dès qu'il se voit. Donne de grands coups dans la glace pour s'attraper.

Comment l'enfant perçoit-il que ce petit personnage qui le regarde, là, dans la glace... c'est lui? On ne sait. Cette image contribue à préciser l'idée que l'enfant se fait de lui-même, de son individualité et de son identité, au point que lorsqu'on demande à Adrien, à dix-huit mois : *où il est Adrien?* il se précipite vers la glace, se regarde, tranquille et se fait des mimis. Oui, Adrien c'est ce sympathique petit garçon!

JEUX D'EAUX

A tout âge, les joies de l'eau! avec les nuances de sérieux et de rationalisation qui viennent enjoliver le thème lorsque l'enfant grandit comme Céline :

> **Céline**, quatre ans.
> Sort de son bain :
> *— Tu vois, l'eau du bain, elle emmène la saleté du dehors. Quand on boit ça lave la saleté du dedans et c'est le pipi qui l'emmène.*

Chez le tout-petit, le plaisir de l'eau est simple. C'est en tout premier lieu l'eau qu'il boit :

> **Aurélien**, sept mois.
> L'eau est une source de joie exceptionnelle. Depuis tout petit, il aime boire de l'eau. Tout bébé il avalait de grands biberons d'eau. Puis il l'a bue en gazouillant, à la petite cuiller, au moment même où la seule vue d'une cuiller lui faisait fermer la bouche d'un air provocateur.
> Maintenant la seule vue d'un verre entraîne un large sourire, de petits halètements joyeux. Il tend bras et jambes, écarte les doigts et cette excitation générale

se poursuit encore quand il a le verre au bord des lèvres, ce qui ne facilite pas cette tâche déjà difficile : boire.
(...) Il essaie souvent d'attraper le verre à deux mains alors qu'il ne le fait ni pour le biberon, ni pour la cuiller.

C'est l'eau sur sa main :

Ludovic, un an.
Lorsqu'on lui présente un verre d'eau, il boit une ou deux gorgées puis trempe sa main dedans et agite ses doigts, doucement avec plaisir. C'est le contact de l'eau fraîche qui lui plaît.

Pour tous, ce sont les joies du bain :

Aurélien, trois mois.
Plaisir du bain. Il a toujours adoré : déjà à la maternité, nous lui trouvions l'air béat dans son bain.
Il accepte bien les «douches», regarde le verre qu'on monte à la verticale au dessus de sa tête, et ne réagit même pas lorsqu'une goutte lui tombe sur le visage.
Et sept mois.
Le grand jeu de l'été, c'est le bain en piscine. On saute, on nage, on éclabousse, tout est bon. Même boire la tasse le fait rire.
Dans sa baignoire, malgré des gigotages multiples, il s'arrange toujours, on ne sait comment, pour ne pas avaler une goutte d'eau. Il adore qu'on l'éclabousse, y compris sur le visage et dans les yeux.

Lara, neuf mois.
A toujours adoré l'eau, au point de se laisser doucher, éclabousser, shampouiner sous la douche. Apprécie même un jet «dur» qui lui fait des chatouilles, sous le bras par exemple.
L'été (5 mois) dans une grande piscine, heureuse, ravie, se laisser aller. Il suffit de la tenir par le bout des doigts. Elle pédale, éclabousse, rit aux éclats.

Clément, un an.
Aime le bain. Il fait des gros «splatch!». Actuellement il aime prendre la grosse éponge qu'il presse fort, faisant tomber des gouttes sur ses pieds (qui sont dans l'eau, le gauche toujours au-dessus du droit!). Tout heureux, après, il se caresse les pieds.

Baptiste, treize mois.
Prend son bain avec son frère. Il n'arrête pas de taper dedans pour éclabousser tout le monde.

Le bain c'est le corps à l'aise, débarrassé de ses vêtements, détendu, un peu porté, flottant dans un pesanteur différente. Un bien-être que rien n'égale. Le bain est aussi, dès les premiers jours, une halte, un moment d'intimité entre le bébé et l'adulte. Sa mère vient de se hâter, de le déshabiller, le savonner... et là, en même temps que lui se trouve bien dans l'eau, elle prend le temps de le regarder. Tous ne sont pas, dès le début, inconditionnellement heureux dans l'eau. Ce sont, à deux mois, les sourires-hésitation d'Etienne :

> **Etienne**, deux mois.
> Première situation qui nous a paru humoristique : le bain.
> Etienne n'est pas un fanatique de l'eau. Il reste sur la défensive, regarde autour de lui, intrigué, les poings serrés.
> Il me (M) regarde avec une certaine interrogation, me voit sourire et m'entend lui parler doucement :
> — *Regarde comme c'est agréable, la bonne eau tiède qui coule doucement sur le bébé, le ventre, les mains, le petit cou...*
> Je déplie ses poings, passe doucement l'éponge gonflée d'eau.
> Il semble partagé entre la situation inquiétante du bain et les paroles douces qu'il entend. Il fait très exactement un demi-sourire avec la partie droite de la bouche, puis se reprend aussitôt.
> Deux ou trois fois, j'ai droit au demi-sourire. Je ris aux éclats et l'encourage.
> Mais lui fronce les sourcils, il n'arrive que partiellement à se détendre.

Tout petit, le bébé est tranquille et ne bouge pas beaucoup dans l'eau du bain. Mais après quelques semaines il va remuer, s'agiter et c'est alors qu'interviennent des jeux, des rituels (pour entrer dans l'eau, surtout pour en sortir) et des taquineries. A mesure que l'enfant devient plus actif, les interdits se dressent : il ne faut pas boire l'eau du bain, pas trop éclabousser, pas inonder la salle de bains. Concilier, ici aussi, plaisir et réalité.

Pour beaucoup aussi l'eau c'est le plaisir de s'arroser, de se faire mouiller par la pluie (vous revoyez les séquences célèbres de «Chantons sous la pluie»?). Eclabousser ou s'éclabousser fait toujours rire. Le bruit de l'eau et l'affolement déclenché s'ajoutent au plaisir de la transgression. Plus grand, c'est le glissement vers les blagues qui éclaboussent ou arrosent un partenaire. Ici il s'agit de Mamy que Baptiste n'aurait pas dû traiter avec autant de désinvolture!

> **Baptiste**, deux ans et demi.
> Dans la piscine, il fait le fou, saute dans l'eau, sort puis rentre avec de grands «plouf!».
> Il prend un gonfleur, le remplit d'eau puis s'installe bien devant sa Mamy, oriente le gonfleur et vise pour l'asperger.

La blague de Baptiste n'est peut-être pas aussi insolente qu'elle paraît. L'enfant est si à l'aise dans l'eau, si peu affecté par les «douches» qu'il ne peut certainement pas imaginer à quel point son jet d'eau va surprendre, blesser, insulter. Il réalise, avec l'eau dont il est fou, l'un des grands classiques du comique : le petit malin qui arrose par surprise un partenaire respectable. Vu par l'adulte, c'est un comportement de sale gosse... et pourtant on en rit.

Par je ne sais quel concours de circonstances les Enfants de l'Humour aiment l'eau, certains de façon passionnée même, alors que nous connaissons tous des enfants qui ont, ou ont eu, horreur de l'eau. Il est possible que les Parents de l'Humour aient été plus astucieux pour trouver des stratégies qui rassurent et négocient pacifiquement les oppositions de l'enfant dans ce domaine. Les prennent avec humour finalement !

A en croire les enfants du groupe, l'eau apparaît comme un élément de bien-être, de plaisir. On attribue volontiers aux quatre éléments le privilège d'induire un climat positif : l'eau — la terre que l'enfant aime tripoter, malaxer, «travailler» — l'air, le grand air avec le vent qui décoiffe et l'air sur son visage — le feu et sa fascination.

L'enfant est parfois dépassé lors de ses premiers contacts avec «les éléments». Tout est trop grandiose. La crainte plus forte que le plaisir. Il faut le rassurer, le laisser prendre son temps, accompagner sa découverte :

> **Antoine**, dix mois.
> En vacances, en Bretagne, il est effrayé par le sable. Il reste tout près de sa mère, câlin, ce qui est rare. Son père lui montre qu'il peut mettre ses mains à plat sur le sable. Antoine l'imite, puis se laisser aller à quatre pattes, tout joyeux au point de finalement... manger le sable !
>
> Un an et demi.
> Redécouvre la mer. Partagé entre fascination et une légère peur.
> Pour vaincre ses réserves il procède par étapes. Initialement il se tient à distance, puis lance un caillou dans la direction de la mer, s'approche un peu ; lance un autre caillou un peu plus près et avance de nouveau... jusqu'à arriver auprès de l'eau sans crainte.

Pour tous les bébés qui en ont eu l'occasion, les baignades en piscine sont l'un des grands plaisirs. Elles se situent l'été, dans un contexte de vacances, de soleil, avec des familiers. Le plaisir du bain est associé de plus à la situation «tout nu» qui, nous allons le voir, intervient beaucoup dans les plaisirs des petits. Plaisir qui peut se transformer en aversion : amoureux du bain lors de son premier été (6 à 7 mois), Aurélien s'est montré beaucoup plus réservé l'été de ses dix-huit mois... il n'est pas le seul !

TOUT NU / HABILLE

Les plaisirs ou jeux liés aux vêtements ont bien leur place ici, en contrepoint des notes concernant le corps, en opposition à «tout nu» et aussi en raison de leur intimité avec le corps. Il existe entre celui-ci et les vêtements une telle relation de proximité qu'ils sont parfois ressentis comme un prolongement du corps ou sa possession la plus intime. L'association est encore toute proche pour Aurélien :

> **Aurélien**, sept mois.
> Il a passé tout l'été pieds nus. Vers 6 mois, on lui met des chaussettes. Il est tout intrigué de voir ses pieds en couleurs et essaie de les attraper.

Ce thème joue sur le contraste : tout nu / habillé à partir duquel des expériences personnelles, des goûts et des couleurs — au sens propre ! — vont constituer un répertoire d'habitudes personnelles. Pour l'enfant, au bout du compte, ses goûts, son goût. Le petit corps «tout nu» que nous aimons, lorsqu'il fait chaud, voir évoluer libre, sans contraintes, va s'habituer à cette enveloppe protectrice que sont les vêtements. Nécessité en même temps que convention sociale et marque culturelle.

Les parents constatent à peu près tous que le bébé se trouve bien quand il est déshabillé, son corps à l'aise, sans contrainte. Ils notent son plaisir quand on le change : il s'étire, prend ses aises, fait jouer ses membres, gigote. Il profite de ce bref plaisir que les parents résument par : fesses à l'air.

> **Charlotte**, deux mois.
> Adore «les fesses à l'air», entraîne une attitude ludique, des chahuts.
> **Aurélien**, trois mois.
> Aime beaucoup être changé.
> Depuis toujours, le simple fait de le poser sur la table à langer arrête ses grognements, déclenche des sourires. Il préfère nettement «fesses à l'air».

Tout contraste avec l'état habituel : fesses mouillées, mijotant dans des couches. C'est un plaisir que l'enfant goûte d'autant plus que le change s'accompagne de taquineries : on tapote, poudre, caresse, souffle. En grandissant l'enfant aime bien rester tout nu, l'été, quand il fait beau, autour de l'eau notamment. Dès qu'il marche et peut nous échapper, il adore nous taquiner en filant, tout nu, au sortir du bain, pour rire, pour provoquer, sachant très bien que, pour toutes sortes de raisons, ça ne se fait pas. Il s'offre le plaisir de braver les habitudes, pendant quelques instants, comme un petit sauvage. Il joue la liberté et se moque de nous.

> **Baptiste**, quatorze mois.
> Adore s'échapper les fesses à l'air, en riant aux éclats, puis se retourner pour voir si je (M) le suis. Sinon, il s'arrête et m'attend.
> **Ludovic**, quinze mois.
> Il ne reste pas toujours tranquille lorsque je (M) le change, par terre sur une grande serviette. Il m'échappe et se promène dans toute la pièce les fesses à l'air, au risque de faire pipi sur la moquette. Eclats de rire lorsque je le rattrape !
> **Antoine**, deux ans.
> Se sauve en courant lorsque je (M) veux l'attraper pour le changer.

Corps libre, jeu de poursuite. Plaisir de l'été, complicité entre garçons pour David :

> **David**, deux ans et demi.
> Avec Sébastien, un cousin de son âge, ils jouent, tout nus, dans le jardin, un soir d'été. Sa mère vient proposer d'enfiler son short :
> — *Non, je mets pas de culotte, je reste en zizi, comme Sébastien.*

En même temps, les vêtements sont adoptés comme une seconde peau, une habitude qui ne se discute plus. Certains enfants s'y intéressent peu alors que d'autres ont leurs préférences et prennent plaisir quand on leur donne un vêtement nouveau.

> **Jean**, quinze mois.
> Adore ses pantoufles. Quand il les voit, il s'éclaire, les prend, les tient contre lui.
>
> **Bruno**, deux ans.
> Depuis tout petit, porte beaucoup d'intérêt aux vêtements. Ils viennent au 2ᵉ rang pour lui, juste après ses voitures.
> Mettre un vêtement neuf lui procure un réel plaisir. Imaginez la joie de son arrière-grand-mère qui lui a tricoté un gilet. Bruno s'extasie, se regarde dans la glace et ne veut plus le quitter !
> Lorsqu'un de ses proches arbore un nouveau vêtement, il le repère tout de suite et commente :
> — *Oh, c'est joli l'habiller!*

Parfois ce sont des détails qui l'intéressent et lui plaisent. Comme dans d'autres domaines, ce qu'il affectionne n'est pas forcément ce qui nous semble important à nous, comme :

> **Clément**, un an.
> Les vêtements ne l'intéressent pas tellement. Ce qui nous amuse est l'activité qu'il déploie pour participer à l'habillage : essaie de quitter ses chaussettes tout seul, baisse son pantalon.
> Ce qui le fascine : les boutons. Conforme à son goût pour les tout petits objets ou les «miettes». Il les observe, les triture, il est vrai qu'il s'agit souvent de boutons drôles (animaux, dessins).

Souvent l'enfant nous amuse par ses anticipations et les efforts qu'il déploie pour faciliter ou entraver l'habillage. Il avance son bras pour entrer dans la manche ou d'autres fois s'empresse de la retirer pour nous taquiner. Un terrain de plus pour manifester le plaisir de s'activer et de se débrouiller seul. Une marque d'autonomie, d'indépendance que nous encourageons volontiers. Nous aimons autant son ardeur à se débrouiller, comme Clément, que les taquineries qu'il nous glisse :

> **Frédéric**, dix-huit mois.
> Philippe (P) lui enfile un chandail. Frédéric tend le bras jusqu'à l'enfiler dans la manche, puis il le retire vivement et recommence.

L'enfant est capable de distinctions pertinentes pour les vêtements. La plupart savent très bien reconnaître ce qui leur appartient et les vêtements des autres, les vêtements qui leur plaisent et les autres. La distinction entre ce qui est familier et nouveau entraîne des comportements divers : certains n'aiment pas changer et préfèrent conserver longtemps certains de leurs vêtements chéris, d'autres au contraire jubilent à la moindre nouveauté :

> **Baptiste**, seize mois.
> Quand on lui met des vêtements ou des souliers neufs, il se met accroupi, les montre du doigt et reste «statufié».

Certains ont des goûts bien arrêtés, choisissent ce qu'ils aiment lorsqu'on achète de nouveaux vêtements. Plusieurs mères ont essuyé sans faiblir les remarques de vendeuses indignées : laisser des enfants de dix-huit mois choisir la couleur de leur robe... quels caprices en perspective ! L'enfant fait des distinctions d'ordre esthétique, il est capable de choisir ce qui lui plaît. Il manifeste son goût personnel :

> **Elsa**, deux ans.
> Depuis 20 mois ou un peut avant, elle aime beaucoup les vêtements. Elle aime choisir et il n'est pas question de lui faire enfiler un vêtement si elle a décidé d'en mettre un autre.
> Elle remarque également beaucoup ce que mettent les gens et commente :
> — *Oh, c'est beau !*
>
> **Clément**, deux ans.
> Aime surtout l'un de ses pulls. Lorsqu'on lui demande d'aller chercher un pull c'est toujours celui-ci qu'il rapporte.
> Lorsqu'il passe une journée dans la maison, s'il a envie de sortir, il va discrètement chercher son pull pour qu'on le lui mette.

Avec Charlotte, c'est «l'éternel féminin». Une petite futée qui n'a pas l'oreille dans sa poche :

> **Charlotte**, dix-huit mois.
> Coquette, elle aime choisir ses vêtements. En début de saison, la garde-robe est prête. Sa mère nous la montre et apporte sur leur cintre ses trois robes, dont le nouveau cadeau qu'a tricoté Mamy.
> Ravie elle les contemple, approche la main, les touche, hésite puis finalement choisit de mettre la nouvelle robe. Heureuse de son choix et de la distraction imprévue, Charlotte qui est déjà toute habillée veut immédiatement enfiler la robe choisie. Elle s'active en tirant sur sa serviette, essaye de quitter sa veste... c'est logique : elle a choisi cette robe, c'est pour la mettre !
> On continue la revue de la garde-robe. Elle enfile volontiers la belle veste japonaise, radieuse. Elle est vraiment prête à affronter les grands froids ! On la complimente, ce qui renforce son plaisir :
> — *Tu es vraiment belle ! il ne manque plus que le chapeau !*

Elle se précipite et revient avec un chapeau de paille des vacances qu'elle se plante sur la tête. Rire de toute l'assistance.

Certains vêtements portent à rire. Les culottes bien sûr (Sabine prend un malin plaisir à prononcer de façon très peu différente *Charlotte* — sa sœur — et *culotte* et, faussement naïve, dit *Charlotte* pour *culotte*) et aussi les chaussettes, souvent prises dans des taquineries. Sortant de son bain Etienne (dix-huit mois) se précipite pour lancer ses chaussettes dans la baignoire encore pleine, Loïc plante ses chaussettes pour décorer les montants de son lit, Frédéric crée un vrai scénario :

> **Frédéric**, deux ans et quatre mois.
> Il est pieds nus. Je (M) prépare la cuisine et lui propose de lui mettre ses chaussettes. Non, il préfère les mettre seul. D'accord, je les lui donne et retourne à mes casseroles.
> Quelques instants après, je vois s'agiter, à hauteur de la cuisinière, deux petites mains gainées de la laine blanche des chaussettes. *Ainsi font, font, font...* Frédéric a le triomphe modeste. Je ris.
> Devant ce premier succès, les petites mains s'enhardissent et se mettent à tripoter les boutons de la cuisinière, ce qui est évidemment interdit. Il garde l'air angélique, comme si, déguisées, ses mains ne lui appartenaient plus!

La distinction vêtement d'enfant/vêtement d'adulte se prête merveilleusement au jeu. Tout d'abord l'enfant est tenté, comme toujours, d'essayer ce qui appartient aux grands. Il s'expose d'emblée, ainsi, à une déconvenue puisque les vêtements ne vont pas lui aller. Ces vêtements vont se montrer inadaptés, mais cela participe au plaisir ambigu qu'il en attend, comme Clément :

> **Clément**, dix-huit mois.
> Un jour, son père lui enfile l'un de ses pulls (au père). Ce qui fait rire les parents car ce vêtement lui fait une vraie robe qui l'habille complètement et lui donne un air comique. Clément lui n'est pas très à l'aise, plutôt inquiet, surpris, il cherche ses mains au bout des manches.

Pour Clément la situation est nouvelle. L'initiative ne lui revient pas, ce sont les parents qui s'amusent. Mais, un peu plus tard, lorsque l'enfant perçoit nettement la différence entre vêtements enfant/adulte, qu'il a compris les différences de taille, il adore explorer les vêtements qui ne lui appartiennent pas. Il le fait souvent un peu furtivement, sachant qu'il joue sur les limites et se trouve en terrain incertain. Il commence par une approche tâtonnante : l'exploration, les essais clandestins puis c'est l'éclat au grand jour : il débarque devant tout le monde avec les chaussures à talons et les boucles d'oreilles!

Ce qui l'attire dans les vêtements des adultes est généralement ce qui est le plus contrasté : non pas le gilet qu'il pourrait enfiler facilement, mais les vêtements ou chaussures qui font nettement «adulte». Ce qui est très grand : l'écharpe qui traîne par terre, les grandes bottes de cuir, les chaussures de papa. Ce qui est très féminin : les chaussures à hauts talons, les bijoux, les boucles d'oreilles, les sacs et le matériel de maquillage. Enfin, à l'intersection de ces deux groupes, tout ce qui va avec les pieds : chaussettes, chaussures, bottes et autres accessoires qui fascinent les enfants :

> **Antoine**, un an.
> Son père lui retire une chaussette très, très lentement. Il rit beaucoup.
>
> **Baptiste**, dix-sept mois.
> Essaie d'enfiler les pantoufles de son père (du 45!). Il nous observe, nous voit rire, il prend alors la deuxième et va la cacher dans un coin.
>
> **Baptiste**, deux ans.
> Il prend mes (M) chaussures, mes boucles d'oreilles et se déguise en paradant dans toute la maison.
>
> **Sabine**, vingt mois.
> Adore les chaussures des parents, les pantoufles de son père, elle arrive à marcher avec en traînant les pieds.
> Puis les grandes bottes de sa mère. Elle a toutes les peines du monde pour les enfiler : elles sont aussi hautes que ses membres inférieurs ; elle doit donc garder les genoux raides et tombe toutes les fois qu'elle essaie d'avancer. Mais elle se remet debout et recommence avec plaisir.
>
> **Frédéric**, dix-huit mois.
> Ses pieds et ses chaussures, nos pieds et nos chaussures l'amusent bien. Il fait des échanges, essaie de mettre nos chaussures et de nous chausser.
>
> **Frédéric**, vingt mois.
> Il parade, les pieds dans mes (M) chaussures. S'il parvient aussi à s'envelopper d'un châle, il exulte !

Ces emprunts n'ont pas le même sens chez tous : plutôt jeux interdits, plutôt blague, bonne surprise qui va faire rire, plaisir personnel... nous sommes tout près du déguisement. L'enfant qui met les vêtements des adultes se déguise, même si le faire-semblant n'est pas au premier plan dans son jeu.

La coquetterie et le plaisir de se voir peuvent passer en premier :

> **Julie**, seize mois.
> Adore se déguiser. Elle met des chapeaux, des lunettes et vient nous voir en faisant le clown.
> Si je (M) la coiffe avec des rubans ou des barrettes fantaisie, elle est très fière, se regarde dans la glace et dit, en riant :
> — *C'est beau !*

Parfois c'est plutôt la pitrerie ou le faire-semblant :

> **Julie**, deux ans et demi.
> Elle se déguise, met des chapeaux, réclame une ceinture pour glisser dedans une «épée de Zorro».
> Elle court partout et tourne en criant :
> — Zorro! Zorro!
>
> **Jessica**, seize mois.
> Beaucoup de clownerie avec les vêtements des autres. Elle met une vieille casquette de son frère, à l'envers et attend l'effet produit.

Le goût des déguisements et des pitreries de vêtements n'est pas le privilège exclusif des filles :

> **Frédéric**, deux ans.
> Trouve un caleçon paternel qu'il enfile aussitôt. Il vient parader dans son déguisement. Il est au comble de la joie lorsque j'ajoute une ceinture pour tenir le vêtement. Il va alors réveiller son père pour se montrer et éclate de rire en voyant sa mine surprise.
> Il abandonne facilement ses nippes grotesques dès que je lui montre un petit ensemble à essayer, la coquetterie prend le dessus!

Pour d'autres, le plaisir du déguisement constitue, pendant un temps, l'un des jeux préférés :

> **Loïc**, un an.
> Vers un an, à la crèche, il voit les grands se déguiser. Depuis ce jour, chez lui, il prend des tas de tissus, de serviettes qu'il se met sur les épaules comme un châle.
> Puis il reste longtemps sans y penser et vers deux ans, le jeu reprend. Il accumule les trouvailles pour se déguiser, emprunte des vêtements des parents, une taie d'oreiller qu'il met sur la tête, sa culotte comme un bonnet, un pull qu'il enfile comme si c'était une culotte, alors qu'il sait très bien comment le mettre.
> Il se joue la comédie à lui-même, discute, fait des petites mimiques. Il va devant la glace, tout doucement, comme s'il voulait se faire une surprise!
>
> Trois ans et demi.
> Depuis les déguisements de sa première année, il a gardé le goût des vêtements. Il aime les habits neufs, a du goût, choisit ce qu'il veut mettre. Il entraîne sa sœur dans ses jeux : ils essaient des vêtements, font des fantaisies (deux shorts superposés, une serviette sur la tête). Laure est enchantée et suit le mouvement.

Ces enfants maîtrisent le faire-semblant du déguisement. Ils en profitent pour changer de plan ou se faire des surprises. Parfois le déguisement masque le réel, brouille les cartes. D'autres sont déroutés, comme Guillaume qui, à deux ans et demi, ne comprend pas le déguisement et prend peur :

> **Guillaume**, deux ans et demi.
> A très peur des déguisements. Déjà quelques mois plus tôt, en vacances, il voit

des garçons déguisés en clowns pour faire des photos dans une galerie marchande. Il prend peur et hurle.
Cet hiver, on donne une fête. Tout le monde est déguisé. Il hurle lorsqu'il se voit dans une glace déguisé en clown et semble affolé de voir ses parents déguisés (ils n'avaient pas de masque pourtant), une tante avec des moustaches.

L'enfant qui se déguise aime souvent se voir dans une glace. Il perçoit cette image qui est une tromperie : c'est lui et ce n'est pas lui. Parfois, il se déguise volontairement (en maman, en Zorro), dans la mesure où il est assez sûr de lui-même, de son image et son identité. Il joue sur deux plans et assume les deux rôles en même temps.

L'engagement est peu différent lorsque l'enfant se voit sur l'une de ses photos ou sur un film qu'ont tourné les parents. Il lui faut comprendre la dualité de la situation. Il est lui-même ici, vivant, et il est aussi sur cette image qui lui rappelle peut-être un souvenir encore proche. Les enfants aiment à peu près tous se voir en photo, ce qui introduit un thème inépuisable qui aurait sa place encore dans ces réflexions sur le corps : Narcisse !

David, un an.
On dit :
— *Il est beau David !*
Il se lisse les cheveux sur les tempes, avec un petit sourire timide et heureux.
Sabine, un an.
Elle se regarde avec plaisir, touche le miroir. Elle a une robe avec un nœud. Elle prolonge, touche le nœud.
D'autres fois, elle se regarde, toute nue dans le miroir, en sortant de son bain. Elle se penche, fait des petites mines de plaisir.
Ludovic, treize mois.
Dès qu'il marche seul, il aime beaucoup être regardé. Lorsqu'une personne vient à la maison et lui dit :
— *Bonjour, tu vas bien ?*
Ludovic regarde en coin, la tête à droite, à gauche, tout en jargonnant :
— *Ada ada...*
C'est sa façon à lui de me (M) signaler : «tu as vu, il m'a remarqué !». Puis il fait mine de s'en aller, mais revient, avec le même regard charmeur. Il tourne sur lui-même jusqu'à ce qu'on fasse de nouveau attention à lui, jusqu'à perdre l'équilibre. Il rit de bon cœur, soutenu par les rires qui fusent autour de lui.

Narcissisme de l'enfant, narcissisme des parents se mêlent et se renforcent. Le corps de l'enfant, par l'intérêt qu'il suscite, par le jeu des regards qui lui sont portés, situe l'enfant dans le tissu social et dans les références individuelles. Si vous promenez un bébé dans la rue, vous remarquez toutes ces scènes muettes et furtives. Lorsque deux poussettes se croisent, chaque mère glisse un œil sur l'autre bébé.

Ce regard la rassure : le sien est bien plus beau! Mais, en étant très attentif, vous constatez que, dès 7 ou 8 mois, beaucoup de bébés eux aussi se jettent un petit coup d'œil ou se suivent du regard. Pour eux, c'est différent, il s'agit de trouver un reflet, un écho mais aussi un compère.

NOTES

[1] Pour CANDILIS D., *Echanges ludiques au sein de contacts cutanés entre la mère et l'enfant de 0 à 6 mois*, 1985, «Les chatouilles sont avec les caresses, dans un double rapport de filiation et d'opposition. Par la caresse, la mère modèle le corps de l'enfant et lui donne forme. L'introduction du rythme et de la pression, ainsi que les successions rapides de contact des doigts en divers points du corps, provoquent un éparpillement des afférences sensorielles. Les jeux de chatouille par opposition aux caresses et aux étreintes des premières semaines, constituent une sorte d'effraction sur l'enveloppe corporelle de l'enfant».
[2] ROBIN, M., *Les premiers contacts corporels, étude des postures maternelles et des contacts tactiles dans les jours qui suivent la naissance*, thèse 3e cycle, Paris, 1980.
[3] Cet exemple se situe au tout début de notre recherche ce qui explique le commentaire maternel. Il s'agissait bien alors de cerner «les débuts».

5
Le jeu

Il faut chercher l'humour dans l'extraordinaire répertoire du jeu. Regardez un petit enfant qui joue... il vous fera rire ou sourire. Son sérieux, son affairement alors qu'il est occupé à des futilités, ce geste encore pataud mais étonnamment précis parfois, tout vous enchante. Jusque-là, il ne s'agit que de votre regard.

Deux histoires vont nous introduire au pays de l'humour, deux jeux qu'Etienne affectionne et répète souvent, un peu avant un an. Ils se déroulent à la maison, dans l'intimité complice, où le rire fuse vite, et finissent dans l'apothéose d'un grand chahut. Ils présentent des analogies. L'un est un simple jeu alors que l'autre est une avancée sur le terrain de l'humour. C'est Mylène (M) qui raconte :

> **Etienne**, dix mois.
> Il m'aide à faire le lit.
> Dès qu'il voit que je commence à tirer le lit ou secouer une couverture c'est un gros rire. Il s'appuie au pied du lit en riant et attend. Alors ça commence. Soit je pousse le lit, il est poussé en même temps, tombe par terre et rit. Soit je le jette sur le lit et c'est du délire! On chahute un grand moment.
> Je mets toujours beaucoup de temps à faire le lit.
>
> **Etienne**, onze mois.
> Le jeu du piano lui plaisait déjà petit et de plus en plus. Je me mets à jouer, Etienne accourt de l'autre bout de la pièce. Mais c'est lorsque son père est là que le jeu marche le mieux.
> Etienne se hisse jusqu'à moi, me tire... je lui cède la place devant le clavier. Son père l'installe sur le tabouret, s'accroupit à côté de lui, à sa droite.

D'abord, il «joue» en tapant, généralement avec la main gauche et en essayant des sons avec la main droite, l'index cherche les notes. Puis démarre le jeu. Il commence à taper, des deux mains, depuis la gauche du clavier, en se déplaçant vers les aigus. Pof! Pof! Pof! et déborde du clavier, continue sur la tête de son père en riant aux éclats. Il revient sur le clavier et, mine de rien, encore un petit coup sur la tête de papa, en riant comme un fou.

Le jeu du lit n'est que prétexte à rigolade. Faire le lit avec maman, c'est chaque fois une séance de rire. On commence sérieusement : Etienne est grand, il va aider. Personne n'a d'illusion! L'action qu'ils partagent se prête à une «mise en jeu» théâtrale : on fait de grands gestes, on tape, secoue, tire le meuble puis le pousse... Maman en rajoute un peu. Etienne rit d'avance dès qu'il est question de faire le lit!

Le déroulement du jeu est si structuré dans le rire qu'après être tombé dans l'oubli quelque temps, il suffit de la présence du petit spectateur amusé qu'est Julie pour que de nouveau le charme opère :

> **Etienne**, vingt-deux mois et **Julie**, six mois.
> Etienne et moi (M), nous faisons le lit. Etienne prend les oreillers, les enlève du lit, les tapote puis saute sur le lit.
> Julie est à côté, dans son petit lit. Elle se tient à plat ventre et ne peut pas nous voir, mais, tout à coup, nous voyons dépasser sa petite tête avec un large sourire. Elle replonge dans son lit puis se redresse et rit comme une folle chaque fois qu'elle nous aperçoit.
> Nous entrons dans le jeu en faisant «coucou!» chaque fois que nous la voyons. C'est un nouveau souffle dans le jeu du lit.

Dans le jeu du piano, le trio est au complet. Etienne connaît déjà le piano. Depuis ses premiers mois il est fasciné par l'instrument, tant par les sons qui en sortent lorsque maman joue que par les possibilités que lui offre le clavier, à lui, lorsqu'il s'amuse à promener ses petits doigts sur les touches.

Premier épisode, la rivalité pour la possession du clavier. Etienne tire Mylène (M) et prend la place. Son facile triomphe entraîne la satisfaction générale : lui-même a le plaisir d'être arrivé rapidement à ses fins et Mylène (M) cède la place volontiers.

Quelques instants sont sérieux : Etienne commence à jouer comme peut le faire un enfant de onze mois, plaque des accords dans les graves, ébauche une mélodie de la main droite. Puis il se met à faire n'importe quoi ce qui est normal à son âge : il s'amuse, tape des deux mains sur le clavier.

Sans signe avant-coureur, le scénario sort des rails. Dans le même élan, «pof! pof!» le mouvement qui a commencé sur le piano continue sur la tête de papa qui se trouve là dans le prolongement du clavier.

Le gag! L'étincelle de l'humour naît d'un événement minime, dans un petit espace serré (l'espace réel qui sépare le clavier et la tête) et ne dure qu'un temps infime. Ces dérapages ténus, proches, rapides entraînent les meilleurs effets.

Le final sur la tête de papa, c'est bien plus que le pivot de l'histoire. L'enfant n'est pas mécontent de jouer un tour à son père; il faut ce contexte d'exception pour qu'Etienne s'autorise à lui taper dessus aussi énergiquement. La pirouette du jeu permet d'agresser symboliquement sans risque, un humour iconoclaste dont nous reparlerons. Le final sur les cheveux majore encore le plaisir : fourrager dans les cheveux ne déplaît pas à Etienne, comme à d'autres enfants, au cours des jeux physiques avec les parents.

C'est dans ce bref instant que se glisse l'humour. Tout ce qui survient par la suite ne fait que répéter, amplifier et exploiter le gag.

Le rire est majoré par l'accumulation, par la composante sonore du jeu, suivant le rythme des «pof! pof!» sur le piano.

Rire de plaisir, rire de triomphe. Etienne s'est emparé du piano. Il en fait ce qu'il veut et termine par une blague qui obtient un franc succès. Il se fait plaisir et amuse la galerie : ce jeune amateur de sons qui a su s'imposer avec une belle autorité est aussi créateur de gags.

Il triomphe également au sens propre : il a éliminé maman et tape sur la tête de papa. On pourrait voir là le comportement d'un affreux enfant tyrannique... Eh bien non, Etienne joue sa scène de comédie familiale avec tant de charme, d'aisance et de drôlerie qu'il en est le héros non grondable. L'humour opère ce tour de magie. D'autres nuances sont probables : maman éliminée, Etienne et son père restent entre hommes, complices. Eux seuls participent physiquement au jeu et se donnent en spectacle. Maman réduite au rôle du spectateur alors qu'elle est le partenaire-adversaire le plus courant d'Etienne. Ici, il ne se contente pas de lui prendre son piano, il lui prend sa place, il accapare le premier rôle et lui démontre avec brio qu'il joue très bien sans elle[1].

Comment expliquer qu'un enfant de onze mois puisse malmener ses parents dans la bonne humeur sous l'apparence d'un jeu qui amuse tout le monde? Simplement parce que l'humour est infaillible lorsqu'il s'agit d'orchestrer des scènes ambiguës!

Les critères d'humour sont en place.
Il s'agit bien d'une acrobatie mentale, d'une création. L'enfant produit un gag.
Il trompe l'attente, crée une discontinuité : il n'a rien à faire sur la tête de papa.
C'est ce détail nouveau qui fait tilt et produit un effet.
Retombées, récupération... oui, pour tout le monde, à tous les niveaux.
Climat : il joue sur la complicité, mais c'est une agression déguisée.
Affectivité : la scène baigne dans une auréole de non-dit.
Il existe bien deux plans : il commence dans le registre du sérieux, puis le scénario dérape dans le rire.

Le jeu du lit et celui du piano ont bien des points communs, mais l'humour n'apparaît qu'au bout du clavier.

Impossible de se dérober plus longtemps, la question des relations entre jeu et humour est au centre du sujet. Vous trouverez «jeu» et «ludique» tout au long de ces pages. Conclure que le jeu est partout? Non, «humour» n'est pas forcément lié à «jeu».

On dit souvent que «tout est jeu chez l'enfant». Un bébé auquel est assuré le confort vital et psychique a peu d'occupation qui ne puisse être qualifiée de ludique. De plus, les Parents de l'Humour ont certainement été, par nature et du fait de notre recherche, des adultes particulièrement amusés, enclins à jouer et à se réjouir des activités de jeu de leur bébé.

Les enfants ont l'âge des débuts du jeu. Il suffit de regarder, les premiers schémas ludiques se déroulent sous nos yeux. Quelles conduites avons-nous déjà recensées qui soient apparentées au jeu?

Si le jeu est joie de fonctionner, de roder tout ce qui sollicite les perceptions, le mouvement, oui, le bébé joue avec son corps, avec ses vocalises, avec les stimulations de toutes sortes que lui procure son environnement. Il s'exerce et joue. Il acquiert ainsi une maîtrise de plus en plus assurée.

Si le jeu est imitation, oui, le bébé imite nos mimiques, nos gestes, nos intonations, tout ce qui se déroule devant lui, le répertoire des habitudes culturelles.

Si le jeu est répétition, bien sûr le bébé se plaît à rejouer et répéter encore les mêmes gestes, les mêmes routines. Il est d'autant plus amené à le faire que tout est très répétitif dans le déroulement de sa journée.

Si le jeu est exploration, découverte, aventure, le bébé peut s'en donner à cœur joie. Son programme? le monde à découvrir, la réalité à construire et l'imaginaire en prime. Exaltant, non?

Si le jeu est plaisir, tout peut être plaisir pour ce petit glouton qui sait déjà être gourmet, qui se délecte dans l'eau du bain ou le nez dans ses peluches. Plaisir et fête de son corps. Bien-être.

Si le jeu est complicité, aucune inquiétude, l'enfant trouve toujours un compère. En premier lieu, les proches, toujours prêts à jouer eux aussi, même si, dans leur rôle de parents, ils sont les garants du sérieux.

Même si le jeu n'était que cela... les Enfants de l'Humour seraient de grands joueurs. Il est probable aussi que notre regard amusé traduit en termes de jeu parfois le simple déroulement du quotidien.

Il ne s'agit pas d'humour encore dans les jeux moteurs, les jeux d'imitation, de répétition, les griseries ou les fou-rires complices des bébés. Les parents qui les ont notés savaient qu'ils regardaient tout simplement les progrès de l'enfant. C'est souvent leur propre amusement qu'ils font partager, l'émerveillement que nous avons tous devant ce petit bonhomme qui, en jouant des scènes apparemment anodines, est en train d'acquérir des comportements humains fondamentaux.

Autour d'un an, les modèles ludiques deviennent plus complexes. Surtout, l'enfant joue «avec», et cela change tout. Il joue à la fois avec une partenaire et avec les habitudes et règles de communication. Ce n'est pas totalement nouveau car le bébé est d'emblée engagé dans une relation de communication et dans un contexte réglementé mais, de plus en plus, l'évolution va des jeux «libres» aux jeux «socialisés», régis par les règles des relations interpersonnelles et des codes transmis. Ils sont, avec les savoir-faire, les habitudes, les conventions, les mythes, le langage et autres codes de communication, la culture qui se transmet.

Quels sont ces jeux «avec»? Demandez aux parents à quoi joue leur bébé ou à quoi ils jouent avec lui. Le répertoire varie peu. Nous sélectionnons quelques-uns des schémas de jeu classiques : coucou-trouvé, à toi-à moi, mettre dedans, loup-y-es-tu? et terminerons aux portes de l'imaginaire[2].

COUCOU? TROUVE!

Si couramment joué par tous, si fréquemment étudié et commenté, notamment par les éthologistes, ce jeu s'inscrit dans tout un réseau de comportements. A partir d'enregistrements magnétoscopiques (enfants de 9 mois et au-delà), J. Bruner analyse dans les jeux de «coucou-trouvé!» un modèle de séquences rituelles qui suivent une syntaxe fixe : contact initial (l'adulte accroche le regard) – disparition – réapparition – rétablissement du contact.

Le bébé perçoit très tôt les segments du modèle et son caractère ludique. Il s'en joue au point qu'il lui suffit d'un seul élément isolé pour entrer dans le jeu : vous vous cachez les yeux, il surprend votre regard en coin ou encore attrape au passage la serviette sous laquelle il va se cacher. Un indice partiel suffit pour que démarre l'ensemble du jeu. Il apprend aussi les variantes : on peut se cacher de trente-six façons, sous son drap, derrière la porte, sous la table, derrière une petite cuiller, derrière sa main. Connaître le schéma du jeu avec assez de mobilité pour que toutes les variantes soient possibles.

Cacher-trouver joue sur bien d'autres registres que l'immédiateté de la situation. Celui qui se cache est dérobé au regard qui est l'un des capteurs de communication majeurs à cet âge. Cacher au regard, c'est rompre le fil de la communication. Réellement ou en faisant semblant.

> **Adrien**, un an.
> Il se cache les yeux avec les mains, puis les enlève et rit, dès qu'il entend : *où il est Adrien ?*
>
> **Ludovic**, quinze mois.
> Depuis quelques jours, si je (M) le contrarie, il fait semblant de pleurer. Il se cache les yeux derrière les mains et les enlève de temps en temps pour voir si je le regarde. Il sait qu'il va me faire rire et que je finis par craquer !

En partie, on le voit, un jeu de regards. Chaque reprise du jeu recrée l'opposition : disparition-retrouvailles. On fait semblant de se séparer. Cette absence simulée crée une tension parfois pénible, voire inquiète, à laquelle succède une détente. Le rire, depuis le début, l'anticipation de ce moment de détente qui fait rire.

A force de l'avoir joué, l'enfant maîtrise totalement ce risque. Il sait que la séparation ne dure pas trop et que l'on se retrouve toujours. C'est pour rire. On fait semblant de se perdre pour le plaisir de se retrouver.

Si l'attente se prolonge trop, si on laisse la serviette trop longtemps, on retrouve le tout-petit au bord des larmes. Il a eu le temps d'avoir réellement peur. En lui restituant son regard, la « chute » de l'épisode libère l'inquiétude : il rit aux larmes, un rire forcé, d'autant plus libérateur que la tension a été plus dure. Même pour des plus grands, l'attente n'est parfois pas supportable longtemps : on connaît ces parties de cache-cache qui finissent en grand chagrin pour le petit qui a été, plus ou moins volontairement, oublié par les grands derrière son arbre !

A tout âge, l'enfant ne peut rire dans ce jeu que s'il possède assez de critère de sécurité. Le partenaire familier est souvent le seul avec qui il soit supportable de jouer en toute quiétude. Pour que le jeu fasse rire, il faut encore que le climat soit favorable : bébé pas trop fatigué, attente pas trop longue, expériences antérieures ni trompeuses ni frustrantes.

Nous retrouvons des facteurs analogues dans «loup y es-tu?». Ils sont les mêmes dans les jeux de poursuite : *«attention, je t'attrape»*. L'enfant rit s'il a conscience du non-danger de l'agresseur. Le jeu tient à cette légère peur, une peur supportable que l'on s'inflige pour rire. Il s'y ajoute le frisson du secret, du mystère, du noir, lorsque le regard perd le contrôle.

L'enfant balance entre pleurs et rire lorsque les informations qu'il possède sont trop ambiguës. Le non-danger ou le non-sérieux n'apparaissent pas avec certitude, le climat n'est pas tout à fait au rire. Les pleurs sont proches.

Les premiers «coucou», à 6 ou 7 mois, sont très simples. Les exemples se ressemblent tous, chez différents bébés :

> Rit beaucoup à «coucou», avec des tas de variantes. Il se cache sous son drap.
>
> Commence à se cacher en faisant «coucou» avec des petites mimiques.
>
> «Coucou-trouvé» : il se tord de rire. Ils se cachent et se poursuivent à quatre pattes avec son père.

La forme du jeu est très mouvante. L'enfant a rarement recours au modèle complet du jeu, avec ses signes avant-coureurs et ses étapes rituelles. On assiste à une simplification du jeu au point que des bribes infimes suffisent à l'évoquer. L'adulte lance à l'enfant un certain regard, fait mine de masquer une toute petite partie de son visage derrière sa main ou n'importe quel objet; il dit *«coucou!»* de façon appuyée ou un peu provocante. On ne prononce plus que l'entrée en jeu, l'invite. Si l'on voulait, on jouerait, mais non, on se limite à ce rappel. Une partie évoque l'ensemble ou le souvenir du jeu.

L'enfant se contente, lui aussi, de bribes. Sa main dissimule à peine son œil, il tire vaguement sa couverture sur son front avec un regard complice. Les lambeaux du jeu.

Le mot *«coucou!»* lancé isolé continue à évoluer de sa propre vie, entre l'adulte et l'enfant, comme un salut, un appel sympathique. Un petit signe, l'équivalent de *«bonjour! je pense à toi!»* et aussi : *«ça va? je ne t'entends plus, qu'est-ce que tu fais?»*. Ce *«coucou!»* n'est plus qu'un élément infime de la séquence, il récupère le contact à un moment où l'on s'était très légèrement perdus de vue.

> **Lara**, trois mois.
> Elle est éveillée dans son lit. Sa mère arrive derrière la porte et l'appelle :
> — *Coucou! Lara!*

> Elle est à l'écoute, aux aguets, puis émet un petit son admiratif très vague. Elle le reproduit plusieurs fois dans la même situation.
>
> Dix mois.
> Dans le studio, on voit de partout. Lara vit donc continuellement avec une présence sous les yeux. Si sa mère est hors de vue, dans la salle de bains, Lara appelle doucement :
> — *Coucou ?*

Lorsque l'enfant devient autonome avec la marche, il mêle «coucou-trouvé» à d'autres schémas ludiques, des fuites-provocation comme :

> **Etienne**, vingt mois.
> Depuis quelque temps, il se cache. Quand on veut le changer pour aller dormir, il se sauve à toute allure, dans l'une ou l'autre pièce en fermant la porte. Quand on le trouve, il hurle de rire.

Des petits rituels personnels :

> **Clément**, un an.
> Adore les jeux de «coucou-trouvé». Il commence à en avoir l'initiative vers 10 mois, en introduisant toutes les formules qui sont à sa portée, sous la couverture, derrière la porte, etc.
> Actuellement lorsque ses parents sont seuls dans un pièce, il arrive sur le seuil, se montre, accroche leur regard, reçoit un sourire et se sauve en riant. Il fait le tour du couloir puis revient et recommence. Il continuerait sans fin.

Frédéric aussi possède un répertoire de «coucou» variés, la tête cachée dans sa boîte à peluches, le nez pointé derrière la bibliothèque, dans un petit coin à lui, lorsque les parents travaillent — il ne demande pas l'impossible : il suffit de lever le nez et le regarder pour déclencher un fou-rire ! Ou plus près de la clownerie :

> **Frédéric**, un an.
> Sous sa couverture fétiche, il se promène partout, comme un petit fantôme. Le fait qu'il se cogne aux murs ne l'empêche pas de trouver ça drôle !

Même lorsqu'il se réduit à des bribes, «coucou-trouvé» fait intervenir le jeu sur l'attente, le secret partagé, le regard, la succession de tension-détente et une légère tromperie (nous faisons comme s'il était réellement dérobé au regard alors qu'il est facile de le voir). Aux franges de l'humour, même si, isolément, chaque épisode ne possède qu'une trace de jeu.

«A TOI ! A MOI !»

Dès que le bébé s'assied et peut tenir un objet, le lâcher puis le reprendre, vers 6 mois, commencent des jeux dans lesquels un objet est échangé, va naviguer de l'un à l'autre. Tour à tour visible, possédé puis perdu, caché, désiré.

L'adulte commente le jeu : *tiens, prends ton ours!* ou, une autre fois, il tend la main et demande : *tu donnes à maman? qu'est-ce que tu as trouvé?* La main tendue, paume vers le haut, invite gestuelle au moins aussi puissante que l'injonction verbale. Voilà qui contribue à préciser le statut de cet objet extérieur, l'ours, par exemple, que le bébé connaît, reconnaît, objet attractif qui fixe l'attention en même temps qu'il est l'objet du discours.

Donner. Le jeu commence avec un petit objet que l'enfant a bien en main. Il tient un cube par exemple. Vous le réclamez : *à moi!* Parole et geste incitent à faire démarrer un va-et-vient entre l'enfant et vous. A votre tour, vous tendez le cube : *tiens! à toi!* et taquinez parfois, retirant le cube vers lequel la main s'avance : *non, non, il est à moi!*

En même temps qu'il est échangé, l'objet est donné en spectacle au regard du bébé qui «attend» avec des rires contenus et, si le jeu dure trop, une tension croissante. A travers ces séquences ludiques qui se répètent, l'enfant apprend quelques aspects de l'échange, du don, du retrait, de la farce. Elles sont l'ébauche d'habitudes sociales ritualisées comme l'échange de cadeaux protocolaires. Tout cadeau est d'abord un geste[3].

L'objet dont il accepte de se séparer, l'enfant le met en mains sûres; ses expériences antérieures lui ont appris qu'il va le récupérer. Il s'en sépare sans crainte, ce qui ne serait pas le cas avec un autre partenaire. Les adultes sont sensibles à cette marque de confiance; un enfant qui donne un objet à un adulte non familier lui fait très plaisir, il lui montre qu'il l'adopte, qu'il joue sans peur avec lui.

Le scénario «*à toi-à moi*», donner / recevoir introduit dans l'univers des cadeaux avec leur nuance de surprise. Il est par ailleurs une préforme de «chacun son tour» qui règle les interactions dans l'alternance de la prise de parole du dialogue. Comme l'enfant accepte que son jouet passe en d'autres mains, chaque locuteur laisse la parole à l'autre.

Le tour de rôle intervient dans la plupart des schémas de jeu et de communication. Nous précisons son rôle dans deux variantes : l'attente est trompée — la nature de l'objet introduit du nouveau.

L'attente trompée. Nous avons tous joué à taquiner!

> **Igor**, un an.
> Je (M) joue avec lui. Je lui donne un jouet en disant : «*tiens!*». Il le prend. Lorsque je lui demande «*donne*», il me le donne. Ceci peut recommencer maintes et maintes fois.

> Puis, effet de surprise, tout en disant « *tiens* » je retiens l'objet qu'il essaie de me prendre des mains.
> Il éclate de rire. Nous recommençons, je retiens de nouveau l'objet et il rit de plus belle.
> Une autre fois, c'est lui qui m'attrape. Il prend le jouet que je lui tends. Quand je dis : « *donne* », il me le tend mais le retient et se met à rire.

Le jeu commence de façon traditionnelle. Puis l'adulte rompt le déroulement du rituel, introduit une nouveauté : en retenant l'objet il va contre l'attente de l'enfant.

Dans le dernier épisode, c'est l'enfant qui est l'initiateur de la nouveauté. C'est lui qui introduit le détail nouveau. On peut dire que l'adulte vient juste de l'entraîner à taquiner et l'enfant l'imite à propos, en inversant les rôles ce qui, dans cet épisode-là, n'entraîne aucune nuance dépréciative du personnage parental. L'introduction de l'attente trompée modifie totalement le climat.

L'enfant rit de bon cœur, alors qu'on le trompe en approchant puis retirant vite l'objet. L'humeur joyeuse lui permet de ne pas prendre au sérieux la petite frustration que simule le jeu. Il rit lorsque le rituel du va-et-vient est établi de façon assez stable avec un partenaire qui inspire une sécurité suffisante. L'enfant est alors capable de vivre en même temps deux aspects de la réalité. C'est un rire de pré-humour. Chez Bruno, Augustin, Olivia, de 7 à 11 mois :

> Un objet qu'il essaie d'attraper et qu'on retire brusquement : rit beaucoup.
> Rit beaucoup quand on fait le geste de lui tendre un objet et qu'on le retire brusquement.
> Rit beaucoup quand on approche la cuiller et qu'on la retire.

La nature de l'objet. Dans leurs échanges, les enfants donnent et prennent l'un de leurs jouets, un objet qui appartient aux adultes, n'importe quoi. Tant que la nature de l'objet est neutre, il ne s'agit que de répétition, de plaisir et de jeu à deux :

> **Etienne**, dix mois.
> Il joue beaucoup à donner les objets.
> Des jeux d'échange.
> Tout ce qui lui tombe sous la main.

Mais certains objets sont chargés de sens et de sous-entendus, soit qu'ils appartiennent aux adultes, soit qu'ils aient un statut d'exception dans les références de l'enfant. La nourriture a une place unique par ses connotations et son appartenance à plusieurs types de jeux : « à toi, à moi », « mettre dedans », « cacher ». Tout près de la nourriture, la sucette est l'un des objets d'exception :

Etienne, dix mois.
Il s'endort avec sa sucette. Actuellement, il prend plaisir à la mettre dans la bouche des parents. Il faut jouer le jeu et téter bruyamment.

Etienne n'est pas le seul. Plusieurs enfants aiment bien cet échange des rôles. Dès 6 ou 7 mois, le spectacle «maman avec la sucette dans la bouche» les a surpris, parfois dérangés... puis fait rire. Image cocasse. Ils enchaînent en prenant l'initiative de donner la sucette, tout comme il leur arrive de faire manger l'adulte. Il est bien possible que l'adulte en ait donné le modèle en tenant la sucette dans sa bouche, pour la nettoyer ou pour taquiner le bébé.

Aurélien, sept mois.
Continue les jeux avec sa sucette. Soit tout seul. Il prend deux sucettes, les change, les agite. Soit il joue avec nous, dans de grands éclats de rire. On la lui vole, on la prend dans notre bouche et il la reprend. On la cache et il la retrouve. On la lui tend et la retire au moment où il va l'attraper.

Il arrive que l'adulte soit débordé. Il veut bien jouer un peu, mais il ne faut pas exagérer ! Or certains enfants exagèrent ! Non qu'ils ne perçoivent pas les nuances, mais ils s'arrangent toujours pour tourner le jeu à leur profit, Etienne en tête :

Etienne, dix-huit mois.
Son père lui tend un gâteau. Etienne le prend, hésite un très bref instant, puis d'un geste extrêmement rapide et précis, saisit la sucette qui était dans sa bouche et la fourre dans la bouche de son père, alors que lui engloutit le gâteau.
Ce qui contraste : son sérieux et la cocasserie de l'acte. La succession : réflexion et rapidité d'exécution.

La tradition est sens dessus-dessous : papa donne un gâteau et se retrouve avec la sucette dans la bouche. C'est bien un jeu d'échange, mais les deux objets qui circulent sont de valeur inégale : le gâteau qu'aime Etienne et qu'il va engloutir — la sucette, objet propre à l'enfant. Etienne, à 18 mois, sait depuis longtemps que la sucette «ça fait bébé».

Le jeu fournit l'occasion d'inverser les rôles : la sucette, c'est bon pour papa, pendant qu'Etienne, lui, se régale. Il désacralise gentiment l'image paternelle. Il sait, d'expérience, que son père va se comporter en complice et sourire de cette désinvolture qui n'est objectivement, pas très grave. Une fois encore, un geste iconoclaste, proche de ceux qui font perdre la face.

Etienne, ici, manie la dérision. Rapide, précis, efficace, sous son air de sérieux. L'humour iconoclaste.

METTRE DEDANS

Autour d'un an, autre progrès. Comme disent les tests : «l'enfant met les cubes dans la tasse». Il remplit le carton des jouets qu'il a sous la main, vide une boîte ou sa corbeille puis y replace les objets. Il s'absorbe dans des va-et-vient d'objets.

Ces activités sont plutôt encouragées par l'adulte. L'enfant est calme, s'occupe tout seul, ne s'ennuie pas. Lorsqu'il «met dedans», il suit l'ordre des choses. Il «range», activité qui est bien plus encouragée que son contraire : fouiller, tout sortir, tout déballer, tout mélanger, vider la boîte, en un mot, le désordre. Les félicitations de l'adulte favorisent la poursuite des activités. Souvent aussi, l'adulte ne dit mot, craignant de rompre le charme en intervenant. Son silence facilite la poursuite de la tâche puisqu'il permet à l'enfant de rester absorbé dans ses manipulations en percevant sans doute le contentement qu'il suscite. Il s'agit au début d'un jeu de maîtrise, en même temps parfois d'un jeu de classement, avec le plaisir en prime :

> **Aurélien**, dix mois.
> Un nouveau jeu : les couvercles des «petits pots» sont dans une boîte, toujours la même. Il fourrage dedans avec ses deux mains, en faisant le plus de bruit possible.
> Il vide la boîte, puis remet les couvercles dedans.
> Il est très rare qu'on retrouve d'autres objets dans cette boîte (exception, sa sucette et les petites cuillers avec lesquelles il a commencé à «mettre dedans») alors qu'il remet souvent ses autres jouets dans leur panier.
>
> **Clément**, vingt-deux mois.
> Aime beaucoup «mettre dedans». Il range des petites choses, insiste pour qu'on lui mette un mouchoir ou n'importe quoi dans la poche de sa salopette.

«Mettre dedans» n'est pas très loin de «cacher-trouver». Le jouet qu'il vient de mettre au fond du panier, l'enfant ne le voit plus. Au début, le tout-petit qui perd son jouet, caché sous les plis de son drap, s'engage dans le jeu par hasard :

> **Antoine**, dix mois.
> Joue tout seul à se cacher des objets sous sa couette. Il les cherche, de nouveau les cache, est tout content de les retrouver.

C'est sans doute involontairement qu'Antoine retrouve un jouet caché sous sa couette. Mais en grandissant, l'intentionnalité augmente. Dans les premières tentatives, l'enfant ne possède pas cette fameuse «permanence de l'objet», la mémoire du jouet qui, momentanément hors de vue, disparaît de sa conscience. Souvent l'attrait des recoins, des petits interstices ne fait qu'accroître le plaisir. C'est Antoine encore :

Antoine, deux ans.
Quand il mange, il est assis dans sa chaise haute, à la cuisine, à proximité d'un petit interstice qui est sous le four. Il joue à faire disparaître dans cette fente des petits objets qui peuvent s'y glisser, sa petite cuiller.
Déjà, quand il était petit, il aimait cacher des petits jouets sous son drap.

Voilà la notion de cachette et de secret qui entre dans la danse. Comme si l'enfant ne pouvait pas s'empêcher de répondre à cette invite. Un sac, une boîte, une ouverture, une fente : il faut mettre quelque chose dedans. Il inverse aussi le jeu, goûtant l'attrait des cadeaux, des paquets qu'il faut défaire, des boîtes qu'il faut ouvrir, et cela très tôt :

Aurélien, un an.
Commence à aimer les petits paquets. On met n'importe quel objet dans un morceau de papier. Il traficote dans tous les sens pour découvrir ce qu'il y a dedans.

Il y a un peu d'imitation dans «mettre dedans», même si initiative et imitation se mêlent :

Clément, vingt-deux mois.
Il a l'habitude de voir son père préparer son cartable et y mettre des copies, des crayons, sa calculatrice...
Lorsqu'il ouvre son cartable pour faire son cours, Thibault (P) a la surprise d'y trouver différents objets que Clément a «mis dedans» : bouts de gomme, petites voitures, croûtons...

On imagine la tête de Thibault (P) apercevant la petite voiture aux côtés de sa calculatrice! Il voit son bonhomme affairé à son jeu qui n'est pas tout à fait innocent.

L'objet ainsi «mis dedans», caché, est un médiateur entre deux partenaires. Il est évident qu'en découvrant le croûton, Thibault ne peut penser qu'à Clément! Ce qui se dit par l'intermédiaire de l'objet est souvent ambivalent. L'enfant joue en même temps «avec» et «contre». Il est tout à fait différent de cacher un objet «avec» quelqu'un et de le cacher «à» quelqu'un. On retrouve la même opposition que dans le rire. On rit «avec» quelqu'un, dans la complicité, mais rire «de» quelqu'un est une agression. L'enfant qui cache les objets le fait évidemment «contre» l'attente et contre l'ordre établi.

Il devient le maître des cachettes. Ces activités ont à voir en effet avec l'ordre des choses. Il s'agit de ranger-déranger. L'enfant met les jouets dans leur corbeille, il range. Mais il dispose de bien d'autres possibilités.

En premier lieu, déranger. Clément déballe le tiroir de papa, Frédéric vide son étagère, une fois ou l'autre, tous agissent contre l'ordre.

Aux yeux de l'adulte, même le plus indulgent, c'est une bêtise, parfois une provocation :

> **Etienne**, deux ans.
> Il fait des bêtises qu'il répète toujours, comme vider les étagères, vider son verre par terre, répandre la terre des pots de fleurs sur la moquette...

Contre l'ordre des choses, il peut donc déranger, « mettre hors de » (tiens, comme « mettre hors de soi »!). Il peut aussi « mettre ailleurs ». Là, l'ordre chavire. En prenant l'initiative de « mettre ailleurs », il fait plus que tromper l'attente. L'humour qui n'avançait qu'à pas de fourmi se met à gagner du terrain à grandes enjambées !

Une fois que le bébé sait « mettre dedans », comment va jouer ce comportement dans les routines quotidiennes ? Il arrive un moment — vers deux ans — où l'enfant est assez maître des différentes opérations : (« mettre dedans », « mettre hors de », « mettre ailleurs » renforcées par la ritualisation de « cacher-trouver »), pour se jouer de l'adulte, son partenaire avec tout son attirail d'objets et l'ordre qu'il leur assigne :

> **Guillaume**, vingt-deux mois.
> Cache les clefs de sa mère. La première fois, ça a démarré innocemment. Il jouait avec sa grue et cherchait quelque chose pour faire contre-poids. Il a pris les clefs qui sont derrière la porte et s'est bien gardé d'intervenir lorsque sa mère les a cherchées au moment de sortir.
> Depuis, il a recommencé plusieurs fois. Il les cache sans raison en gardant l'air parfaitement innocent. Il oublie même parfois réellement où il les a mises.

Chacun des Enfants de l'Humour s'est une fois ou l'autre franchement moqué de l'adulte en lui cachant quelque chose, un petit objet, souvent ses clés de voiture, ces petits objets qui ouvrent toutes les portes de la réalité et de l'imaginaire ! L'enfant se moque de nous, tire les ficelles du jeu, nous fait perdre la face, avec sérieux, jubilation, parfois moquerie. Chacun son style :

> **Frédéric**, un an.
> Une amie vient prendre le café, et vers la fin de sa visite, lui abandonne son trousseau de clefs.
> Au moment de partir, elle veut les récupérer. Frédéric fait mine de les lui laisser, puis se reprend, très vite. Il fait semblant de les déposer dans un cendrier, puis repart, dans le cachet-pot, sur la table... Satisfait de nous voir toutes deux le suivre docilement.

Quelques mois encore et le scénario frise le burlesque :

> **Frédéric**, vingt mois.
> Il lui arrive de cacher quelque chose dont il a besoin, l'un de ses jouets favoris

ou sa couverture chérie. Il nous entraîne dans sa recherche, explore partout en se tapant sur les cuisses d'un air navré.

Brusquement il abandonne les recherches. Il va alors tout droit au lieu où il a caché l'objet. Il soulève par exemple délicatement la page de l'annuaire dans laquelle il a caché le crayon. Il garde toujours un air de satisfaction retenue.

Le même sérieux conduit le jeu d'Adrien qui invente de vraies blagues :

Adrien, deux ans et demi.
Il cache des objets et ne dit rien. Les clés de sa mère, les crayons de mots croisés. Il va jusqu'au bout, aide à chercher, impassible, puis tout à coup, fonce vers la cachette, sans hésiter :
— *Tiens, il est là!*
Variante : il chipe un mouchoir qui dépasse d'une poche et peu après le rapporte, sérieux :
— *Tiens, il est tombé ton mouchoir!*

C'est entre 18 mois et deux ans que l'enfant devient maître des cachettes. Il protège son jardin secret et nous rejette impérativement hors les murs. Chacun chez soi. Encore la liberté et le territoire. L'adulte manipulé, ridiculisé. Un humour tranchant, pas très amical. Etienne est orfèvre en la matière :

Etienne, vingt mois.
Ce qui nous fait rire encore : il a une cachette, sous le coussin d'un fauteuil du salon; le revêtement est déchiré et il y a un orifice entre les sangles.
Il y cache tout. On y retrouve les clefs, les gâteaux, ses souliers, ses chaussettes...

Le génie inventif de l'enfant, renforcé par le sentiment qu'il éprouve certainement de tenir l'adulte à sa merci, brode sur la fascination des cachettes. Les lunettes, si chargées de sens pour Etienne, ajoutent leur grain de sel dans la mise en scène des scénarios grandioses. Apothéose de ses thèmes favoris.

Etienne, deux ans.
Il porte de nouveau des lunettes. Une paire est passée dans la cuvette des W.C.
Régulièrement, il cache ses nouvelles lunettes et fait marcher tout son monde. Les lunettes disparaissent pendant plusieurs jours. Je (M) me mets à fouiller toutes ses cachettes connues :
— *Mais où sont tes nouvelles lunettes?*
— *Din! din!* (jardin), *là!*
Nous allons chercher dans le jardin, Etienne est ravi, il voulait justement aller dans le jardin, mais les lunettes n'y sont pas. Je questionne de nouveau, autre réponse :
— *Nano dedans!* (dans le piano).
Il possède depuis longtemps une petite cachette dans le piano. Il est du reste très content d'y retrouver trois petits cuillers et une auto, mais pas de lunettes.
Deux jours plus tard, découragée je pose de nouveau la question et obtiens la même réponse :

— *Nano dedans!* (dans le piano).
Et les lunettes sont dans le piano. Il les a donc déplacées après les avoir récupérées dans une cachette que je ne connais pas.

Le style d'humour d'Etienne est là, dans sa cachette secrète. Il infligea, il est vrai, aux lunettes qui se succédèrent divers mauvais traitements dont il garde le souvenir minutieux. A quatre ans et demi, il adore que sa mère lui raconte les mésaventures des anciennes lunettes. Il aime les pèlerinages, vers le buisson où échouèrent les premières lunettes, et, en vacances dans le Poitou, vers la rivière où chavira la seconde paire. Il commente chaque fois : *c'était rigolo, hein? c'est quand j'étais petit!*

Il met du vent dans son panier. Le bébé qui sait mettre des cubes dans la boîte va rapidement maîtriser totalement le schéma : il saura vite mettre n'importe quoi dans n'importe quoi. Le jour où il n'a rien à manipuler, il décolle du réel. Si l'on est très attentif, on le voit, dès un an, jouer avec « rien ».

Bruno, un an.
Il tient quelque chose d'imaginaire entre le pouce et l'index et le met dans ma (M) bouche. Je fais pareil avec lui. Il reprend alors ce que j'avais mis dans sa bouche et le remet dans la mienne. Nous recommençons plusieurs fois.

Bruno se plaît à ce jeu qui va se prolonger longtemps, comme un vague échange de nourriture :

Bruno, deux ans.
Il pince quelque chose d'imaginaire et le distribue aux personnes qui sont là en disant :
— *Mange!*
Ou il le jette par terre en disant :
— *La poussière!*

Des faire-semblant fugaces attestent que l'enfant commence son va-et-vient entre réel et imaginaire. Il peut penser, vivre ou jouer sur un autre plan que la réalité immédiate, ce qui va donner un tour nouveau à ses activités :

Adrien, un an.
Il aime rester de longs moments sur le balcon de la cuisine qui sert un peu de débarras. Il y trouve des paniers, des serpillières, des pots. Un jour, il joue seul, pendant plus d'un quart d'heure, un scénario muet. Il prend « rien » dans l'un des paniers, se déplace, le laisse tomber dans un autre panier puis reprend ce qu'il a laissé tomber, c'est-à-dire « rien » et le transporte de nouveau puis recommence.

Un très précoce faire-semblant avec « rien ». Beaucoup d'enfants, en grandissant, aiment accumuler dans différents contenants des objets hétéroclites, des petites choses qui, pour nous, sont «n'importe quoi». Cela tient du bric-à-brac, de la poubelle et du trésor. Ces objets accumulés ne sont que le prolongement du «rien» d'Adrien. Objectivement, ils sont «des riens», des petits riens, comme nous, adultes, continuons souvent à en accumuler et faire circuler avec nos semblables.

Il y a plus de mystère dans les jeux que s'invente inlassablement Elsa. Son imagination lui dicte des histoires itinérantes dont le fil n'est pas facile à suivre :

> **Elsa**, vingt-deux mois.
> Beaucoup de jeux de «mettre dedans», dans des petits sacs, des récipients, des paniers. Elle adore faire des échafaudages de jouets ou d'objets sur un chariot, sur le landeau et promène tout ça, suivant un scénario qui nous échappe.
> Elle suit certains itinéraires, pose un objet ici, un autre là. Il ne faut surtout pas entraver le déroulement de la scène. Elle peut jouer ainsi de grands moments.

En grandissant, elle n'hésite pas à enrichir ses trésors :

> **Elsa**, deux ans et demi.
> Elle possède des sacs, des caches au trésor dans lesquels elle accumule toute sorte de choses, des futilités, des feuilles ramassées en promenade mais aussi des objets qu'elle aime, les colliers et boucles d'oreilles qu'elle emprunte volontiers.
> Depuis qu'elle va à l'école, il est plus difficile de suivre ce qui circule dans les sacs (d'après sa maîtresse tous les enfants de sa classe le font!). Elle apporte des tas de choses et prétend :
> — *Elodie m'a prêté!*

Les cachettes ont, bien sûr, à voir avec le plaisir, la possession et le secret. Elles sont le lieu complice de la tromperie et du larcin mais aussi le garant de l'identité. Elles gardent en sécurité, loin des regards, loin des curieux, ces bricoles qui pour l'enfant sont, un instant, le plus précieux de lui-même. Là aussi, nous restons des enfants, passez en revue le contenu des sacs et des tiroirs!

La fascination qu'exercent sur beaucoup d'enfants les petits objets, faciles à chiper, à camoufler, explique que les limites de la propriété viennent compliquer le jeu vers deux ans. L'enfant s'approprie et rend souvent, de lui-même, ce qu'il a pris. Parfois candide, il vient nous montrer les objets qu'il a mis dans ses poches avant que nous ayons repéré leur disparition :

> **Adrien**, deux ans.
> Il vient de passer l'après-midi chez Lisette (GM). Tout prêt à partir, habillé, derrière la porte, il est de bonne humeur, content de retrouver sa mère qui

vient le chercher. Au moment de quitter l'appartement il lance en riant :
— *A mis a les poches!*
On regarde. Il a bourré ses poches de toutes sortes de petits objets pris sur la table basse, des bricoles hétéroclites, des bouts de biscuits...
On vide ses poches. Il laisse faire et rit.

Franc, direct, ce bonhomme de deux ans a autant de plaisir à chiper les petits objets défendus qu'à les restituer dans une scène publique. Sans fignoler, de l'humour en sabots!

Quant aux retombées, peut-on parler de récupération? Au sens propre, l'adulte récupère ses bricoles, mais l'enfant, lui, se taille un bon succès. Au plaisir secret de réussir son petit larcin s'ajoute la satisfaction d'exhiber ses trésors au grand jour, du moins au nez de ses victimes. C'est lui le plus malin et il le fait savoir!

LOUP Y ES-TU?

Vous marchez à grands pas, bien rythmés, pris dans le sérieux du conte :

Promenons-nous
dans le bois
pendant que
le loup n'y est pas...

C'est vous qui jouez ce tour à l'enfant. Vous l'entraînez dans le bois, en toute sécurité — à vous croire —, «*pendant que le loup n'y est pas*». Complice une fois de plus.

Puis défilent ces questions qui brutalement crient vos contradictions. Vous avez menti! Il est là le loup, puisque vous lui parlez. Réellement là, puisque c'est lui qui répond lorsque vous prenez votre grosse voix. Et de quoi parle-t-on avec ce loup? De banalités. Il met sa chemise, ses chaussettes, comme tout un chacun, ce qui le rend à la fois humain, familier, pantouflard, tout proche, tellement vraisemblable. Le loup irréel du début, le vrai loup des bois et des contes est brusquement métamorphosé; ses réponses l'habillent en père tranquille, «*pour mieux te tromper, mon enfant*».

Devant le danger, l'adulte et l'enfant se serrent, rassurés d'être ensemble pour fuir et échapper au loup. Ils lui échappent toujours, il est vrai.

Laissons de côté la thématique inépuisable de ce conte. Nous retrouvons quelques procédés qui nous sont connus.

L'adulte qui joue à « loup y es-tu ? » le fait pour amuser l'enfant. Qu'il en soit conscient ou non, il conduit l'enfant sur le sentier de la peur, car même si l'humanisation du loup le rend moins redoutable, le ressort du jeu reste : menace (évoquer la menace de dévoration) — fuite (fuir ensemble) — plaisir (de la sécurité retrouvée).

L'adulte compte sur plusieurs éléments pour charmer l'enfant avec l'histoire du loup. Il mise avant tout sur sa présence et la sécurité qu'elle apporte toujours à l'enfant. Celui-ci sait qu'il ne court aucun danger ni dans la réalité ni dans la fiction. Du moins théoriquement, car l'ambivalence de l'adulte qui joue au loup laisse forcément quelques égratignures dans l'imaginaire.

Vous connaissez l'exaltation et l'abandon qui suivent la fuite. Quand on se sait enfin en sécurité, ce sont les grands câlins, les rires forcés, les baisers dévorants. Il y a deux sommets dans les émotions que suscite le loup. Le premier, au maximum de la peur, quand le loup a enfilé ses grandes bottes. Le second, lors du soulagement. Peut-être ne joue-t-on que pour arriver à ce paroxysme.

L'adulte est celui qui rassure, mais il est aussi le conteur. C'est lui qui transmet le répertoire des contes et des mythes. Il autorise l'irruption de l'imaginaire puisqu'il met tant de conviction pour jouer le suspense d'une histoire à laquelle personne ne croit.

Les Bébés de l'Humour ont peu eu l'occasion de jouer au loup (du moins avec la version complète). Peut-être sont-ils trop jeunes. Il se peut aussi que les parents d'aujourd'hui n'aient plus tellement recours aux histoires de loup.

Il n'empêche que les jeux de poursuite, d'évitement qui continuent à amuser tous les enfants reproduisent de façon larvée la fuite devant le Grand Méchant Loup.

Antoine, deux ans.
Se sauve en courant lorsque sa mère veut l'attraper pour le changer. Rit aux éclats.

Etienne, vingt mois.
Quand on veut le changer pour aller dormir, il se sauve à toute allure, s'enferme dans une autre pièce, hurle de rire.

Même si la tradition du loup ne leur a pas été transmise dans sa forme intégrale, les Bébés de l'Humour n'échappent pas au personnage du Grand Méchant Loup, l'un des grands thèmes du folklore ! Le loup et ses compères continuent de hanter l'imaginaire, alors même que la plupart des parents d'aujourd'hui ne font rien pour cultiver ces archétypes. Comme si nos enfants n'avaient que faire de ces vieilles chimères ! Lorsqu'ils entendent leur enfant parler du loup, les parents se dérobent : *«on ne lui a pourtant jamais fait peur avec le loup»*, *«je me demande où il a pu entendre parler de ça?»* Personne ne saura jamais !

Pour les parents, un sentiment d'étrangeté s'ajoute à l'effet de surprise. Mettez-vous à leur place : ils n'ont rien fait pour transmettre le bagage culturel des histoires de loups et d'ogres et leur enfant – un tout-petit qui n'a pas deux ans – joue le jeu de la peur du loup, comme saisi malgré lui, malgré eux, dans le grand tourbillon des mythes de l'humanité. On n'a pas eu le temps de lui raconter les histoires «de son âge» et lui nous entraîne dans l'obscurité des bois.

Alors... l'invraisemblable hypothèse : l'innéité des grands thèmes de l'imaginaire ? Non, bien sûr. Mais il suffit d'informations minimes, tronquées pour que l'enfant fasse siennes des images et glisse ses peurs dans des bribes qu'il perçoit à la sauvette. Il glane des lambeaux d'histoires et d'images destinés à des plus grands, ou par eux, saisit des commentaires sur ce loup qui fait *«ouh! ouh!»*, et sait bien repérer le manège de cette grosse fourrure qui tourne en rond dans la cage du zoo. Il ne lui en faut pas plus pour construire «le loup» du bestiaire que nous recevons tous en héritage. Ce loup qui est à la fois l'animal sauvage, incontrôlé, le gros animal avec sa masse sombre, cruel, agressif, qui rôde, qui a faim, qui dévore avec ses grandes dents; l'animal de l'ombre, de la nuit, des bois profonds; celui qui fait peur, qui inquiète et fascine avec ses yeux qui brillent dans la nuit. Il est le meneur de jeu de tant d'histoires : le Petit Chaperon Rouge, les Trois Petits Cochons, la Chèvre et les Biquets... et tant d'autres !

Chacun construit son loup, à sa façon :

Baptiste, vingt-deux mois.
Il éteint la lumière de sa chambre et fait : *ouh!, ouh!*, comme le loup. Je ne sais pas qui lui a appris ça, car je ne lui ai pas parlé du loup qui fait peur.

Un loup un peu plus inquiétant pour Elsa :

Elsa, vingt-deux mois.
On lui a souvent raconté l'histoire des Trois Petits Cochons, sans insister sur le caractère féroce du loup. Le personnage-loup a cependant pris beaucoup d'importance dans son esprit; dès qu'elle voit une image qui peut évoquer un loup, elle prend une grosse voix et s'excite.
Parfois, elle arrive vers sa mère en disant avec sa grosse voix :
— *A loup! a loup!*
comme pour lui faire peur.

Le loup a donc fait son entrée chez Elsa. Elle le maîtrise assez bien, son loup, pour entrer dans sa peau et faire peur à maman. Elle *est* le loup! Par contre elle n'est plus aussi sûre d'elle lorsque c'est l'adulte qui joue le loup.

> **Elsa**, vingt-deux mois.
> Si nous jouons au loup, elle prend rapidement peur. L'air inquiet elle nous interroge d'une toute petite voix :
> — *Maman?* (= c'est bien toi, maman?) ou
> — *Papa?*

Comme dans «coucou-trouvé», comme pour les incongruités, tout se joue sur l'arête qui sépare sécurité et peur.

Un frisson de peur, oui, l'enfant aime bien, mais... il ne faut pas aller trop loin. Si c'est maman, aucun risque d'être dévoré! On joue depuis si longtemps à «*je te mange! je te mange!*»...

Le jeu est vidé de sa peur lorsque l'enfant maîtrise assez bien le scénario, le dévie au point que de nouveaux schémas ludiques se ritualisent, comme dans la complicité d'Etienne et Julie :

> **Etienne**, quatre ans et demi et **Julie**, trois ans.
> Ils ont organisé à leur façon le jeu du loup. Il faut que toute la famille participe. Il y a des loups et des moutons, ainsi que toute une famille de loups : papa, maman, bébé, grand frère loup. Les deux enfants arrivent de l'autre bout de la maison, en faisant *ouh! ouh!*, déboulant l'un derrière l'autre à quatre pattes, l'air mauvais. Il nous faut alors avoir très peur. Puis on inverse les rôles : jouer à faire peur ou avoir peur, à tour de rôle.

Les enfants aiment souvent avoir peur, du moins une peur de dimension contrôlable, comme David :

> **David**, 2 ans.
> Assiste à un spectacle de Guignol en plein air. Guignol demande à l'assistance :
> — *Les gones, vous voulez que je vous montre la bête noire?*
> — *Non, a peu(r)!* (= j'ai peur!)
> répond David qui cependant ne laisserait pas sa place pour un empire.

Un peu plus grand, David maîtrise la peur :

> **David**, trois ans.
> Arrive en brandissant un pistolet en plastique :
> — *Ce grand pistolet s'appelle un fusil. C'est pour tuer les méchants nogres s'il y en a dans la maison!*

Au même âge encore, il prend du recul en feuilletant une fois de plus un livre favori. Il trouve que la marmite d'eau bouillante est une dure punition pour le renard de Poule-Rousse. Il voudrait sauver le renard :

> **David**, trois ans et demi.
> — *Je voudrais être dans le livre pour dire au renard que c'est pas vrai!*

Voilà qui démolit l'image du renard rusé mangeur de poules. Quelle sécurité et quel aplomb pour aller à contre-courant des idées reçues quand on n'a guère plus de trois ans!

Dans le bestiaire traditionnel, le doublet non inquiétant du loup, c'est le chien[4]. Une patte dans la réalité, l'autre dans l'imaginaire! Dans notre société, beaucoup d'enfants vivent avec des animaux domestiques et aiment les chiens, les chats qui font partie de leur vie. Ils sont des compagnons de jeu, souvent partenaires dociles, et aussi de grosses masses de poils qui ressemblent à leurs peluches.

Pour les spectateurs que nous sommes, les scénarios enfant-animal, enfant-chien notamment, ont souvent beaucoup de drôlerie. D'abord par ce contraste entre la petite taille et la fragilité de l'enfant et la grosse masse du chien qui ne manque pas, parfois, d'inquiéter. Par le naturel de l'enfant, tout au plaisir de ce corps à corps et de ces pirouettes, nullement gêné par le danger que peuvent constituer les crocs et les griffes de son compagnon. Souvent aussi par la naïve toute-puissance de l'enfant qui transforme cette bonne tête en souffre-douleur... il est vrai que c'est avec les bons chiens que l'on autorise ces familiarités. Et aussi par le sérieux de la relation : l'enfant parle au chien, lui prête des sentiments, des réactions, interprète ses attitudes, partage ses aliments, bref engage une relation comme il le ferait avec une personne. Il attend que le chien réponde à ses avances et partage son plaisir. L'adulte qui aime son chien ne se comporte pas différemment : écoutez-le, ou écoutez-vous ; ce sont les intonations, les petits mots doux qu'on adresse à un intime. Ces comportements existent dès les tout débuts, du moins dès qu'on estime prudent de laisser l'enfant se débrouiller avec le chien :

> **Charlotte**, dix mois.
> Adore jouer avec le chien de grand-mère, mais Sapho, gros boxer est trop gros. Alors elle se contente d'appeler et de pleurnicher si le chien ne répond pas, même par une léchouille à la main. Si Sapho s'approche, elle est aux anges, lui roucoule son plaisir, le doigt pointé vers le corps du chien.
>
> **Frédéric**, quinze mois.
> A pris l'habitude de tyranniser le chien de sa gardienne, mais il lui donne aussi à manger. Il frétille et pousse des cris de joie dès qu'il aperçoit chien ou chat, quelle que soit la taille du chien. Lorsqu'un chien repousse ses avances, il a l'air plus vexé qu'apeuré.
>
> **Jean**, dès qu'il marche, partage avec son chien tous ses jeux de balle, de poursuite, de cachette dans des déluges de rires.

Pas d'humour encore, mais, ici et là, des contrastes, le plaisir, une approbation complice. L'enfant est tout à son plaisir avec le chien. Mais nous sommes témoin d'un jeu ambigu sur les frontières humain/

non humain (il traite ce chien comme un camarade) où pointe une ombre de peur immédiate (et si le chien se réveillait? si l'on voyait poindre le loup?) avec le trouble qui flotte lorsque les limites sont floues (ici humain/animal et domestique/sauvage). Nous sommes aussi témoin d'une étrange complicité, convaincus que le chien fait preuve d'une patience et d'une docilité exceptionnelles avec ce tout-petit.

Le chien familier remplace bien un petit compagnon :

> **Jessica**, dix-huit mois.
> Elle installe par terre assiette, couteau, fourchette, verre et appelle son chien à table :
> — *A table, Titan!*
> Elle dorlote son chien, lui met des lunettes, des chaussures. Lui monte sur le dos :
> — *A dada!*
> Elle appelle le chien. Dès qu'il arrive, elle lui ferme la porte au nez.

La patience même, ce chien!

Dans le scénario heureux se mêlent réalité et imaginaire, aussi fragiles l'un que l'autre. Derrière la scène pacifique, la crainte d'un chien qui, sait-on jamais, pourrait faire mal à l'enfant, et cette association de l'imaginaire collectif : derrière le chien domestique, la lignée du loup.

Dès qu'il a un peu de langage, l'enfant saisit les jeux de mots que tissent l'image du loup et du chien. En vrai joueur du langage :

> **Baptiste**, dix-sept mois.
> Je (M) dis : *c'est entre chien et loup.*
> Baptiste : *ouh! ouh!*
> Le lendemain, je dis : *il fait un temps de chien.*
> Et Baptiste : *wa! wa!*

Et, dès qu'ils sont plus grands, les innombrables jeux de mots comme :

> **Loïc**, quatre ans et demi.
> Boit un grand verre d'eau :
> — *Tu vois si j'avais soif! une soif de loup!*
> — *Non, on dit plutôt une faim de loup...*
> — *Alors une soif de baleine!*

Comme les chatouilles, comme le vertige, les déguisements et coucou-trouvé, «loup y es-tu?» joue sur l'étroite frontière qui sépare absence/présence, danger/sécurité, rire/pleurs, réel/imaginaire. Comme pour les autres jeux, la sécurité qu'apporte l'adulte rend la peur supportable. La complicité dans la peur ne fait que majorer la joie de se retrouver sains et ensemble à la fin de l'histoire. Une fois de plus, le couple recherche/évitement.

LES PORTES DE L'IMAGINAIRE

Bruno termine son repas. Il prend son fromage, le déplace en faisant «*broum broum*» comme s'il avait une voiture. Ces premiers faire-semblant nous permettent de saisir cette capacité que seuls possèdent les humains : utiliser quelque chose de façon non littérale[5].

Tous les déplacements, tous les jeux symboliques deviennent possibles lorsqu'un enfant se met à utiliser ce pouvoir magique qui, d'un bout de bois, peut faire aussi bien une flûte qu'une cuiller, une épée ou, s'il l'enfourche, un cheval. L'usage symbolique transcende le réel.

Ce support matériel, ce bâton, ce n'importe quoi est un pont entre le plan de la réalité et celui de l'imaginaire. Grâce à lui — à n'importe quoi — l'enfant quitte le contexte immédiat. L'objet fonctionne comme un «pivot» (le terme que propose Vygotsky) qui permet de décoller du contexte, de naviguer entre les deux plans, réalité et fiction.

Bien ancré, les pieds sur terre, dans l'univers familier qu'il voit et touche, l'enfant se trouve aussi sur le seuil d'un monde illimité : celui du rêve, des images, des chimères et de tous les possibles. Même s'il se meut aisément de l'un à l'autre l'enfant est généralement lucide. A l'aise comme un poisson dans l'eau, mais toujours prêt à revenir sur terre, instantanément. Certains ont de grandes capacités imaginatives.

Jusqu'ici, il était question des premiers jeux gratuits, tout proches du simple plaisir tiré de ses activités communes avec les partenaires habituels. Puis intervient une certaine distance par rapport au modèle lorsque l'enfant fait semblant. Il fait semblant de manger, de se fâcher, de pleurer, de faire une bêtise.

Au début c'est une imitation différée : l'enfant rejoue hors contexte une action familière. Tout ce qu'il sait faire, il peut l'utiliser de façon non littérale. Pour le plaisir ou pour mystifier l'adulte. Il fait semblant de manger, ou de ne plus vouloir manger, de dormir (c'est rare !), de faire dans son pot, de se laver les mains, de faire une bêtise. Puis il dépasse ces modèles simples. Le faire-semblant constitue alors des séquences de jeu parfois assaisonnées d'une pointe d'humour, comme Etienne :

> **Etienne**, dix-huit mois.
> Adore jouer avec nous à «se mordre le doigt». Il prend notre index, le mord doucement, jusqu'à ce qu'on dise : «*aïe!*». Puis c'est son tour, il met son doigt dans notre bouche et crie : «*ah!*».
> Hier, il a mis son doigt dans la bouche de Julie (0.03) en criant «*ah!*» et en riant.

Ici le jeu de faire-semblant conventionnel permet une discrète mise en boîte de Julie. Elle n'a pas de dents, elle ne mord pas... il le sait et saisit l'occasion de rappeler une fois de plus la «petitesse» de Julie.

Le jeu prend de l'ampleur : l'enfant fait participer l'entourage. Il distribue les rôles à ses proches, à ses ours et ses poupées. Il se trouve de plain-pied dans plusieurs registres. Il concilie plusieurs plans qui existent en même temps. Les poupées et les ours deviennent animés, subissent les colères comme les câlins :

> **Céline**, dix-huit mois.
> S'affaire dans la cuisine et joue à faire manger sa poupée avec une cuiller en bois puis elle lui donne sa «gnegne».
> — *Dodo poupée!*
> Puis insistante et de plus en plus furieuse :
> — *Mais fe(r)me les yeux, poupée, fe(r)me les yeux!*
>
> **Sabine**, vingt mois.
> Commence à faire beaucoup de jeux avec ses poupées. Elle les lave, les maquille, soulève leur jupe et gronde :
> — *Caca!*
>
> **Bruno**, deux ans.
> S'adresse beaucoup à ses jouets, il leur fait part de ses découvertes, il dit à son Mickey :
> — *Mickey, t'entends le krateur* (tracteur) *là-bas?*
> Au même âge :
> Il fait manger ou dormir sa poupée.
>
> **Loïc**, trente mois.
> Passe une partie de son temps à s'occuper de ses jouets. Il parle à son ours :
> — *Nounours, assis! attends papa, manger Nounours!*
> Dans sa chambre il s'installe bien, sa poupée sur les genoux, la câline tient un livre devant elle et le lui raconte.

L'enfant imite les actions de l'adulte. Il fait semblant d'être grand et le fait avec une telle application et tant de minutie que son rôle de composition nous sidère souvent. Il téléphone, actionne les poignées de porte, les clés, fait la cuisine :

> **Sabine**, un an.
> Prend une cuiller et un couvercle, brasse, goûte puis fait goûter à sa grand-mère.

Il s'agit à peine de faire-semblant : les objets sont utilisés de façon littérale... ou le sont presque, mais il n'y a tout de même rien à goûter!

Au même âge, Sabine commence à détourner de leur usage des objets courants :

> **Sabine**, un an.
> Elle se coiffe avec une brosse, mais aussi avec n'importe quel objet qu'elle peut se passer dans les cheveux.

Elle imite aussi le geste que font ses sœurs lorsqu'elles se mettent un cercle pour retenir leurs cheveux. Elle utilise n'importe quel objet pour accompagner ce geste ; un jour un soutien-gorge qui se trouve par là, ce qui lui garantit l'hilarité générale !

Voilà que démarre l'objet magique !

> **Bruno**, deux ans.
> Prépare de la soupe avec de la pâte à modeler, la pose sur un cube :
> — *Oh, la soupe, c'est chaud !*
> **Antoine**, deux ans.
> Il met un cube dans une petite cuiller, fait semblant de le manger :
> — *Mami cuk* (mangé cube).

Dans les rôles d'imitation, le faire-semblant se mêle à une légère provocation et à l'attrait du fruit défendu. On le voit dans les nombreuses scènes de déguisement, ou lorsque Sabine se maquille :

> **Sabine**, un an.
> Il est convenu qu'elle ne doit pas utiliser les produits de maquillage. Elle se contente, au début, de crayons de couleurs qu'elle se passe un peu partout, dans le cou, sur les joues puis sur les sourcils.
> Puis elle s'est organisée, a récupéré de vieux tubes de rouge à lèvres et se campe devant la glace en faisant toutes les mimiques qu'elle voit faire lorsqu'on se maquille, mouvements des lèvres, des sourcils. Affairée avec un air très sérieux.

L'enfant devient grand magicien. Il transforme en un clin d'œil les objets qui l'entourent, selon son bon plaisir. Nous l'avons vu jouer avec « rien », son meilleur tour d'illusionniste sans doute ! Il suffit d'une petite analogie pour que n'importe quoi devienne autre chose :

> **Laure**, deux ans et quatre mois.
> Pose sa biscotte sur sa tasse.
> — *Fermé la porte !*
> **Bruno**, deux ans.
> Trempe ses doigts dans un verre d'eau et dit :
> — *Le passon* (poisson).
> *Puis retire ses doigts :*
> — *A plus passon !*
> Et au même âge.
> Un jeu très fugace : il s'assied dans une boîte en carton et dit :
> — *Dans le bain è passon !*
> Puis il ressort.

Ces enfants parlent assez bien pour que leur commentaire nous permette de saisir leur jeu. Lorsqu'ils sont plus précoces, bien des faire-semblant nous échappent dans la mesure où l'enfant ne peut pas expliquer ce qu'il fait. Les premiers faire-semblant que nous pouvons saisir s'expriment donc plutôt par des gestes (un objet dans les cheveux, c'est un peigne) et des comportements (comme les jeux de cuisine). Il est parfois clair que l'enfant s'égare :

> **Bruno**, dix-huit mois.
> Il aime regarder un catalogue. Quelquefois un objet lui fait tellement envie que réel et imaginaire se confondent. Il essaie d'attraper l'image de la voiture :
> — *Veux la voiture !*
> Puis se fâche, fait un caprice pour que je lui donne le ballon ou la voiture qu'il convoite. Voyant ensuite un toboggan dessiné, il pose le catalogue par terre, met le pied dessus :
> — *Veux monter dans le gan* (= toboggan).

Le voilà pris au piège. Il se heurte à l'épreuve de la réalité et doit bien admettre que ses tours de magicien ont des limites. Il ne peut faire surgir du catalogue l'objet qui lui fait envie. Il s'agace.

Sa déception est de l'humour grinçant : les deux plans ne peuvent pas communiquer, grave déception de la vie ! Il le sait, mais fait semblant de croire que tout est possible.

A partir de deux ans surtout, l'enfant devient maître des métamorphoses. Il trouve dans le langage une mine inépuisable de complicité ! Il peut mettre n'importe quelle étiquette sur ce qu'il voit. Il fait glisser un mot sur un objet proche, ouvrant la porte des images et des métaphores, nous le verrons dans le chapitre du langage.

C'est par jeu aussi que certains aiment se vautrer dans les mots ou jonglent en bafouant le bon-sens :

> **Bruno**, trois ans.
> A l'époque où la propreté nocturne n'était pas très sûrement acquise, au moment du coucher, il rappelait :
> — *Il faut pas faire pipi au lit, sinon maman sera pas contente,*
> *Papa sera pas content,*
> *Philippe sera pas content,*
> *Régine sera pas contente* (énumère quelques connaissances)
> *le rideau sera pas content, la papa Noël sera pas content*
> *les murs sera pas contents*
> *et le krottoir* (= trottoir, en montrant le plafond d'un air coquin, sans doute sait-il que ce n'est pas le mot adapté)...

Bruno affectionne ces débordements. Il obtient un effet comique par la gratuité du glissement (son pipi au lit intéresse papa et maman mais les autres n'ont rien à en faire), par l'accumulation, par le surgissement des objets au milieu des humains. Il se moque des limites et des catégories. Il le fait dans la cérémonie du bonsoir, ce qui lui permet de prolonger le rituel et de faire son intéressant :

> **Bruno**, trois ans.
> C'est l'heure de se coucher. Il y a plusieurs amis à la maison. Bruno fait le tour de la table, embrasse tout le monde.
> Puis il continue, sur le même rythme, à embrasser une chaise, un livre, une table, le mur, la porte... et fait une sortie très réussie. Voyant qu'il fait rire il continue et embrasse le mur du couloir tous les 10 centimètres.

Bruno fait son numéro sans parler, mais il transgresse les mêmes limites que dans la scène du pipi au lit : il joue sur la répétition, et mélange les catégories humain-objet. Même dérision chez Jessica (deux ans) qui, avant de se coucher dit bonsoir à maman, papa, son frère, la télé, la porte... Une touche d'humour par le choc de deux plans : on ne donne pas de baiser à un objet, c'est appliquer à une chose un signifiant réservé aux humains familiers, la culbute de l'animé à l'inanimé qui désacralise les habitudes, crée une surprise, et surtout repousse l'heure du coucher!

Certains enfants sont plus que d'autres amateurs de fiction. Loïc est parfaitement à l'aise dans ces jeux, entraînant joyeusement sa sœur toujours prête à emboîter le pas sur toutes les pistes :

> **Loïc**, quatre ans.
> Entraîne continuellement sa sœur dans des jeux d'imagination. Ils se mettent à plat ventre sur le parquet, quittent leurs vêtements, agitent bras et jambes :
> — *Allez, on va nager!*
> Ils avancent ainsi, et s'arrêtent brusquement dans le couloir :
> — *Arrête! arrête! une baleine!*
> **Loïc**, quatre ans et demi.
> Beaucoup de jeux d'imagination, avec Laure, sans arrêt. Je les retrouve sur le piano, un bâton à la main :
> — *On fait la pêche!*

L'habitude de mêler les histoires imaginaires et leurs activités réelles est telle qu'ils se contentent parfois de bribes d'histoires, de lambeaux de phrases pour maintenir le contact entre eux et avec la fiction, alors même que chacun est occupé de son côté à une tâche matérielle qui l'accapare :

> **Loïc** quatre ans.
> Ils connaissent par cœur «La chèvre et les biquets». Ils en miment parfois des séquences : l'un est par terre, il serait le loup, et l'on entend :
> — *Il faut me recoudre!*
> — *Non, non, j'ai mis les cailloux!*
> Le jeu est tellement passé dans leurs habitudes, qu'ils peuvent s'invectiver d'une pièce à l'autre. Loïc, couché près du mur, crie à sa sœur (deux ans) qui est occupée dans la cuisine et ne s'interrompt pas :
> — *Alors tu me recouds maintenant?*

Laure ne vient pas, mais le fait patienter un peu :
— *Attends...*
Personne ne bouge. Puis on enchaîne sur d'autres activités.

Les enfants continuent à tirer plaisir de lambeaux de jeu. Ils font semblant d'endosser les rôles de l'histoire, sans y croire. Comme pour l'évolution du mot «coucou!», les bribes du conte ne servent plus qu'à maintenir le contact et une petite ouverture sur la fiction qui fait très bon ménage avec les activités réelles.

C'est Loïc encore qui, vers 4 ans, invente des histoires «énormes» comme :

> Loïc, quatre ans.
> — *Tu sais, maman, y'a un copain, à l'école, sa maman lui donnait de la soupe le matin, à midi, au goûter et le soir!*
> — *Y'avait un bébé, i pouvait porter une maison!*
> — *Un éléphant i mettait sa patte sur le pied d'un enfant!*
> — *Y'a un petit garçon à l'école, tu sais à quelle heure i se couche? i se couche à minuit!*
> — *Y'avait une maman qui donnait à son fils une tartine grande comme ça* (grand geste : la tartine va jusqu'au plafond). *Alors le petit garçon, il avait encore faim à midi?*

Cette dernière question en réponse au conseil de ne pas trop manger avant le repas, il n'aurait plus faim à midi! Loïc a trouvé un truc. Ses histoires sont tellement invraisemblables qu'elles ne trompent personne. Il ne cherche même pas à être cru. Il exprime tout juste, avec beaucoup d'emphase et quelque ironie, ses commentaires sur le monde qu'il découvre, ses désirs, ses critiques. Il joue sur les contrastes les plus nets : vrai/faux, possible/impossible.

Dans le pays de Cocagne de ses histoires, tout est possible : les enfants se couchent à minuit, ils peuvent manger les tartines de leurs rêves, les bébés soulèvent des maisons! Ses attaques poétiques et gentiment ironiques envoient des coups de patte au système en place. Ainsi déguisées, les critiques n'en sont plus, elles font sourire. C'est tellement plus gentil!

Un humour, très finement maîtrisé, garant des bonnes relations. Un humour fondamentalement rassurant : rien à craindre quand on peut malmener aussi allègrement la réalité! Il s'y mêle un brin de fausse naïveté et la démesure que Loïc aime aussi dans les jeux physiques, dans l'accumulation et les cabrioles.

Le compagnon imaginaire que s'inventent quelques enfants n'assume pas toujours le même rôle. Pour Charlotte, il est compagnon de jeu, mais surtout confident :

> **Charlotte**, trois ans.
> Elle s'est inventé un personnage imaginaire : Monjolai. Elle lui parle, joue parfois avec lui et l'utilise selon ses besoins, par exemple lorsqu'elle veut faire quelque chose qui est défendu, elle affirme :
> — *Si, si, c'est Monjolai qui l'a dit !*
> Ou, si elle se fait rabrouer :
> — *Je vais le dire à Monjolai !*
> **Charlotte**, six ans.
> Pendant plusieurs années, elle a continué les allusions à Monjolai, par périodes. Les parents jouaient le jeu, demandaient comment allait Monjolai ou ce qu'il pensait de certaines actions. Alors Charlotte brodait, inventait des histoires qu'elle improvisait. Puis elle a complètement laissé tomber, sans commentaire.

Frédéric, lui, crée des personnages fictifs dans le cadre de ses activités imaginatives. Vers trois ans, il arrive qu'il joue seul en produisant un charabia que personne ne comprend. Si on lui demande des explications, il précise :

> **Frédéric**, trois ans.
> — *Je me raconte des histoires.*
> — *Des histoires de quoi ?*
> — *De Madame Rovindia !*

Au fil des histoires qu'il imagine, Madame Rovindia fait des bêtises, fait le ménage, tient un balai... Comme celle de Charlotte, sa création ne peut être assimilée aux compagnons imaginaires que s'inventent les enfants uniques ou ceux qui s'ennuient. Aucune trace d'ennui chez Charlotte qui a deux sœurs, ni chez Frédéric (son frère est plus jeune), mais la capacité d'inventer, de créer des personnages et des histoires ce qui implique de maîtriser les allées et venues entre le registre de la réalité et de la fiction. Des déplacements autonomes sans que l'enfant ait recours aux thèmes traditionnels et suggestions de l'adulte. L'enfant y affirme au contraire, sa liberté.

POUR EN FINIR AVEC LES JEUX

Sur le thème inépuisable des jeux, nous allons terminer par des questions qui se situent aux deux extrêmes du sujet. D'une part ce qui est le plus libre, la créativité, d'autre part le plus contraint : les jeux à règles.

La créativité. Avec des aptitudes équivalentes, certains individus pensent et se comportent de façon prévisible, traditionnelle, alors que d'autres sont plutôt créatifs ou novateurs par rapport aux attentes de leur milieu. S'ils le sont trop, on les trouve originaux, on les qualifie de marginaux. Une part de créativité existe chez chacun. Atout très apprécié dans la société contemporaine : il faut avoir des idées, innover, créer, aller de l'avant, ne pas s'ennuyer, étonner.

Les psychologues et sociologues attachés à la créativité ne sont pas vraiment parvenus à la conceptualiser et l'évaluer. On en comprend les résultats mais, dans la mesure où il s'agit de conduites nouvelles, non attendues, on ne sait comment les comparer ni les mesurer. La question est plus difficile encore chez l'enfant. Certains parents remarquent des trouvailles, des astuces qui paraissent originales dans la mesure où les enfants ne se comportent pas tous exactement de cette façon. Il arrive qu'un enfant surprenne : *où va-t-il chercher ça ?* (sottise ou non). Plus on remonte dans le temps, plus ce qui appartient à la créativité est insaisissable, car tout est nouveau pour le bébé, il a tout à découvrir, tout à construire... Comment être plus constructif ou plus créatif que les autres ?

Plusieurs des théories partielles de l'humour auxquelles nous nous sommes référés, la nature même des critères d'humour que nous avons retenus, confèrent à la créativité une position-clé dans les fonctionnements que nous recherchons. Il est même probable qu'il existe à peu près toujours une petite note de créativité dans l'humour. Est créatif tout ce qui privilégie le nouveau plus que le familier. Est créative la touche d'audace qui intervient dans le changement de plan, le changement de rôle, le glissement d'humeur. Est créatif le tour de passe-passe qui permet de se moquer ou d'agresser sans blesser, voire en faisant rire. Est créatif ce qui tombe contre l'attente.

Depuis ses premiers jours, le bébé découvre le monde qui l'entoure, les objets, les situations... tout est nouveau. Le bébé actif qui dévore des yeux, observe, sérieux, ou se précipite le doigt en avant ne se laisse pas imbiber passivement du spectacle du monde. Il fonce, découvre activement et organise, crée une image du monde à lui. Plusieurs Parents de l'Humour ont traduit cet appétit pour la vie et la découverte. Regardez autour de vous, beaucoup font comme Etienne :

> **Etienne**, douze mois.
> Il a toujours l'index droit pointé en avant vers ce qui l'intéresse. Ponctue ça de petits cris : *héhéhé*.
> Adore manipuler les objets mécaniques, les réveils, montres, boîtes à musique, tournevis. Il reste très longtemps sur une activité.

L'image du bébé actif. Si l'on peut proposer l'hypothèse de qualités créatives précoces — une notion toute subjective, mais ici encore, comment faire autrement ? — il se dessine quelques traits communs proches du portrait que propose McGhee de l'enfant créatif[6].

Certains enfants manifestent plus de curiosité que d'autres dans l'exploration des lieux, des objets, des fonctionnements, des mots. Ils sont plus attirés par des objets nouveaux ; cherchent comment ils fonctionnent, les démontent, les remontent quand ils le peuvent. Ils se lancent volontiers, apprennent des pratiques nouvelles. Goûtent des aliments nouveaux. Créent des jeux, des usages cocasses, des mots, des histoires, des rangements, des situations ou histoires imaginaires. Ils ne s'ennuient jamais. Il faut leur fournir un environnement suffisamment « nourrissant ».

Ces qualités ne préjugent en rien de leurs possibilités intellectuelles ou motrices, de leur calme ou de leur gentillesse. Elles ne constituent pas du tout un portrait univoque, car le groupe des enfants créatifs est encore plus diversifié que celui des enfants qui ne le sont pas. On peut être créatif de tant de manières, il suffit de réfléchir à la diversité de l'âge adulte[7]. Certains enfants créent des jeux moteurs, d'autres des rêves, des jeux de mots ou des sottises.

La critique formulée initialement pour l'humour a sa place ici : saisit-on les qualités de l'enfant ou le reflet de celles des parents ? Là aussi on peut dire qu'il circule, dans le petit groupe autour de l'enfant, une certaine dynamique créative. Un enfant sera sans doute moins créatif dans une atmosphère terne et contrainte que s'il vit dans un climat de rire et de trouvailles. Les parents donnent le ton général. Mais l'enfant se manifeste à sa façon.

Nous venons de voir Loïc, avec ses scénarios imaginaires et ses histoires « énormes ». Frédéric aussi navigue dans ses créations personnelles :

> **Frédéric**, deux ans et demi.
> Il a toute une mythologie personnelle où les requins jouent le rôle du loup et maman est une baleine (animal rassurant semble-t-il).
> Lorsqu'il décide que la moquette, c'est la mer, et notre lit le bateau, il arrive que nous n'ayons plus le droit de poser un pied par terre, enfin dans la mer, à cause des requins. Comme nous jouons un peu, il nous tient coincés, menace Cyril d'être mangé par les requins. Lorsque je (M) demande si je suis un requin, il répond avec un gloussement de rire dans la voix :
> — *Non, une baleine !*

A deux le jeu prend de l'ampleur, même si seul l'aîné est créatif :

> **Etienne**, trois ans et demi et **Julie**, deux ans.
> Ils jouent beaucoup ensemble. Etienne organise le jeu, ouvre les portes de l'imaginaire et Julie fonce dedans. Ils sont dans des avions fantastiques, des fusées qui quittent la planète. Je les entends hurler de rire.

Ces enfants sont déjà dans le registre de l'imaginaire, qu'en est-il avant ? Déjà parfois des activités qui sortent des sentiers battus :

Etienne, deux ans.
Il adore faire des constructions, empiler des cubes. Il est très précautionneux, fait de grands échafaudages, patiemment. Surtout il a le chic pour y ajouter des éléments « nouveaux ». Par exemple des petits moules à pâtisserie qu'il met en équilibre dans un sens ou dans l'autre, en regardant bien ce que ça donne. Une composition esthétique, un peu surréaliste.
Sachant que Mylène (M) va se fâcher parce qu'il a pris tous les moules et que tout est en désordre, il la devance et essaie de la mettre dans le coup. Elle doit venir admirer son œuvre et ne peut plus le gronder !
Autre activité créatrice : un jour d'anniversaire, on a préparé des toasts. Etienne les découpe en morceaux très petits qu'il arrange sur une table basse comme une mosaïque, avec beaucoup d'application, bien proprement. Il réussit un décor très joli, avec des lignes harmonieuses. Lorsque l'adulte est invité à venir voir, il ne peut que louer la réussite esthétique... il n'est plus possible de disputer Etienne qui a pris les toasts qui n'étaient pas pour lui.
Il passe aussi de longs moments à mettre des objets à la queue leu leu. Il aligne des livres, des couches, des objets qui ne lui sont pas réellement destinés.
De lui-même il organise des séries, les classe et fait parfois des assemblages inédits, s'applique beaucoup et se débrouille pour que le résultat soit soigné et joli. Là aussi il profite de notre complaisance pour utiliser des objets qu'il ne doit pas toucher !

Doublement artiste ! Par l'esthétique de ses créations et par son habile manipulation de l'adulte.

Dans d'autres domaines ? on ne peut répéter tous les exemples qui apparaissent dans d'autres chapitres (notamment le nouveau par opposition au familier) et ont quelque chose à voir avec la créativité dans la mesure où le comportement est légèrement déviant par rapport à l'attente ou aux habitudes. On se rappelle différents enfants :

– Une poignée de porte baissée, sa mère déguisée la font rire (un an).
– Utilise ses chaussettes pour décorer les montants de son lit. Rit (deux ans).
– L'évolution des réactions à la « drôle de petite voix ».

Des petites créations verbales :

David, trois ans.
Depuis deux mois son oncle Marc apprend le saxo. Au début David était terrifié ; il craint beaucoup le bruit. Depuis, il appelle Marc : Marxophone.

Des gags logico-linguistiques :

Laure, deux ans.
— *Tu veux un fruit, Laure ?*
— *Pas pomme, (ce)rise... non* (elle rit d'avance) : *noyau !*

Des associations personnelles : précisons que Rhône et Saône se rejoignent à Lyon en un confluent au tracé très particulier :

> **David**, deux ans et demi.
> Observe les veines de son poignet :
> — *On dirait un Rhône et puis là une autre Saône.*

Un véritable recueillement pour regarder et percevoir les choses :

> **Loïc**, deux ans.
> S'est toujours beaucoup intéressé au ciel et aux détails qu'il y observe. Il passe beaucoup de temps à le regarder. Parfois il m'appelle, il faut venir d'urgence quand il a un détail nouveau ; un jour un tout petit croissant de lune.

La créativité fait encore jaillir la boutade, le changement de plan qui détend et fait rire :

> **Loïc**, quatre ans.
> Au repas, il n'arrive pas à terminer son assiette de navets.
> Heureusement la conversation roule sur les rêves.
> — *Tu me racontes un rêve ?*
> — *Eh bien tu sais... je rêve que j'ai fini mes navets et qu'il y a un géant qui écrase la maison !*

Elle est ce qu'il y a de plus libre dans les jeux et les conduites. En cela totalement à l'opposé des jeux à règles.

Les jeux à règles. L'enfant se trouve embarqué tout petit dans l'appropriation des règles qui sous-tendent nos habitudes et nos relations. Les comportements qui s'organisent sont rapidement confrontés à l'apprentissage de systèmes de règles qui sont par eux-mêmes structurés. Le langage en est le premier et le plus bel exemple. Les jeux à règles en offrent aussi de nombreuses modalités, aussi bien les jeux sportifs ou de compétition que la plupart des jeux de société auxquels les enfants aiment souvent beaucoup jouer, dès trois ou quatre ans.

Ces jeux sont porteurs de tant de contradictions que les réactions de l'enfant qui joue sont toujours multiples. Même ceux qui aiment et réclament ces jeux, ne jouissent pas, en jouant, d'un plaisir sans mélange. Il faut en effet concilier le plaisir de jouer et les frustrations qu'implique la règle. Celle-ci inflige de dures contraintes. L'enfant a trop envie de retourner la carte cachée, ou de jeter un coup d'œil dans le sac de pioche ou le jeu de son voisin. Il doit aussi assumer cette contradiction plus forte encore : tout faire pour gagner et accepter de perdre.

Jouant habituellement avec l'un de ses familiers, il voit la situation de jeu amplifier tous les problèmes de pouvoir et de rivalité : l'adulte maîtrise forcément mieux que lui la règle du jeu et va certainement être vainqueur alors que l'envie de gagner de l'enfant est infiniment supérieure. L'enjeu est insignifiant pour l'adulte alors que, pour l'enfant, la défaite est cuisante. Partagé entre sa passion du jeu et l'angoisse de perdre, le petit joueur est d'emblée plus concerné par l'enjeu final.

L'adulte est parfois enclin à truquer le jeu. Il fait semblant de perdre, mais l'enfant n'est pas dupe ; cette illusion de gagner ne le trompe pas longtemps. Parfois l'adulte n'est pas totalement débarrassé de son amour-propre ou de vieilles ambitions, il ne peut cacher sa joie enfantine d'être le plus malin. L'enfant n'a jamais le plaisir de gagner. Humour à l'envers. Vanité humaine.

L'attente de ce combat inégal trouble l'enfant, partagé entre son envie de jouer et la philosophie qu'il tire de la pratique du jeu. Apprendre à jouer est un art tout court et aussi un art de vivre.

Les enfants qui ont un bon partenaire, ni trop gagneur, ni trop perdant, ont du plaisir à glisser des astuces dans le jeu, comme Bruno, qui adore jouer :

> **Bruno**, trois ans.
> Il aime que l'on joue aux dominos. Il fait semblant de ne pas trouver les bonnes cartes, cherche avec ostentation, accentue les mimiques.

Il faut être très à l'aise dans le jeu, très sûr de soi, comme Bruno, pour faire semblant de ne pas savoir, ou semblant de perdre. Le ton n'est plus aussi désinvolte lorsque l'enfant fait l'apprentissage de jeux plus complexes, dont les règles sont plus exigeantes. Chaque coup remet tout en question. Bruno commence à jouer au Memory, vers 4 ans, en même temps qu'il joue aux cartes, à « la bataille ». Il aime ces jeux, mais tant qu'il n'a pas vraiment la maîtrise, jouer est une souffrance :

> **Bruno**, quatre ans et demi.
> Nous jouons au Memory et il rit de plaisir lorsqu'il trouve les bonnes cartes. Mais il a fallu tout un apprentissage pour qu'il comprenne et respecte les règles.
> Au début il n'acceptait pas de s'arrêter pour laisser l'autre joueur retourner ses cartes. Il se fâchait lorsque l'adversaire trouvait les bonnes cartes.
> Maintenant encore il éprouve une émotion chaque fois qu'il retourne une carte et c'est un drame s'il ne gagne pas à la fin de la partie.
> Heureusement, il gagne assez souvent, car il se débrouille maintenant très bien sans notre aide.
> Le scénario a été le même pour jouer à « la bataille ». C'est, chaque fois, un véritable « chemin de croix » à parcourir avant qu'il puisse rire et accepter une situation de jeu à plusieurs.

Nous voyons le plaisir et la souffrance s'entremêler dans le parcours de Bruno. Il n'a pas encore pris de distance. Il donne, a contrario, une leçon d'humour. Le plaisir qu'il tire du jeu lui permet de ne pas abandonner, au prix d'une tension extrême. L'enfant qui joue a son attention tiraillée entre plusieurs pôles : il doit en même temps apprendre les règles, apprendre à les respecter et assumer le déroulement du jeu. La maîtrise des règles, lorsqu'elle est acquise, libère une partie de l'attention ; l'habitude aidant, nous ne faisons plus attention qu'aux cartes et à leur disposition lorsque nous jouons au Memory. Mais au début, l'enfant joue avec un handicap. De plus, il prend le jeu bien plus au sérieux que son partenaire ; il s'engage chaque fois totalement.

En prenant à ce point le jeu au sérieux, il manque totalement d'humour : il ne réussit pas à se dire que c'est « pour rire » et que son honneur n'est pas en jeu. Même s'il arrive raisonnablement à se persuader du non-sérieux du jeu, il ne peut souvent contenir ses émotions. Vous lisez jusqu'au bout, sur son visage, le plaisir de jouer derrière les larmes de l'échec.

Bruno a persisté. Il aime tellement jouer ! A cinq ans, il a franchi un pas mais il ne maîtrise pas encore tout à fait ses émotions :

> **Bruno**, cinq ans.
> Il n'a plus de difficultés à accepter les règles du jeu mais il supporte toujours mal de perdre.
> Je (M) le laisse souvent gagner pour que reste vivace le plaisir du jeu. Son père pense qu'il doit apprendre à perdre de temps en temps, ce qui déclenche chaque fois un gros chagrin, au Mémory, par exemple.
> Je lui ai appris à jouer aux Petits Chevaux. A la première partie, il a voulu interrompre, supportant mal l'attente (attendre son tour, attendre de faire 6 pour sortir). Il a bien voulu recommencer, cependant. Mais au cours de la seconde partie il s'est réfugié dans sa chambre, blessé, dès qu'il s'est fait prendre un cheval. Il a cependant persisté et la troisième partie, avec son père, a pu se dérouler jusqu'au bout, sans qu'il souffre trop.

Pour rester serein dans le jeu, il faut en connaître parfaitement le fonctionnement, ne pas s'engager totalement dans les problèmes de réussite et d'échec, ne pas craindre de perdre la face, pouvoir rire du mauvais sort. Penser constamment que *ce n'est qu'un jeu !* Il est probable que certains adultes joueurs ont gardé leur flamme et leur vulnérabilité d'enfants devant ces plaisirs où le hasard, le risque, et le défi se mêlent à la combinatoire du jeu.

Bruno jouant nous donne une image touchante du non-humour dans le jeu qui nous apprend beaucoup sur l'humour-recul, conscience d'un double plan, non-engagement total dans la fiction.

NOTES

[1] Evolution d'Etienne au piano. Nous le retrouvons à quatre ans et demi ; il respecte les règles de base que lui a apprises sa mère (on ne tape pas, on joue avec le doigt et non avec les mains, etc.), mais il n'aime plus jouer avec elle, trouvant sans doute ses exigences trop académiques.
Par contre il joue avec son père qui lui apprend Frère Jacques. Ils se lancent ensemble dans des improvisations en respectant les règles. Ils se partagent le clavier, Jean-Louis (P) dans les graves, Etienne dans les aigus ne se prive pas de déborder, non plus sur la tête de papa, mais dans la partie du clavier qui lui est attribuée ! Lorsqu'ils jouent Frère Jacques à quatre mains, Etienne ne tape jamais mais s'applique, cherche des sonorités jolies, parfois inventives. Il aime cette liberté de jeu, heureux aussi de charmer son public : maman et Julie, spectatrices, ne peuvent s'empêcher de vibrer dans ces moments d'harmonie. Bravo !
[2] Nous n'utilisons pas ici les documents qui concernent les jeux avec des partenaires-enfants qu'il s'agisse des frères et sœurs ou d'enfants rencontrés hors du milieu familial. Tant de facteurs interviennent alors : attirance, pouvoir, hiérarchie, séduction, complicité, rivalité. Ils mériteraient une étude particulière.
[3] L'enfant est plus grand lorsqu'il comprend «le cadeau» qui n'est plus un va-et-vient, mais un don sans retour. Dès qu'il marche et peut se déplacer seul, il apporte des petits cadeaux à sa mère. En promenade, il s'aventure et rapporte un caillou, une fleur, un bâtonnet. Peu importe l'objet, il lui fournit l'occasion de revenir, de se rassurer, d'entendre des mots gentils : *quel beau caillou! où as-tu trouvé ça?* L'enfant vient aussi chercher des informations sur l'objet. Son nom, mais aussi des commentaires qui lui diront s'il est autorisé ou non à le prendre, le sucer, jouer avec. Il construit ses repères.
Il comprend vite que le cadeau fait plaisir et aussi qu'il désarme l'adulte. Lorsqu'il apporte ses pâquerettes fanées ou son dessin-gribouillis, l'indulgence de l'adulte lui est acquise. Il sait vite exploiter le pouvoir du don. Il fait plaisir et peut aussi faire oublier une bêtise. Le cadeau répare des faux pas. Un enfant de 18 mois en a déjà une intuition absolue.
[4] DURAND G., *Les structures anthropologiques de l'imaginaire. Introduction à l'archétypologie générale*, Paris, Dunod, 10e éd., 1969.
[5] Ce sont pour McGhee les premières manifestations d'humour : l'enfant utilise un objet dans une action inappropriée (un morceau de bois sert de peigne). D'autres auteurs situent les débuts de l'humour plus tôt ou plus tard... tout dépend ce qu'on appelle humour.

Quant au caractère strictement humain de l'humour, McGhee examine les comportements animaux qui présentent des analogies avec ceux des jeunes enfants. Exemple de faire-semblant : Vicki joue avec un objet à tirer imaginaire (comme le fait un enfant de 18 mois). Il s'agit d'une guenon adoptée à 3 jours et élevée comme un enfant jusqu'à 6 ans et demi par K.J. Hayes et C. Hayes (1952).

Quelques exemples d'humour verbal sont notés chez des chimpanzés auxquels on apprend la Langue des Signes. Il arrive qu'ils signent un mot pour un autre, comme le fait l'enfant qui dit *chien* à la place de *chat*. Ils se trompent d'étiquette.

Ces rares traits d'humour ne sont signalés que chez des animaux éduqués par des humains et non dans les mêmes espèces vivant en liberté.

[6] McGHEE P.E., «Development of the creative aspects of humour», in *Children's humour*, éd. P. McGhee, E. Chapman, 1980, John Wiley and Sons, Ltd.

[7] La question se pose de corrélations entre les aptitudes précoces et la créativité de l'adulte. Pour R. Helson (1965), les étudiants les plus créatifs au point de vue artistique racontent qu'étant enfants ils avaient l'habitude d'échafauder des histoires imaginaires. Dans le domaine littéraire également, C.E. Schaffer (1969) estime que les écrivains les plus inventifs s'étaient, pour la plupart, créé un compagnon imaginaire pendant l'enfance.

6
L'humour à table

Tous les bébés font «la pluie», des bulles, des jeux de bouche mouillés :

Charlotte, quatre mois.
Elle ne s'amuse plus à tirer la langue, mais fait des bulles pour qu'on la remarque.

Frédéric, six mois.
Alors qu'il s'exerce à produire différents bruits, le jeu de «pffrrt» la bouche pleine le fait rire autant qu'il nous désespère.

Cette activité motrice simple va être amplifiée et diversifiée par la convergence, entre trois et six mois, de plusieurs progrès :

Aurélien, trois mois.
Les gazouillis sont maintenant accompagnés de concerts de «bzbzbz» avec projection de bulles. Il comprend que c'est très efficace aussi sur la petite cuiller pleine.

Au jeu moteur, au bruitage, se trouve mêlée la nourriture qui est source de plaisir et de jeu en même temps qu'objet d'échange, et lieu de toutes les facéties, surtout dès que le bébé consomme autre chose que du lait. Ce bébé auquel on présente des compotes à la cuiller s'adapte à une situation tout à fait nouvelle et irréversible : la nourriture ne coule plus de source (comprenez : du sein ou du biberon qu'il a dans la bouche), elle devient un objet isolé et transporté, qui se donne et se prend, se prête à des jeux de tous ordres entre l'adulte qui détient l'initiative, au début du moins, et l'enfant qui peut faire ce qu'il veut de ces aliments plus ou moins savoureux. « Ce qu'il veut », y compris les refuser ou nous les renvoyer à la figure. Affront pour l'adulte : « cracher à la figure ». Dans la plupart des cas, le bébé provocateur met les rieurs de son côté : nous avons tous ri avec Tintin lorsque le lama crache à la figure du Capitaine Haddock dans « Le temple du Soleil » :

— *Quand lama fâché, Señor, lui toujours faire ainsi!*
— *En voilà des manières*, s'étonne le très sérieux Milou.

Les bulles tournent à la « pluie » qui s'adresse « à » quelqu'un : jeu, complicité mais léger affront. Reprenons au début. Le bébé produit des bruits de lèvres, des vibrations parfois mouillées de salive, par hasard certainement, puis il recommence. Dans les mouvements de bouche mouillés, des pleurnicheries, souvent aussi en face d'un adulte qui en rit, deux complices qui s'imitent l'un l'autre :

> **Adrien**, trois mois.
> Avec son père, s'amusent à faire des bulles de salive.

C'est le tout début : un jeu en miroir. L'amplification qu'apporte l'adulte confère parfois au jeu une démesure que l'on retrouve dans la fascination que continue à exercer chez la plupart des enfants et encore de nombreux adultes la magie des « bulles de savon ».

La « pluie » innocente des premiers « bzbzbz » va se teinter, à nos yeux du moins, et sans doute dans les intentions de l'enfant, d'une certaine impertinence. A trois mois, Adrien adore « faire la pluie », mais voilà les nuances qui se glissent à 9 mois :

> **Adrien**, neuf mois.
> Progressivement il s'y glisse beaucoup d'insolence. Il produit un mélange de « pluie » et de « bulle » du tout-petit quand il est en présence d'une personne qui ne l'intéresse pas ou qu'il souhaiterait faire partir, ou quand il se trouve au milieu d'adultes qui ne s'intéressent pas à lui dont il voudrait reprendre l'attention.

La « pluie » est l'un des signaux que possède Adrien lorsqu'il veut récupérer l'attention des adultes. Dans la même situation, il peut aussi crier, bouger, tousser.

Entre la « pluie » simplement mouillée et la pluie-retour d'aliments, la signification évolue. C'est entre trois et six mois, dans l'alimentation face à face, à la cuiller, que l'enfant se met à maîtriser la « pluie » intentionnelle. Les parents le rapportent pour Frédéric, Rémi, Aurélien, Maud, comme Bruno :

> **Bruno**, huit mois.
> Autre jeu : en mangeant, il attrape sa cuiller entre ses 4 dents, serre très fort, et souffle dedans.

Il y a du rire et du jeu dans la «pluie», souvent aussi du refus : il n'a plus faim, il n'aime pas, il refuse de manger à la cuiller. Tout se mêle, le fait de manger, d'accepter en détail et en bloc, ce que donne l'adulte et comment il le donne. L'interaction entre les deux personnages met en jeu leur pouvoir, leur complicité, leur art de négocier les petites choses de la vie.

En grandissant, il sait que la «pluie» est une impertinence et maîtrise le scénario puis l'abandonne en admettant, comme tout le monde, que *«ça ne se fait pas»*. Il dispose alors de bien d'autres moyens de refuser la nourriture ! Mais les «grands» se laissent volontiers régresser lorsque la situation s'y prête. Il y a amplification lorsque le repas réunit deux enfants d'âge proche : situation idéale pour s'exprimer clairement, par purée interposée, comme le font Etienne et Julie, dans un scénario parfaitement rodé :

> **Etienne**, vingt mois et **Julie**, six mois.
> Leur repas. Je (M) fais manger Julie à la cuiller. C'est long, il y faut de la patience. Elle fait «brr» la bouche pleine et projette la purée. Je lui dis :
> — *Non, non, non, pas «brr»!*
> Elle rigole doucement, prend l'air malin et recommence.
> A côté, Etienne moralise :
> — *Duli* (= Julie), *mon* (= non), *mon «brr»!*
> Malicieusement, il profite de son injonction pour faire «*brr*» lui aussi, ce qui fait redoubler les rires de Julie.

En imitant Julie, Etienne se permet de refaire «brr» comme un tout-petit, il est sûr de déclencher un bon rire complice et profite de l'occasion pour envoyer des flèches à l'ordre établi, sa spécialité ! Parfaitement à l'aise dans son double jeu. Suivons le scénario : il se met initialement dans le camp de l'adulte, offusqué : *mais enfin, ça ne se fait pas, Julie!* Puis, pirouette, il change de camp, se permet de refaire l'enfant, ravi de l'aubaine. Les deux complices sont réunis par la transgression et le rire partagé augmente le plaisir.

Cette complicité dans les «sottises» et le rire cimente les groupes d'âge et les groupes sociaux, elle est vivace encore à l'âge adulte : combien de bêtises sont commises «ensemble», pour rire, pour faire les malins et braver les interdits, par des individus qui ne se laisseraient jamais aller s'ils n'étaient soutenus par l'euphorie collective. Le fait d'être ensemble dans une ambiance joyeuse modifie le niveau d'inhibition comme le fait l'absorption d'alcool ou de drogue, nous l'avons vu dans les premières pages.

L'adulte qui reçoit « la pluie » peut rire et surenchérir, ignorer, gronder selon qu'il a du temps, de la patience, selon qu'il se sent ou non blessé par ces attaques déguisées. Même s'il participe au jeu et ne l'interdit pas, son rire n'est pas indemne d'une certaine réprobation : « *tout de même, ça ne se fait pas* ». On ne peut pas autoriser que ces attaques se prolongent lorsque l'enfant grandit, au nom de plusieurs arguments.

Pour la nourriture tout d'abord qui est ainsi refusée, gaspillée... et c'est souvent effectivement lorsque l'enfant n'en veut plus ou n'apprécie pas qu'il fait « brr ». Pour l'ordre des choses : il en met partout et se salit. Pour l'adulte surtout qui concrètement et symboliquement se fait renvoyer sa nourriture à la figure. Cette purée que le bébé projette lui fait perdre la face.

Même s'il y a du rire dans l'air, « brr » est un affront. L'enfant est l'agresseur. Lorsqu'on le lui apprend, il est cependant capable de distinctions précoces, comme Lara qui, à 5 mois, commence à manger à la cuiller lorsque à un repas du matin, sa mère qui est pressée ce jour-là, voit s'amorcer les premiers « brr » :

> **Lara**, cinq mois.
> Le premier « brr » la bouche pleine inaugure une journée de bagarre. A chaque repas ça recommence. Craignant les mauvaises habitudes qui commencent, sa mère décide de la décourager tout de suite. Pan sur la main, puis sur la fesse à chaque « brr ». Plus on la gronde, plus Lara recommence.
> Mais le conflit ne dure qu'une seule journée. Depuis, elle mange très proprement en fermant bien la bouche. L'évolution est d'autant plus positive qu'elle conserve « brr » comme jeu, en regardant bien sa mère, en dehors des situations alimentaires, pour la faire rire.

On compare Lara à sa petite cousine dont les « brr » la bouche pleine ont simplement fait rire. Elle continue à le faire à 15 mois, indifférente aux injonctions de l'adulte. Comme beaucoup d'autres enfants, elle continue à mêler le jeu pour faire rire et la nourriture recrachée.

Revenons à plaisir et bouche. Il y a, dès le début, le plaisir de l'enfant, plaisir de manger, de jouer avec ce qui est introduit dans sa bouche. Le bébé « bien mangeur », qui se jette sur le biberon est un plaisir pour l'adulte. Pas de souci, il profite bien. Bonnes joues, tout le monde le dit. Il rassure : on sait bien s'y prendre avec lui.

Tant de détails sont aux portes de l'humour avec le tout-petit. Nous avons à portée de main sa crédulité, son attachement et son émotion, comme chez ces deux bébés, tous deux nourris au sein :

>**Antoine**, trois mois.
>Avec sa mère, attrape sa main, il la tète, mais ça ne lui plaît pas, il la rejette et se précipite sur son sein. Aime beaucoup manger, il n'en a jamais assez.
>
>**Maud**, trois mois.
>Le biberon ne lui plaisait pas, elle préférait le sein, même s'il n'y avait plus grand-chose à boire. Elle prenait le biberon «pour se nourrir» mais pas pour le plaisir.
>
>C'est **Maud** encore qui à deux ans et demi, voyant sa petite sœur téter le sein maternel, torturée par tous les privilèges que possède Sonia, s'inquiète :
>— *Elle va manger ton sein, après il sera comme celui de papa et ça sera kriste.*

Pour plusieurs bébés, la quantité passe avant tout. Frédéric se comporte ainsi tout petit, puis vers deux ans, sa boulimie se tempère. De même pour Antoine :

>**Antoine**, dix mois.
>Le matin au réveil il hurle de faim. On dirait vraiment qu'il a connu la faim !
>Il hurle jusqu'à ce qu'il ait le biberon dans la bouche, puis ça va.
>
>A un an.
>Depuis longtemps : il faut qu'il ait beaucoup à manger. Quand on lui donne un biscuit, il en veut un dans chaque main (il en a déjà un dans la bouche), il lâche volontiers celui qu'il tient pour en prendre encore un.

Une telle avidité évoque la peur de manquer, la faim d'un enfant qui aurait été privé... Non, Antoine a toujours bien mangé ! Pour lui tout ce qui menace la nourriture est cause d'émotion :

>**Antoine**, six mois.
>Cri d'inquiétude en voyant sa mère porter à sa bouche, pour la goûter, la nourriture qu'elle lui destine.

Plus tard il se montre capable, dans des situations extrêmes, de moduler sa goinfrerie :

>**Antoine**, un an et demi.
>Il vient d'engloutir plusieurs gâteaux et en bourre encore un dans sa bouche. Sa mère le met en garde :
>— *Antoine, c'est le dernier !*
>Il retire alors le gâteau et le mange tranquillement, en le dégustant.

Même si apparemment l'adulte a l'initiative des situations alimentaires, le bébé fait à peu près ce qu'il veut : il hurle de faim avant l'heure, il réclame encore alors qu'il vient d'engloutir son biberon, il repousse la tétine d'un coup de langue sans réplique... Il montre qu'il sait bien ce qu'il veut. Il nous signifie, toutes les fois que l'occasion se présente que nous ne lui ferons pas avaler n'importe quoi, n'importe quand.

Les scènes qui se jouent entre lui et l'adulte autour de la nourriture sous le signe du plaisir, de la taquinerie, du jeu partagé ou de l'affrontement, sont l'occasion de rôder des conduites interpersonnelles, avec au premier plan l'affirmation de soi du bébé avec son identité, ses goûts, ses besoins et sa manière personnelle de répondre aux exigences de l'adulte.

L'humour de la situation c'est avant tout l'adulte-victime, les bons principes en déroute. Car ce petit bonhomme qui semble si entièrement à notre merci... nous mène par le bout du nez. Envers et contre tous les principes... il mange ce qu'il veut !

Si certains avalent n'importe quoi, d'autres — parfois les mêmes à d'autres moments — se comportent déjà en gourmets ou en gourmands :

> **Antoine**, deux mois.
> Plaisir particulier pour déguster la vitamine D : il goûte délicatement, avance la langue sur la lèvre inférieure, lève les yeux. C'est ce qu'il préfère.
>
> **Charlotte**, dix mois.
> Adorable mimique à la découverte du chocolat. Elle roule les yeux, profère un « mmm... » à n'en plus finir et regarde avec une infinie gratitude celui qui le lui a donné.

Les parents sont contents que le bébé sache faire des choix. Lorsqu'il se trouve assister au repas familial, on s'amuse à lui faire goûter les hors-d'œuvre ou le fromage ; en appréciant ces mets d'adultes, il fait plaisir à tout le monde : *il sait bien ce qui est bon !* Le bébé montre son discernement : il n'avale pas n'importe quoi. Comme Cyril, il ne se laisse pas tromper facilement :

> **Cyril**, dix mois.
> Je (M) dois mettre un médicament dans son biberon. Il le goûte, fait la grimace et me met la tétine dans la bouche.

Il est capable de distinguer ce qui est bon, marque de distinction, de goût, dans son double sens : il saisit le goût de ce qu'il mange et montre qu'il a du goût, en distinguant ce qui lui plaît ou non. Le gourmet se dessine.

> **Jean**, un an.
> Jeu rituel autour de la confiture. Sa mère ne veut pas l'habituer aux sucreries, le matin, elle lui donne du lait et du pain. Un jour quelqu'un met de la confiture sur le pain de Jean. Il goûte, sourit, et depuis il réclame la confiture ; il lèche alors sa tartine puis dès qu'il n'y a plus de confiture il tend son pain pour qu'on en remette.
>
> **Céline**, deux ans.
> D'un ton grave, comme appréciant un don du ciel :
> — *Oh làlà, que c'est bon le miel !*

L'enfant nous montre qu'il apprend à comparer et faire des évaluations qui augmentent son stock d'expériences. Depuis les distinctions les plus générales : il a faim/il n'a plus faim. Bon/pas bon. Nourriture pour enfant/pour adulte (à rapprocher de familier/nouveau et aussi de : pour les petits/pour les grands). L'enfant joue sur ces catégories et leurs limites. Parfois il «se lance», va à la découverte, nous provoque en préférant résolument le saucisson à la purée ou d'autres nourritures encore plus «adulte», comme :

> **Baptiste**, un an et demi.
> Se débrouille pour faucher les cornichons dans le frigo.

Ou Etienne qui propose à sa petite sœur de partager son goût pour le camembert :

> **Etienne**, deux ans propose son fromage à **Julie**, dix mois.
> — *Bèbè* (camembert)? *Duli* (= Julie)!

Il nous plaît aussi avec des attitudes totalement opposées, lorsque fatigué ou mortifié, il revient à son biberon ou au jus d'orange consolateur. C'est bien au pré-humour qu'appartient la mobilité de l'enfant, son va-et-vient entre des comportements alimentaires d'hier et de demain par lesquels s'expriment ses désirs et ses émotions. La limpidité du message : Maud ou Laure expriment tellement bien qu'elles veulent rester «grande» et «petite», nous le verrons dans le dernier chapitre.

Dès que l'enfant se déplace seul, à ces distinctions s'ajoute l'exploration de ce qui est mangeable/non mangeable. Il s'y glisse souvent de la provocation car l'enfant essaie forcément de manger des objets non mangeables qui sont interdits :

> **Clément**, un an.
> Il fouille dans la poubelle, cherche des petits morceaux de nourriture, tout petits, surtout des fruits. Il les mange, bien qu'il ait compris qu'on ne mange pas ce qui est dans la poubelle.
> Il mange aussi discrètement de petits morceaux d'éponge; on le lui a défendu plusieurs fois; l'éponge a même été placée hors de sa portée, mais il s'arrange pour grimper, l'atteindre et lorsqu'il est enfin en sa possession, il s'assied dans un coin tranquille et commence à la manger, avec application. Dans son exploration des recoins, du dessous des meubles, il découvre parfois des «miettes».
> Il a une prédilection pour ces tout petits morceaux et les mange.

Dans le climat de complicité des habitudes ludiques, viennent se glisser des pointes d'agression, d'une «taquinerie mordante» au sens propre qui va du grignotage à la morsure.

Tout commence dans l'attendrissement et la tradition. Au milieu des cajoleries et des baisers dont il couvre son bébé, l'adulte mordille pour rire l'oreille, le nez, les doigts, les pieds, le ventre... avec des commentaires qui amplifient et rythment l'agression simulée : «*je te mange, je te mange!*», «*Ouam! Ouam! je vais le manger ce bébé!*». Il y a si longtemps aussi qu'il le dévore des yeux! Tout petit déjà, il s'en amuse.

> **Frédéric**, cinq mois.
> Il s'amuse beaucoup lorsqu'on fait semblant de lui manger la main, le ventre, le nez...
> Lui-même place sa main dans ma (M) bouche...

Chacun son tour, l'adulte donne son doigt à «mordre» lorsque commence à poindre la première dent. L'adulte se prête au jeu dans la bonne humeur : «*Aïe! Aïe! elle est méchante cette petite dent!*» et rajoute des pitreries, feint d'avoir mal, de pleurer. Il joue la réciprocité : la petite main de l'enfant dans sa bouche, il fait semblant de mordre. Le rire! Un beau jour, les dents ont grandi, l'enfant pourrait vraiment mordre... mais alors, c'est défendu!

Les rituels ludiques sont tels cependant qu'avec la plupart des enfants on va continuer impunément à faire semblant de se mordre. D'autres comprennent très vite qu'ils peuvent réellement mordre et faire mal et l'on s'affronte autour de cet interdit sérieux.

Il s'agit d'un autre registre de plaisirs concernant la bouche et de ce qu'elle peut incorporer. Plaisirs tant que l'on se situe dans la complicité des interactions et des faire-semblant, plaisirs qui ont la vie dure dans les histoire de «loup», plaisirs contradictoires : on peut aimer et agresser en même temps.

> **Baptiste**, dix mois.
> A table, il attrape le bras de son père et le mord, ce qui empêche son père de manger. Il lui dit :
> — *Lâche, Baptiste!*
> Mais l'enfant s'accroche encore.

Cette histoire a été tout naturellement estimée «drôle» par les proches. Elle ne comporte cependant pas d'effet humoristique. Imaginez l'enfant un peu plus âgé, les dents un peu plus nombreuses... le comportement n'est plus supportable. L'adulte ne se laisserait pas agresser sans réagir. Baptiste n'a que 10 mois; ses réactions ont la démesure de son fort tempérament. De ce petit garçon hardi, fonceur, que rien n'arrête émane une force de vie qui gagne l'indulgence et oblige à négocier en souplesse. La part d'humour pour le spectateur, c'est le contraste des registres : la force vive de Baptiste et le tranquille fairplay paternel qui lui reproche simplement de le gêner... pour manger! Voilà pour le devenir de l'humour chez Baptiste : une agressivité de dimension supportable désamorcée par des réponses aussi fermes que tranquilles.

Mordre ou mordiller entre dans des rituels ludiques que l'enfant continue à exploiter lorsqu'il grandit. Il en profite pour s'affirmer, mettre en boîte son voisin ou lui redire sa tendresse d'une façon déguisée comme :

> **Etienne**, dix-huit mois avec **Julie**, quatre mois.
> Etienne adore jouer avec nous à «se mordre le doigt». Il prend notre index, le mord doucement, jusqu'à ce qu'on dise *«aïe!»*. C'est alors son tour, il met son doigt dans notre bouche et crie *«Ah!»*. C'est un jeu qui dure, chacun respecte les limites.
> Hier, il a mis son doigt dans la bouche de Julie et a crié *«Ah!»* en rigolant.

Le jeu est rituel entre Etienne et ses parents. Lorsqu'il l'étend à Julie qui a trois mois, il transpose le scénario, sans jouer le deuxième volet qui serait : le doigt de Julie dans sa bouche à lui qui a des dents pour mordre. En se limitant au premier volet du jeu, Etienne fait une démonstration de sa maîtrise : il ne profitera pas du jeu pour agresser Julie. Il sait très bien, de surcroît, que lui ne court aucun risque en exposant son doigt : Julie n'a pas de dents et s'il dit *«Ah!»* c'est simplement qu'il fait semblant de jouer comme si Julie était son égale.

> **Frédéric**, deux ans.
> Il attend son repas avec impatience. Pendant que j'achève la préparation de sa purée, je lui donne de petits morceaux de jambon qu'il s'amuse à quémander et à prendre avec les dents, comme un petit chien.
> Une fois, il fait exprès de me mordre très légèrement le bout des doigts. Je me borne à l'appeler :
> — *Coquin!*
> La fois suivante, souriant, il fait un petit baiser au doigt qu'il avait mordu, semblant heureux que j'aie reconnu le côté ludique de son agression et ne l'aie pas grondé, lui permettant ainsi de continuer le jeu.

Dès le début, et de plus en plus à mesure que se précise la place de l'enfant dans le tissu socio-familial, les situations alimentaires apparaissent comme l'un des terrains privilégiés du jeu interactionnel entre l'enfant et ses proches. Un jeu à deux : l'enfant et l'adulte ce qui peut se traduire par : le petit/le grand, le nourri/le nourricier, celui qui reçoit/celui qui donne, celui qui s'exécute/celui qui impose. En d'autres termes : le faible/le fort. Un jeu sur le pouvoir encore.

Dans le groupe des Enfants de l'Humour, peu de tension autour de l'alimentation, bien que tous les parents ne se comportent pas de la même façon. Il existe une grande variété d'exigences, tant pour les manières de table que le choix des aliments. Tous ne suivent pas la même règle, mais, sans qu'on l'ait cherché, dans ce groupe, les situations alimentaires n'engendrent pas trop de tensions ou de conflits.

Les variantes concernent, comme nous allons le voir, la répartition des rôles dans les tâches alimentaires : qui fait manger qui ? L'évolution du mode d'alimentation, depuis le biberon jusqu'à une alimentation variée, et aussi l'apprentissage des «manières de tables». Thème proche des interdits.

Le jeu sur les rôles. Certains enfants aiment être assistés, sont «paresseux» pour manger, d'autres préfèrent se débrouiller seuls et l'exigent souvent très tôt, avant d'en être tout à fait capables. Dès qu'ils l'ont pu ils ont voulu tenir leur biberon tout seuls, puis ont saisi la cuiller. «Manger seul», c'est aussi souvent «manger salement».

> **Baptiste**, dix mois.
> Adore «touiller» son repas avec les doigts.
> **Guillaume**, trois ans.
> Depuis qu'il voit manger Ludovic (petit frère), il s'octroie la permission de remanger un peu salement, ce qu'il ne faisait plus. Il en met partout, se barbouille le nez. Si on ne le remarque pas, il appelle, avec son expression favorite :
> — *T'as vu ?*

Dans le jeu des imitations, l'enfant peut jouer le rôle actif, avec une nuance protectrice lorsque le grand fait manger le petit, en utilisant toutes les ficelles auxquelles l'adulte a recours :

> **Etienne**, deux ans et demi et **Julie**, un an et deux mois.
> Se font manger mutuellement. C'est Etienne qui assume le mieux son rôle et encourage sa sœur :
> — *Une cuiller pour papa, une pour Mamie Mady, Mamie Yaquine...*

Il le fait avec l'adulte aussi. C'est bien avant deux ans que l'enfant prend plaisir à faire manger l'adulte, même s'il ne comprend pas complètement en quoi consiste le rôle nourricier ; tout se passe comme s'il existait, indépendamment même de la nourriture, des jeux de mettre dans la bouche (mettre et reprendre, comme tous les jeux de «mettre dedans»), échanger de la nourriture (ou autre chose) qui convergent progressivement vers les imitations puis les faire-semblant de nourrissage. Les premiers exemples sont maladroits, comme si le scénario ne comportait que quelques éléments du jeu maladroits, puis mieux maîtrisés :

> **Bruno**, huit mois.
> Je (M) le tiens dans mes bras, il a une carotte à la main. Il me la met plusieurs fois dans la bouche pour que je la mange et «gronde» quand je ne la veux pas.
> **Julie**, huit mois.
> Veut me (M) donner à manger :

— *Ta!* (tiens).
Elle donne réellement quelque chose et il faut manger. Elle vérifie et grogne si on ne mange pas ce qu'elle a mis dans la bouche.

Laure, huit mois.
Rit quand elle voit sa mère finir son biberon, chaque fois. Puis vers 10 mois, elle-même lui propose son biberon quand elle n'en veut plus. Il s'institue un jeu : dès qu'elle est un peu rassasiée elle propose le biberon à sa mère, puis le reprend en riant.

Frédéric, dix mois.
... lui-même me (M) donne très souvent à manger avec une petite cuiller.

Etienne, un an et deux mois.
Jeu de faire manger sa mère. S'il lui donne quelque chose de comestible, elle doit dire :
— *Mmm, c'est bon.*
Etienne lui ouvre la bouche pour vérifier qu'elle l'a bien mangé.
Si ce qu'il lui propose n'est pas comestible, elle doit dire :
— *Bah!* ou Etienne le dit lui-même.

En dehors même de la forme – repas, la prise de nourriture est l'occasion de scénarios dont certains éléments appartiennent au préhumour par le jeu des contrastes : fort/faible – malin/naïf. Suivons Frédéric qui en quelques semaines maîtrise un jeu de taquinerie auquel il s'était initialement laissé prendre :

Frédéric, un an et trois mois.
Vient de passer un mois avec Claire, treize mois, qui le fait souvent enrager. Tous deux reçoivent un biscuit. Frédéric engloutit le sien. Dès qu'il l'a fini, Claire lui propose le sien. Frédéric tend la main pour l'attraper, mais elle retire aussitôt le gâteau en faisant :
— *Non, non, non* (paroles + gestes), avec vigueur.
Frédéric n'ose pas passer outre ; il le pourrait car il est bien plus costaud.

Au même âge, avec **Claire**, treize mois.
Claire essaie de renouveler l'histoire du biscuit qu'elle tend au petit chien de sa nourrice. Lui happe le biscuit évidemment et elle n'est pas contente ! Frédéric sourit.

Et à un an et demi.
Reprend le petit jeu que jouait Claire avec (contre) lui, mais en inversant les rôles : il me (M) propose son biscuit. Il n'a aucune intention de le partager, mais il le met dans ma bouche et le retire très vite en s'esclaffant.
Si, le prenant de vitesse, j'en croque un petit bout, ça le fait rire aussi (de façon générale il aime bien nous donner à manger et le fait très attentivement).

Dans la première scène, Frédéric est trop gentil et se laisse mener par cette fille qui le taquine. Pourquoi ne poursuit-il pas son gâteau ? Une question de sentiments certainement. Rebondissant, Claire manque de discernement : le chien a moins de retenue ! Frédéric enregistre et reprend le jeu avec maman. Deux joueurs respectueux des règles : maman se laisse taquiner, en toute sécurité, sans manger le gâteau. Il circule tant de rire et de gentillesse que Frédéric ne prend pas ombrage du petit morceau qu'elle grignote. C'est tellement peu qu'il y trouve même une nouvelle source de rire. Le taquin taquiné !

Dans ses contacts avec la nourriture l'enfant acquiert progressivement tout un savoir social. Il sait que l'on mange «avec les doigts» les tartines, les biscuits, les bananes... alors qu'il ne faut surtout pas mettre les doigts dans bien d'autres cas. Chacun doit apprendre à s'y reconnaître. De façon générale les parents les plus permissifs n'aiment tout de même pas que l'enfant mange vraiment salement. Avant d'être à l'aise pour s'alimenter seul, l'enfant essaie souvent de nous manipuler un peu. C'est une période de compromis comme dans l'histoire «moitié-moitié» de Laure :

> **Laure**, un an et quatre mois.
> A table, sa mère :
> — *Prends ta cuiller, Laure, pas avec les doigts !* (en faisant : «non, non», de la tête).
> Laure enchaîne, elle prend la cuiller avec un air sérieux, puis reprend les doigts avec un air coquin, tout en faisant «non» de la tête. Puis elle alterne : une fois les doigts, une fois la cuiller.

Chacune sourit : pour Laure, l'honneur est sauf, et pour maman la trouvaille est si jolie ! Mais l'enfant a bien d'autres tours dans son sac :

> **Frédéric**, deux ans.
> C'est le goûter : un yaourt aux fruits et un jus d'orange. Comme je l'empêche de boire le yaourt, il généralise ironiquement l'interdiction et prend son jus d'orange à la cuiller en me regardant d'un air narquois.
> Il n'a sans doute pas très soif et boude le jus d'orange. Comme je lui en vante les qualités («*c'est bon tu sais, c'est du vrai jus...*»), il imite mon jacassement enthousiaste en regardant le verre en adoration, mais n'y touche pas d'avantage.

Frédéric fait ce qu'il veut finalement, après s'être gentiment moqué de maman à deux reprises, ayant chaque fois recours à une trouvaille pertinente, assez discrète pour n'attirer aucune réponse désagréable, assez fine pour forcer l'admiration et lui assurer l'impunité. On arrondit les angles en douceur : l'humour, art de vivre.

L'enfant intériorise en bloc les conventions. Il ne saisit pas d'emblée que certaines règles ne concernent que les adultes. Mais comment savoir !

> **Etienne**, vingt mois et **Julie**, six mois.
> Il tape son biberon contre celui de sa sœur et fait :
> — *Tin ! tin !* (= tchin-tchin !).

Imitation, erreur de jugement ou faire-semblant ? Un peu avant 3 ans, Frédéric lui aussi fait «Tchin-Tchin!» avec Cyril qui a quelques mois. Ces petites transgressions sont encore jouées dans les faire-semblant d'enfants bien plus âgés. Ils savent alors très bien qu'il s'agit d'un jeu :

> **Marie**, sept ans et **Grégoire**, quatre ans et demi.
> A la fin du repas, au moment du café, eux aussi prennent un petit gobelet et un pichet, mettent trois grains de Nescafé, une cuiller d'eau et dégustent :
> — *Hum, il est bon mon petit café, et toi, Marie, il est bon, le tien ?*

Les habitudes d'un enfant peuvent être liées à chaque repas et parfois chaque partenaire. Il s'agit de conduites fugaces qui évoluent très vite, comme chez Frédéric :

> **Frédéric**, deux ans.
> Prend le déjeuner seul, avant nous et le dîner avant nous. Les jeux ne sont pas les mêmes selon les repas.
> Au déjeuner, seul, il se retrouve dans une position plus «enfantine» que le soir. Au bout d'un moment, il se cache le visage dans les mains, ne laissant apparaître que la bouche pour laisser passer la cuiller. Puis, ne tenant pas en place, il joue à cache-cache sous la table, les chaises, derrière les rideaux, jeu aux détours duquel il s'amuse à chaque fois qu'on lui donne une bouchée. Au dîner, il mange plus sérieusement, en grande partie tout seul. Mais chaque fois que l'un de nous se lève pour chercher quelque chose, il se précipite pour grimper sur sa chaise et prendre sa place.

Il suffit que l'environnement change :

> **Frédéric**, dix-huit mois.
> Je vais le chercher chez sa baby-sitter au moment du goûter (plusieurs autres enfants sont avec lui). Il fait rigoler toute la table en s'essuyant consciencieusement la bouche après chaque cuillerée.

Les repas des petits sont parfois des séances difficiles. Les parents parlent de «comédie», de «cirque». Un aspect du folklore enfantin. Les enfants pleins de vie, dont on encourage l'autonomie, profitent outre mesure de la complicité des adultes. Ils nous manipulent. Ils le font du reste depuis tout petits. Chez des enfants aussi différents que Baptiste, Antoine et Charlotte, les parents notent, entre 3 et 6 mois, des comportements «mine de rien» qui semblent à peine croyables pour ceux qui ne les ont pas constatés :

> **Frédéric**, trois mois.
> Lorsqu'il prend son biberon ou un petit pot, alors même qu'il a faim et qu'il aime ce qu'on lui offre, à chaque fois qu'arrivent la cuiller ou la tétine, il prend l'air distrait, et tète avidement ses doigts. On voit ses yeux qui rient alors qu'il accepte de prendre la tétine ou la cuiller. Bref il se moque de nous !

> A cinq mois.
> Il serre bien les lèvres ou se fourre très vite les doigts dans la bouche avant que la cuiller n'arrive et rit quand celle-ci s'éloigne...
> A dix mois.
> Caprice alimentaire, surtout quand il est fatigué et refuse ses légumes : il se met debout sur sa chaise et baisse très rapidement la tête d'un air distrait quand la cuiller arrive.

Ce ne sont que les prémisses. Les refus prennent plus de netteté autour de la première année. L'enfant en joue tant qu'il veut :

> **Charlotte**, dix mois.
> Elle ne condescent pas toujours à manger la purée maison, ni le reste d'ailleurs. Combat, stratégie où le sucré succède au salé, le précède...
> Détournant sa tête des mets, elle enfouit son visage dans le fauteuil, puis, petit à petit revient vers la main tendue. Le cache-cache se reproduit jusqu'à ce que, finalement, elle fasse rebondir l'action en avalant gloutonnement son repas, et en jetant un œil malin, attentif à mes réactions.

Lorsque l'enfant grandit et partage régulièrement la table des adultes, surgissent d'autres rivalités. Les parents profitent de ces moments pour parler entre eux. L'enfant ne l'entend pas ainsi et invente n'importe quoi pour récupérer l'attention :

> **Bruno**, quatre ans et demi.
> Le repas reste un moment où l'on s'affronte... Bruno joue entre une lenteur exagérée et exaspérante et une gloutonnerie impressionnante.
> Quand il mange avec nous, il a toujours mal quelque part, un petit bouton à montrer, ça le gratte par là, ça le pique ailleurs. Toujours des questions à poser, souvent pas très cohérentes. Il a plutôt besoin de capter notre attention alors que nous discutons entre adultes.

L'atmosphère de certains repas est rocambolesque. Réunissez deux enfants complices et rieurs. Vous aurez toutes les surenchères, les imitations, amplifications, régressions, provocations. Glissez-vous dans la cuisine. Midi, chez Mylène, c'est le coup de feu. Etienne a maintenant deux ans et quatre mois. Il est dans la cuisine pour le repas, avec sa sœur, Julie, qui a un an... des Marx Brothers en herbe!

> **Etienne**, deux ans et quatre mois et **Julie**, un an.
> Julie est entièrement protégée par une grande serviette, manches retroussées, elle veut manger seule. Un tablier me recouvre entièrement. Etienne, lui, a deux serviettes (*deux yèyètes!*), il est sur sa chaise haute et se débrouille pour manger seul.
> Avec Julie, on commence sur mes genoux, mais elle ne supporte pas longtemps cette contrainte, se balade, puis continue sur sa chaise haute où en quelques minutes elle se trouve debout. Il faut terminer sur un petit fauteuil fixé à une chaise qu'elle aime car elle se trouve ainsi « à table » comme tout le monde.

Elle mange lentement, tenant sa cuiller toute seule; je glisse une cuillerée entre celles qu'elle prend toute seule. Un rien suffit pour la distraire, une petite tache de purée sur la table : elle patauge, l'étale, joue avec et oublie qu'elle doit manger.

Avec sa voracité, en quelques minutes Etienne a vidé son assiette, il réclame son yaourt. Immédiatement Julie veut aussi son yaourt et nous alternons une cuiller de yaourt, une cuiller de légume. Elle se lasse vite et il faut avoir recours aux vieux classiques : *«une cuiller pour maman, une cuiller pour papa...»*.

Brusquement, Julie ne veut plus manger; rien ne peut l'arrêter : elle fait valser la cuiller et crache bruyamment. J'ai le malheur de dire :

— *Non, Julie, pas «brr»!*

Voilà qui déclenche le grand jeu : mon reproche soude leur complicité et tous deux s'amusent comme des fous, ils font *«brr»* en chœur en crachant ce qu'ils ont dans la bouche. L'apothéose de «la pluie»!

Seule solution à ce moment-là, les ignorer et reprendre à zéro!

L'épreuve de force! Pour y garder son humour, il faut, aussi simple que cela paraisse, une santé solide! A partir de là, les plaisirs sont partagés. Sa façade de sérieux masque à peine que Mylène rit sous cape! Elle préfère ces deux bouffons épuisants, mais bien vivants, à des enfants sages comme des images!

Les enfants grandissent et abandonnent ces clowneries et puis, d'une famille à l'autre, les habitudes diffèrent. L'humour qui circule autour de la table est souvent teinté d'un charme plus feutré. Ici les trois sœurs sont assez grandes pour prendre tous les repas à table avec les parents. Lucie, 7 ans, et Charlotte, 6 ans, sont très proches, Sabine n'a que deux ans, mais elle suit ses sœurs comme leur ombre. Trois filles, trois bavardes.

Charlotte, six ans.

Elle a la spécialité de raconter des histoires qui n'en finissent plus. Elle rapporte sans omettre le moindre détail des conversations de l'école, les petites aventures de ses camarades ou des propos sacrés : ce qu'a dit l'a maîtresse. L'intérêt de ses récits est inégal mais il faut écouter sans l'interrompre sinon elle se vexe et reprend au commencement. On fait tout pour l'éviter.

Lieu de prédilection, la table familiale, lorsque son auditoire est au complet. Son père la taquine et prend un malin plaisir à lui poser des questions sournoises, ne serait-ce que pour rompre la monotonie des récits :

— *Je ne comprends pas, c'est le cochon qui a mangé le loup?*

Indignée, elle recommence!

Lors d'une nouvelle interruption elle prend l'air offusquée :

— *Si tu ne veux pas savoir la fin, c'est dommage parce que la fin c'est drôle!*

On ne peut la laisser sur cette désillusion, tout le monde réclame la fin. Elle reprend son histoire, mais il n'y a absolument rien de drôle, tout finit très platement. Gêne de l'auditoire... on ne peut surtout pas rire, ni de l'histoire, ni de Charlotte.

Un jour, elle rentre de l'école, suit sa mère dans la cuisine et commence à raconter, puis se reprend :
— *Non, j'attends papa.*
Il faut qu'elle ait tout son public, surtout papa, bien sûr, qui risque d'être privé (maman et les sœurs n'ont pas à se plaindre!). A table elle redémarre, les parents essaient de glisser discrètement qu'elle pourrait manger, non :
— *Attends, à la fin c'est super!*
Elle encourage l'auditoire dès qu'elle sent l'attention faiblir.

Chaque sœur essaie d'intervenir, autant pour écourter les histoires que pour reprendre l'attention à son profit.

Lucie, l'aînée, qui fréquente la même école et a eu la même maîtresse connaît tout ce que sa sœur raconte et essaie de résumer, voyant que, racontant une journée de plein air, Charlotte n'a pas encore fini la matinée à la fin du premier plat, mais non, ses interventions sont dénigrées :
— *Mais non, ce n'est pas comme ça.*
Sabine, qui n'a pas deux ans, ce qui lui vaut le privilège d'être à côté de son père, essaie de se glisser à sa façon. Elle tape sur le bras de son père, et s'il ne réagit pas le prend par l'épaule et l'appelle :
— *Papa! papa!*
Et elle lance alors un
— *Blablabla...* qui emprunte toutes les intonations de sa sœur, accompagnées de ses mimiques et de ses gestes. Sabine fait son numéro, c'est enfin son tour!

Quelques mois plus tard, alors que Charlotte continue à abuser de son auditoire, Sabine fignole ses interventions. Elle a repéré les mouvements des mains d'un présentateur de télévision dont elle ponctue ses interventions avec beaucoup de sérieux : les deux mains presque jointes, s'écartent lentement à la fin de chaque énoncé.

Au fait, à quoi pensaient les enfants lors du repas familial à l'époque où ils n'ouvraient pas la bouche à table? Ils ne prêtaient sans doute aucune attention aux histoires que les adultes se racontaient entre eux. Les parents ne soupçonnaient pas qu'ils étaient en train de manquer l'essentiel : ils ignoraient ce qui se passait dans les petites têtes autour d'eux. Le changement vaut bien d'affronter la joyeuse décontraction des repas d'aujourd'hui! Les enfants y trouvent, de surcroît, un lieu idéal pour que chacun puisse se tailler sa place au soleil : l'un monopolise l'attention, l'autre n'a pas le temps de se glisser... tout un apprentissage. Ils y apprennent le temps du discours et l'espace de la communication.

Troisième partie
LES REGLES

7
Les interdits

Beaucoup d'histoires tournent autour des interdits. Ils permettent à l'enfant de mettre au point toute une variété de comportements — des astuces parfois — pour s'accommoder des règles et des situations.

« Il est interdit d'interdire » clamaient les murs de Mai 68 ! Retour au réel : les parents apprennent à l'enfant ce qui est permis et défendu. Cela constitue même l'une de leurs tâches essentielles.

Les modes éducatives changent. Le ton d'aujourd'hui est au libéralisme décontracté relatif. Attentifs aux besoins du bébé, les parents s'accordent pour ne pas lui imposer de contraintes inutiles. Il en résulte que certains sont propres à 8 mois, alors que pour d'autres les couches sont acceptées sans discussions jusqu'à l'entrée à l'école maternelle !

Comme ceux de la vie, les interdits destinés aux petits enfants sont à la fois mouvants et relatifs. Le panneau « entrée interdite » ne barricade pas réellement une porte, il n'est qu'un signe. Si vous y tenez, vous pouvez emprunter cette porte pour entrer, mais pour des raisons qui ont été appréciées par d'autres et que vous ne remettez pas chaque fois en question, la porte est réservée à la sortie et, pour entrer, vous avez meilleur compte d'emprunter la porte voisine.

Au fil des jours, nous nous conformons à ces injonctions sans même qu'elles soient ressenties comme entraves à la liberté. Elles appartiennent aux règles sociales qui garantissent la marche de la vie collective, comme le font les sens interdits, les feux rouges et tous ces signaux qui contribuent à maintenir l'ordre public.

L'interdit a eu initialement un sens religieux qui l'apparentait au tabou, à la censure, à la mise à l'index. Ce qui donnait à sa violation un caractère de faute, de profanation qui n'a pas manqué de laisser quelque couleur de soufre lorsque les manquements et les provocations sont lucides et recherchés. Aujourd'hui l'interdit est plutôt perçu comme élément d'un système dans lequel interfèrent règles sociales et interpersonnelles.

Avec l'interdit se dessinent les limites ou les frontières entre ce qui est permis et défendu. Mais une frontière n'est pas forcément immuable. Fixée par convention, elle peut éventuellement être déplacée. Nous verrons qu'entre les deux protagonistes, il s'agit souvent pour chacun de défendre son territoire. Gagner du terrain, repousser la ligne de défense. Même infime, un déplacement change parfois totalement les règles du jeu. Par son caractère abrupt, la frontière conventionnelle tranche sur la continuité habituelle de la réalité physique.

Inter-dit signifie qu'on l'a *dit entre soi*. Un contrat entre deux parties qui se sont parlé, se sont averties et ont accepté. Dans l'accord avec un tout-petit, les parties ne sont pas équivalentes. Une part du problème est ainsi liée au pouvoir et au rôle qui échoit à chacun. La relation initiale est absolument asymétrique car le bébé qui ne sait rien, ne peut accepter ou refuser une règle. L'adulte assume provisoirement les deux rôles, lui seul choisit ce qui est bon, prudent, nécessaire pour le bébé. Ce dernier, cependant, ne reste pas longtemps passif dans ce rôle de consentement obligé. Nous allons voir qu'il existe, dès les premiers mois, deux parties actives. Complicité et rapport de forces tirent les ficelles du jeu.

Pour le bébé, c'est tout un apprentissage : percevoir les désirs de l'adulte, se conformer à ses injonctions, se glisser dans le rôle attendu. Au cours des premiers mois, les occasions de heurts graves sont rares. Des enfants difficiles trouvent très tôt comment exprimer qu'ils ne sont pas d'accord, par des cris violents, des oppositions, des refus (de manger, de dormir) ou des manifestations somatiques. Pas trop d'opposants systématiques parmi les Bébés de l'Humour. Tous ne sont pas des enfants idéalement faciles, mais ils se débrouillent pour s'y prendre autrement.

Un changement profond intervient au moment où l'enfant commence à se déplacer seul. L'enfant qui marche est sollicité de toutes parts. L'âge d'or des histoires d'interdit commence avec la marche. A peu près toujours : les deux partenaires n'ont pas la même idée en tête ou pas les mêmes désirs.

L'enfant est actif, curieux, explorateur, avide de se servir de tout ce qu'il voit faire aux grands. L'adulte, lui, cherche à protéger l'enfant qui n'est pas encore très fort et expérimenté. Il cherche aussi à se protéger lui-même, son temps, sa tranquillité, son cadre matériel. En balance : le plaisir de l'enfant face aux réalités de la vie.

Ce qui complique le jeu, c'est que l'adulte a des complicités dans les deux camps. Il est tout à fait pour le plaisir de l'enfant. Son vœu le plus cher est d'avoir un enfant heureux, épanoui, dégourdi, actif. Sa fierté est de le voir progresser et devenir plus entreprenant même si les conséquences immédiates ne sont pas toujours plaisantes et même si c'est en lui tenant tête que l'enfant s'affirme. Il saura au moins se débrouiller dans la vie.

Mais il est aussi le défenseur de la réalité, c'est à travers lui et grâce à sa fermeté que se construit le sens du réel de l'enfant et la perception des limites indispensable à chacun. Sans adulte solide, l'enfant ignore les limites, vit sans repères et, tôt ou tard, en ressent l'insécurité. Autour des interdits bouillonnent les violents tourbillons de désirs incompatibles. L'adulte est en même temps favorable au plaisir de l'enfant et à l'ordre des choses, l'enfant aimerait bien faire plaisir à l'adulte mais cherche aussi à s'affirmer, ce qui revient souvent à braver la loi. Inconciliable !

Chaque enfant vit cette situation à sa façon, dans le jeu serré ou décontracté qui s'établit avec son entourage. Certains, très actifs et entreprenants, ont, plus que d'autres, l'occasion de se heurter aux interdits et d'être remis à leur place. Statut inconfortable de l'enfant qui n'imagine pas que l'adulte ne se meut lui aussi qu'au milieu d'un réseau de possibilités limitées. Tout est relatif ! Bruno est très soulagé lorsque, vers 4 ans, il se fait expliquer que les parents ont été, en leur temps, des enfants soumis aux mêmes contraintes que lui :

Bruno, quatre ans.
Il réalise que nous avons été des bébés et des enfants comme lui et il est ravi de savoir que nous faisions plein de bêtises et de caprices !

En nous limitant à Sabine, Bruno, Baptiste, Frédéric, Etienne, nous allons voir qu'il y a bien des manières de prendre les interdits.

A LA MANIERE DE SABINE

Sabine est attirée par tout ce qui est défendu, mais le nœud de l'histoire, ce ne sont ni les boîtes, ni le briquet, ni les bibelots, c'est maman, qui dicte les interdits.

A un an.
Sa mère lui interdit de toucher certains objets. Elle le sait.
Dès qu'elle sait marcher, elle s'en approche, montre du doigt, regarde sa mère et fait *blablabla* comme un brouillage ou une imitation de ce que dit l'adulte dans ce cas.

Comprenez : *j'en meurs d'envie, mais j'obéis et je me fais moi-même la morale.* Ou si vous préférez : *je singe irrévérentieusement maman en train de me dire : non, non, Sabine, c'est défendu !* Sabine résiste à son désir de toucher et intériorise la défense de l'adulte tout en en imitant ce qu'elle peut à son âge : l'intonation.

D'autres enfants adressent leurs injonctions en même temps à l'objet défendu et à l'adulte interdicteur, comme :

Igor, un an.
Devant une prise électrique qu'il sait interdite, il l'interpelle en disant :
— *Be, da, de...*
Puis se tourne vers mois (M) et me fait le même discours.

Très féminine, théâtrale, Laure, à deux ans et demi, réalise un bon rôle d'imitation :

Laure, deux ans et demi.
Imite beaucoup, avec beaucoup de théâtralisme. Mimiques très drôles, elle m' (M) imite quand je la gronde, le doigt levé en répétant la consigne que je viens de donner.

Revenons à Sabine qui prend vite de l'assurance. Elle s'enhardit, dans une sorte de jeu rituel :

Vingt mois.
Parfois quand elle est arrivée à saisir un objet interdit, elle le cache dans son dos. Le geste est tellement caractéristique qu'il ne trompe personne. Je (M) m'approche, Sabine fait un mouvement tournant, me montrant sa face et me fixant bien. Elle sait que je trouve toujours l'objet et recommence chaque fois.

Puis de plus en plus provocatrice, au même âge :

Elle a des moments d'audace. Il lui arrive de prendre ostensiblement un objet défendu dans la main, un briquet par exemple et elle me (M) le montre, me nargue.
Si je suis ferme et interdis, c'est la colère, elle prend une mimique furieuse et «m'injurie» (des intonations de colère bien qu'il n'y ait pas un mot dedans).
Si j'insiste, elle tape du pied, se roule par terre. La vraie colère.
Elle sait très bien contrôler ses provocations, comprenant que certains objets (les couteaux, les ciseaux) sont réellement interdits et ne peuvent faire l'objet de ses petits scénarios.

Ainsi commence l'affirmation de soi. En cherchant précisément ce qui est défendu, elle montre bien qu'elle est indomptable !

C'est positif de s'affronter comme ça. L'enfant peut sentir un règlement bien ferme qui le protège. Une vraie colère, on joue la scène à fond, dans les règles. Au bout du compte on se retrouve sainement.

Comment évolue le style Sabine ? Nous la retrouvons un peu plus tard :

> A deux ans et demi.
> Les limites des interdits se sont déplacées. Elle ne nargue plus en prenant des petits objets défendus, mais le jeu se déplace aux boutons de la cuisinière, au frigidaire.
> Elle se débrouille pour réaliser des activités « limite ». Elle opère en douce, sans laisser de traces. Par exemple, elle se sert dans le frigo, prend un yaourt — celui dont la capsule s'enlève le plus facilement — et le mange discrètement, dans un coin, ou sur la table, et s'accommode très bien de ne pas le sucrer, ce qu'elle ne fait jamais lorsqu'elle en consomme au grand jour.

Une façon pacifique et feutrée de narguer l'autorité ! Mais aussi, quelle somme de petits ajustements, en même temps futés et touchants (le yaourt sans sucre !). Au même âge, encore :

> Sait qu'elle ne doit pas se servir des flacons de toilette, du rouge à lèvres et autres accessoires de sa mère.
> Dès que sa mère commence à se maquiller, Sabine, qui habituellement ne la quitte pas dans la maison, file dans le cabinet de toilette de ses grandes sœurs et s'affaire pendant quinze, vingt minutes. Elle fait comme sa mère, c'est évident. S'il lui arrive de revenir inopinément parce qu'elle s'est trop mouillée, elle est en cours de maquillage, un peu de rouge par-ci, par-là. Habituellement elle se débrouille assez habilement pour ne pas laisser de trace de bêtises.

Comme d'autres petites filles, Sabine fait son entrée sur le terrain de l'éternel féminin, elle chipe les privilèges de maman qui lui permettront de faire sa « petite femme ». Du même coup, elle bafoue l'autorité. L'envie et la transgression sont particulièrement fortes. Ce mélange de complicité féminine, d'identification au côté « femme » de maman, en même temps qu'elle la nargue en tant qu'autorité ! Elle s'organise aussi un petit territoire de secrets, quelques activités à elle qui échappent au regard. Là aussi un contraste : tant d'habileté pour tromper, garder le secret alors qu'elle passe son temps dans les pas de sa mère !

A LA MANIERE DE BRUNO

C'est autour d'un an aussi qu'apparaissent des commentaires sur les interdits dans les notes concernant Bruno :

> Aime transgresser les interdits. Il comprend bien quand on dit *non*. Continue à faire ce qu'on défend soit en pleurant, soit en riant.

Bruno réagit encore comme un tout-petit : il pleure et il rit. S'il prend l'interdit au sérieux, désarmé, il pleure. Pas de sursaut du moi. Il se résigne mais supporte mal.

Il pourrait réagir différemment, désobéir sans pleurer (il le fera plus tard, évidemment), mais non, Bruno a compris qu'il possède un autre atout, le rire. En riant, il gagne, car l'adulte va rire aussi, même s'il ne le montre pas.

Qu'est-ce qui amène l'enfant à rire ou pleurer quand on lui défend de toucher quelque chose ? Des nuances de l'humeur en premier lieu : il suffit qu'il soit un peu fâché, qu'il s'ennuie, qu'il ait sommeil ou soit fatigué pour ne plus réussir à trouver la résolution de son problème dans le rire. Il suffit aussi que les relations à ce moment-là soient moins décontractées. L'adulte est parfois si tendu et déterminé que l'enfant se sait perdant d'avance. Aucune chance de le dérider à ce moment-là.

L'enfant perçoit de mieux en mieux les réactions de l'adulte et sent les moments où le sérieux est de rigueur et ceux qui autorisent la farce. Son intuition lui permet un coup d'œil anticipatoire sur les réactions qu'il va déclencher. Mais suivons les progrès de Bruno :

> A dix-huit mois.
> ... Provoque beaucoup et désobéit en cachette.

Bruno intériorise bien les règles. Une nuance chez lui, il ne nargue pas ouvertement, comme Sabine, ne cherche pas à faire perdre la face à l'adulte ou à le faire sortir de sa retenue. Il s'arrange pour désobéir discrètement, «en cachette», une autre façon de jouer sur les limites. Ouvertement, c'est une bravade, discrètement c'est la recherche d'un compromis. D'autres aménagements, Bruno en trouve tant qu'il veut, il obéit, par exemple «au compte-gouttes» :

> A trois ans.
> On lui demande de s'asseoir pour manger au lieu de sauter sur sa chaise. Il commence par s'arrêter de sauter, on insiste, il se baisse tout doucement, s'agenouille, pose une fesse, pleurniche. C'est chaque fois un défi compté.

Lorsqu'il a deux ans et demi, sa mère résume ainsi :

> Il fait preuve aussi d'un certain humour, ou ironie, vis-à-vis de nos «menaces» ou «réprimandes» comme s'il se disait : *cause toujours!*
> Je crois que c'est une forme d'humour importante chez les jeunes enfants et qu'il doit parfois en falloir une sacrée dose pour faire face à ce monde mouvementé et pas toujours compréhensible d'adultes.

Elle dit encore :

> Ils nous connaissent sur le bout des doigts et peuvent bien se permettre de ricaner de temps en temps quand ils nous voient énervés. Il doit y avoir de quoi avec nos gros yeux et notre index en l'air !

A LA MANIERE DE BAPTISTE

Baptiste, c'est « gros fonceur, gros câlin ». Dès les premiers mois, le jeu s'annonce serré :

> A cinq mois.
> Il attrape les journaux et les met à sa bouche. Je (M) lui dis :
> — Non, non, non, Baptiste !
> Il me regarde d'un air malicieux et tend le bras pour recommencer.
> Tout heureux de mettre la main dans mon assiette, ce qui entraîne des catastrophes. Il prend l'air étonné, puis recommence.
> Il met sa chaussette dans sa bouche. Je fais *non* avec la tête et avec le doigt.
> Il me regarde, sort le bout de la langue avec des yeux rieurs et recommence.

Rien de très grave, mais Baptiste est déjà engagé en pleine activité, ne se laisse pas impressionner par les avertissements de l'adulte et commence à faire habilement diversion : le bout de langue tiré « à » maman n'est qu'un début. Le cap de la première année est difficile. Baptiste n'en fait qu'à sa tête :

> A dix mois.
> On doit le surveiller comme le lait sur le feu. Il renverse sa malette, la poubelle de sa toilette, vide les tiroirs.
>
> Et encore :
> Il veut à tout prix attraper sa cuiller, son pot de yaourt, ce qui entraîne des catastrophes. Hurle si je (M) lui enlève sa cuiller.

Les parents ne trouvent pas cela humoristique du tout. Ils devinent, derrière ces sottises, une telle vitalité, une telle jovialité qu'ils les reçoivent plutôt comme un label de bonne santé psychique. Les bébés fonceurs épuisent souvent leur entourage. Il faut « faire le poids » face à ces enfants. La nourrice de Baptiste l'a surnommé « Plomb » par opposition à un autre bébé qui est « Plume » !

Pour les parents, il faut à la fois de la fermeté et une bonne dose d'humour ! Chacun est mis à l'épreuve :

> A dix mois.
> Il attrape tout objet qui traîne à sa portée. Si son père lui dit :
> — Non, Baptiste, ça suffit !
> Avec une grosse voix, Baptiste repose ce qu'il avait attrapé sur la tablette de son siège et me (M) regarde ou regarde son frère en souriant.
> Autre suite possible de l'épisode, il lui arrive de lancer l'objet par terre.

A première vue, papa arrive à le faire obéir en prenant sa grosse voix. Baptiste s'exécute mais y met de la malice et par là, il prépare l'arrivée de l'humour. Il sait que dans le quatuor familial, si l'un est fâché il peut compter sur la complicité des autres. C'est du moins la confirmation que cherche son sourire. On peut épiloguer sur ce sourire. Que demande Baptiste ? *avec toi, il en serait autrement ? tu es d'accord avec papa ? pas moyen de se dérober ?* ou *je suis gentil, soutiens-moi !* On ne sait. Par contre ce qui est certain c'est que Baptiste n'a pas toujours le recul qui lui permet de clôturer pacifiquement cette séquence sans perdre la face. Il peut aussi être impulsif et tout jeter par terre. Rageur, impuissant : il ne peut rien faire contre son père, il déplace sa colère sur l'objet.

Dès qu'il marche, Baptiste cherche à se protéger de l'œil de l'adulte. Il aimerait tant qu'on le laisse libre :

> A un an.
> Il se traîne à quatre pattes partout. Si on lui dit :
> — *Non, Baptiste, pas là-bas !*
> Il s'arrête net, s'assoit, nous regarde et nous observe. Si on sourit, il dit « au revoir » avec la main et repart aussitôt. Sinon il attend un peu et recommence dès qu'on ne l'observe plus.

Oui, c'est clair : « au revoir », je voudrais bien faire mes petites affaires sans toi. Net, insolent !

La polyvalence sémantique de son « au revoir » l'apparente à l'humour. La stratégie de Baptiste est en effet à la fois réglementaire (il suit les règles sociales de salutation), autoritaire (il exerce une pression sur l'adulte qui réagit non pas littéralement, en partant, mais dans son style, en souriant de cette mise en scène) et charmeuse.

La détermination de Baptiste a sans doute été encouragée et renforcée par la complicité soutenue de son grand frère qui, sérieux lorsqu'il s'agit de lui-même, apporte depuis le début un soutien inconditionnel aux bêtises :

> A huit mois.
> Assis dans sa chaise haute, il tient son bavoir dans la main, comme s'il allait le lâcher. Je lui dis :
> — *Non, Baptiste !* (avec geste à l'appui).
> Il regarde son frère qui l'encourage :
> — *Lâche, Baptiste, lâche le bavoir !*
> Alors Baptiste me regarde d'un air étonné et le lâche en riant.

La complicité de Sébastien (frère) n'est pas limitée aux bêtises. Nous l'avons vu dans les jeux moteurs. Les deux frères possèdent plusieurs registres de jeux communs :

> A neuf mois.
> Sur sa table à langer, il attrape tout ce qui traîne au-dessus de sa tête, se le met sur la figure puis l'enlève en tirant dessus, nous regardant et rigolant des yeux.
> Son frère l'encourage :
> — *Allez, Baptiste, super boom, encore une fois!*
> Il lui remet quelque chose sur la tête et recommence en riant.

Le soutien est réciproque. Dès qu'il peut le faire, Baptiste le rend bien à son frère :

> A quinze mois.
> Si on gronde son frère, il nous attrape dans son jargon, avec un ton impératif ou va se mettre sur les genoux de son frère et lui fait un câlin.

Alors qu'il grandit, les provocations se nuancent :

> A deux ans.
> Il se précipite à toute allure vers l'entrée de la chambre de son frère (interdite). Il s'immobilise au milieu, à demi courbé en avant, les yeux en coin, un sourire coquin aux lèvres. Il attend notre rire.

Comme Etienne, comme Frédéric, Charlotte et d'autres, Baptiste joue sur les frontières, il teste les limites de l'interdit. Il se moque doucement de l'adulte, fait croire qu'une fois de plus il va franchir la ligne, transgresser l'interdit, puis stoppe au dernier moment, lorsqu'il est bien assuré de son effet. Un fonceur contrôlé! Il le traduit aussi tellement bien dans ses premiers mots :

> Deux ans.
> Il a l'habitude de nous entendre dire «non!» quand il touche un couteau. Il l'accepte et appelle les couteaux :
> — *Couteaux non, non, non!*

Un peu plus tard, il se prend en charge et s'accommode avec désinvolture des interdits :

> Deux ans et deux mois.
> Quand il fait une bêtise, il dit tout de suite :
> — *Pas grave, pas faute* (= c'est pas grave, c'est pas de ma faute).
> Par contre quand il réussit un coup, il se félicite tout seul :
> — *C'est bien Baptiste!*
> En imitant ma voix (M) et mon intonation.

Lucide, il répare les dégâts :

> Deux ans et demi.
> S'il fait une grosse bêtise ou renverse quelque chose, il dit :
> — *Moi, j'ai fait grosse bêtise, maman pas contente eh?*
> Puis il va chercher l'éponge et essaie d'arranger ça.

A LA MANIERE DE FREDERIC

C'est bien avant un an que l'on voit s'ébaucher les premiers ajustements :

> A dix-huit mois.
> Il fait l'apprentissage de l'interdit et de la transgression à travers deux situations.
> Le change : quand il se tortille comme un ver, il reçoit une tape sur les fesses.
> En se déplaçant à l'aide de son parc ou d'une chaisse qu'il pousse, il atteint et renverse des objets ou les plantes, reçoit une tape sur les mains.
> Dans les deux cas, on lui dit : «non». Il s'arrête, jette un regard interrogateur puis rieur, comme pour s'assurer de notre indulgence et il essaie de nouveau.

Frédéric saisit bien ce qui est défendu. S'il tâtonne autour des limites, c'est en douceur, par le charme, en forçant par son sourire la complicité de l'adulte. Il interroge si gentiment du regard! Déjà, à huit mois :

> Il a sa chambre. Lorsque la porte est entrouverte et que nous sommes tous les deux à l'autre bout de la pièce, il se rue à quatre pattes jusqu'à la porte, se retourne vers moi (M) d'un air vainqueur et rigole.

Cette porte entrouverte, c'est clairement la limite à ne pas franchir! Il essaie d'attraper sa mère : *regarde je file à toute allure, je vais désobéir... mais non c'est pour rire, je sais très bien!*

Sa réussite tient en partie à la concision de la blague : clair, vite joué, sans ambiguïté. De l'humour réussi.

Avec la scène de l'étagère, la palette des conduites adaptatives aux interdits s'enrichit :

> A dix mois.
> Il a bien compris que la seule chose interdite dans sa chambre est de mettre par terre le linge rangé sur l'étagère. Il le fait d'autant plus souvent qu'il veut nous faire venir.
> Et alors, comme je (M) le gronde, il s'assied et me regarde ranger, d'un air très attentif. Puis il essaie de tripoter le linge encore par terre en faisant du charme (sourires et pitreries).
> Parfois il imite le ton de la gronderie en riant.
> Lorsque nous sommes seuls dans sa chambre, il s'approche de l'étagère, tripote le linge en riant, pose la tête dessus, peut-être encore pour s'attirer ma bienveillance. Si je fais «non, non», soit il abandonne et vient vers moi, soit il fait les marionnettes. S'il persiste je vais le chercher, ce qui le fait rire.

Comme Sabine il «imite le ton de la gronderie en riant». Il tient l'adulte à distance en lui faisant les marionnettes, comme Baptiste faisant «au revoir» avec la main pour que maman ne le poursuive pas. Sa réponse est cependant plus ludique : il cherche à entraîner sa mère dans l'un de leurs jeux communs, alors que « au revoir » signifie plutôt une mise à distance, une exclusion.

> A dix-huit mois.
> Le soir après le dîner, nous jasons tous les deux dans sa chambre. Lorsqu'il est l'heure d'aller se coucher je (M) dis :
> — *Au dodo! on va se coucher, retrouver le nounours!*
> Il frétille de joie et se rue dans mes bras pour que je le couche.
> Un soir, il n'a pas envie d'aller dormir. Il fait mine de s'attarder au montage-démontage d'un lapin à anneaux. Il me jette un coup d'œil en rigolant. Il fait durer, transporte le lapin d'un endroit à un autre.
> Il se comporte comme s'il ignorait les ordres. Il ne s'oppose pas directement en faisant une colère ou en geignant, non, il arrive à ses fins sans conflit, il rit sous cape.

Une conduite très élaborée. Frédéric ne refuse pas d'aller se coucher. Non. Il trouve une parade, déplace l'intérêt sur un autre sujet. Il fait diversion. Il semble si affairé par son jeu que l'adulte a tendance à respecter son application; cela, il en a certainement l'intuition. C'est un peu de temps de gagné, de toutes façons, même si tôt ou tard l'adulte est forcé de réintervenir pour accélérer le coucher. Cette initiative est proche de l'usage ludique des objets défendus (ci-dessous, les lunettes par exemple) par lequel il arrive à compromettre l'adulte dans une relative complicité, espérant lui faire oublier ou au moins retarder la décision autoritaire.

> A dix-huit mois.
> Ses rapports avec l'interdit sont très ludiques. La provocation est plus malicieuse, « bon enfant » qu'insolente. Frédéric s'en tient le plus souvent à l'imitation et aux préliminaires de la transgression, sauf pour ce à quoi il tient beaucoup, par exemple les crayons-feutre et il se montre alors intraitable.
> Et encore :
> Très souvent lorsqu'il arrive à saisir un objet interdit et aimé, il fait en sorte de nous prévenir, surtout lorsque nous pouvons, avec cet objet, faire un jeu ensemble. S'il saisit un objet interdit et le garde pour lui-même, il se fait gronder.
> Par exemple, les lunettes. Il les prend, appelle pour que je (M) les lui prenne des mains et les lui mette sur le nez un instant. A ce moment-là, il fait un grand sourire ravi et n'ose plus bouger. Puis sur le nez de nounours, sur le mien, celui de son père.
> Le jeu est le même lorsqu'il essaie de prendre une pointe bic.

Encore une stratégie astucieuse. Pour y avoir recours, l'enfant doit être certain de la complicité inconditionnelle de l'adulte qui a l'habitude de répondre à ses invites. Il s'arrange pour transgresser l'interdit, pour le faire de façon voyante, dans la foulée, il nargue légèrement l'interdicteur et compromet totalement l'adulte qui ne peut plus interdire dans la mesure où il est engagé lui aussi dans le jeu.

Dans une autre scène, le détournement ludique ritualisé compromet les parents dans des rôles antagonistes :

> A dix-huit mois.
> Avec certains objets interdits, par exemple le réveil qui est posé à sa portée sur un petit chevet. Je (M) le lui montre, en lui mettant le doigt sur la trotteuse, il écoute le «tic-tac». Mais son père lui interdit de le toucher. Il le prend parfois, à la barbe de son père, et vient me le porter si je suis dans un autre coin de l'appartement, ou bien il le range très soigneusement à côté de papa. Plus malicieusement, il vient parfois me le confier délicatement sans quitter son père des yeux.

Là aussi la transgression s'opère au grand jour. Frédéric orchestre la scène avec précision. Il distribue les rôles dans le trio : papa-interdicteur et maman-complice. Frédéric peut compter avec la sécurité que va lui apporter, malgré elle, la complicité maternelle. Il la compromet en espérant l'impunité. Avec des objets défendus, il se livre aussi à un habile double jeu.

> A dix-huit mois.
> D'autres objets encore sont interdits : des photos ou images qui sont à portée de main et qu'il grignoterait volontiers.
> Il les caresse, leur fait des mines en me regardant du coin de l'œil. Il teste pour voir si l'objet est réellement défendu.

Il accentue son image «bon enfant», gentil, respectueux des objets à protéger. Il va plus loin, traite les objets avec affection, les caresse et les embrasse, dans un faire-semblant qui se moque ouvertement de l'adulte : *tu croyais que j'allais abîmer les images? regarde, je ne suis pas dangereux!*

Les proches ont l'impression que Frédéric trouve la désobéissance ordinaire peu divertissante, comme s'il préférait faire semblant, frôler l'interdit, monter tout seul de petits scénarios dans lesquels il s'attribue, comme Jean ou Sabine, plusieurs rôles. Il est celui qui a envie de désobéir et celui qui maintient l'ordre. On ne saurait mieux concilier les désirs contraires :

> A dix mois.
> Les yeux malicieux, il s'approche doucement de la chose défendue. Il ne se cache pas mais s'exhibe au contraire en s'approchant par exemple de l'interrupteur. Il fait le geste ou ne le fait pas. Mais le plus souvent, il ne le fait pas; la provocation semble être un plaisir bien supérieur.

A LA MANIERE D'ETIENNE

Vers 4 ans, il aime à affirmer : «*J'ai mes idées*». L'adulte a compris depuis longtemps qu'il doit compter avec les idées d'Etienne! Ce commentaire maternel situe bien le personnage (il a alors trois ans et demi).

> Faux calme, terriblement volontaire.
> Les fameuses limites à son pouvoir ont dû et doivent être fixées avec doigté, affection et... humour, car il n'est pas question de fixer des interdits ou de donner des ordres sans qu'il l'ait, dans son for intérieur, accepté, sinon il fait, comme on dit, «tout à l'envers».

On doit jouer serré avec Etienne. Reprenons les débuts : c'est autour de dix-huit mois seulement que le terme «interdits» apparaît dans son journal. Non par manque d'attention. Mais de nombreuses bêtises ou tentatives de bêtises ont été stoppées avant de démarrer, détournées, prises en riant. Il suffit de relire dès 5 ou 6 mois :

> Il fait moins de colères avec moi (M), peut-être parce que je devine le moment où il va «démarrer sans retour». Je trouve une petite astuce pour arrêter les frais : frapper dans les mains et dire :
> — *Oh làlà! mais non, mais non!*
> Ce qui finit par le faire éclater de rire.

Ou encore :

> Quand il râle le soir, avant de s'endormir, je lui dis :
> — *Eh bien, mon Titou!*
> Il éclate de rire, rit aux larmes.

Pas moyen de se fâcher : le rire complice fuse avant que se dessine un problème. Les astuces maternelles ont limité les affrontements, les ont masqués ou ont permis qu'ils ne démarrent pas d'emblée. Cette attitude a consolidé l'entente, la complicité et le goût du rire. Elle a sans doute favorisé l'acquisition de cette maîtrise hors pair qui se trouve parfaitement au point dès qu'Etienne se heurte aux premiers interdits. Il brûle les étapes :

> A dix-huit mois.
> Il fait une bêtise, par exemple jeter sa tartine de confiture dans le sable, je (M) lui dis :
> — *Etienne, non, regarde ce que tu fais, non, ça n'est pas bien!*
> Il détourne la colère avec l'effet comique, prend l'air étonné, arrondit la bouche et fait : *oh!*

Il connaît d'avance le contenu des reproches maternels et feint la surprise, nargue l'autorité. Pour ce faire, l'enfant doit devancer les réactions de l'adulte et même lui prendre plusieurs pas d'avance. Le ton d'innocence est crédible, mais allons jusqu'au bout de la scène :

> J'insiste :
> — *Maman n'est pas contente!*
> Il fait diversion, me regarde d'un air innocent et pointe l'index vers tout autre

chose, essaie de détourner l'attention sur n'importe quel objet de la pièce. Une fois, même, sur la plage, il pointe l'index vers le ciel en disant :
— *Kuko!* (il a vu un hélicoptère un jour sur la plage).
Sa voix est alors très douce et il prend l'air vraiment innocent.

Là, c'est le ton de la farce, de la grosse blague, du comique universel. Il imite peut-être aussi un procédé courant de l'adulte qui a recours à une stratégie de détournement lorsque l'enfant réclame un objet défendu.

Qu'il intervienne une part d'imitation ou non, Etienne maîtrise le procédé du déplacement au moment précis où il en a besoin. Il mobilise tous les atouts qui peuvent le servir : le ton, la voix douce, l'air innocent... pour faire passer l'énormité de ce qu'il est en train de jouer. Il dit clairement : *regarde l'hélicoptère, tu oublieras que ma tartine est dans le sable*. C'est inventif, bien joué, sans bavure, mais c'est aussi : *je prends maman pour une enfant ou pour une imbécile*.

Le sommet du culot et de l'art, un humour raffiné qui va s'enrichir et se diversifier. Etienne détient aussi le pouvoir d'innover, créant, à partir de ce modèle de comportement des variantes que nous retrouverons dans le chapitre des pieds-de-nez. Sa mère commente l'une de ses blagues : «il essaie de voir jusqu'où va mon propre humour». C'est bien dans ce jeu qu'ils sont engagés. L'enfant sait que l'adulte apporte des solutions humoristiques à de nombreuses situations. Mais jusqu'où, au nom de l'humour, peut-on tolérer les bêtises? Il permet d'être moins blessant, de rendre les heurts ou l'autorité supportables, il ne dispense pas d'interdire.

Etienne interroge aussi sur les limites des interdits. Il revient à la charge, pose et repose les mêmes questions :

> A deux ans.
> Joue toujours avec les interdits. Il va faire une bêtise et quand il est sur le point de la faire, il dit :
> — *Non?* (mi exclamatif, mi interrogatif).

Là non plus, il n'est pas innocent. Il fait semblant de ne plus se rappeler, alors qu'il sait très bien. Dans la foulée, il questionne aussi sur l'opportunité de l'interdit : *c'est vraiment défendu, ça? c'est encore défendu?* Une contestation pied à pied. Il faut que les limites soient bien nettes avec des enfants comme Etienne. Ils ne laissent rien passer. Ils sont aux aguets, prêts à se moquer des contradictions et des irrégularités qu'il leur arrive de percevoir.

L'adulte s'efforce d'être précis, cohérent, de bien expliquer. Le contrat doit être clair, il faut le réexpliquer souvent et dans les bons moments Etienne fait de réels efforts pour s'appliquer :

> Deux ans et demi.
> Pendant quelque temps, il a vraiment accumulé de grosses bêtises : renverse un pot de cailloux au milieu de la cuisine, jette mon (M) balai dans la rue, jette son verre par terre et le casse. Tout cela avec des commentaires ironiques et en riant. J'ai vraiment dû sévir et je lui ai expliqué souvent :
> — *Tu ne recommences pas, c'est bien d'accord ?*
> Depuis, quand je me fâche, il dit d'un ton net :
> — *D'accord, d'accord, OK!*
> Et il fait de gros efforts pour limiter les mauvaises farces.

On voit que, même dans ses efforts d'obéissance, il ne peut s'empêcher de donner un petit coup de patte à maman. Au moment où il imite son *d'accord, d'accord!*, il vient justement de le bafouer! Il est vrai qu'avec la naissance de Julie — Etienne a 14 mois — les tentations se font plus pressantes. Lorsque, vers un an, Julie commence à faire des bêtises, Etienne s'empresse de l'imiter, amplifiant ses sottises, profitant de la relative impunité de sa sœur qui commence juste à découvrir les limites.

> **Etienne**, deux ans et demi et **Julie**, un an et deux mois.
> Dès que j'interdis (M) quelque chose à Julie, Etienne éclate de rire et fait comme elle.

Ensemble, les deux complices vont orchestrer les provocations les plus spectaculaires, comme le scénario des repas, ou le goûter sur le seuil de la cuisine qui est raconté à la fin de ce chapitre. Etienne y maîtrise parfaitement le recul. Il demande si c'est encore la cuisine — information apparemment motivée et innocente — alors qu'il place volontairement un pied sur la moquette du séjour. Il possède depuis peu le recul qui permet de vivre une situation de deux points de vue, acteur et commentateur :

> A dix-huit mois.
> Son père le change. Etienne gigote, ne veut pas se laisser faire, s'échappe. Son père se fâche.
> — *Vas-tu arrêter de bouger!*
> Alors Etienne s'arrête, le regarde et lui demande :
> — *En colè(re) ?*

Etienne est peut-être sérieux dans cette demande. Nous la recevons comme humoristique. Pourquoi ?

Elle surprend par la maîtrise. Tout excité à faire le fou, insouciant, Etienne se retrouve d'un coup calmé et réfléchi. Lorsqu'il demande à son père s'il est en colère, il se met à sa place, prend le temps d'observer ses réactions, d'en évaluer la portée, il émet un jugement sur les répercussions de son propre comportement. Il est possible que beaucoup d'enfants le sentent, il est rare qu'ils sachent, ou osent, l'exprimer aussi jeunes.

Il est plus banal qu'il ait perçu les signes annonciateurs de cette colère ou ce qu'il suppose être tel, mais interpréter globalement les réactions de son père et les analyser avec recul demande une réelle maîtrise. En plusieurs circonstances, il montre qu'il est capable de prendre une certaine distance par rapport à l'événement :

> A deux ans.
> Il me montre une bêtise ancienne (des crayonnages sur un mur) :
> — *Nènè?* (= c'est Etienne qui a fait ça?).
> Oui, je lui confirme que c'est bien lui l'auteur de cette bêtise.
> — *C(l)aque!*

Oui, ça mérite une claque, nous sommes tous d'accord! Derrière le jugement, existe certainement une part de fausse innocence : Etienne se fait voir sous un jour «garçon sage» qui critique ses sottises d'hier. Mais il n'en pense pas moins, c'est une feinte car on sait bien qu'il est tout prêt à s'embarquer dans n'importe quelle autre aventure!

Ces scènes se situent avant deux ans ou à deux ans. Est-il superflu de rappeler que le «recul» est traditionnellement situé bien plus tard, R. Razzo notamment : «*l'humour comme distance à soi, je doute qu'on puisse le déceler .../... avant l'adolescence*». Il est vrai qu'il est difficile de l'étudier.

QUELLE LEÇON TIRER DES INTERDITS?

Ils jouent comme révélateurs. L'enfant commence à s'y heurter au cours de sa seconde année, mais il ne se bat pas longtemps contre des barrières infranchissables. Chacun trouve, nous venons de le voir, à sa manière, des aménagements.

C'est sur ce point fondamental que diffèrent les bébés du non-humour. La réalité leur est présentée de telle sorte, ou l'adulte interdicteur se comporte de façon tellement peu mobile, qu'ils continuent à se casser le nez contre un mur rigide. Comme si rien ne leur permettait de trouver qu'il y a façon de s'en sortir autrement. On les retrouve enfants, puis adolescents continuant à foncer contre l'obstacle. Ils s'en sortent mal dans les relations sociales et n'opposent aux règlements que des conduites d'opposition, d'agression ou de destruction avec lesquelles il est difficile de négocier. Ils vivent «La tête contre les murs» (Hervé Bazin).

Les Bébés de l'Humour comprennent qu'ils ne doivent pas toucher les lunettes ou les disques, mais ils ne se soumettent pas pour autant et ont recours à des compromis : concilier leur désir de toucher et les initiatives permises. Ils trouvent des mini-solutions aux frustrations qu'engendrent les interdits. Autour d'un an, chacun répond à sa façon : Sabine nargue, Bruno aime transgresser, Baptiste fonce, Fred charme, Etienne conteste pied à pied. Puis chaque enfant développe un éventail de réponses aux interdits.

Comment interpréter ces variantes ? Il existe dans l'interdit quatre sujets d'analyse : le message, l'objet de l'interdit, l'adulte, l'enfant. Lorsque Baptiste attrape les journaux et les met à sa bouche, par exemple, l'éclairage se porte sur :

– le message, c'est-à-dire l'injonction de l'adulte : «*non, non, non, Baptiste!*»;
– l'objet de l'interdit : prendre et manger les journaux;
– l'adulte;
– l'enfant.

Un réseau de significations colle à chacun de ces termes.

Le message. Avec un jeune enfant, les messages d'interdiction reviennent à quelques modèles, toujours les mêmes. Comme tout ce qui entre en jeu dans la communication, ils ne sont pas si simples qu'il peut paraître. Ils constituent un système de signes à double face, dans lequel les familiers des théories du langage retrouvent évidemment la double face du signe linguistique et la notion de structure superficielle et structure profonde. Dans l'interdit, sont indissociables une face apparente et une face sous-jacente.

La face apparente, ou marque de surface, est ce qui se voit ou s'entend. L'adulte lance *non!*, comme s'il espérait retenir l'enfant au bord de la bêtise qu'il va faire. D'autres formules assument la même fonction : *Attention! Chut! Arrête! Lâche! Pas ça! Tu vas voir!*

L'injonction verbale suffit parfois. Elle peut s'accompagner ou être remplacée par des marques non verbales. Un «non» de la tête, ce mouvement de dénégation tenu pour relativement universel (rares sont les contrées où l'on opine du chef pour dire «non»). Faut-il rappeler l'explication psychanalytique de ce mouvement qui aurait ses racines dans le réflexe du nourrisson dont la tête va à droite et à gauche à la recherche du mamelon pour évoluer vers 6 mois en mouvement contraire ? L'enfant tourne alors la tête de l'autre côté pour se dérober au mamelon, à la cuiller, à la nourriture. Le mouvement devient une conduite de fuite, de refus. Il a acquis un sens négatif (c'est ainsi que Spitz, dont l'interprétation a longtemps constitué « la » référence, résume l'acquisition du schéma moteur du geste de dénégation).

D'autres marques accompagnent ou remplacent *non!* : l'intonation, un regard dur (« les gros yeux »), une mimique sévère (le front plissé, sourcils rapprochés) et/ou un mouvement du bras et de la main, l'index levé, secoué, menaçant (tiens, « mettre à l'index » ?), comme s'il ponctuait une leçon de morale. Il arrive aussi que l'urgence de la situation ou l'agacement de l'adulte l'incitent à se précipiter dans la direction de l'enfant pour prévenir la bêtise ou le danger prévisibles. Il retient au vol la tasse qui va tomber ou l'enfant qui trébuche.

Il n'y a pas vraiment de rapport entre l'importance des marques de surface, la fermeté de l'interdit et les résultats. Clément réagit au moindre regard ou cesse de vider la corbeille à papiers dès que son père murmure : « *chut!* ». Le coup d'œil de Thibault (P) est à peine perceptible, il échapperait à plus d'un observateur, mais une simple ébauche suffit pour que Clément comprenne.

L'émission brusque d'un « *non!* » unique, tranchant est parfois plus forte que le « *non, non, non!* » dans lequel la répétition transforme l'injonction en une sorte de petite comptine taquine.

Qu'y a-t-il derrière ce « *non* » ? L'adulte doit forcément imposer des limites à l'activité et aux désirs de l'enfant. Rappelez-vous le rôle organisateur du « non » tel que l'explique la psychanalyse des années 50 : pour Spitz, la toute-puissance de l'adulte entrave la poussée de dynamisme de l'enfant qui, vers un an se met à marcher. La mère frustre l'enfant, elle le limite [1].

Pour le regard actuel, le ressort central n'est plus forcément l'affrontement. Il considère que deux individus du même groupe social, l'enfant et l'adulte, se trouvent engagés dans l'apprentissage de règles communes. L'aîné a intériorisé en son temps, pour lui-même, les règles du groupe et les transmet à l'enfant.

L'adulte a adopté ces règles à sa façon, comme il les a perçues et vécues dans sa petite enfance. Il en résulte des variables liées à l'un et l'autre des protagonistes. Les interdits varient d'une famille à l'autre. Certains sont absolus et communs à tous alors que d'autres sont plus souples et personnels.

A comparer toutes ces histoires, il se dégage une hiérarchie des interdits. Les **interdits absolus** frappent les questions essentielles, communes à tous. Il s'agit de la sécurité (comme Elsa et le feu ou la fenêtre) ou de l'agression des enfants plus jeunes. En dehors de quelques casse-cou, la plupart comprennent les règles de sécurité. Sur ces points, les adultes se montrent sérieux.

D'autres sont **propres au groupe**. Ils sont à peu près toujours motivés mais varient beaucoup d'une famille à l'autre. Chez l'un, il est normal que l'enfant allume la télévision seul, alors qu'ailleurs il s'agit d'un interdit majeur. Ces interdits-là portent sur les habitudes quotidiennes, le respect des objets et des personnes, les règles sociales telles que chaque famille les entend. Il existe encore des **interdits relatifs**, ceux qui ne sont pas exigés tout le temps, qui ne sont pas très solidement motivés et dont l'enfant sent bien qu'ils sont plus souples. Innombrables : les doigts dans le nez, monter sur les fauteuils, mettre du désordre, éclabousser la salle de bains...

Pour ces deux dernières catégories, les frontières varient suivant les moments et l'interlocuteur. Les positions sont conventionnelles et ne reposent que sur ce qui est au sens propre «inter-dit». L'enfant sait que maman est toujours ferme sur certains points alors que papa en rit souvent. Parfois c'est l'inverse. Entre Antoine et son père par exemple, la complicité est telle, le ton est si ludique que tout porte à rire et que de nombreux interdits se relativisent. A deux ans, il éclate de rire quand on lui dit «*non! non! non!*» d'un air non sévère. Ils possèdent un réseau d'interdits-pour-rire, comme mettre les doigts dans le nez ou appeler maman «*Catherine*». Lorsqu'un jour c'est maman qui interdit réellement de mettre les doigts dans le nez, Antoine est tout perdu, il ne s'y retrouve plus.

Le message sous-jacent varie aussi suivant la conception que les parents ont de leur rôle. Ils détiennent l'autorité et la responsabilité de l'éducation de l'enfant. La répartition du pouvoir et du sérieux entre eux et l'enfant sous-tend à peu près toutes les histoires d'interdits. Les parents sont plus forts et plus compétents, mais la plupart savent combien cette supériorité est relative. Ils se sentent longtemps des «apprentis parents» qui naviguent à vue et font de leur mieux, sans être sûrs de réussir. A lire nos histoires, il est évident aussi que les parents ne peuvent pas s'y prendre tous de la même façon : les parents de Baptiste doivent s'accrocher pour rester fermes, ceux d'Etienne doivent jouer au plus malin, ceux de Rémi redoubler de vigilance.

Revenons au tout-petit. Certains se comportent comme s'ils ne comprenaient pas l'interdit :

Adrien, dix mois.
Il fait «*non*» de la tête énergiquement quand il entend son entourage dire «*non*», même s'il s'agit d'une conversation qui ne s'adresse pas à lui. Alors que si on s'adresse à lui en disant «*non*», avec l'intention de lui interdire quelque chose, il semble ne pas comprendre.

L'enfant imite la face apparente du message mais n'a pas établi de lien avec la signification de l'interdiction. Même comportement chez Arthur, un bébé docile et adorable. Ce n'est certainement pas par provocation qu'il ignore les interdits :

Arthur, un an.
Ne comprend pas les interdits. Quand il fait quelque chose de défendu, il ne

comprend pas qu'on se fâche. Il fait «*non*» avec la tête et rit. Il continue tranquillement sa bêtise sans nous prendre au sérieux ou se sentir coupable.

Certains enfants comprennent rapidement et se conforment très vite aux exigences (Guillaume : tout est en ordre après un seul essai) alors que d'autres semblent ne pas percevoir que l'interdit est absolu. Il faut de nombreuses répétitions pour qu'ils établissent un rapport fixe entre «non» et ce qu'on leur demande :

> **Antoine**, dix mois.
> Si on lui interdit deux ou trois fois de faire quelque chose, il semble ne pas entendre ou pas comprendre et continue. Il faut réellement insister et demander 6 ou 7 fois pour qu'il s'exécute, et encore il ne le fait pas toujours. On le vérifie encore à quatorze mois.

Cyril aussi, à un an, ne comprend pas du tout l'interdit. Enfant extraordinairement gentil, il prend l'air très étonné lorsque l'adulte insiste.

Pour d'autres (ce sont parfois les mêmes dans d'autres contextes) il y a détournement : ils le prennent comme un jeu... que c'est! Les *non! non! non!* pour rire persistent longtemps, comme un accord ludique qui ne prête pas à conséquence.

> **Antoine**, huit mois.
> Rit beaucoup chaque fois que sa mère lui dit :
> — *Non! non! non!*
> Par exemple ne pas manger l'herbe.

La forme est déconnectée du message sous-jacent. Parents et enfant s'en amusent ensemble. Ils se renvoient la balle simplement, avec des «*non! non! non!*» en écho ou font semblant de faire les gros yeux au moment où le bébé ne fait aucune bêtise. Tout le monde rit. La même séquence peut entraîner des pleurs si le bébé est fatigué ou vulnérable. Il se trompe : il perçoit bien la face apparente, mais il n'est pas assez disponible pour se rendre compte qu'il n'y a aucun message derrière.

L'objet défendu. Tout ce qui n'est pas directement destiné à l'enfant lui est plus ou moins interdit. Or le bébé ne dispose que d'un tout petit nombre d'objets, de jouets qui lui sont vite très familiers et ne lui apportent plus aucun élément de surprise. Les objets qu'il voit manipuler par les adultes ou ceux qui peuplent son univers proche sont d'autant plus attractifs.

L'enfant essaie d'imiter tout ce qu'il voit faire. De son côté, l'adulte l'encourage à se débrouiller seul, faire comme les grands, boire seul, tenir sa banane, quitter ses pantoufles. Le désir de grandir et de progresser — tant de la part de l'adulte que de l'enfant — s'ajoute au pouvoir attractif qu'exercent les objets dont il est normal qu'ils attirent l'enfant, à la fois en tant qu'objet et parce qu'il aimerait s'en servir comme nous. C'est alors qu'il faut interdire nos livres, journaux, clés, dés, ciseaux, bibelots, sacs, lunettes, réveils, transistors, crayons. Puis, dès qu'il saura s'en approcher, les boutons de la télévision, de la cuisinière et autres tentations. Il faut faire admettre à l'enfant des distinctions qui, pour lui, doivent sembler peu logiques. Nos journaux et nos illustrés par exemple lui sont interdits, alors qu'il a le droit de feuilleter un catalogue qui est «à lui» ... c'est évidemment le nôtre qui l'intéresse!

A mesure que l'enfant grandit, la frontière interdite se déplace. A 10 mois, on préfère lui tenir son verre lorsqu'il boit, pour qu'il ne se mouille pas trop, mais, un peu plus tard, on l'encourage à boire seul. On interdit, à un an, qu'il patauge seul dans l'évier car il inonde tout et ne sait pas fermer le robinet, alors qu'un peu plus tard, on va l'encourager à se laver les mains tout seul.

Ce que l'on interdit est ainsi relatif et mouvant. L'enfant en joue parfois, sachant bien que ce qui est interdit aujourd'hui sera peut-être acceptable demain, ou que la participation de l'adulte va lui permettre de déplacer les interdits. C'est ce que fait Frédéric lorsqu'il prend lunettes ou pointes bic et qu'il les incorpore dans un jeu commun avec l'adulte. Dès qu'il a accepté de jouer à mettre les lunettes sur son nez ou celui de l'ours, l'adulte devient complice et confirme que l'interdit n'est pas absolu.

Un autre facteur intervient encore, partout et pour tous : l'interdit accroît la fascination. L'objet défendu devient objet convoité, objet rêvé. A tout âge : l'attrait du fruit défendu. Le plaisir d'aller contre le désir de l'adulte ne fait qu'aviver le désir de l'enfant, même lorsqu'il se limite et ne s'abandonne que partiellement à son projet :

> **Adrien**, seize mois.
> Agace gentiment en jouant sur les frontières du défendu. Peu de choses sont réellement défendues, mais l'interdit est alors absolu. Il ne doit pas, par exemple, ouvrir le placard de cuisine qui contient la droguerie.
> Dès qu'il est dans la cuisine avec un interlocuteur (celui qui interdit, bien sûr), il s'approche, touche le placard sans l'ouvrir et regarde l'adulte, avec un petit sourire, jusqu'à ce qu'on intervienne. Il ne va jamais plus loin, mais essaie.

Même dans des histoires aussi simples, on peut difficilement dissocier le plaisir du fruit défendu et ce qui, dans le scénario, est une offense à l'autorité de l'adulte. Le contenu du placard n'a qu'un attrait relatif pour Adrien. Ce qui l'intéresse est surtout d'en jouer ouvertement, au nez de l'adulte. Lorsqu'il se trouve seul dans la cuisine, le placard défendu ne l'attire pas. Les problèmes de personnes sont au moins aussi intéressants que la nature de l'objet désiré.

L'adulte intervient à plusieurs titres. Il est l'interdicteur, le témoin, le complice parfois et souvent le censeur. C'est avec ces différents rôles que compose l'enfant.

Responsable de l'interdit, l'adulte reçoit diverses réponses. Parfois l'interdit est intériorisé, une bonne fois pour toutes. Il faut à certains enfants plus de tâtonnements pour admettre qu'un interdit est absolu. Ils se comportent comme si l'interdit était passager, valable une fois, provisoirement ou s'ils gardaient l'espoir que l'adulte change d'avis :

> **Clément**, un an.
> Plutôt docile. Quand il lui arrive de trouver un objet interdit, les cache-prises par exemple, il s'en empare, se dirige vers une prise. Mais il interrompt son déplacement dès qu'il entend les parents dire :
> — *Chut!*
> Il repart discrètement, puis de nouveau s'arrête lorsqu'on intervient.

Clément est tranquillement obstiné, comme s'il cherchait à tester la fermeté des positions :

> **Clément**, un an.
> Un jour il ouvre le tiroir du bureau et déballe tous les dossiers de son père, ce qui est interdit.
> Quand on lui dit : «*chut!*», il s'arrête, mais reste sur place et dès que son père ne le regarde plus, il fait mine de toucher les dossiers, en émettant une petite plainte, tout doucement (comme s'il se plaignait ou cherchant peut-être à imiter le ton de l'adulte?).
> Il revient à la charge plusieurs fois, très calme. S'il surprend un regard paternel ou un bruit de gorge, il se fige, puis reprend.
> A un an, avec sa mère aussi :
> Il persiste à affectionner certaines activités qui sont désapprouvées (fouiller dans la poubelle, manger l'éponge, explorer le dessous des meubles).
> Il s'interrompt dès que sa mère lui dit un «*non!*» sévère, mais il reste sur les lieux et il recommence en douce.

La fermeté de l'interdit est remise en question. Ou la fermeté de l'adulte. L'enfant teste le sérieux de la défense et la résolution du partenaire : *va-t-elle céder une fois? est-il possible que cette fois elle ferme les yeux?* Plusieurs enfants jouent avec les hypothèses, affinant leurs appréciations tant sur nous-mêmes que la réalité des limites :

> **Charlotte**, dix-huit mois.
> Elle allume la télé et attend notre réaction. Elle se retourne pour voir ce que nous allons faire, un œil en coin.
> Si nous ne bougeons pas, elle hausse le son, puis attend de nouveau jusqu'à ce que nous montrions notre désapprobation.

D'autres fois encore, Charlotte aime bien voir jusqu'où elle peut aller. C'est autour d'un an et demi encore, mais sa provocation reste « bon enfant », elle ne cherche pas les histoires et s'arrange pour ne pas compromettre leur ton de rire complice :

> Au même âge.
> Joue sur les limites surtout concernant les objets qu'elle ne doit pas toucher : la chaîne, les disques. Elle tourne autour, fait démarrer la chaîne, se met les écouteurs puis si on ne la voit pas, elle va plus loin, monte dessus ce qui est interdit, et à ce moment là fait un tour d'horizon pour regarder si elle est vue.
> Lorsqu'on l'interrompt, elle passe souvent à un autre thème, par exemple la pile de disques et enchaîne immédiatement en dépassant ce qui est permis. Dès qu'on met fin à ses excès, elle s'arrête. On a l'impression qu'elle explore la marge de ce qui est possible, qu'elle provoque juste un peu, mais se montre prête à stopper quand on n'est plus d'accord. Elle garde une humeur de rire et ne va pas jusqu'au conflit grave.

En tant qu'interdicteur, l'adulte est plus ou moins ouvertement moqué. L'enfant va au bord de l'interdit et s'arrête, il fait semblant de désobéir, mais l'adulte en est pour sa peine. Nous retrouverons ces histoires dans « perdre la face » :

> **Charlotte**, dix-huit mois.
> Très tentée par les livres des parents qui sont sur une étagère, juste à sa hauteur. Elle ne les maltraite pas mais se contente de mini-provocation : elle tire le haut d'un livre, du bout d'un doigt, le laisse en position oblique, sortant à moitié du rayonnage, en attente, puis elle regarde si on l'a vue. Lorsqu'elle croise le regard d'un parent, elle repousse délicatement le livre à sa place.

Une taquinerie mesurée et charmeuse. Charlotte ne désobéit pas, elle n'oblige pas à se fâcher. Elle montre juste qu'elle pourrait être vraiment désagréable... mais non, il n'y a pas de raison, tout reste dans l'harmonie. Ou Baptiste, avec son style habituel plus fonceur :

> **Baptiste**, deux ans.
> On arrive à lui interdire la chambre de son frère qu'il ne faut pas déranger quand il fait son travail scolaire. Baptiste se précipite à toute allure vers l'entrée de la chambre. Il s'immobilise au milieu, à demi courbé en avant, les yeux en coin, un sourire coquin aux lèvres.
> Il attend notre rire.

Différentes manières de jouer au plus malin! L'enfant fait croire qu'il va désobéir, amorce les prémisses de la faute, allant au devant de l'adulte qui commence à sortir de ses gonds, puis volte-face : *non, non, rien à me reprocher, je suis innocent!* L'atmosphère n'est pas menacée, sauf si ces petites mises en boîte se répètent trop. L'adulte est parfois lassé, à la longue, d'être ainsi constamment menacé.

D'autres enfants mettent vraiment l'adulte en difficulté, comme Elsa, en pleine période d'opposition :

> **Elsa**, deux ans et demi.
> Elle répond systématiquement « *non* » et prend un malin plaisir à ne pas respecter les interdits, même les plus essentiels.
> Ses parents allument un feu dans la cheminée et lui expliquent qu'il ne faut pas approcher, au risque de se brûler. Elle a recours à toute une série de trouvailles qui l'amènent à frôler le danger : court à travers la pièce, prend son élan et freine juste devant le feu. S'immobilise près de la barrière, se penche jusqu'à perdre l'équilibre... au point que sa mère l'attrape au vol et ne peut que l'envoyer dans sa chambre.
> Même provocation en montant sur le rebord des fenêtres qui sont assez basses dans l'appartement. Elle le fait aussi bien discrètement lorsqu'elle est seule dans une pièce qu'ouvertement lorsque sa mère est présente. Là aussi, elle contraint à adopter une solution rigide : on doit fermer toutes les fenêtres de telle sorte qu'elle n'y ait plus accès.

Opposition franche, claironnante, personne n'a le cœur à plaisanter ! Elsa n'est pas la seule provocatrice :

> **Baptiste**, deux ans.
> Il veut encore un biscuit. Non, je refuse fermement ce qui le rend furieux. Je range la boîte dans le buffet et ferme à clé, mais il arrive à chiper la clé qu'il brandit, triomphant en criant :
> — *Maman ! maman !* (avec un ton : je t'ai bien eue !).

Il s'empresse de saisir la moindre faiblesse de l'adulte. Une ébauche de sourire ? Rien ne l'arrête plus. Comme dans « au revoir » avec la main, Baptiste manœuvre si bien qu'il arrive à désobéir sans qu'on se fâche. Il met l'adulte hors jeu. Notre fonceur sait aussi s'en sortir en douceur !

L'enfant. Face à un interdit, l'enfant dispose donc de plusieurs ajustements possibles. Il peut l'adopter, le refuser et c'est le conflit, ou user de différents accommodements dans lesquels il arrive que se glisse l'humour. Un choix de formules adaptatives.

L'enfant peut se conduire en grand, en raisonnable, il adopte les règles et s'y conforme, comme Guillaume après avoir essayé une première fois de renverser les plantes vertes, ou en traînant un peu, comme Clément, ou encore en grognant comme Rémi :

> **Rémi J.**, neuf mois.
> Un interdit majeur : les plantes vertes. On lui a bien expliqué qu'il ne faut pas les abîmer. Après quelques essais désastreux, il arrive à se retenir, mais parfois, assis à côté des plantes, il a tellement envie de les toucher qu'il approche tout doucement la main, tout près. Il regarde alors l'adulte. Il suffit de lui rappeler :

— *Non, Rémi!*
Il se détourne et part en bougonnant.

Il manifeste clairement qu'il connaît la règle, comme Aurélien qui réagit dès qu'il entend l'adulte s'approcher de lui précipitamment ou comme :

Baptiste, dix-huit mois.
S'amuse à nous narguer en disant :
— *Non!*
En faisant une moue particulière, la lèvre inférieure avancée.

Ce qui marque le plus nettement les interventions de l'enfant, autour d'un an, c'est que, non seulement il comprend l'interdit, mais il se met à assumer un rôle actif. Ses initiatives ont facilement un ton de provocation. Ils y ont à peu près tous recours :

Charlotte, dix mois.
Très nette provocation par le regard ironique lors des interdictions.
Elle attend, le geste en suspens, et lorsque nous disons «*non*», elle esquisse le geste défendu avec malice.

Déjà à cinq mois, Baptiste narguait l'adulte en mettant les journaux à sa bouche, à six mois Frédéric lançait un regard malicieux en renversant les plantes ou les objets... tant d'autres...

Alors qu'au tout début le bébé ne perçoit que des bribes de l'interdit, autour d'un an il se comporte comme s'il avait en tête, en même temps, la séquence entière. Il ne saisit peut-être pas tout de façon ordonnée mais des détails, dans son comportement, montrent bien qu'il commence à élaborer une compréhension globale : l'objet désirable est interdit — le non-respect de l'interdit expose à la punition. Il anticipe, il fait la sottise et y associe l'interdiction ou la punition prévisible :

Antoine, dix-sept mois.
Passe beaucoup de temps à téléphoner. D'une main il tient l'écouteur contre son oreille, de l'autre il fait :
— *Non! non! non!*
imitant le geste d'interdiction d'un ami qui lui défend de toucher le téléphone dans cette pièce.

L'enfant n'est pas gêné par les contradictions! Il fait en même temps l'action défendue et le geste qui l'interdit. Une formule pratique qui permet de faire ce qu'on veut sans souci, peut-être sans culpabilité. Un comportement plutôt autonome : l'adulte n'a même pas à s'en mêler puisque l'enfant se débrouille tout seul. Benjamin s'en sort aussi de cette façon :

Benjamin, neuf mois.
Autopunition préventive lorsqu'il désobéit (toucher les plantes vertes, la télé). Il sait que c'est défendu, se tape sur la main et touche quand même l'objet convoité.

Certains savent le dire montrant clairement qu'ils assument eux-mêmes tous les rôles :

Jessica, vingt mois.
Elle a écrit sur le canapé ce qui est défendu. Elle le sait bien. Elle vient m'en avertir :
– *Jessica vilain écrit un mot fauteuil !*

Jessica dévoile en même temps la faute et la coupable. Rien ne reste dans l'ombre ! Un aveu «responsable» : Jessica sait bien qu'elle a fait une bêtise, elle l'exprime : «*vilain*». Tout est clair dans son esprit. Une enfant très autonome qui se débrouille elle-même dans le dédale de nos exigences. Baptiste aussi se plaît à assumer tous les rôles, souhaitant avant tout que l'adulte ne mette pas son nez dans ses affaires :

Baptiste, deux ans.
Quand il fait une bêtise, il dit tout de suite :
— *Pas grave, pas faute !*
S'il réussit, il se félicite tout seul, en imitant ma voix (M) et mes intonations :
— *C'est bien Baptiste !*

Bruno, lui, n'aime pas se sentir en faute, il trouve un biais :

Bruno, trois ans et demi.
Il joue avec l'interrupteur du couloir. Je le gronde, il répond :
— *C'est pas moi, c'est ma main !*

C'est Jessica encore qui trouve une explication infaillible :

Jessica, deux ans et trois mois.
Elle a arraché une image dans un livre de son frère. Je (M) la gronde :
— *C'était pour faire une blague !*
Le soir, elle casse une tasse à café et trouve la même excuse.

Autre formule encore, la fausse innocence de Clément qui initie sa petite cousine Marine... et, du même coup, lui fait faire la sottise à sa place :

Clément, deux ans.
Tour à tour protecteur et discrètement méprisant lorsqu'il joue avec sa petite cousine Marine (dix-huit mois) qui ne marche pas encore. Il la regarde se traîner à quatre pattes, la pousse un peu et regarde ce que ça donne.
Il lui a montré bien des tours... c'est-à-dire ce qu'il ne faut pas faire : déballer les papiers, faire marcher la chaîne hi-fi. Scénario typique : ils sont seuls, tous

les deux, vers la chaîne. Marine la met en route (certainement après démonstration de Clément). Le temps que les parents accourent, lui s'est précipité au milieu de la pièce, l'air innocent. Cette fois, il n'est pas «grondable»!

Ici, il y a substitution d'enfant. Tout est en place normalement : l'adulte, l'interdit, sa transgression, mais dans le rôle de l'enfant, Clément glisse un remplaçant. L'adulte qui découvre la bêtise a sous les yeux deux enfants, celui qui a fait le geste sans comprendre le message et celui qui en connaît toutes les facettes, mais n'a apparemment rien fait de mal. Se moquer de l'adulte, sans se faire gronder... tout un art!

Certains s'efforcent de cacher leurs bêtises, d'autres prennent plaisir à les exhiber. L'adulte est non seulement l'interdicteur mais le témoin. L'enfant joue alors sur le regard, le droit de regard de l'adulte. L'œil qui poursuit le coupable depuis l'histoire de Caïn. Le tout-petit a peu l'occasion de ne pas être vu. Mais dès qu'il se déplace, l'enfant a le choix.

Certains font les choses discrètement, quand on ne les surveille pas et trompent un peu l'adulte. Les sottises dissimulées s'apparentent, bien sûr, au thème des cachettes. C'est au contraire, parfois le plaisir d'être vu qui prime : la sottise au grand jour, sous le nez de l'adulte a un côté provocateur. Lorsque Jessica vient dire clairement qu'elle a écrit sur le canapé, on peut parler de franchise, de responsabilité... mais, elle a surtout du culot. Elle n'est pas la seule : Frédéric ne s'approche des interrupteurs que lorsqu'on le regarde, Charlotte monte le volume de la télé jusqu'à ce qu'on intervienne, Etienne apporte à sa mère d'un air désolé les fleurs qu'il vient de couper dans le jardin :

Etienne, dix-huit mois.
... / ... Il pourrait, bien sûr, arracher la fleur en se cachant, non : il vient me montrer sa bêtise avec cet impayable air d'innocence.

L'enfant cherche à manipuler ce regard :

Rémi, trois ans.
Lorsqu'il a besoin d'être à l'abri des regards pour faire une bêtise, il nous dit :
— *Va-t-en, vas là-bas!* ou *cache-toi!*

Avec une nuance protectrice lorsque Frédéric veut épargner cette peur à maman :

Frédéric, deux ans et demi.
Il est ravi devant l'arbre de Noël. Il approche sa chaise et grimpe pour attraper les décorations les plus hautes. Mes mises en garde le contrarient :
— *Ferme les yeux, maman!*

Sabine, vingt mois.
Sabine va vers sa mère qui, sur le divan, regarde la télévision. Elle lui prend la tête entre ses mains et la tourne jusqu'à ce qu'elle la regarde. Si les yeux restent fixés sur l'écran, elle essaie de chercher derrière les lunettes pour les « attraper ».
Autre attitude. Quand elle est dans une pièce avec sa mère, prête à faire quelque chose de défendu, Sabine va vers elle, lui attrape la tête et la tourne dans une autre direction.

Il arrive aussi que l'enfant déjoue nos plans! Nos interdits et nos cachettes sont sérieusement ridiculisés... nous aussi, du même coup :

Jessica, vingt-deux mois.
Nous avons l'habitude de ranger les objets fragiles en hauteur, hors de sa portée : magnétoscope, commande de télévision, etc.
Si par hasard elle trouve ces objets qui traînent, elle se met sur la pointe des pieds et fait tous ses efforts pour les remettre en place.

UNE LECON D'HUMOUR?

Nous sommes d'accord sur les points essentiels : il faut des interdits, l'enfant doit les respecter, les intérioriser, l'adulte est là pour l'y aider, même s'il n'a pas toujours le beau rôle. Revenons à la question de l'humour. L'adaptation de l'enfant aux interdits, dans sa diversité, apporte quelques arguments qui se groupent autour de trois thèmes : supériorité, liberté, territoire.

La supériorité de l'adulte est réévaluée, elle est même dégonflée. En jouant sur les rôles adulte/enfant, ce dernier a l'initiative de comportements qui relativisent la hiérarchie. L'enfant nous tient en son pouvoir, comme Frédéric caressant les images ou, comme nous allons bientôt le voir, filant sur le campus. L'adulte est planté là, dans le camp des impuissants et des brimés. Il est victime de sa logique, de son système, de ses principes, aux côtés de Fernand Raynaud que tracassent sa sœur, les copains de l'usine et le plombier, en compagnie de Raymond Devos perdu, tout près de Kafka, dans les sens giratoires.

L'adulte tombe de son piédestal. Il est le naïf, le moqué, un minable de comédie.

L'humour n'est possible que s'il existe un peu de jeu entre permis et défendu, de petites plages de liberté et non un système totalement fermé. Dans un système trop rigide aucune place n'est libre pour que se glisse l'humour. Aucun plaisir, aucune marge de manœuvre. Les questions de pouvoir et de liberté ne peuvent être séparées.

L'interdit doit être acceptable, la frustration imposée, supportable.

Respecter le besoin de vie de l'enfant : il a besoin de bouger, progresser, grandir, explorer.

Dans les histoires d'humour, l'adulte se réjouit des initiatives que prend l'enfant, même s'il est irrévérencieux. Le système ne marche bien que s'il existe une plage de liberté, l'espace de l'humour. La possibilité pour l'enfant d'exprimer ses désirs. On ne peut pas tous les satisfaire, c'est d'accord, mais il doit comprendre et partager les limites.

Regardez comment l'enfant se glisse dans la moindre brèche lorsque l'ambiance permet de résoudre ses affaires de façon plaisante, dans la sécurité de sentiments positifs. Etienne se relevant et venant interrompre le dîner des parents en lançant : *mais! mais!*, sûr de son charme et de l'indulgence des parents qui seront ravis de le remettre au lit avec quelques baisers supplémentaires. Imaginez combien de solutions rigides peuvent clore négativement le même épisode. C'est dans la liberté de leur relation que l'enfant glisse, profitant de l'humeur, ses coups de cœur ou ses coups de tête.

«Limites» est utilisé souvent dans le sens de «frontières» entre ce qui est permis et défendu. Deux termes qui renvoient à la notion de territoire. C'est, au sens propre et figuré, sur les limites du territoire de chacun que portent souvent les interdits. Le territoire assigné à l'enfant et le respect du territoire des autres, une notion-clé en éthologie, qu'il s'agisse des comportements de l'animal ou de l'homme.

L'enfant aime bien s'octroyer un coin à lui. Il reconstitue ainsi un habitat archaïque, un lieu où il se sent en sécurité comme si se prolongeait «l'enveloppe maternante» qui, tout petit, le protège. Un coin pour se rassurer, pour rêver, rester tranquille. On l'y retrouve parfois, détendu, suçant sa «patoune» ou parlant à son ours. En grandissant, il y transporte des trésors et y invente des aventures.

Lorsqu'il se retrouve, seul, quand il le désire, dans ces refuges éphémères, l'enfant se met à distance, à l'abri de l'adulte et de ses exigences. A l'abri des regards, après une bêtise. Il s'agit parfois d'un des rares coins permis dans une pièce qui offre de nombreux interdits, comme :

>**Adrien**, un an.
>Aime être dans la cuisine (...). Il s'y heurte à beaucoup d'interdits (le frigo, le four, le placard de droguerie) ce qui l'a amené à se trouver des coins privilégiés. Il aime bien se tenir par exemple dans le séchoir à linge ou dans des coins resserrés. Il s'y installe, se blottit avec un petit air tranquille, comme bien à l'abri dans une petite maison.

En grandissant, certains continuent à apprécier la liberté et l'invulnérabilité que garantit leur coin. Il s'y ajoute un sentiment de possession, c'est leur coin, comme leur chambre à eux. L'adulte y est parfois indésirable. Les taquineries infligées à l'adulte sont majorées par l'évocation de cachettes, dans des mini-jeux personnels.

> **Frédéric**, dix-huit mois.
> Il adore s'enfermer quelque part en nous laissant à la porte, quitte à râler peu après.

Au même âge, il inverse les rôles, les territoires, et crée un gag :

> **Frédéric**, dix-huit mois.
> Cela le fait beaucoup rire de nous enfermer dans sa chambre.

Il prend l'adulte au piège, dans sa chambre d'enfant, fermée, hors d'état d'agir et d'interdire. Ce n'est qu'un jeu, mais, un instant, l'enfant est tout-puissant et fait la loi.

Dans plusieurs scènes, l'interdit touche le territoire au sens propre. Le mouvement du jeu se dessine sous nos yeux, sans détour métaphorique. Vous pourriez tracer sur un plan le va-et-vient de l'enfant et des regards. Les galopades, le seuil franchi, l'arrêt à la limite et les feintes. Baptiste (un an) filant dans la chambre de son frère en faisant « au revoir » à maman, Frédéric (8 mois) s'arrêtant net sur le seuil, avec un regard de triomphe.

Trois exemples viennent compléter les réflexions réunies autour des interdits. Certains vous sont connus ; en les relisant, il est évident que les trois leçons proposées dans cette conclusion se trouvent inextricablement mêlées :

> **Martin**, quatorze mois.
> Il est interdit d'entrer dans le bureau. On ne veut pas mettre de barrière mais on lui explique comme à un grand. Il montre qu'il comprend très bien l'interdit en trouvant une parade.
> Il se met à faire un petit jeu dans le couloir et imperceptiblement se déplace vers le bureau jusqu'à se trouver dans la pièce. A ce moment-là il arrête son jeu et appelle pour qu'on vienne le chercher.

C'est un tour de malin. L'enfant a compris l'interdit et renonce à le transgresser ouvertement ce qui n'aboutirait sans doute pas ou déclencherait une nouvelle leçon de raison. Il a recours à une feinte pour satisfaire son désir impunément : il joue innocemment, ce qui le met à l'abri d'une intervention de l'adulte. Il sait réfréner en partie son désir puisqu'au moment d'aboutir il adopte une conduite qui va limiter les avantages obtenus : il ne profitera pas du bureau, mais se contentera de la satisfaction d'y entrer. Il s'arrange enfin pour garder jusqu'au bout l'air innocent : il appelle l'adulte une fois la frontière franchie, ce qui permet à la fois de mettre fin à l'acte d'affirmation qu'il ne pouvait poursuivre impunément et de montrer, non sans plaisir, le bon tour qu'il a réussi.

Le territoire conquis confirme la fragilité de la règle en même temps que la débrouillardise de l'enfant. L'adulte est tourné en dérision. Il va se précipiter à l'appel de Martin et le retirer du territoire interdit, mais il ne peut pas reprocher son incursion à un enfant qui vient de se montrer si astucieux.

Toutes les histoires de territoire bafouent l'adulte et ses interdits. Subtilement et en jubilant, avec de savantes variantes, pour Frédéric :

> **Frédéric**, dix-huit mois.
> A Harvard où nous l'emmenons se promener, toutes les pelouses sont libres d'accès, sauf une, entourée d'un fil de fer en hauteur. Il repère le lieu, se rue dans cette enceinte symbolique en poussant des cris de joie et se promène à l'intérieur en s'amusant beaucoup de me (M) voir autour sans oser passer sous le fil.
> Il nous brave joyeusement, semblant jouir d'une impunité qu'il doit à son statut et sa taille d'enfant.

Même provocation et même ton de triomphe, un peu plus tard, lors de promenades avec son père :

> **Frédéric**, deux ans.
> Frédéric fait de longues promenades avec son père et marche sans faiblir en indiquant l'itinéraire avec autorité.
> Il est au comble de la jubilation lorsqu'il est à l'intérieur de zones entourées de clôtures que son père n'ose pas franchir pour aller le chercher. Le contentement est d'autant plus grand que c'est le moment de revenir à la maison.

Voilà le campus américain complice de notre bonhomme ! Ce n'est plus le petit refuge d'Adrien dans la cuisine : pour Frédéric, la griserie des grands espaces ! Ses procédés restent les mêmes dans l'intimité de la maison avec plusieurs habitudes qui interfèrent.

> **Frédéric**, deux ans et demi.
> Frédéric veut montrer des dessins à son père. J'essaie (M) d'entrer dans sa chambre mais il me repousse gentiment :
> — *Get out! get out my room!*
> Devant mon air triste, il minaude, me fait un petit sourire charmeur, puis un petit baiser et me répète :
> — *Get out, mum!*
> Puis : *see my baby!* (Cyril bien sûr)[2].

Avec Etienne, c'est le retour sur le terrain des enjeux quotidiens et du pouvoir remis en question pied à pied. Les manœuvres restent encore les mêmes alors qu'il a près de quatre ans :

> **Etienne**, trois ans et neuf mois.
> Avec Julie, ils testent nos limites avec des astuces diaboliques. Ces limites sont matérialisées entre autres par la «frontière» qui existe entre la cuisine et la salle de séjour : la cuisine communique avec cette dernière ; il n'y a pas de porte et l'on passe du carrelage à la moquette par la petite lame de cuivre qui fixe la moquette. Je leur dis :
> — *Mangez votre goûter dans la cuisine, pas dans la grande pièce.*
>
> Ils se placent tous les deux sur la lame de cuivre et risquent un pied sur la moquette alors que l'autre est encore sur le carrelage. Etienne, faussement innocent :
> — *On est encore dans la cuisine?*

Vous les connaissez assez pour voir Etienne et Julie manœuvrer sous vos yeux!

NOTES

[1] Dans son ouvrage de référence, *Le Non et le Oui. La genèse de la communication humaine*, Paris, P.U.F., 1962, de même que dans *La première année de la vie de l'enfant*, Paris, P.U.F., 1958, dont les citations suivantes sont extraites, Spitz R.A. donne une image stéréotypée et conflictuelle de l'apprentissage des interdits qui a longtemps été la seule optique du discours officiel :
«Inévitablement la période des commandements et des prohibitions commence» (p. 70, parlant du commencement de la marche).
»La locomotion acquise, les propos de la mère changent de caractère. Du chuchotement, elle passe à la prohibition, aux ordres, aux reproches, à l'invective. A ce stade la parole dont elle se sert le plus souvent est : «*non, non!*» (p. 71).
»... Chaque «*non*» de la mère représente une frustration pour l'enfant».
[2] «Sors, sors de ma chambre .../... va voir mon bébé!».

8
Les pieds de nez

Le système, c'est nous, les adultes. Avec nos bonnes raisons, nos exigences et nos habitudes. Et, à travers nous, le microcosme dans lequel vit l'enfant, un groupe social très précisément situé dans l'espace et le temps. C'est encore le langage et les différents codes que l'enfant va progressivement acquérir : les mimiques, les habitudes alimentaires et autres, les modalités de communication, les conventions de politesse. En somme, le réseau des conventions et des habitudes, ces voies toutes tracées qui apportent en même temps confort et contraintes.

L'enfant construit progressivement un répertoire de conduites conformes aux attentes de son milieu. De même qu'il organise son langage par simple exposition à un bain de langage, de même il élabore un répertoire d'activités par simple immersion dans le bain des habitudes et règles ambiantes, guidé par nos approbations (*c'est bien, bravo!*), freiné par quelques *non! non!* impératifs. Par imitation, par une succession d'hypothèses-essais, avec des erreurs ou des tâtonnements qu'il corrige de lui-même ou que l'entourage rectifie.

En même temps qu'il construit le système, il apprend à s'en moquer, à le mettre en boîte. Il <u>nous</u> met en boîte! Car en se moquant du système, c'est l'adulte qu'il prend le plus souvent comme cible.

Ce chapitre traite des entorses et pieds de nez. Les entorses au système sont les méprises, les tâtonnements et irrégularités dans l'appropriation des habitudes et conventions. Puis viennent les insolences, qui, souvent chargées d'affection et de rire, n'en sont pas moins des pieds de nez au système. Même si ce geste irrévencieux n'est pas très souvent réalisé au sens propre, l'enfant nous l'envoie très souvent, au figuré. Ce geste de moquerie, qui a une certaine drôlerie en soi, avec les cinq petits doigts de la main qui gigotent en prolongeant l'appendice nasal, est un affront à l'autorité, affront qui n'est pas envoyé de face, ouvertement, mais souvent en douce, dans le dos. Comme tirer la langue, un geste du plus faible qui ne peut ni lutter physiquement, ni envoyer ce qu'il pense à la figure du plus fort. Il y a du David et Goliath dans le pied de nez.

La forme du geste et la complicité du nez contribuent à en faire un geste de dérision. Pensez à toutes les expressions dans lesquelles est embarqué le nez : rire au nez, mener par le bout du nez, regarder sous le nez, se trouver nez à nez, fermer la porte au nez et, joignant le geste à la parole, mettre les doigts dans le nez.

Le pied de nez n'agresse pas de front. Comme une voix off, il permet d'exprimer de côté ce que l'enfant ne peut pas lancer ouvertement à la figure de l'adulte. Il est aussi soupape de sécurité : en permettant d'exprimer impunément des sentiments qui, clairement formulés, risqueraient d'être mal reçus. Un compromis qui détourne, évite l'affrontement. L'un des ajustements aux interdits dont ce chapitre peut être pris comme un prolongement.

Nous allons prendre l'exemple du micro-système que sont les habitudes de salutations, les « bonjour », « au revoir » et autres rituels. Autant d'occasions pour l'enfant de s'adapter, dès les premiers mois, aux règles en vigueur. Les entorses sont infimes au début. On peut y voir des pré-pieds de nez qui se préciseront dans les autres sous-titres de ce chapitre : le jeu sur les rôles, l'enfant se moque, les farces et les farceurs.

BONJOUR, AU REVOIR ET LES SALUTS

Vers 7 ou 8 mois, les bébés savent faire « au revoir » avec la main. Ce geste est contemporain de « bravo » et des « marionnettes ». Comme « non », « au revoir » est acquis comme un signe à double face. La face apparente (le geste rythmé de la main) et le sens sous-jacent (le salut de départ que l'on adresse à quelqu'un dans un contexte approprié). Une forme et un sens. Les tâtonnements sont les mêmes que pour acquérir « non ».

La plupart des bébés imitent le geste et saisissent globalement le sens. Ils amusent leur entourage en faisant le geste dès qu'ils voient préparer leur manteau pour sortir, ou lorsque les invités se lèvent pour partir.

Première entorse. Adrien qui se montrera par la suite très pointilleux sur les salutations, adore participer aux « bonjour » et « bonsoir ». Autour de huit mois, on voit s'amorcer une déviation du geste. L'enfant commence par tendre la main, puis se laisse entraîner dans un détournement ludique sans rapport avec le sens :

> **Adrien**, huit mois.
> Dès que quelqu'un lui dit « bonjour » ou « bonsoir », il a l'habitude de tendre la main en attendant qu'on la lui prenne et qu'on la secoue. Plus on secoue sa main fort et longtemps, plus il rit.

D'autres méprises portent sur la forme du geste. L'enfant possède un répertoire de 4 ou 5 gestes significatifs dont les formes sont encore floues, facilement confondues, comme le sont les formes verbales au début de l'acquisition du langage. Il fait « bravo » alors qu'on lui demande de dire « au revoir », ou il fait les marionnettes quand on dit « bravo ». Brèves méprises. Le répertoire des gestes et des sens va rapidement devenir précis et stable.

Lorsqu'il se trompe, l'enfant ne cherche aucun effet, mais au bout du compte tout aboutit à une récupération de sa méprise. En se trompant, il fait rire et reçoit un commentaire amusé.

Le style change au tournant de la première année : l'enfant devient actif et prend des initiatives dans l'usage des gestes significatifs. Il sait faire « au revoir » au bon moment, et aussi l'utiliser intentionnellement, par exemple lorsqu'il désire faire partir quelqu'un. L'adulte n'exprimerait pas ses intentions de façon aussi abrupte que :

> **Julie**, un an.
> Je parle avec des voisines, la conversation tombe un peu, Julie évalue bien la situation et lance :
> — *Aoua!* (= au revoir) + geste de la main.

Le désir de l'enfant s'exprime sans l'emballage « bien élevé » que l'on apprend progressivement à utiliser dans les rapports sociaux. La touche d'humour s'appuie sur deux critères dans l'intervention de Julie. Le plus évident : elle maîtrise la forme et le sens du geste suffisamment bien pour réussir à l'utiliser dans une variante situationnelle inhabituelle. Elle ne dit pas « au revoir » au moment du départ, mais l'anticipation donne à son geste un sens clair : *je m'ennuie, ça suffit, au revoir!*

Elle prend énergiquement l'initiative de mettre fin à une situation qui traîne, et c'est là le second facteur, le plus décisif sur la voie de l'humour. Elle le fait de façon tranchante, ce qui est normal pour un enfant d'un an dont le répertoire expressif n'est pas très étendu. Une question de tempérament aussi : Julie n'y va pas par quatre chemins ! D'où ce ton naïf et direct, acceptable à cet âge. Il contraste avec la conduite des adultes qui ne savent plus comment se sortir de cette conversation languissante !

Qu'elle le fasse intentionnellement — tout nous permet de le supposer — ou non, elle opère un léger déplacement, et de ce fait une déviation totale du sens qui crée l'incident. Celui-ci vient interrompre le déroulement des habitudes. Un incident minime qui détourne l'attention de tous et imprime une direction nouvelle à l'entretien. Le geste de Julie est commenté, il fait rire ou gêne. Même si l'on feint de ne pas le remarquer, on va accélérer le mouvement ce qui répond à son désir. Quelles que soient les répercussions immédiates, l'enfant montre qu'elle a le pouvoir de modifier le cours des événements.

Les enfants jouent souvent sur ce décalage temporel de l'« au revoir » lorsqu'ils ont hâte de voir partir une personne indésirable ou simplement lorsqu'ils souhaitent qu'on les laisse tranquilles, comme le fait :

> **Augustin**, dix-huit mois.
> S'il veut rester seul dans sa chambre pour jouer, il me (P) dit :
> — *Papa, au revoir !*

En interrompant la communication, l'enfant mise sur la complicité mais il s'y mêle une touche d'agressivité. Pour que son effet soit acceptable et non pris comme une trop grave effronterie, il faut qu'agression et complicité soient bien dosées. Le charme du jeune âge opère pour y veiller.

Résumons, il existe donc un incident qui tombe sur le déroulement linéaire des habitudes. Il fait irruption dans le réseau culturel, sur fond d'échanges interpersonnels, le terrain idéal de l'humour.

Il s'agit d'un léger jeu sur le sens dont l'enfant a l'initiative. Il crée un sens un peu dévié, très près du sens initial. C'est l'enfant, tout petit, qui a l'initiative alors que les adultes qui devraient savoir s'en tirer pataugent à s'ennuyer.

Il dose bien agression/complicité. Il agit sur le déroulement et mise sur l'effet produit, préjugeant que ça va tourner dans le sens du rire. Il compte sur la récupération et il fait bien.

Antoine, vers deux ans, produit diverses formes d'« au revoir » dont certaines sont adaptées, alors que d'autres sont de légères entorses :

> **Antoine**, deux ans.
> Il sait dire « au revoir ».
> — *Ava !*
> Il le dit parfois au bon moment, lorsqu'il voit son père mettre sa cravate, ou

lorsque lui-même quitte la pièce en se déplaçant sur sa voiture. Mais pas toujours ; il lui arrive de le dire après que les gens soient partis.

Un seul « au revoir » d'Antoine tombe au bon moment, lorsqu'il quitte la pièce au volant de sa voiture. Lorsque « son père met sa cravate », l'« au revoir » est une anticipation : il précède le départ, fait plaisir et amuse. Antoine a bien compris, il a peut-être hâte d'aller s'amuser, à moins que, par sensibilité, il préfère ne pas prolonger l'attente du départ : mieux vaut se quitter tout de suite.

« Au revoir » après coup a quelque chose d'inadéquat de la part d'un enfant qui en connaît bien le sens. Le geste est drôle parce qu'on a la certitude du caractère occasionnel du déplacement et de la mobilité de l'usage. L'enfant est capable de dire « au revoir » dans des tas de situations en se permettant de légères asynchronies. Ces décalages temporels sont largement utilisés, par le comique en général, dans les inépuisables gags de distraits.

L'intention de faire rire n'est pas présente chaque fois. Nous percevons dans ces discrètes asynchronies un déplacement que l'enfant va progressivement utiliser volontairement.

L'enfant s'en donne à cœur joie en jouant autour des règles de salutations. Mais, tout à son jeu et son plaisir, il ne saisit parfois pas exactement les nuances, fait des faux pas, des dépassements. Les habitudes veulent que nous disions « au revoir » et « bonjour » aux personnes que nous rencontrons, mais rien n'enseigne clairement les limites de cet usage. Aucune règle n'explique à l'enfant qui il doit saluer. Autour de deux ans, dans leur dynamisme, les enfants se plaisent à exploiter cette faiblesse du système. Ils en font trop ! Adrien, Bruno, Antoine se comportent de façon très proche :

Adrien, deux ans.
Il devient de plus en plus courtois, sans qu'on ait insisté de façon nouvelle. Il dit toujours « bonjour » et « au revoir ». Mais il le dit à n'importe qui, partout, dans l'ascenseur, dans l'escalier, dans les magasins.

Bruno, deux ans.
Dit toujours « bonjour » et « au revoir » aux adultes que nous rencontrons, connu ou inconnu, en faisant les courses, au poste d'essence, du balcon.
Il se rend certainement compte du plaisir et de l'amusement que cela crée.

Antoine, deux ans.
Il devient très civil et dit :
— *Ava !*
De façon très large, trop parfois. Lorsque nous quittons le square, il salue tout le monde. De même lorsque nous sortons de la banque, de la poste ou d'autres établissements dans lesquels personne ne s'intéresse à lui.

Déjà, plus jeune, Jessica :

> **Jessica**, vingt mois.
> Dans la rue, elle interpelle les gens que l'on croise :
> — *Bonjour madame* ou *monsieur, bye bye, tchao!*

Le ton d'indépendance de Jessica! Au même âge, elle aborde des personnes inconnues et leur parle de ses petites affaires ou de détails qui les concernent :

> Au même âge.
> Elle croise une dame qui a un manteau de fourrure et lui dit :
> — *Beau chien-chien!*
> Ou :
> — *Jessica bobo genou!*
> Ou :
> — *Titan* (son chien) *vilain!*

Il est vrai que les règles ne situent pas les limites du privé et du public. A qui dit-on bonjour et au revoir? A beaucoup, mais pas vraiment à tous. On apprend à l'enfant qu'il faut être poli et dire bonjour, mais s'il salue des inconnus au guichet de la banque, il fait rire.

Il faut dire «bonjour» aux humains, mais pas aux animaux, ni aux objets, cependant lorsqu'il fait semblant, l'enfant le dit naturellement à ses peluches, à ses voitures, aux jouets. L'adulte lui-même en donne l'exemple lorsqu'il salue, au réveil, l'ours en peluche : *bonjour, Monsieur l'ours, vous avez bien dormi?*

Il n'empêche que le statut des animaux reste mal défini. Ainsi Céline s'applique-t-elle à saluer les animaux du zoo auxquels elle rend fréquemment visite :

> **Céline**, dix-huit mois.
> Lors de ses promenades au Parc de la Tête d'Or elle visite le zoo. Lorsqu'elle part, elle prend congé des animaux qu'elle préfère :
> — *Au (re)voir cy(gnes)!*
> — *Au (re)voir co(r)nes!* (les bœufs à grandes cornes).

Les formules de salutation prennent tout un relief dans les moments où s'établit et s'interrompt la communication, dans la vie intime de l'enfant, moments qui sont parfois pleins d'émotion. Nous avons parlé des départs et des retrouvailles dans le chapitre «présences». Des anticipations ou des activités complices réussissent à atténuer le trouble émotionnel de ces moments :

> **Antoine**, seize mois.
> Quand il sent que son père va partir, il va lui chercher ses chaussures et son manteau.

Maud, un an.
Le matin son père se lève, se prépare. Elle connaît toutes les étapes et quand elle sent approcher le moment du départ, elle se précipite pour lui préparer ses chaussures, ses clefs et l'attend vers la porte.

En aidant et participant aux préparatifs, l'enfant s'octroie un rôle actif dans le départ. Son activité peut être un dérivatif qui l'aide à supporter la séparation : en apportant le manteau ou les clefs, il se rend utile. Il a recours à l'une des parades qui, plus tard dans la vie, aident à masquer l'angoisse des séparations. Les préparatifs matériels accaparent l'attention et détournent du seul sujet essentiel : on va se quitter.

Dans un tout autre contexte, il suffit de revoir le salut-soupe à la grimace d'Adrien, dans le deuxième exemple de ses promenades :

Adrien, dix-huit mois.
En promenade, nous rencontrons parfois des personnes qui lui font des fêtes
— des gouzi-gouzi.
Il les fixe d'un air sérieux et fait sa mimique de rire forcé, sans son, une fraction de seconde.

Un double jeu puisque Adrien n'a aucune envie de rire. Un pur artifice dans le jeu social. Quel progrès si l'on compare le visage figé et lointain d'Adrien plus jeune, incommodé par les violations que ces familiarités infligeaient à son intimité.

Ce sourire glacé est une forme d'humour : une expression nette et rapide qui crée la surprise et interrompt le déroulement. Une touche agressivo-complice, complice des usages en même temps que discrètement agressive pour l'importun. Une initiative de l'enfant, une création qui produit un effet : les critères mêmes de l'humour.

Un art d'empaqueter les sentiments qui prennent ainsi une forme présentable, si possible drôle. L'humour se glisse souvent dans les scénarios de départs et retours qui, en se répétant, dans l'intimité, se prêtent à des variantes et des créations ludiques dont le style est propre à chacun, comme :

Adrien, dix-huit mois.
Quand il quitte l'appartement de ses grands-parents, en fin d'après-midi, avec ses parents, tout habillé, prêt à rentrer chez lui, c'est un va-et-vient entre la porte de l'ascenseur et celle de l'appartement qui est restée ouverte. Il revient et réclame :
— *Mimi! mimi!*
Il repart vers l'ascenseur et revient encore, deux fois, trois fois. Les rires montent à chaque retour. Le rituel se répète tous les soirs.

Adrien est partagé entre le plaisir de partir avec ses parents et l'envie de rester encore un peu. Il joue sur la corde sensible : *un dernier mimi!* et tout le monde se prend au jeu, complice de son désir de prolonger cet instant ambigu. Oui, c'est un vrai jeu, très chargé d'affection.

Au même âge, Frédéric accueille sa mère dans un tout autre style :

> **Frédéric**, dix-huit mois.
> Lorsque je (M) viens le chercher chez la «nounou», le soir, il continue ostensiblement une sorte de parade drôle. Il se promène sur le dos d'une grosse coccinelle à roulettes qu'il aime bien, et continue tout en me regardant.
> Puis Michaël vient s'asseoir derrière lui sur l'engin et tous les deux, bien serrés, se promènent partout devant et autour de moi en criant et faisant des mines.

Frédéric exprime beaucoup dans cette petite parade qui apparemment ressemble à une simple clownerie. A sa mère qui en est ravie, il montre en premier lieu qu'il ne s'ennuie pas chez sa nourrice, surtout lorsqu'un complice vient renforcer son plaisir. Maman est enchantée de cette autonomie, mais Frédéric cherche aussi, tout de même, à lui dire de façon voyante qu'il se passe facilement d'elle. Il prolonge cet instant rare des retrouvailles, comme si sa dignité l'empêchait de lui bondir tout simplement au cou. Il fait le fier, l'indépendant, il se débrouille très bien tout seul. En même temps il se donne en spectacle dans ce tour de piste un peu forcé. Il se fait voir, et reçoit en retour le regard amusé de maman qu'enchante ce cirque.

Ces enfants créent un rituel transitoire, une forme de jeu et de comique qui permet aux sentiments de se dire. Sous l'apparente désinvolture, les intimes comprennent les sous-entendus que l'élaboration du jeu transfigure.

Ces ajustements ne sont possibles que dans la mesure où l'enfant intériorise les habitudes et leurs limites, ce qui repose en partie, nous l'avons vu, sur l'imitation. Notamment dans les détournements irrévérencieux de l'imitation. En accentuant des traits caractéristiques, l'enfant les isole, les souligne. Il se moque. Comme l'imitateur professionnel, il a le don de trouver des petits détails, de renvoyer une caricature. C'est Adrien qui scande, à 20 mois, *on-man-ge a-ssis!* en imitant l'un des thèmes favoris de Lisette (GM).

Les imitations ironiques sont d'authentiques pieds de nez à l'adulte. Puis l'enfant va opérer sur une plus grande échelle, renverser les habitudes, chambarder l'ordre des choses, mettre la hiérarchie sens dessus-dessous. Il joue sur les rôles ce qui est une source inépuisable de créations et de moqueries.

LE JEU SUR LES ROLES

Dans le jeu social, chacun se trouve assumer des rôles et donne de lui une image qui, à son tour, va permettre aux autres de le connaître et de le situer. Des indices renseignent l'enfant sur la place de chacun sur l'échiquier, mais il ne construit que pièce par pièce l'ensemble du jeu. Ces ajustements partiels l'exposent à bien des méprises. Il est normal que le système ne soit pas saisi d'emblée et que l'enfant suive parfois de fausses pistes dans ses évaluations, nous le retrouverons dans le chapitre suivant.

Le premier système que peut construire l'enfant est celui qu'il vit au milieu de ses proches. Il est l'enfant avec toutes ses caractéristiques physiques, vestimentaires, alimentaires, avec le statut psychologique lié au jeune âge : on s'en occupe, on le nourrit, on l'habille, et lui doit se conformer aux attentes et aux exigences. Les parents ont leurs attributs matériels — ceux qui diffèrent de l'enfant : leurs chaussures à talons, leur sac, leur cigarette, leur fauteuil, leurs aliments à eux — et certaines activités totalement inaccessibles à l'enfant : conduire, utiliser les ciseaux, goûter à certaines boissons. Même si, apparemment, l'adulte fait les quatre volontés de son bébé, tout passe obligatoirement par des rapports de force et de hiérarchie. L'un est grand, l'autre petit, l'un détient l'autorité, l'autre obéit. Lorsque les rôles s'inversent, c'est le monde à l'envers. Mais l'enfant est souvent tenté de renverser le scénario en inversant les rôles.

Plusieurs cas de figure dans ce jeu sur les rôles. Les premiers ne sont que des préalables de l'humour. Tout commence autour de 8 mois dans des situations alimentaires par exemple, lorsque l'enfant s'amuse (je ne sais s'il s'amuse tant il semble le faire avec sérieux souvent) à tenir, le temps d'un clin d'œil, le rôle maternel. Il traite maman comme si elle était le bébé : *à toi, à moi, chacun son tour*. Variations simples sur des échanges courants. Le plus souvent, l'adulte accepte en souriant d'être ainsi manipulé. L'initiative que prend l'enfant fait plaisir, c'est un progrès, qu'il soit ou non l'initiateur du jeu.

> **Laure**, huit mois.
> Rit quand elle voit sa mère finir son biberon (chaque fois elle rit). Puis vers 9 ou 10 mois, elle propose elle-même le biberon à sa mère. Dès qu'elle sait bien tenir son biberon toute seule, lorsqu'elle est un peu rassasiée, elle sort le biberon de sa bouche, le tend à sa mère, puis le reprend.

On ne saurait mieux montrer que, dans les activités communes, il faut tenir compte de ce qui circule globalement. Il circule jeu, plaisir, rire... et un biberon, c'est tellement simple ! Laure et Claire (M) le font comme un jeu complice : on partage en riant et on ne sait plus qui a commencé. Bruno, lui, s'impose de façon plus autoritaire :

> **Bruno**, huit mois.
> Je le tenais dans mes bras, il avait une carotte en main et me l'a mise plusieurs fois dans la bouche pour que je la mange ; il «grondait» quand je ne voulais pas.

Déjà tout petit, Etienne exagère :

> **Etienne**, un an.
> Depuis tout petit il s'endort avec une sucette. Vers 10 mois il prend plaisir à la mettre dans la bouche de ses parents. Il faut jouer le jeu et téter bruyamment. Il nous donne aussi à manger...

Donner à manger aux parents est une chose, leur donner la sucette en est une autre! Etienne annonce tout de suite le ton : il les traite en bébés.

On a vu l'enfant tenir le rôle de l'un ou l'autre parent, dans les imitations moqueuses, plutôt réservées aux personnages féminins, comme dans les imitations-identification, celles de Clément, Adrien, Antoine ou Frédéric qui se glissent dans la peau, dans les gestes, dans le fauteuil de papa ou de grand-père. A la frontière du faire-semblant.

Il faut attendre que l'enfant ait un langage pour qu'il traduise sa complicité amusée, comme Loïc qui renvoie à Claire (M) un bonsoir protecteur :

> **Loïc**, trois ans.
> — *Au revoir, grand garçon!*, il me répond :
> — *Au revoir, grande maman!*

Les parents ne peuvent s'empêcher de sourire lorsque l'enfant traduit des sentiments ou adopte un registre qui sont habituellement ceux de l'adulte, comme Bruno qui, très jeune, s'enquiert des activités ou du bien-être de ses proches :

> **Bruno**, deux ans.
> Il lui arrive de me demander gentiment :
> — *Qu'est-ce que tu fais?*
> **Bruno**, trois ans.
> Exprime souvent une grande sollicitude avec nous. Il demande à son père régulièrement s'il n'a pas mal à la jambe ou à moi si je n'ai pas mal au «crade» (= crâne).

C'est souvent le ton d'Ivan :

> **Ivan**, quatre ans.
> Au restaurant, il mange une pizza. Le chef passe entre les tables :

— *Elle était très bonne votre pizza, vous pouvez s'il vous plaît donner la recette pour ma maman?*

Il fait rire et agace en même temps lorsqu'il fait la morale :

Ivan, quatre ans.
Il contemple ses parents qui mangent des hamburgers :
— *Eh ben, c'est pas comme ça que vous allez devenir minces!*

En ne jouant pas le rôle attendu, l'enfant crée une surprise. Comme si l'adulte entretenait une certaine image de l'enfant, s'attendait sans nuances à ce que l'enfant joue un rôle prévisible, valable pour tous. L'enfant «pas raisonnable», tête en l'air. Une image insouciante et un peu insupportable de l'enfance. Ces idées conventionnelles ont tant d'impact que certains «enfants terribles» sentent la peur qu'ils inspirent et dépassent les limites jusqu'à démontrer qu'il est légitime de ne pas leur faire confiance. La peur flottante de l'entourage est parfois perçue très tôt. Etienne a l'intuition de l'inquiétude générale lorsqu'il essaie ses premières lunettes :

Etienne, sept mois.
Il commence à porter des lunettes pour son strabisme. Toute la famille est autour. Réflexions pessimistes; il ne va pas les supporter, le pauvre! il va tout arracher!
Lui très digne, cabotin, fait un grand sourire et ne touche pas les lunettes!
.../... et quelques mois plus tard :
Il va de nouveau porter des lunettes. Lors de l'essayage, ce matin, il s'est reproduit la même scène que pour les premières lunettes. L'opticien tout à fait étonné de son calme à l'essai des différentes montures :
— *D'habitude, ils hurlent à cet âge-là!*
Et la joie d'Etienne :
— *Nénettes! nénettes!* (= lunettes).

Le gag, c'est le calme affiché d'Etienne qui ne se comporte pas comme on le craint. L'adulte attend un bébé furieux et hurleur. Etienne joue le rôle contraire. Un peu de cabotinage, comme le note le narrateur, mais aussi le plaisir de contredire tout cet affolement et de jouer à contre-courant.

L'ENFANT SE MOQUE

Une nuance de moquerie court dans tous les chapitres : lorsque Bruno fait manger une carotte à maman, Frédéric renverse l'étagère, Baptiste fait «au revoir» pour qu'on le laisse tranquille, dans les «brr» la bouche pleine... une insolence commune à tous, une galerie de pieds de nez à l'autorité et aux habitudes. Effronterie, dérision, triomphalisme se mêlent jusqu'aux farces qui termineront ce chapitre.

Depuis quand se moque-t-il des parents? Depuis les premiers mois à les croire, parfois :

> **Etienne**, deux mois, oui, deux mois.
> C'est après la tétée de la nuit qu'il est le plus en forme, le plus rieur et nous gratifie des plus beaux « are ».

Plutôt l'humour des parents, n'est-ce pas ? Eux seuls peuvent traduire ces impressions fugitives. Eux seuls encore s'efforcent de trouver humoristique une situation qui est plutôt amère pour ceux qui adoraient les grasses matinées. Leur bébé, comme bien d'autres, les mène « par le bout du nez » :

> **Aurélien**, trois mois.
> ... il ne manque tout de même pas d'humour puisque c'est le matin qu'il est le plus en forme et qu'il monologue avec la voix la plus tonique ; vers 7 heures, avant d'avoir faim.

Parents qui gardent le sourire, malmenés par leur gentil tyran. Il se moque d'eux, à sa façon, mais le fait si gentiment !

> **Jessica**, deux ans.
> La nuit, quand elle me (M) réveille, elle me regarde avec un gentil sourire et dit d'une voix douce :
> — *Bonne fête, maman !*

Les stratégies de l'enfant qui se moque vont s'expliquer d'elles-mêmes à partir d'histoires d'Etienne, autour d'un an :

> **Etienne**, un an et deux mois.
> Il a pris l'habitude de jeter très violemment des tas de choses (biberon, sucette, etc.), d'un geste très « garçon », impérieux avec parfois accompagnement vocal. Puis il regarde l'objet qu'il vient d'envoyer par terre, prend l'air étonné et d'une petite voix douce et haute dit :
> — *Oh !* (vaguement interrogatif, feignant l'étonnement) ou :
> — *Toté !* (= tombé).

Etienne ne se moque directement de personne et cependant on trouve là le début de toutes ses offenses à l'autorité. Il joue à faire tomber et s'y donne à fond, avec son énergie coutumière. Puis, en un instant, dans une imitation partielle, il dit, à sa façon, le commentaire que ferait l'adulte : *oh, c'est tombé !* Il l'a certainement entendu dire et redire lors de scènes semblables. Il assume le rôle de l'adulte, et en même temps le prend à témoin : *tu as vu, c'est tombé !* Il joue sur la complicité supposée, avec un air surpris et désolé.

Dans son double rôle, il trompe l'adulte. L'affront n'est pas méchant. L'adulte n'est pas mécontent que l'enfant fasse preuve d'astuce et feint, lui aussi, la surprise. Chacun fait semblant.

L'enfant ne nous entraîne cependant pas toujours dans ce jeu complice. Là aussi, c'est le climat et la disponibilité de l'adulte qui donnent le ton. Si l'enfant exagère, le contrat ludique est rompu. Sa fausse innocence ne trompe personne.

Dans ce pied de nez à l'autorité, quels sont les critères d'humour ? Il s'agit d'une séquence d'activité ludique normale, lancer par terre, dans une situation de routine entre l'enfant et sa mère.

Puis, **discontinuité**, l'enfant introduit une **rupture** dans le déroulement de l'action. Son changement de ton produit un effet de **surprise** (il était en train de faire des bêtises, puis change). Il déplace l'**attention**, joue un autre personnage.

Son initiative comporte une dose indéniable d'**agression** mais, pour se déployer, joue sur la **complicité**. Il faut savoir comment le partenaire accueille ces initiatives pour oser se moquer de lui avec autant d'aplomb. La stratégie est **agressivo-défensive** : il fait des bêtises, s'arrête brusquement et change de ton avant d'être allé trop loin.

Un **point culminant** : «*toté*». C'est là que se situe l'**effet**. Il joue sur **deux plans** : Etienne glisse d'un rôle à un autre. D'abord il joue, comme un enfant, puis adopte le ton de l'adulte. Pour réussir cette volte-face, il faut que l'enfant soit capable de **recul** par rapport à sa bêtise et aux attentes. Capable d'un regard extérieur. Il est en même temps acteur et observateur.

Il le fait avec malice, comme s'il était détaché du petit garçon joueur du début. Il le fait aussi de telle sorte qu'il force l'adulte, récemment agressé, à être complice, ce qui lui garantit l'impunité. Son tour lui permet de se moquer de l'adulte, sans être grondable. L'adulte ne peut pas le croire innocent, mais il trompe bien son monde.

Nous retrouvons ces critères dans bien d'autres histoire d'Etienne. C'est avec une histoire de «nez» qu'ici il se moque :

> **Etienne**, vingt mois.
> Il continue à prendre l'air innocent quand il fait une bêtise. Un jour il vient me chercher, me conduit dans sa chambre et me montre :
> — *Maman !*
> Je découvre qu'il a vidé toutes les étagères ; tout est par terre. Je suis furieuse. Sentant que la situation tourne mal, Etienne cherche un dérivatif, il me regarde, touche son nez d'un air malicieux et me lance :
> — *Nez Tétenne !* (= le nez d'Etienne).
> Effectivement, il n'arrive pas à me dérider, je suis réellement fâchée et lui fais tout ranger ce qu'il accepte de faire tant bien que mal sans se plaindre.

Dans «*nez Tétène*» la manipulation est plus savante que dans «*toté!*». Elle est plus irrévencieuse aussi, car l'enfant prend vraiment l'adulte pour un imbécile !

Premier temps, Etienne fait une bêtise. Non seulement il appelle sa mère pour qu'elle constate, mais il attend ce moment précis pour détourner son attention par un procédé «énorme». En effet ce n'est pas par hasard qu'Etienne montre son nez, mais dans le bref moment où il sent qu'il va se faire gronder, il a recours à un procédé, au biais d'un vieux rituel qui leur a été longtemps familier : *montre-moi ton nez...* et il prend les devants, *le voilà mon nez !*, alors que cette histoire ne les fait plus rire depuis longtemps. Il s'accroche à ce qu'il peut (le répertoire n'est pas très étendu à vingt mois).

L'humour dans cette histoire, ce n'est pas tellement *nez Tétenne !* C'est tout ce qui se mêle : le côté bon enfant qui fait ouvertement sa bêtise et l'exhibe, confiant et un peu provocateur quand même. Il est évident que maman ne peut pas réagir, alors il saisit in extremis la bouée de sauvetage : *mon nez ! — Non, mais, Etienne pour qui me prends-tu ?* Pour un complice tous terrains bien sûr ! Mais heureusement ce copain de rire fait respecter les rôles : Etienne range sans faire d'histoire. Chacun défend son territoire. Bons joueurs, Etienne et maman !

<small>Dans la trouvaille du nez, tous les critères de l'humour sont là : il y a **discontinuité**, effet de **surprise**. Il déplace l'**attention**, sa diversion coupe le déroulement de la scène. C'est bien une acrobatie mentale, rapide, adaptée précise. Un seul **point culminant**, bref : ces deux mots. La stratégie est **agressivo-défensive**, en misant immédiatement sur la **complicité**.

Le **climat** est lourd, mais sa pirouette, lâchée au sommet de la tension, dégonfle tout d'un coup. L'**effet** est maximun, car il y a passage instantané d'un ton très tendu à un autre qui se voudrait tout à fait anodin.

C'est une **création**, une trouvaille. Elle produit un effet. L'enfant espère profiter des **retombées**. Il joue sur **deux plans** : enfant sot/enfant sage, assumant successivement deux rôles : il est petit et grondable / puis il fait comme s'il était grand, décontracté, amuseur. Pour l'**économie immédiate**, ça ne marche pas, mais contribue à détendre l'atmosphère : maman exige simplement qu'il range, l'énergie qu'il a gardée en réserve, sous tension, va être récupérée à des fins acceptables ! Il réussit tout de même à éviter l'éclat, et dans une autre scène très proche, la manœuvre va réussir : le jour de l'hélicoptère par exemple, il a une mine si comique que maman éclate de rire et ne le gronde pas.</small>

Les stratégies sont analogues, bien qu'un peu plus élaborées dans « *Nanou* » :

<small>**Etienne**, vingt mois.
Etienne s'affaire toute la journée avec un sérieux imperturbable. Il pousse devant lui une raquette de tennis dans sa housse, comme si c'était un aspirateur. Il aspire sous le lit, pousse les chaises et passe sa raquette ! Son plaisir quand il « aspire » est de renverser les chaises. Je lui rappelle que c'est défendu. Il me regarde et me dit :
— *Nanou !* (c'est ainsi qu'il appelle notre femme de ménage qu'il admire beaucoup quand elle met les chaises sur la table pour faire le ménage).</small>

Le jeu d'Etienne est simple : il utilise la raquette de tennis comme un aspirateur, c'est un faire-semblant motivé. Son sérieux et son application nous amusent : il se baisse pour aspirer sous le lit. Ses intentions sont sans doute assez mêlées lorsqu'il trouve cette merveilleuse excuse : *Nanou!*, oui par certains côtés il fait, comme Nanou, le ménage. Il pousse la ressemblance jusqu'au bout : comme Nanou il remue les chaises... Cette autodéfense est très jolie. Etienne est peut-être à moitié sincère, il croit faire un peu comme Nanou, mais il ne lui échappe certainement pas que le traitement qu'il fait subir aux chaises n'est pas vraiment le même. Cette moitié qui n'est pas sincère manipule l'adulte, essaie de lui faire croire un argument énorme, inacceptable. Etienne est sûr que maman ne va pas croire une ânerie pareille... mais il sent aussi qu'il a toutes chances de la faire rire avec cet argument !

Avec son père cette fois, les conduites ne diffèrent guère :

> **Etienne**, dix-huit mois.
> Son père lui donne un gâteau. Etienne le lance par terre avec beaucoup de sérieux, car il adore lancer par terre en ce moment.
> Nous lui demandons encore une fois :
> — *Ramasse ton gâteau!*
> Il nous regarde, réfléchit, marque un temps d'arrêt, et, toujours avec un grand sérieux, prend la main de son père et la pose sur le gâteau pour qu'il le ramasse.
> L'honneur est sauf!

Trois mois plus tard, c'est la course dans la salle de bains et Etienne demandant, sérieux, à son père s'il est «*en colè(re)*». Une décentration par rapport à l'événement qui permet à l'enfant une nouvelle stratégie qui attaque moins directement l'adulte.

LES FARCES ET LES FARCEURS

L'enfant qui se moque est tout près de la farce. Le mot «farce»... qu'en dit le Robert?

> Farce : XIIe s., du latin populaire farsa, de farsus, farcir = hachis de viandes épicées dont on garnit l'intérieur d'une volaille, d'un pâté. Même étymologie : un petit intermède comique dont on «farcissait» une représentation sérieuse, d'où petite pièce bouffonne destinée à exciter le rire, par extension : chose bouffonne qu'on dit, qu'on fait; grosse plaisanterie, tour plaisant qu'on joue à quelqu'un, voir : attrape, bouffonnerie, facétie, malice, mystification, niche, plaisanterie, tromperie.
>
> Farceur : celui qui joue des farces (bouffon, clown), celui qui a l'habitude de faire des farces (boute-en-train, espiègle facétieux... plaisantin), celui qui raconte des histoires pour mystifier (blagueur).

Chacun de ces éléments a quelque chose à voir avec nos histoires. L'un des classiques d'Etienne : la farce du dé.

Etienne, quatorze mois.
Il fait beaucoup de taquineries. Il part en courant en emportant un objet que les parents veulent, ou il cache quelque chose.
Surtout avec le dé à coudre; un vrai rituel a commencé simplement. Il s'est montré intéressé par le dé. Sa mère lui a montré comment on pouvait l'essayer sur chaque doigt, le changer de main. Etienne a essayé tout seul puis s'est mis à lancer le dé dans tous les coins et s'est précipité pour le cacher. Il demandait alors :
— *Dé ? dé ?* comme s'il le cherchait. Sa mère entrait dans le jeu :
— *Le dé ? mais où est-il passé ?*

L'histoire commence simplement, la curiosité de l'enfant pour ce petit objet dont les attraits sont multiples : sa petitesse, sa forme qui le rendent facile à saisir et manipuler, son usage inconnu pour lui, son lien avec le personnage maternel seul utilisateur du dé à la maison, avec tout un matériel que l'enfant ne doit ni toucher, au risque de se piquer, ni mettre en désordre... que de tentations! La bonne volonté maternelle qui lui montre que l'on peut jouer avec ce dé en le détournant de son utilisation, un jeu auquel participent tous les doigts, des deux mains... de plus en plus drôle!

Cette explication ludique met le dé à la portée de l'enfant. Il ne doit pas toucher les aiguilles, les ciseaux, mais le dé, après cette démonstration, ne peut que le séduire. L'enfant le prend alors dans deux circuits d'activités. D'une part jeter ou faire tomber (là, il fait un peu le fou, c'est du «jeu-désordre») et d'autre part cacher, ce qui s'opère dans le calme, avec un brin de mystère en mettant directement en cause l'interlocuteur : on le <u>lui</u> cache. Une farce est toujours destinée <u>à</u> quelqu'un.

Etienne commence par détourner l'attention à son profit en interrompant la couture. Il ne dérange pas ouvertement, mais montre sa légitime curiosité. Plutôt contente que son fils témoigne de l'intérêt pour les choses, et soucieuse de ne pas décourager sa curiosité, Mylène (M) fait sa démonstration dans leur ton habituel : explications actives, avec note ludique. Maman-complice ou une fois de plus maman-naïve : elle sait bien qu'Etienne va en profiter, qu'il ne va pas rester dans les limites. Il suffit d'une allusion au jeu pour déclencher la fête. Dès qu'il commence à jeter le dé en l'air, l'initiative est dans son camp!

Le dé en main et maître du jeu, c'est le plongeon dans la farce et le tilt de l'humour. Etienne cache le dé. C'est banal, la plupart des enfants jouent à cacher des objets, mais ici Etienne opère si bien, l'adulte est si complice que cette petite rosserie adressée à sa mère devient à son tour le moteur du rire et d'un nouveau jeu :

Etienne : *dé? dé?* (= mais où est le dé?).
Mylène (M) : *le dé, mais, où est-il passé?*

La farce finit dans le rire, relance le rire, l'enfant a le plaisir supplémentaire d'être responsable de la scène drôle. Une farce qui marche, c'est le succès garanti.

Comment fonctionne la farce du dé? En premier lieu, l'idée de manipuler l'autre. Qui est le plus fin dans l'histoire? Ce n'est plus maman qui montrait avec tant de bonne volonté à quoi peut servir le dé. C'est Etienne bien sûr, à plus d'un titre : il la dérange impunément, il obtient sa démonstration, il prend possession du dé, il fait le fou avec et puis, comme dans un tour de passe-passe, il le fait disparaître. L'adulte est possédé! L'enfant crée une fiction, un mensonge ludique : en apparence (et parfois en réalité) c'est lui qui tient les ficelles, lui seul qui connaît la cachette du dé et peut à volonté le faire réapparaître ou disparaître (dans d'autres farces de cachettes, il est évident qu'Etienne possède bien de vraies cachettes que lui seul connaît). Un pouvoir gigantesque pour un si petit garçon.

Etienne est investi de pouvoirs multiples. Celui de faire rire qui n'est pas négligeable et se trouve en bonne place aux côtés de l'humour (faire rire, un moteur social de l'humour). Il détient aussi le pouvoir de faire apparaître-disparaître ce qui est caché (privilège rare, car habituellement c'est l'adulte qui détient le pouvoir de donner à l'enfant ou non ce qu'il réclame, de délimiter ce qu'il peut toucher ou non, ce qui est «pour les enfants» ou non), et le pouvoir de jouer avec cette frustration qu'il impose à sa mère. Sa farce dégonfle la dignité de l'adulte : malgré ses qualités, son rire et sa complicité, maman est comme tout le monde, prête à se laisser prendre, le «jouet» de l'enfant.

Il faut tôt ou tard revenir à la réalité et rendre le dé. On le vit comme un dernier soubresaut de la blague (*tiens, regarde ce que j'ai dans la main!*), comme une abdication, ou sous la pression de la force... les farces ne finissent pas toujours très bien, car l'adulte ne supporte pas indéfiniment de se faire mener sur le chemin du jeu. Il ne peut pas chaque fois perdre la face ouvertement.

Il y a toujours dans une blague ce jeu de pouvoir : qui est le plus fort, qui va tenir jusqu'au bout. L'enfant momentanément se montre le plus malin. Il se croit le plus fort, dans un débordement d'excitation. Il se prend pour le roi, alors qu'il est le fou du roi... mais on sait bien que les deux personnages sont inséparables dans les coulisses de l'histoire et dans l'inconscient collectif! L'adulte n'est pas dupe : qu'il se vexe ou s'amuse de la blague, il sait bien qu'au bout du compte il

retrouvera son dé. Il fait simplement semblant d'y croire un moment : il permet à l'enfant de rire et de jubiler, lui offrant pour quelques instants son meilleur rôle puisqu'il est en même temps le roi et le fou.
Au bout du compte surgit la question : comment devient-on farceur ? En d'autres termes : comment les relations d'Etienne et sa mère les ont-elles amenés à élaborer ce répertoire de farces ? En remontant dans les histoires d'Etienne, on récolte de 4 à 6 mois :

> De plus en plus gai, il faut dire que je le chahute beaucoup! S'il râle je le chatouille en disant : « non, non, non! ». Il s'arrête, sourit et se met à rire franchement.
> .../...
> Avec moi, il chahute plutôt, reste souvent cinq minutes à faire un câlin, puis chahute, aime se mettre debout, faire l'avion...
> .../...
> Quand il râle le soir avant de s'endormir, je lui dis :
> — *Eh bien mon Titou!*
> Il éclate de rire, rit aux larmes.

Un solide répertoire de jeux communs, de poursuites, de coucou-trouvé (8 mois), le jeu du lit (10 mois), le grand jeu du piano (10 mois) et, peut après un an, toute une gamme de mini-farces, comme chez beaucoup d'enfants :

> Il s'enfuit en courant s'il sent qu'on va le laver ou le moucher.
> Il aime beaucoup nous voir accroupis, il en profite pour nous taper sur le dos en riant.
> Il s'apprête à nous donner un objet puis file en riant et en courant à toute allure.

Le devenir des farces n'est pas le même chez tous les enfants. Pendant l'année qui suit l'histoire du dé, les adultes doivent jouer serré car les farces deviennent rapidement rosses :

> **Etienne**, dix-huit mois.
> Je désherbe le jardin. Etienne m'aide. Il prend les tas de mauvaises herbes, les jette dans le massif désherbé en criant :
> — *Dedans! dedans!*
> Puis il prend un tas et me le colle sur la tête en riant :
> — *Maman! maman!*

L'attaque est claire : c'est bien maman qui est visée. On commence de façon neutre. Etienne aide, il est sans doute content de participer et s'est peut-être fait féliciter : *tu aides bien maman!* D'entrée de jeu, le masque de la fausse innocence.

Premier temps anodin. Remettre les mauvaises herbes dans le massif, c'est une taquinerie pas méchante. Etienne ne peut pas se faire réellement disputer, protégé par son engagement initial : on ne gronde pas un petit garçon qui aide. Alors, Etienne y va carrément. Là ce n'est plus drôle du tout. L'offense ouverte. Il faut vraiment y aller fort pour faire réagir maman! Les mauvaises herbes sur la tête, à la figure en quelque sorte, c'est l'affront, un pied de nez appuyé!

Il rit fort, mais c'est de l'humour grinçant, car il se demande s'il va encore faire rire longtemps après une agression aussi franche. Il faut vraiment vivre dans une complicité et un ton de rire à toute épreuve pour trouver la pirouette qui évitera que l'histoire des herbes tourne au drame!

Car en compagnie des mauvaises herbes, ce sont toutes les tartes à la crème, tout ce qu'on envoie à la figure de l'autre en le faisant rire quand même... qui entrent dans nos pieds de nez. Les «brr» la bouche pleine en étaient une pré-forme faible.

La farce, c'est le pied de nez au pouvoir. L'humour, c'est, en plus, l'art de l'empaqueter assez bien pour que le climat reste au rire et à la complicité. Humour de l'adulte et de l'enfant indissociables : la somme de tout ce qui circule dans leur relation complice permet que l'incident soit vécu comme de l'humour, ou tourne mal. L'enfant ne fait pas d'humour tout seul; il adapte des comportements qui ont juste la dimension de se glisser dans leur système commun.

9
Les fausses pistes

Julien, cinq ans.
— *Ça y est, maman! je lis bien, je lis même les yeux fermés!*

Julien fonce et rêve d'être grand. Cette fois, ça y est, comme ceux qu'il envie tant... il lit! Du moins croit-il lire ou faire ce que font les autres quand il les voit lire. Son enthousiasme nous plaît déjà. Il s'est laissé piéger par l'auréole magique de la lecture : radieux d'annoncer à sa mère qu'il lit, il ne peut en rien imaginer ce que cela signifie. Tant que l'on ne sait pas, rien ne permet de saisir en quoi consiste la lecture. Ce qui donne à Julien l'illusion de lire ? Il a un livre sous les yeux et surtout il est dévoré de l'envie de lire. Deux conditions qui existent dans la lecture, aux deux extrêmes d'une chaîne d'opérations sous-jacentes que l'enfant ignore. En ne retenant que ces seuls indices, il saute à pieds joints sur le mécanisme de la lecture sans lequel tout le reste est illusion.

Il n'est pas le seul à tomber dans le piège. Grégoire rentre de sa première journée de « grande école » surpris et déçu : il ne sait pas encore lire!

C'est « *même les yeux fermés* » qui donne sa classe à l'anecdote. En fonçant, tête baissée, dans son désir, l'enfant s'égare au point de tomber dans la plus énorme contradiction possible : « lire les yeux fermés », c'est du Raymond Devos, c'est le premier maillon des chaînes absurdes comme « le jeune vieillard... qui lit à la lumière d'un réverbère éteint le journal plié en quatre dans sa poche ».

L'humour est absolument involontaire ici. De même pour de nombreux enfants que l'adulte trouve naïfs, maladroits et souvent drôles. Le schéma est toujours le même : l'enfant saisit un aspect ou un détail de la réalité et passe à côté de la notion principale. Ici le mécanisme de la lecture, ailleurs, d'autres notions également difficiles à saisir :

> **Ivan**, trois ans et demi.
> — *Tu sais, Papy Didi, quand je serai grand, j'achèterai beaucoup de jouets.*
> — *Tu auras de l'argent ?*
> — *Oh oui, j'irai souvent à la Banque en chercher !*

Ivan sait qu'on va chercher l'argent à la Banque, mais il lui échappe que la Banque n'est pas seulement un distributeur d'argent (la distribution automatique de billets entretient sans doute de façon trompeuse cette vue magique). Comme pour la lecture, ce sont les opérations essentielles, invisibles et difficiles à expliquer qui échappent à l'enfant. Il n'a pas les moyens de les conceptualiser, même s'il pressent, comme c'est certainement le cas d'Ivan, que sa réponse n'est pas totalement adéquate. Même schéma pour la natation qui donne lieu à une «chute» burlesque :

> **Nicolas**, quatre ans.
> Apprend à nager et rêve de faire comme son frère, sauter dans l'eau sans bouée. Je propose de l'aider et de lui tenir la main sous le menton. Mais Nicolas trouve cette aide superflue :
> — *Non, c'est pas la peine, je vais le faire tout seul.*
> Et il se met à nager en se tenant la main sous le menton !

Digne des histoires du fou qui plonge dans une piscine vide ! Humour involontaire encore, avec, idéalement réunis et réussis, le sérieux et le gag, dans l'énormité de la contradiction. Dans l'esprit de Nicolas, il suffit de mettre la main sous le menton pour nager. Il va rapidement comprendre que, pour des tas de raisons, sa main à lui n'a pas les mêmes dons !

Ces enfants sont piégés par les apparences et la complexité de la réalité. Il en est ainsi souvent dans ce chapitre. Ces scènes amusent sans que l'enfant ait cherché à faire rire. En les versant au dossier du comique ou de l'humour, les parents nous permettent de saisir comment naissent certains procédés humoristiques, à partir des méprises, des saisies partielles et des erreurs d'interprétation de l'enfant dans la construction du réel.

Les enfants plus jeunes ont, plus encore, l'occasion de s'égarer, mais sans commentaires verbaux, nous comprenons plus rarement leurs fausses routes. Quels tâtonnements, quels désarrois montrent que l'enfant est en train de se tromper, d'organiser des repères insuffisants, inadéquats, ou qu'il est complètement égaré ? Ces histoires peuvent contribuer à la saisie de l'humour en général.

PERDU PAR UN DETAIL

Dans sa découverte du monde qui l'entoure, l'enfant se montre avide, entreprenant, souvent méthodique, même pointilleux. Oui, il veut tout explorer ! Il arrive qu'un détail retienne toute son attention. Si nous avions à lui présenter une vue du monde cohérente, nous ne commencerions pas par là. Il en résulte des premières méprises, très fugitives :

> **Antoine**, deux mois.
> Bébé nourri au sein qui aime beaucoup manger. Il attrape la main de sa mère, se met à la téter, mais ça ne lui plaît pas.
> Il la rejette et se précipite sur le sein.

Un faux pas éclair. Retour à la réalité en un instant.

Des détails qui l'accrochent sont pour nous insignifiants. Aurélien (six mois) joue longuement avec l'extrémité de la ficelle qui sert à tirer son chien Snoopy. Le chien en bois, coloré, attractif est totalement négligé. Adrien (9 mois) est assis au milieu d'un tas de jouets, mais ce qui le fascine est un petit fil blanc, oublié sur la moquette sombre, qu'il gratte, gratte jusqu'à finalement l'attraper et le sucer longuement. Ces enfants ont la même façon d'aller contre l'attente. Le plaisir est dévié, capté par un petit fil, presque rien, un détail infime. La force d'attraction de ces détails, assez forts pour masquer tout le reste, ne se limite pas à l'enfance ; dans certaines circonstances, nous conservons la faculté d'aller directement au détail qui nous intéresse, ignorant momentanément ce qu'il y a autour. Suivez les regards des passants qui s'attardent devant une vitrine ou des touristes devant l'accrochage d'un musée !

Les détails qu'il repère, l'enfant les mémorise, les associe, les organise et les compare, construisant ainsi une vue des choses sans doute éparpillée au début. Nous allons le voir en prenant l'exemple du téléphone, l'un des objets que tous les bébés apprécient, avec sa sonnerie, l'animation qu'elle suscite, le geste et le petit bruit du numéro que l'on compose sur le cadran, surtout le ton du discours avec ses tournures faciles à imiter — *allo ?* — les mimiques, les gestes et les intonations alors qu'on ne voit pas l'interlocuteur, enfin les silences qui laissent deviner une lointaine présence. Dans les appartements d'aujourd'hui, le téléphone est familier à tous les bébés.

L'adulte propose parfois au bébé « d'écouter », conscient de l'émotion que provoque l'étrangeté d'une voix familière suffisamment déformée pour que l'enfant hésite parfois à la reconnaître.

> **Benjamin**, neuf mois.
> Pour la première fois, une brève absence de sa mère. Elle téléphone le soir pour prendre des nouvelles des enfants. On donne l'écouteur à Benjamin, qui écoute, très attentif, puis s'écrie : *maman!*

Le bébé possède aussi souvent un téléphone-jouet. Il fait semblant de décrocher, d'écouter, de parler ou prend son appareil lorsque retentit notre sonnerie. Nous retrouvons l'exagération de nos intonations et de nos gestes! Il n'imite cependant qu'une partie du scénario, ce qui donne lieu chez tous à des non-sens comme le geste de Lara :

> **Lara**, dix mois.
> Elle possède un téléphone en plastique. L'appareil des parents se trouve à proximité de son parc si bien que lorsqu'on téléphone elle profite entièrement du spectacle.
> Quand elle entend la sonnerie du téléphone, elle décroche immédiatement son récepteur-jouet et le pose sur son épaule en modulant des « aaaa ».
> Dans la mesure où ce coup de téléphone interrompt une activité en cours, elle ne participe qu'à moitié, sans se soucier de tenir l'écouteur en face de son oreille. Celui-ci est posé dans un équilibre fragile sur son épaule, dans une position qui ne lui permettrait pas du tout d'entendre.

L'imitation de Lara est précoce et bien vue, ce qui rend d'autant plus cocasse la négligence de l'essentiel. Pas de communication téléphonique possible lorsqu'on ne s'entend pas! Les enfants ne sont pas gênés par cette incohérence et gardent avec sérieux le récepteur posé n'importe comment sur l'épaule!

Un peu plus tard, l'enfant a l'initiative d'appeler lui-même. Il fait plaisir. Lorsque interrompant ses jeux, Antoine fait semblant de téléphoner à papa, chacun comprend qu'il a pensé à lui :

> **Antoine**, deux ans.
> Un matin, c'est lui qui prend l'initiative d'appeler son père au téléphone. Il respecte scrupuleusement le déroulement des gestes qu'il a observés depuis toujours : décroche l'écouteur comme il peut sur son épaule, compose un numéro, puis « parle » :
> — *Papa, papa!* (suit un long discours intoné, avec des « blancs » pour laisser répondre l'interlocuteur).

Il arrive à tous de composer des numéros par hasard, de décrocher eux-mêmes en étonnant, avec leur jargon, le correspondant qui ne s'attendait pas à trouver au bout du fil cette petite voix. Ces enfants sont en train de construire les schémas des activités, même si au début ils ne perçoivent que des fragments dispersés.

Cette parcellisation de l'expérience pratique présente des analogies avec celle des traits sémantiques des mots. Pour le bébé qui sait dire « tasse », ce mot comporte plusieurs éléments de sens : récipient d'une certaine dimension, pour boire, contient du lait, l'enfant peut le tenir, il connaît sa place dans le placard. Chacun de ces traits peut être appréhendé isolément, se prête à des associations propres, jusqu'à ce que le concept constitue un tout et s'applique à toutes les tasses.

La saisie isolée d'analogies partielles produit parfois des effets drôles. L'humour va jouer sur ces traits partiels, mettre en correspondance deux détails qui n'ont pas grand-chose à faire ensemble : l'humour parcellise, fait éclater en morceaux, disloque :

Avec le téléphone toujours. La seule image d'un téléphone peut faire démarrer un jeu d'association :

Julie, un an.
Regarde avec son frère l'Imagier du Père Castor. Elle repère l'image du téléphone, se penche, pose son oreille sur l'image et dit : *ao!* (= allo).

Il suffit encore d'une analogie de forme :

Pascale, un an.
Dans le bain, elle prend la douche :
— *Allo!*
Et poursuit un grand discours intoné, comme si elle téléphonait.

D'une analogie sonore :

Céline, un an.
Le réveil sonne :
— *Allo!*

Mathilde, dix-huit mois.
A la messe, entend retentir la clochette :
— *Allo, maman!*
De nouveau la clochette :
— *Encore allo, maman!*

Dans l'esprit de l'enfant un détail est commun à l'expérience actuelle et au téléphone. Constat plus que confusion, avec parfois intention de faire rire. Lorsque l'enfant grandit, le téléphone donne lieu à des imitations très soignées, témoignant des qualités d'observation et du désir de faire comme si...

Frédéric, deux ans.
Imitant sa nounou et nous-mêmes, il joue avec le téléphone : gloussements, tête penchée en arrière, air affairé, tout en consultant un papier, les jambes croisées.

Ces confusions et amalgames transitoires ne sont que pré-humour et cependant, ils vont être largement exploités pour faire rire, à tous âges, dans des productions humoristiques, qu'il s'agisse de dessins ou de films. Revoyez les Marx Brothers et vous serez convaincus que l'on peut tirer des effets comiques de telles méprises : le réveil sonne, il décroche le téléphone, une autre fois, c'est au coup de sonnette qu'il sursaute et bâille comme s'il avait été réveillé par la sonnerie de son réveil. Les ressorts du comique utilisent ce qui est resté le plus «enfant» en chacun.

SON STOCK D'EXPERIENCES

Chaque enfant a une façon à lui de voir le monde et d'y trouver sa place. Elle prend forme, sous nos yeux. Nous voyons se constituer son répertoire de gestes, d'habitudes, de jeux, de perceptions, de connaissances. Là aussi il procède par approche-essai, erreurs et amélioration progressive.

Tout petit, par exemple, il interprète de travers, ou ne sait pas comment interpréter certaines réactions des adultes, comme Frédéric qui, dans «le polo rouge», ne peut se raccrocher à aucun indice significatif :

> **Frédéric**, deux mois.
> Je (M) lui enfile un polo rouge qui lui reste coincé autour du visage, faisant bonnet d'âne avec les manches comme de petites oreilles.
> Son père et moi prenons un fou-rire devant cette petite tête de diable. Frédéric se rend compte qu'on se moque de lui, fait la moue et éclate en sanglots.

Les associations qu'il construit ne sont pas très solides souvent au début. Nous l'avons vu, dans des activités aussi simples que les gestes significatifs. Il arrive qu'il mélange tout, les bravo, au revoir, marionnettes et autres gestes :

> **Lara**, neuf mois.
> Elle imite très bien les marionnettes. Quand elle a terminé son numéro, elle se fait applaudir :
> — *Bravo, Lara!*
> Quelques jours plus tard, on lui demande les marionnettes, elle se met à faire «bravo».
>
> **Aurélien**, huit mois.
> Fait «au revoir» avec la main depuis plusieurs semaines. Les jeux gestuels se diversifient : «bravo», «les marionnettes». Il se trompe, ébauche l'un quand on annonce l'autre.
>
> **Frédéric**, un an.
> Je lui donne une ou deux tapes sur la main quand il fait une bêtise. Il prend

alors l'air tout surpris, me regarde, puis en souriant, imite mon geste en tapant ses mains l'une contre l'autre, ce qui transforme vite les tapes en *bravo!*

Il a le choix entre les trois gestes qu'il connaît et il se trompe ! Ces imprécisions sont comparables aux débuts des premiers mots qui, un certain temps, restent flous dans leur forme et leur sens, polyvalents, progressivement précisés et fixés grâce au jeu de reprises correctives des interlocuteurs habituels. Chez Lara et Aurélien les gestes ne sont pas encore très fixés, mais Frédéric, lui, fait certainement exprès de glisser d'un geste à l'autre, d'une tape à «bravo». Il s'agit de l'une de ses premières stratégies de détournement, pour ne pas perdre la face.

Les méprises de Lara et Aurélien sont encore loin de l'humour; elles appartiennent aux préalables. Il suffit de les comparer au comportement de Frédéric qui, en apparence, diffère très peu. Plusieurs critères d'humour cependant sont déjà présents dans son «bravo».

Il déplace l'**attention**, rompt le déroulement de la scène : on le gronde et lui détourne l'adulte avec charme. Il compte sur la **complicité** et réussit une manœuvre défensive ou discrètement **agressivo-défensive**.

Le **climat** initial est un peu tendu (il vient de faire une sottise et se fait gronder), son astuce fait complètement changer le ton ; les **retombées** sont positives.

Il existe **deux plans** ou deux images opposées : l'enfant grondé, l'enfant qui amuse l'adulte. La trouvaille est d'utiliser le glissement d'un geste à un autre (glissement fréquent en dehors de ce contexte et sans intention) qui, comme un tour de passe-passe, donne une orientation nouvelle à la scène.

Dans les deux exemples qui précèdent, les enfants, qui sont plus jeunes, se trompent de geste sans raison ou simplement pour rire. Ils amusent, dans le ton familier des habitudes de complicité et de rire. Mais les critères d'humour n'apparaissent pas.

Plus grand, il arrive souvent encore qu'il ne saisisse, d'une situation, que certains indices partiels, sans percevoir que, hors de leur contexte, ces indices n'ont plus le même sens, comme Julie :

> **Julie**, vingt-deux mois.
> On revient juste de vacances au bord de la mer. Elle restait alors de grands moments sur la plage, sous un soleil très violent ; elle portait un chapeau pour se protéger des ardeurs du soleil.
> Au retour, le temps a changé. Les parents allument un feu dans la cheminée et il fait rapidement très chaud. Julie réclame qu'on lui mette son chapeau, comme à la plage.

Julie connaît «chaud» dans deux situations : le soleil sur la plage et le feu dans la cheminée. Le chapeau qu'elle met sur la plage devient incongru devant le feu de cheminée. Un comportement tout à fait cohérent pour elle, mais légèrement saugrenu pour l'observateur. Un schéma qu'utilise largement l'humour absurde.

Toute sa vue du monde, ses connaissances sur les propriétés physiques et les questions de la vie s'appuient sur des indices partiels ou des informations simplifiées. Il rattache la situation actuelle à une autre connue et familière, en certains points comparable.

> **Mathilde**, vingt mois.
> Se promène le long de la Loire.
> — *Regarde, maman, le bain!*
> Comme cette histoire, rapportée par **Chukowski**. Au bord de la mer, un enfant voit un bateau au loin :
> — *Maman, la locomotive prend un bain!*
>
> **David**, deux ans et demi.
> Contemple la vapeur qui monte de l'assiette de riz très chaud qu'on vient de lui servir :
> — *La fumée, quand elle est montée au ciel, est-ce qu'elle redescend dans l'assiette?*
>
> **Frédéric**, trois ans.
> Voit, dans un illustré, un photographe dans un hélicoptère :
> — *C'est le Bon Dieu, maman?*
>
> **Pierre**, cinq ans.
> Rejoint son père qui l'attend pour les vacances. En descendant d'avion. A-t-il fait bon voyage? Oui, ce premier vol lui a plu, mais il s'inquiète, le ciel n'est pas ce qu'il croyait :
> — *J'ai pas vu le Bon Dieu!*

C'est le doute... Pierre espérait, en prenant l'avion, vérifier ses hypothèses. D'autres ne s'étonnent de rien :

> **Céline**, trois ans.
> Un cousin lui demande :
> — *Mais, Dieu, où il est?*
> — *Il est dans notre cœur, c'est même une du cathé qui me l'a dit!*

La saisie partielle est à l'origine de nombreux effets que l'enfant n'a pas cherchés. L'humour que nous y trouvons tient à la naïveté de l'enfant, et aussi aux résonnances qu'elle éveille en nous, car, tout en croyant construire un monde logique, bien des adultes fonctionnent de façon peu différente. Lucie, à 3 ans, remarque à la télévision toutes les apparitions de Simone Veil qu'elle appelle : *la dame en forme de Mamy*. L'explication est simple : toutes deux ont le même chignon. Ici, il s'agit simplement de l'aspect physique, pour Ivan, c'est la fonction du personnage qui est en question :

> **Ivan**, trois ans et demi.
> Regarde la télévision. Il voit le Président de la République répondre à une interview en plein air :
> — *Eh bien, Mitterrand, il travaille plus? il est plus derrière son bureau?*

« Assis derrière son bureau » est lié à l'activité présidentielle. Un Président dans un autre contexte brouille les schémas. Une pincée de magie pour Bruno :

> **Bruno**, deux ans et demi.
> Il est fiévreux. Je lui explique qu'il va prendre un médicament pour guérir. Il le boit, me rend le verre et dit :
> — *Voilà, l'est plus malade maintenant (sic)!*
> Comme par enchantement, ce qu'il dit semble vrai : il se précipite sur son xylophone, tape dessus en chantant alors qu'il a 38° 5.

Bruno prend à la lettre les espoirs de guérison, et — miracle de la médication — passe tout de suite à la démonstration ! Mélange de crédulité et d'effet placebo ?

C'est encore parfois l'erreur à l'état pur qui fait coïncider deux plans à partir d'un détail exact :

> **David**, quatre ans et demi.
> Il regarde une carte départementale de la France. Il pose le doigt sur l'Indre-et-Loire et clame, sûr de lui :
> — *Charbonnières, c'est là !*
> Il habite à Charbonnières, à proximité de Lyon. On essaie de déplacer son doigt mais il ne veut pas en convenir, revient dans l'Indre-et- Loire et se justifie :
> — *Tu vois bien que 37 est écrit là !*
> Il habite 37, avenue Lamartine.

Le 37, pivot de la méprise, appartient à deux réalités, l'adresse de David et le département d'Indre-et-Loire. Comme le chignon pour Lucie appartient à Mamy et à Simone Veil !

Lorsqu'il grandit l'enfant formule son point de vue : il compare les expériences acquises et certains aspects de la réalité qui sont nouveaux pour lui. Il dit ses étonnements :

> **Loïc**, deux ans et quatre mois.
> Il voit des canards nager dans une mare qui n'est pas très propre.
> — *Pas savon !*

Vous suivez sa pensée : les canards sont dans l'eau comme l'enfant est dans son bain, mais où est le savon ? Cette eau est sale, l'absence de savon n'en est que plus troublante. Vraiment logique, Loïc ! Mais on ne lave pas les animaux comme les petits garçons, et puis, c'est l'eau de la mare qui est sale, alors à quoi bon ! Homme d'intérieur, Loïc encore :

> **Loïc**, deux ans et demi.
> Avec son père, ils mettent du sel dans le lave-vaisselle.
> — *Et maintenant, mettre le sucre ?*

Sel-sucre... des poudres blanches... comment s'y reconnaître ? Dans les deux exemples, c'est en suivant sa logique que Loïc formule une remarque inadéquate.

Devant les règles du monde à organiser, l'enfant se trouve novice. Comme le naïf qui ne possède pas les références culturelles communes. En questionnant sur Noël, Loïc possède quelques-unes des références communes, mais pas toutes, d'où une légère inadéquation :

> **Loïc**, trois ans.
> On parle de Noël, c'est l'anniversaire de Jésus.
> — *On lui donne un cadeau alors ?*

Il prend à la lettre *« anniversaire de Jésus »*. L'association *anniversaire* et *cadeau* est renforcée ici puisque *Noël* va également avec *cadeau*. L'idée est en même temps bonne et absurde. Une autre histoire de Noël :

> **Céline**, vingt mois.
> C'est le repas de Noël. Tous réunis. La crêche avec les bougies, les santons. Elle prend délicatement les santons qu'elle dispose en rang au bord de la table.
> — *Mais, que fais-tu Céline ?*
> — *Fais la cou(r)se !*

Si l'on s'en tient aux attentes de l'adulte, l'enfant est sur une fausse piste, mais non, il s'embarque tout simplement sur une autre piste. Ses désirs et son activité ne se situent pas dans le registre attendu. Avec les moutons, et les petits personnages disposés devant lui, sa logique, c'est d'organiser une course.

Les hésitations-faux pas colorent la plupart des questions que pose l'enfant. Banales ou profondes, elles reflètent l'ampleur et la diversité de l'édifice qui se construit. A côté des « grandes » questions, un flot de banalités.

> **Céline**, deux ans et demi.
> — *On t'a fait des trous pour te mettre tes poils ?*

Juste curiosité. Céline veut tout comprendre, méthodiquement. Avec plus de flou pour Julie :

> **Julie 2**, trois ans, a des cheveux courts ; elle se désole qu'ils ne grandissent pas vite et demande à sa mère :
> — *Tu m'en achèteras d'autres dis ?*

Une certitude pour elle : tout peut s'acheter, pourquoi pas des cheveux longs !

A travers les questions, nous saisissons un peu comment l'enfant voit les choses, comment elles continueraient à s'organiser sans les explications qu'il sollicite. Les explications «scientifiques» qu'essaie de fournir l'adulte — ce n'est pas toujours facile ! — ne sont pas forcément comprises, ni prises au sérieux et l'enfant conserve souvent ses interprétations à lui. Nous ne procédons pas très différemment lorsque nous essayons de nous représenter comment fonctionnent les choses de l'univers. Sur bien des sujets, nous ne disposons, pour la plupart, que d'une imagerie naïve.

Certains enfants sont des questionneurs. Nos explications ne leur suffisent pas, ils s'en fabriquent !

> **Céline**, quatre ans.
> Elle sort de son bain et m'explique :
> — *Tu vois, l'eau du bain, elle emmène la saleté du dehors. Et quand on boit, ça vous lave le dedans et c'est le pipi qui l'emmène.*

Aucun doute pour Céline !

Même si le ton est déterminé, l'enfant laisse percevoir que tout n'est pas très net dans son esprit, comme Julie qui, imperturbable, mêle deux canaux sensoriels :

> **Julie**, trois ans.
> Son oncle lui pose une question qu'elle n'écoute pas. Elle demande :
> — *Allume la lumière, je n'entends pas très bien.*

On croirait Feydeau (*Tu parles à contre-jour, comment veux-tu que je comprenne ?!*). Même confusion pour Jessica :

> **Jessica**, vingt mois.
> Admire le château de sable que fait son frère :
> — *Il est beau, ton château, i sent bon !*

Nous avons vu Julie (l'autre Julie) embrouiller, au moment d'entrer dans la piscine, deux systèmes de mesures : la température et l'heure (page 44). Une touche surréaliste !

Revenons aux questions que posent les enfants. Il s'y mêle saisie partielle, information insuffisante, souci de comprendre complètement, constat étonné... Les enfants ne les formulent pas tous de la même façon. Certains plus poètes, d'autres plus avides, obstinés parfois.

> — *Va pas tomber la lune ?* (Bruno, deux ans et neuf mois).
> — *Alors il a un zizi ou une zizette ?* (Bruno, trois ans, qui questionne beaucoup sur le sexe des gens).
> — *Qu'est-ce qu'il y a dans le nez ?* (Bruno, trois ans. Commentaire maternel : lâchement j'ai commencé par lui répondre : rien !).
> — *La pluie, c'est les nuages qui tombent par terre ?* (Bruno trois ans et trois mois).

— *Qu'est-ce qui fait bouger la langue?* (Bruno, quatre ans).
— *Où elle va l'eau des flaques quand il y en a plus?* (id).
— *Pourquoi les jambes sont accrochées au corps?* (id).
— *La mer, elle peut se vider d'un seul coup?* (Céline, deux ans).
— *Pourquoi la mer est salée?* (Etienne, trois ans et demi).
— *Où il est le robinet de la mer?* (id.).

Jusqu'au bout, jusqu'à l'impertinence, suivant la logique qui va démontrer nos contradictions :

Etienne, trois ans et neuf mois.
— *Pourquoi il fait noir quand c'est la nuit?*
— *Parce que le soleil est de l'autre côté de la terre.*
— *Alors il met son pyjama?*
Et revenant à la charge :
— *Et quand il y a des nuages, le soleil est caché, mais il fait pas noir?*

Déroutant l'adulte dans les pièges du langage, sans être tout à fait innocent :

Bruno, quatre ans.
— *C'est quoi l'extérieur?*
Ou encore :
— *Qu'est-ce que ça veut dire : par hasard?*

C'est aussi dans les habitudes sociales que l'enfant doit se repérer, perçoit des détails et tombe parfois à côté. Là aussi, il lui arrive de ne saisir qu'une partie de la réalité ou de se laisser égarer lorsqu'il interprète mal un détail. Deux histoires d'Ivan.

Ivan, trois ans et demi.
Vient dîner chez sa grand-mère qui a une jupe longue.
— *Mais, Suzanne, tu es déjà en pyjama?*

La jupe longue et le pyjama n'ont qu'un point commun : la longueur. A part ce détail, tout les oppose. *Jupe longue* annonce : dîner, fête ou cérémonie, c'est un détail «habillé» qui va avec un jeu social collectif et, en prime, la saveur d'un plaisir plutôt rare. *Pyjama* est banal, déshabillé, quotidien, lié pour un petit garçon à l'ennui d'aller au lit, de quitter la société et de se retrouver seul. Dans la perspective du dîner attendu, la jupe longue c'est la fête, le pyjama c'est le lit.

Pour Ivan, la bousculade de sentiments contraires : *j'attendais une fête, tout annonce le coucher*, et l'effet de détente du détail tout simple : cette jupe longue évoque tout de même un peu un pyjama!

Ivan commet une autre légère méprise dans le dédale des habitudes sociales lorsqu'il cherche quel cadeau offrir à sa petite cousine :

Ivan, cinq ans.
— *Pour Noël, je voudrais offrir des fleurs à ma petite cousine Julie !*

Bonne idée, mais la destinataire n'a que trois mois. On pense habituellement à bien d'autres cadeaux pour un bébé de cet âge !

Ce qui nous fait sourire dans le projet d'Ivan est le contraste entre son sérieux, la précision du projet (il est tout à fait cohérent qu'un petit garçon pense à offrir des fleurs) et son inadéquation. Ce léger décalage par rapport aux usages nous rend l'idée d'Ivan vraiment sympathique. Il a bien raison, peu importe l'âge : offrir des fleurs est toujours un hommage à la féminité. Savoir aussi fermement ce que l'on veut offrir, montre de surcroît que les idées d'un garçon de cinq ans peuvent être assez fortes pour s'imposer contre les routines. Ivan peut poursuivre son projet, il touchera tout le monde.

Il s'opère entre les fausses pistes que suit l'enfant et la réalité un réajustement permanent. L'enfant glane de nouvelles données, tire parti de ses essais et des ratés. Il n'est du reste pas totalement victime de nos règles et de notre logique. Nous avons vu qu'il sait tirer parti des situations, garder la tête froide dans les tempêtes, détourner les désagréments qui menacent : il prend l'air innocent, il attire l'attention à côté (*nez Tétène !*). C'est lui qui glisse vers une autre piste. Intentionnellement, il y attire l'adulte, usant d'une stratégie de détournement que nous retrouverons dans la dernière partie de ce livre, comme :

> **Frédéric**, dix-huit mois.
> Il est seul quelques minutes dans la salle de bains. Inquiète de ce grand calme, j'entre et le trouve les mains pleines de kleenex qu'il a tous sortis de leur boîte. Avant que je n'ouvre la bouche, il enfouit son visage dans la poignée de mouchoirs et affecte de se moucher bruyamment.
> Je ris. Il a gagné !

> **Jessica**, vingt mois.
> Quand on la gronde, elle dit :
> — *Jessica sommeil !*
> Elle se frotte les yeux et demande à aller se coucher. C'est une autre affaire si on l'y met !

Une petite fille qui a sommeil n'est plus grondable ! Elle est certaine des bénéfices immédiats : un câlin qui va complètement détourner de la gronderie initiale. Une petite comédie d'un ton acide pour les parents, car avec Jessica, il n'est jamais question d'aller dormir ! Une autre parade classique :

> **Jessica**, vingt mois.
> Dès qu'elle est contrariée, elle met sa main sur son ventre :
> — *Jessica, bobo cœur !*

Pour plusieurs enfants, une philosophie simple devant les petites frustrations de la vie :

Antoine, deux ans.
Il prend un tricycle qui est un peu trop haut pour lui. Il essaie, mais il n'y arrive pas, ses jambes sont trop courtes, il trouve une explication :
— *Kaké* (= cassé).

Non sans faire montre de crânerie parfois :

Bruno, trois ans et demi.
Il tombe dans l'herbe. Son père :
— *Attention, tu tombes tout le temps !*
— *Je suis pas tombé, je me suis couché !*

Ces faux pas jalonnent la construction du réel. L'enfant explore les contours et les limites. Il en résulte le ton de naïveté inimitable que l'adulte aime tant dans les réflexions d'enfant.

Dans la plupart de ces exemples, l'enfant n'est pas l'initiateur de l'humour. On peut, à travers eux, saisir certains des mécanismes qui donnent lieu à des créations humoristiques, ainsi que le glissement de conduites banales (la confusion des «bravo», «au revoir») à l'utilisation intentionnelle et humoristique.

L'appartenance à l'humour existe plus souvent dans l'appréciation de l'adulte que dans l'intention de l'enfant, comme c'est souvent le cas des usages du langage que nous allons voir dans le chapitre suivant.

10
Humour et langage

Demandez aux parents des exemples d'humour, ils vous raconteront à peu près tous des histoires de langage : des formules astucieuses, de petites confusions, des trouvailles verbales. L'humour des mots. Des jeux de mots.

Leur réponse est normale, le territoire du langage et celui de l'humour ont tant de points communs. Le langage se trouve à la croisée des chemins, là où l'imitation se mêle à la créativité, le jeu aux règles communes. Combinez ces différents thèmes : les jeux de langage, les jeux d'imitation, les règles d'interaction. C'est là aussi que nous ont entraînés les pistes de l'humour !

L'essentiel de ce livre dévoile comment l'enfant s'approprie les règles et les systèmes, comment il s'y adapte et s'en accommode, parfois grâce à l'humour. Or l'acquisition du langage constitue pour l'enfant le jeu à règles le plus fascinant et le plus démesuré. Territoire d'élection en même temps que révélateur de comportements humoristiques.

Notre quête de l'humour commence avant le langage, du moins avant que le langage soit construit. L'enfant est alors en train d'accumuler des matériaux à partir desquels se bâtira le langage. Pré-humour et pré-langage sont contemporains. Pour l'un comme pour l'autre, nous sommes attentifs aux préalables, à des faits qui ne sont encore ni de l'humour, ni du langage, mais chargés de tant de plaisir, de jeu, de mobilité et de sens que leur devenir ne laisse aucun doute.

Jouer avec les sons, répéter des syllabes lorsqu'à 4 ou 5 mois commence le babil, est d'abord un rodage, un exercice, et un plaisir, mais l'enfant continue à en jouer alors qu'il commence déjà à parler. Frédéric, à 2 ans et demi, se répète des variations sur le prénom de sa petite amie *Kasia* qu'il combine, suivant l'humeur, parfois avec *caca*, parfois avec *kiss* : *kiss, kiss, Kasia, Kashounia...*

On y trouve évidemment le plaisir de la répétition facile, le jeu gratuit, mais aussi l'astuce d'interrompre la chaîne attendue en glissant, sans en avoir l'air, pour lui-même, des mots porteurs de sens. Lourds de sens, puisqu'ils renvoient aux préoccupations du moment : caca, comme tous les enfants, et Kasia dont il rêve.

Les mots offrent tant de possibilités de jouer. Tout d'abord, les premiers mots, qui nous étonnent toujours, tant l'usage qu'en fait l'enfant est différent du nôtre. L'enfant ne possède que quelques mots et s'en débrouille. Bruno, à deux ans, emploie *tatine* aussi bien pour tartine que mandarine, orange, pamplemousse. Au même âge, *café* désigne tout ce qui se trouve dans les tasses ou les bols. Notre esprit d'adultes détenteurs de tous les mots découvre avec étonnement que l'enfant arrive à se faire comprendre avec ses dix ou quinze premiers mots et le réseau de significations mouvantes qu'ils recouvrent. Il s'arrange même pour en faire un usage non littéral, qui n'est autre chose que de l'humour. Un enfant de 18 mois qui ne connaît, en dehors de papa et maman, que le mot *bébé*, regarde avec insistance un énorme monsieur qu'il montre à sa mère, l'appelant d'un air complice : *bébé!*

En même temps qu'il apprend de nouveaux mots, l'enfant fabrique ceux qui lui manquent en généralisant des modèles qu'il repère dans la langue. Il forme des dérivés, des mots composés comme s'il se servait d'un jeu de construction. Il en résulte ces mots éphémères qui nous charment, de vraies trouvailles parfois :

— *J'ai sonné très fort pour le désendormir* (trois ans et trois mois).
— *On fait une parlette?* (trois ans et demi).
— *Il l'avait déprisonné* (quatre ans et trois mois).

D'autres fois il s'applique, veut être précis, interroge sur une forme qui l'étonne et se prend au jeu de la langue :

Valérie, trois ans et quatre mois.
— *Qu'est-ce que ça veut dire friponner les oreilles?*

En construisant le système de la langue, il se laisse parfois abuser et s'engage sur de fausses pistes. Il se trompe ou joue à se tromper sur la forme des mots, sur leur sens ou sur le découpage de l'énoncé comme :

> **Frédéric**, trois ans.
> — (L'adulte) *Je t'aime.*
> — *Pourquoi tu me t'aimes ?*
> **Bruno**, quatre ans.
> Je me maquille et il m'observe, puis, hésitant, me demande :
> — *Tu mets ta quille ?*
> **Lucie**, cinq ans.
> — *Il fait froid ce matin, il fait <u>deux grés</u>* (degré).

Dès qu'il en est capable, ses transformations sont volontaires, il en profite pour se moquer gentiment :

> **Valérie**, trois ans et demi.
> Entend :
> — *Je prends une petite <u>herbette</u>...*
> — *Un petit <u>air bête</u> ?*

Il s'agit jusque-là d'enfants qui commencent à parler. Mais avant ? L'humour préexiste dans notre écoute. Nous partageons l'intuition que ces *blebleble, koïkoï* et roucoulades sont déjà du langage. L'illusion transfigure ces bribes que nous interprétons comme du langage. C'est, chaque fois renouvelée, la même joie que celle de Frédéric écoutant son frère :

> **Frédéric**, deux ans et neuf mois.
> Nous déjeunons et entendons Cyril (cinq mois) qui s'exprime avec des cris joyeux dans sa chambre, alors Frédéric :
> — *Maman, Cyril parle !*

L'humour verbal intentionnel se manifeste bien après les imitations, les gestes ou les jeux. C'est normal puisque la tâche de construire le langage est bien plus complexe que d'imiter des mimiques ou des gestes, qui sont toujours des séquences relativement simples (revoyez les imitations au téléphone, rien n'est très difficile). Le système à règles complexe qu'est le langage offre à l'enfant un champ illimité de combinaisons, de contraintes ... et tant de pièges !

Un premier pas vers l'humour est franchi lorsque l'enfant produit de petites trouvailles verbales. Il ne s'agit pas de «bons mots», tels qu'on va les apprécier lorsqu'il sera plus grand, mais de formules qui témoignent d'un certain recul par rapport aux caractères utilitaires de la langue. L'enfant découvre que la langue se prête à des jeux. Bruno se montre très content de son petit jeu de mots :

> **Bruno**, deux ans et demi.
> A table, son père dit :

— *C'est vachement bon!*
Et Bruno lance :
— *C'est pour la vache, les bonbons!*
Tout étonné de sa trouvaille, il la répète plusieurs fois.

Ce n'est pas une grande trouvaille! Bruno reprend, décompose ou recompose chaque terme dans un petit énoncé possible tant pour la forme que le sens. C'est un petit jeu de mots intentionnel. Un bon début pour ce garçon bavard qui trouve dans le langage des plaisirs multiples. Il aime à la même époque se griser de paroles, une griserie comparable à ce que sont, pour l'activité motrice, les chahuts et bousculades :

Bruno, deux ans.
Installé sur son lit, il tient de grands discours à ses peluches :
— *La voiture, mais non, tiens ... il est beau, oh! ar terre l'est partie! Coucou la voiture, à moi, à moi...*
Discours dans lequel apparaissent des mots sans signification ou des mots inventés qui fusent et se répètent par période (kraper, prom), des bribes de chansons.

Il y glisse des innovations :

Bruno, trois ans et demi.
Il aime beaucoup parler un langage inventé spontanément auquel je ne comprends rien. Il le fait surtout en regardant un livre, en me singeant au téléphone ou encore au cours des voyages en voiture. Là, il est saoulant!

Les enfants sont inégalement inventifs avec le langage, mais tous découvrent une fois ou l'autre les fantaisies, les pièges et les jeux qui sont liés au sens. Les tentations commencent lorsque l'enfant réalise qu'un même objet peut être appelé de différentes façons ou qu'un même mot peut avoir plusieurs sens. On ne sait pas toujours quelle part revient au souci d'apprendre, aux méprises et taquineries intentionnelles :

Céline, deux ans et demi.
— *Le vélo a deux noms, vélo et bicyclette!*
Elle roule sur un tricycle!
Frédéric, deux ans et demi.
Il prononce difficilement le mot *passoire* qu'il confond un peu ou fait mine de confondre avec *balançoire*.
Alors il prend une passoire, me la pose sous les fesses et me donne une petite tape en disant :
— *Je te pousse!*

Dès qu'il commence à saisir les pièges habituels du sens, l'enfant s'en amuse et ironise gentiment :

> **Loïc**, deux ans.
> — *Bonjour, mon petit chat!*
> — *Miaou!*
> **Loïc**, trois ans et demi.
> Nous sortons, je lui demande :
> — *Loïc, appelle l'ascenseur!*
> — (Il hurle :) *Ascenseur! ascenseur!*
> mais en même temps appuie sur le bouton, comme il sait le faire depuis longtemps, montrant qu'il a, du message, en même temps un décodage ludique et sérieux.
> **Frédéric**, deux ans et quatre mois.
> Il a fait des saletés sur la table, son père est mécontent :
> — *Tu es sale, petit cochon!*
> Frédéric prend un air dégoûté, répète :
> — *Cochon*
> puis se met à grogner comme un cochon, en riant, finalement descend de sa chaise, se retrouve à quatre pattes et avance en grognant comme un cochon.

En grandissant, il s'empresse de glisser des astuces. Il ne se doute pas qu'en prenant les mots à la lettre, il réinvente quelques calembours ou jeux de mots qui sont des classiques !

> **Ivan**, trois ans.
> — *Tu vois, au feu orange, tout le monde s'arrête!*
> — *Ta montre aussi, elle s'arrête, papa?*
> **Valérie**, trois ans et demi.
> — *Tu lui as donné ton rhume?*
> — *Non, puisque je l'ai encore!*
> **Valérie**, quatre ans et demi.
> — *Alors, je prête l'oreille...*
> — *A qui tu la prêtes?*

A l'intersection langage-humour, nous allons nous limiter à deux thèmes. En premier lieu, les noms qu'emploie l'enfant pour nommer les personnes. Thème qui se situe à proximité des questions d'identité, de filiation, et des relations avec les adultes de référence.

Le second thème a été effleuré déjà : le langage est magicien, il permet des effets, des images, il autorise à employer un mot pour un autre, ce qui apporte une contribution, modeste, aux débuts des activités métaphoriques et métonymiques.

LES NOMS QUI NOMMENT

— *Au revoir, grande maman!* (Loïc, trois ans)

Les noms dont il est question dans ce chapitre concernent évidemment les personnes proches que l'enfant appelle, d'une façon ou d'une autre, dès qu'il commence à parler. Il s'agit des prénoms ou des termes en usage dans le groupe familial.

Au sein d'une culture, à un moment précis, les usages varient suivant les familles, même lorsque les milieux sont relativement peu contrastés comme c'est le cas ici. Certains parents se font appeler *papa* et *maman*, d'autres préfèrent le prénom. De même pour les grands-parents auxquels finalement l'enfant attribue souvent un « petit nom » qui évite de choisir entre *papy* ou *grand-père* plutôt que *pépé* ou le prénom. Les deux tendances sont représentées dans le groupe. Certains n'ont pas de règle, ou pas de règle absolue. Antoine par exemple utilise *maman* ou *Kakine* (= Catherine), mais ses parents encouragent plutôt *maman*, ce qui lui vaut un jour un bel effet :

> **Antoine**, vingt-deux mois.
> Il appelle souvent sa mère «Kakine», mais on le reprend :
> — *Mais non, c'est «maman»!*
> Un jour il appelle :
> — *Maman, maman, maman...*, comme une litanie.
> Au bout d'un moment, excédé, son père intervient :
> — *Ça suffit, arrête de dire «maman»!*
> Alors Antoine enchaîne :
> — *Kakine!*
> tout étonné d'avoir laissé échapper ça. Il fait évidemment rire son public.

Les noms et termes de parenté constituent l'un des premiers pans du lexique qu'organise l'enfant, à partir de *papa* et *maman*, rapidement suivis par les termes qui désignent les autres familiers, frères, sœurs ou nourrice.

En commençant par les noms, l'enfant entre dans le langage par son versant le plus chargé de sentiments et le plus directement engagé dans les jeux de la communication. Il nomme les personnes qui tiennent les rôles-clés dans sa vie ; ces mots permettent de les appeler, de les évoquer, de les imiter. C'est pas l'intermédiaire des noms que l'enfant va le plus clairement être l'initiateur de séquences interactionnelles en appelant un familier et en l'invitant à communiquer. L'enfant qui sait dire *papa* et *maman* peut en parler lorsqu'il est seul, et par le simple pouvoir du mot, il maîtrise l'évocation de la présence.

Ces mots sont les premiers points d'ancrage dans les échanges immédiats, dans l'identification des personnes, de leurs qualités et des relations qui les lient. A partir d'eux, l'enfant va se situer lui-même, en accumulant peu à peu des informations : il est petit, garçon, bébé, fils de. Il prend souvent plaisir à questionner pour construire des repères précis. Frédéric, à deux ans, trouve un biais pour interroger, préciser, délimiter sa propre identité. Il se désigne lui-même comme *fille* ou comme *bébé*, moitié interrogateur, moitié rusé. On va encore une fois lui expliquer la différence !

Ils sont aussi les premiers mots d'une chaîne, dans laquelle va s'inscrire le repérage des générations avec la relativité des âges, si difficile à comprendre quand on est petit. Nous sommes au début du langage et aussi au début des questions existentielles fondamentales. L'enfant ne les vit pas toujours avec gravité : là aussi les jongleries et les pirouettes sont de mise !

Quelques mots aussi, autour du prénom de l'enfant[1]. Plusieurs parents sont amusés par l'intérêt précoce et le plaisir que le bébé manifeste lorsqu'on l'appelle par son prénom. L'enfant est sans doute mis sur cette voie dans la mesure où l'adulte prend plaisir à dire le prénom et le dit très tôt, entretenant l'illusion qu'un dialogue existe déjà et que l'enfant comprend... Oui, il est vrai qu'il perçoit une partie du message lorsque nous nous adressons à lui en l'appelant par son prénom :

> **Adrien**, trois mois.
> A très tôt réagi à son prénom avec une attention très vive. En fait il réagissait de même toutes les fois qu'on l'appelait avec un mot dont la configuration rappelait son prénom : Cyprien obtenait le même effet qu'Adrien.

Adrien va rester très intéressé par son prénom et dès qu'il commence à parler, il est content de le reproduire :

> **Adrien**, un an et demi.
> — *Comment tu t'appelles ?*
> — (Geste de l'index qui se montre) *ien !*

Benjamin n'a pas même quatre mois lorsqu'il manifeste du plaisir à l'écoute de son prénom, avec déjà une nuance de taquinerie :

> **Benjamin**, quatre mois.
> Quand on l'appelle par son prénom, il joue à attendre, s'arrête et rit aux éclats avant de se tourner.

Le plaisir est le même lorsque les parents appellent avec des petits mots à eux, comme Guillaume qui, tout petit, rit beaucoup quand maman l'appelle «*pupuce*». On ne sait ce qui enchante le plus les parents : les réactions au prénom, ce prénom qu'ils ont choisi parce qu'ils l'aiment, ou les préférences marquées pour les diminutifs qu'ils improvisent et dont ils pensent qu'ils n'appartiennent qu'à eux?

Lorsqu'il grandit, l'enfant montre l'importance que revêt pour lui le prénom, une marque spécifique. Il colle à la personne au point que l'emploi d'un terme moins précis contrarie parfois sérieusement :

> **Grégoire**, quatre mois.
> Je parle d'une petite amie qu'il aime bien en disant : « <u>une petite fille</u> », mais il s'insurge :
> — *C'est pas une petite fille, c'est Elisa!*

Augustin dit clairement son attachement pour sa maîtresse, dans un jeu sur le prénom, qui peut sembler anodin :

> **Augustin**, quatre ans et demi.
> Nous parlons du fils de sa maîtresse. Comment s'appelle-t-il?
> — *Elle ne lui a pas encore trouvé de nom!*
> Puis il précise, d'un ton très naturel :
> — *è l'appelle « cake »!*

Cake! autant dire qu'il s'appelle *n'importe quoi*. Rien du tout. Il existe à peine. Tant qu'il n'a pas de nom, il n'a pas de réalité, ce garçon. Les enfants de l'école maternelle croient tous que leur maîtresse est à eux, personnellement. Ils évitent d'imaginer qu'elle a une vie personnelle. Mieux vaut ne pas penser à ces dangereux rivaux, ses propres enfants. Augustin préfère s'illusionner : sa maîtresse est à lui.

L'appeler par son prénom, c'est reconnaître personnellement l'enfant ; il n'est plus un bébé, ni un petit être neutre. C'est une personne qui a son identité, son nom. Le mépris de Sabine :

> **Sabine**, deux ans et quatre mois.
> Longtemps elle appelle indistinctement ses deux sœurs Lucie, le prénom de l'aînée.
> Lucie passe quelques jours chez sa grand-mère, Sabine se trouve alors seule avec Charlotte, la dernière et pour la première fois l'appelle par son prénom. On craint que la confusion ne revienne au retour de Lucie, mais non, Charlotte persiste.
> La question n'est cependant pas réglée, car Sabine prononce de façon très proche *Charlotte* et *culotte* et joue de la proximité phonétique.
> Elle s'amuse beaucoup à dire *Charlotte* quand il s'agit de culotte.

Quand elle consent à nommer Charlotte, elle trouve une autre astuce qui n'est pas flatteuse pour sa sœur, mais aura une supériorité, permettre de rire et de faire rire. Même genre de pirouette gentiment allusive de la part de Frédéric :

> **Frédéric**, deux ans et demi.
> Pour l'occuper au cours d'un long trajet en voiture, nous jouons à nommer chacun : *papa, maman, Frédéric*. Lorsque vient le tour de Cyril (cinq mois) que je tiens dans mes bras, celui-ci montre son dos à Frédéric qui, dans l'élan du jeu, ne nomme pas son frère mais glisse :
> — *Derrière!*

Son prénom est chargé d'une telle valeur pour l'enfant qu'il en joue comme d'une catégorie, d'un prototype, comme Bruno qui a peut-être, il est vrai, entendu l'adulte s'exprimer ainsi :

> **Bruno**, quatre ans et deux mois.
> Si je le gronde parce qu'il rapporte des kilos de sable sous ses chaussures ou éclabousse en sautant dans les flaques, il prend un air résigné et désolé :
> — *Tu sais, les Bruno, ça met du sable partout!*
> ou
> — *Les Bruno, ça saute dans les flaques d'eau!*

Le jeu le plus précoce avec les noms et les prénoms est celui des confusions-gags volontaires. Chacun connaît le plaisir que prend l'enfant à dire un mot pour un autre ou à faire des blagues en se trompant de mot. Le plaisir est décuplé lorsque le jeu porte sur les noms. L'une des premières blagues verbales que font les tout-petits est d'inverser *papa* et *maman*. Purement ludique certainement :

> **Mathilde**, quatorze mois.
> On lui demande de dire : *maman*, volontairement, en riant, elle répond : *papa!*

Parfois chargé d'un sens lourd comme un cœur gros, pour Loïc, déçu de ne pas être réveillé par maman, un matin, ou simplement complice avec papa qui, pour un jour, tient le rôle de maman :

> **Loïc**, deux ans.
> C'est son père qui vient le lever alors qu'habituellement c'est sa mère ;
> Pendant une période de petite opposition à son père, l'accueille par :
> — *Bonjour maman!*

Situé dans une période de légère opposition à son père, l'épisode est habilement utilisé par Loïc pour exprimer tout simplement qu'il préférerait voir maman au réveil. C'est si gentiment dit que l'harmonie n'en souffre pas. D'autres enfants l'auraient exprimé en grognant, en bougonnant : *non, pas toi, je veux maman*. Loïc s'en sort bien mieux.

La confusion est tout simplement ludique chez Clément qui, à deux ans, appelle si gentiment son père *Papa Bo* (= papa Thibault). Lui aussi sait dire depuis très longtemps *papa* et *maman*, mais il les taquine :

> **Clément**, deux ans.
> Il appelle rarement sa mère *maman*. On le surprend parfois à dire *maman* quand il joue, tout seul. Le mot lui échappe, il ne fait pas attention.
> Lorsqu'on lui demande de montrer qui est maman, il ne se trompe jamais mais si on montre maman en lui demandant comment elle s'appelle, il répond :
> — *Papa!*

La tentation d'agacer les parents persiste longtemps, à deux ans et demi, c'est encore Etienne, bien sûr!

> **Etienne**, deux ans et demi.
> L'habitude est d'appeler : *papa Jean-Louis* et *maman Mylène*. Lui préfère évidemment opérer son petit mélange :
> — *Papa Mylène, maman Jean-Louis.*
> Et, comble de la farce, il montre sa sœur, Julie et déclare :
> — *S'appelle Etienne!*

Jessica, faussement innocente, dans l'élan du jeu :

> **Jessica**, dix-huit mois.
> Elle chante : «*Maman, les p'tits bateaux...*»
> A la fin, elle me (M) regarde d'un air coquin et termine par :
> «— ... *et je reviendrai sûrement embrasser ma... papa!*»

L'enfant étend le jeu aux familiers par pure taquinerie. Personne ne s'y trompe. Il s'amuse à créer des variantes qui ne sont pas toujours innocentes, même si certaines nuances nous échappent. Frédéric par exemple, autour de trois ans, appelle sa mère : *madame Sophie*, avec une intonation montante sur «So». Puis, retrouvant sa petite cousine Marie (trois mois de plus), dans le flot de leurs jongleries verbales communes, la préférence va à une nouvelle forme : *madame Cracole!*

Il est évident que l'enfant doit avoir solidement constitué ses repères pour se payer le luxe de jouer ainsi gratuitement sur des questions qui engagent l'identité des personnes, les limites entre soi et autrui, les différences des sexes. On imagine l'angoisse qu'induiraient ou traduiraient ces jeux avec les noms chez des enfants perturbés, notamment des enfants psychotiques.

Même maîtrise sous-jacente lorsque Guillaume fait sa mauvaise tête et se trompe volontairement pour décourager un questionneur :

> **Guillaume**, deux ans.
> Vont voir un oncle qu'il connaît peu et n'apprécie pas beaucoup. Tout le monde s'affaire, on lui pose les questions traditionnelles : *Quel âge as-tu? Comment tu t'appelles? Tu vas à l'école?*
> Il répond systématiquement le contraire. Voyant qu'il se moque, l'adulte ne sait plus comment le prendre :
> — *Tu t'appelles Thomas?*
> — *Oui!*

Et encore lorsque Bruno réalise la trouvaille de devancer les questions et de condenser deux réponses en une seule. Habitué aux questions rituelles que posent la plupart des adultes à un enfant qu'ils rencontrent : *comment tu t'appelles ? quel âge as-tu ? tu vas à l'école ? comment s'appelle ta maîtresse ?* Il va au devant et amalgame l'information de l'âge et celle du prénom, dans un raccourci qui allie concision et anticipation :

Bruno, trois ans.
Quand on lui demande son nom :
— *Trois ans, Bruno.*

En grandissant l'enfant garde longtemps l'habitude de jouer sur l'opposition masculin/féminin, comme il l'a fait au début sur le contraste papa/maman. Il le fait pour rire, plus ou moins gratuitement sans doute bien souvent ou par esprit de contradiction comme c'est certainement le cas de Grégoire qui, vers quatre ans encore, aime dire *Madame* aux messieurs et *Monsieur* aux dames.

Dès qu'il repère bien tous les personnages de son entourage, l'enfant s'applique à nommer chacun et prend plaisir à dire et répéter les prénoms. Il nous amuse en retenant rapidement le prénom des amis et en forgeant de petites variantes, comme Bruno, grand amateur de noms. Cela commence dès deux ans, il charme son entourage en appelant gentiment par leur prénom des personnes qu'il connaît relativement peu :

Bruno, deux ans.
Il parle souvent de Laetitia, une petite cousine qu'il a connue en vacances, et de Lucette, une vieille dame qui l'a gardé, charmée qu'il lui dise gentiment :
— *Au revoir Lucette.*

Il saisit au vol et imite fidèlement des surnoms éphémères qui font sourire dans la bouche d'un si petit garçon :

Bruno, deux ans.
Un soir, il dit au revoir à un de nos amis, en imitant le surnom que nous lui donnons :
— *Au revoir le Soum !*
Quand il voit qu'il nous amuse, il répète la formule plusieurs fois pendant les jours suivants.

Tout le monde est touché lorsqu'il redit aux grands-parents les noms que ceux-ci avaient créés pour lui :

Bruno, deux ans.
Quand il est resté trois semaines chez ses grand-parents, son grand-père l'appelait parfois : *voyou*. Bruno a fini par adopter la formule et l'appeler :

— *Voyou-Papy*, ce qui a bien fait rire.
Devant son succès, Bruno l'a adopté et le criait dès qu'il entendait la porte s'ouvrir à l'arrivée de son grand-père.
Pendant le même séjour, sa grand-mère l'appelait souvent : *mon petit-cœur*.
Lorsqu'il parle de cette grand-mère, il continue à dire :
— *P'ti cœur*.

Voilà comment naissent des conventions privées : l'enfant saisit un mot qui lui plaît, l'adopte et le renvoie à l'interlocuteur privilégié, comme s'il s'agissait d'un mot officiel. Pour les grands-parents, le terme affectueux employé par chacun pour s'adresser à Bruno se met à fonctionner en retour, comme une réponse complice.

Bruno se lance dans d'autres jeux verbaux :

Bruno, deux ans et neuf mois.
Il fait de longs discours en racontant que papa s'appelle *Noël*, maman c'est *Cécile* et Bruno, c'est *Bruno* (tout cela est juste).
Puis il joue à changer les prénoms. Il se montre lui-même et dit :
— *C'est pas Bruno, ça c'est Noël!*
Il adopte parfois les prénoms d'une autre famille connue, comme celle de sa nourrice. Il endosse alors le prénom du fils de la nourrice et nous donne les prénoms des parents. Même chose avec les prénoms des voisins. Ceux-ci ont un deuxième enfant, il faut bien lui trouver un nom : *eh bien c'est Mickey* (le chien de la nourrice).

Le fait que son père se prénomme Noël rend le jeu plus compliqué et plus séduisant pour Bruno. Le plaisir est à son comble lorsque approche la période de Noël!

Bruno, deux ans et neuf mois.
Tout excité à l'idée que Noël est proche. Il sait que Noël est aussi le prénom de son père, ce qui donne lieu à des tournures ambiguës :
— *C'est bien, les rues sont pleines de guirlandes à papa.*
— *C'est papa l'a fait le sapin Noël?*
Avant le jour de Noël, il sait que les cadeaux sont rangés sur une étagère et que je les donnerai <u>pour Noël</u>, mais, dans son impatience, il réclame :
— *Non, c'est pas tout ça <u>pour papa</u>, c'est <u>pour Bruno</u>!*

Les jongleries avec les prénoms, en respectant des rapports réels (il doit opérer une transposition lorsqu'il adopte pour lui et ses proches les prénoms d'une autre famille), témoignent d'un intérêt rare pour le nom des personnes, d'une aisance extrême pour se repérer dans le jeu des relations familiales, et aussi d'une forme d'esprit à lui. Jeu sur l'identité et les relations avec les proches que la transposition rend un peu périlleux. Peu après, Bruno glisse vers des jeux imaginatifs qui l'engagent un peu plus que de simples histoires de nom :

Bruno, trois ans.
Il a abandonné les jeux des prénoms mais il joue à changer de personnage.
Il est le bébé, un petit garçon, un grand garçon ou un Monsieur. Il s'exerce ainsi à tenir plusieurs rôles. Le bébé qui se fait bercer et s'agite dans son lit, le petit garçon coquin qui fait pipi au lit, le grand garçon qui regarde des livres et va à l'école, le Monsieur qui va travailler et part en voyage. Ce sont le plus souvent des rôles masculins.

Il met en place tout une imagerie à lui, chacun y est un prototype. Dans son jeu d'imagination, Bruno se glisse dans les représentations possibles d'une personne du sexe masculin aux différents âges de la vie, occupant différentes places de la société. Il est du reste comique qu'il ne s'attribue un rôle féminin qu'une fois, après une histoire blessante : il avait fait pipi dans son pyjama ! La honte ! On peut imaginer ce qu'évoque féminin/masculin dans l'esprit de l'enfant !

Pour Bruno, le plaisir de jouer avec les noms dépasse le cercle des proches. Les appellations sont mobiles :

Bruno, cinq ans.
Le gardien de l'immeuble a été, un certain temps :
— *Le magicien*, puis :
— *Le musicien*
Et après que Bruno se soit fait gronder parce qu'il marchait sur les pelouses :
— *Le patron !*

A partir des individus qu'il connaît bien, l'enfant construit le système de parenté. Il lui est difficile de comprendre que les parents ont été petits, sont « les enfants de » ... et les questions reviennent souvent. L'adulte réexplique patiemment à Bruno, très questionneur. Il faut que tout soit clair. C'est alors qu'il a l'occasion de voir toute la famille, lors des fêtes de fin d'année, ce qui va lui permettre de vérifier ce qu'il a appris ... mais non, il se trompe en beauté :

Bruno, quatre ans.
Il semble avoir bien saisi les explications :
— *Mamy est la maman de papa, Sophie est la petite sœur de maman...*
Il arrive alors chez sa grand-mère maternelle et lui annonce très sûr de lui :
— *Je suis tes grands-parents !*

Les enfants sont souvent pointilleux dans les usages des noms. Ils ne nous passent rien. Ils nous taquinent ou nous mettent le nez dans nos imprécisions ou irrégularités :

Bruno, deux ans et neuf mois.
Je (M) lui dis :
— *Alors, Monsieur, on mange ?*
— *Non, c'est pas Monsieur, c'est Bruno, un petit garçon.*

Et pour bien se faire comprendre, il cherche à fournir une analogie. Il montre le sol et dit :
— *Et là, c'est pas dehors, c'est par terre.*

En apportant des précisions l'enfant n'est pas uniquement pointilleux. Ses trouvailles lui permettent parfois de dire ce qu'il a sur le cœur. Quelle revanche lorsque Julie (à seize mois) traite Etienne (il a deux ans et demi) de : *bébé Eti !*

Le rêve : être la grande alors qu'Etienne serait le bébé. Volte-face, un an plus tard, Julie ironise en appelant son frère, non sans emphase : *Monsieur Etienne Buquet !*

Le nom de famille, d'un ton solennel, en rythmant la phrase ! Le sérieux et la dignité en même temps que l'appartenance au clan. Celle-ci s'étend volontiers à toute la maisonnée, y compris les non-humains ; c'est ainsi que Grégoire (quatre ans) embarque le chat : *maintenant, avec le chat, nous sommes cinq à la maison.* Et le nom du chat ? *Cosmos Bec !*

Chacun mêle affection, charme, parfois moquerie dans les tournures qui ravissent les adultes, ou les agacent parfois :

— *Coquin papa !* (Frédéric, deux ans et demi.)
— *Foufou papa !* (Frédéric, deux ans et demi, l'index sur le front, son père fait le clown !)
— *Foufou papa !* (Jessica, seize mois, en éclatant de rire et se bouchant les oreilles lorsque son père la gronde).
— *Tu vas me lâcher, sale petite grand-mère !* (David, cinq ans, dans une partie de judo, subissant une prise un peu trop appuyée).
— *Mon papa Michel chéri* (Jessica, vingt mois, après avoir appelé son père *papa* puis *Michel*.)
— *Ma maman, mon amour, je t'aime !* (Jessica, deux ans, après une sottise.)
— *Boudin maman !* (Jessica, deux ans, en pleine période scatologique et, un peu plus tard :) *maman cabinet.*

Et cette désinvolture pour renverser les rôles et faire la grande :

Jessica, vingt mois.
Son frère (huit ans) arrive de l'école :
— *Bonjour mon grand !*

Toute une gamme de variantes pour nommer les grands-parents. Il s'y ajoute des complicités particulières et les effets drôles que glissent les questions d'âge.

Céline, trois ans.
A son grand-père qui travaille :
— *Au revoir, mon vieil ami !*

> Au même âge.
> Avec sa grand-mère qu'elle appelle Madeleine :
> — *Quand je serai grande, je serai une maman, Babette* (sa mère) *sera une Mamy.*
> — *Et moi ?*
> — *Toi, tu seras toujours une Madeleine !*

Les mêmes mots ne peuvent servir pour tous :

> **David**, trois ans.
> Lors d'un dîner qui réunit toute la famille, lance à sa grand-mère qui est en face de lui :
> — *Tu es ma copine !*, puis se tournant doucement vers son grand-père :
> — *Tu est mon copain !*
> L'autre grand-mère qui est présente, interroge alors :
> — *Et moi, qu'est-ce que je suis ?*
> — *Toi, tu es ma grand-mère !*

Nuance ! Et cette évidence pour Céline :

> **Céline**, quatre ans.
> Un ami de la famille lui demande :
> — *Comment appelles-tu ton grand-père ?*
> — *Tu l'as pas regardé ? Il n'est pas vieux pour l'appeler Papy. Je l'appelle Jackie !*

Peu importe à Céline que ce grand-père « qui n'est pas vieux » soit un monsieur important... c'est Jackie, il suffit de le regarder !

Chez Céline, les sentiments sont bien en place. Mais elle ne déborde pas de respect pour les adultes ; lors de sa première séance de cinéma (c'est Fantasia !), elle cherche l'ouvreuse avec impatience :

> **Céline**, deux ans.
> — *Où elle est la mémé qui vend des bonbons ?*

Ici, *mémé* est désinvolte, un peu supérieur. Autre formule de Céline qui s'efforce de récupérer un crayon qui a roulé sous le fauteuil : *mon Dieu, mon Dieu, mes pauv'es enfants, ça vient !*

LE LANGAGE MAGICIEN, OU LA VALSE DES ETIQUETTES

Avec les mots, l'enfant découvre le plus fascinant des jeux à règles et de transformations : les mots qui peuvent changer de forme, ont parfois plusieurs sens et encore des tas de sous-entendus, ils peuvent se déplacer, s'employer les uns à la place des autres... Découvrir les règles de ce jeu et les marges de liberté qui permettent de jongler avec les images, les figures et les effets... est pour certains un plaisir rare.

Les mots permettent de parler des choses et de ce que l'on fait. Reprenons le jeu au tout début, lorsque l'enfant de 18 mois ne possède que quelques mots. Outre *papa* et *maman*, il connaît par exemple : *ture* (pour voiture mais aussi pour sa couverture adorée), *aba* (= *à boire* s'étend à tous les liquides, au biberon, à la tasse), *atta* (qui est : *attend!* ou une taquinerie).

S'il emploie *ture*, mot simplifié et flou, pour désigner des objets différents, il ne s'agit ni d'une erreur, ni d'un jeu. Il se débrouille avec le petit bagage qu'il possède. Mais il en est tout autrement quelques mois plus tard. Les premiers mots qu'il a appris, il les sait, irréversiblement. *Chat, chien, vache*, sont stables et ne posent plus de problème. Ils sont les références à partir desquelles va s'organiser le répertoire des noms d'animaux. Au cours des premières années coexistent toujours un noyau de mots très familiers et une frange de mots nouveaux en cours d'acquisition, aux formes moins nettes et au sens plus flou.

L'enfant possède des repères sûrs dans le champ familier, mais en même temps, il est curieux de faire des incursions dans le nouveau, et il questionne pour savoir *comment ça s'appelle?* ou ce que veut dire tel mot.

Nouveau jeu ambigu : vers 2 ans et demi, 3 ans, l'enfant demande et redemande trente-six fois ce que veut dire un mot ou comment s'appelle un objet. Au début, l'adulte est plutôt content et s'empresse de satisfaire sa curiosité, puis, à la longue, sa patience s'émousse. L'enfant se moque de lui, abuse de sa bonne volonté. Il est difficile de sentir quand l'interrogation devient un rituel inutile : Combien de fois a-t-il besoin qu'on lui redise le mot pour le savoir? Quelle sécurité faut-il lui fournir pour qu'il arrive à intégrer toutes ces notions qui s'accumulent en même temps? A-t-il besoin de tant accaparer autrui pour arriver à refaire, pour son propre usage, la synthèse de ce système complexe? Ce n'est pas uniquement un jeu d'étiquettes, bien sûr.

L'organisation du lexique passe à peu près toujours par ces exigences cognitives et ludiques, répétitives jusqu'à l'agacement, qui ont l'apparence d'un jeu mais cachent beaucoup de sous-entendu concernant les relations de l'enfant avec le monde qu'il découvre, avec l'adulte médiateur et avec les mots de la langue.

En même temps qu'il poursuit le jeu des questions, l'enfant se livre, avec ceux des mots qui sont stables, à une activité tout à fait nouvelle. Il peut décoller des contraintes étroites imposées par son maigre bagage lexical. Demandeur jusque-là, il va prendre des libertés avec les règles. Il fait des blagues avec les mots! Il dit un mot pour un autre, ce qui est sous-tendu par des procédés non univoques.

Lorsqu'il le fait, vers deux ans, c'est pour rire. C'est aussi une liberté : il connaît tellement bien ces mots qu'il s'offre le luxe de se tromper intentionnellement. Les glissements ne sont pas très spectaculaires, il dit *chien* pour *chat* ou *pomme* pour *poire*. Des mots très proches dans le même champ sémantique, d'un niveau de familiarité équivalent, parfois des mots dont le sens s'oppose (*monter-descendre*). On ne peut s'empêcher d'y voir les tout premiers mécanismes sans lesquels n'existerait pas l'ironie.

La « représentation par son contraire » qui, pour Freud (Le mot d'esprit et ses rapports avec l'inconscient), « recèle en elle-même le germe d'un autre mode d'expression de la pensée susceptible de déclencher le plaisir .../... : l'*ironie* qui se rapproche beaucoup de l'esprit et représente une variété du comique. Elle consiste essentiellement à dire le contraire de ce que l'on veut « suggérer... ».

L'enfant opère souvent pour lui-même, pour le plaisir ou attend un petit écho rieur. Pas d'humour, une simple pirouette. Nous sommes proches des confusions de gestes. Un mot pour un autre, comme un geste pour un autre (*bravo* au moment où l'on attendait *les marionnettes*).

L'enfant perçoit l'amusement agacé qu'il peut susciter, au point qu'il fait aussi semblant de ne pas retrouver le mot :

Adrien, dix-huit mois.
Feint d'avoir oublié un mot connu. Il connaît « *tic-tac* » et aime se planter devant l'horloge et dire ce mot. Depuis peu, il fixe l'horloge et dit n'importe quoi, parfois même :
— Maman!
A vingt mois.
Par périodes, il feint d'avoir oublié un mot qui lui est très familier. Particulièrement en regardant l'un de ses livres, il fait comme s'il ne reconnaissait pas le lapin, la grenouille.

Ces feintes ne sont pas innocentes :

Jessica, vingt mois.
Elle reconnaît beaucoup de mots lorsqu'elle regarde son imagier avec sa mère. Le soir, essai de démonstration devant son père, elle les regarde en riant et fait exprès de ne pas trouver le nom ou de se tromper.

Moins encore pour Clément qui se donne en spectacle :

Clément, deux ans et huit mois.
Quand il y a un visiteur à la maison, il fait son intéressant, essaie d'accaparer sa mère. Il lui apporte un livre et prend l'initiative d'une activité commune qu'il aime comme montrer et nommer les couleurs. Au début, il s'applique et récolte des félicitations puis il se met à se tromper volontairement, jaune devient violet... il dit n'importe quoi.

Avec *chien/chat*, il est certain que les mots sont stables et que l'erreur est volontaire. La certitude est moindre lorsque la confusion porte sur des notions opposées : *froid/chaud* ou *en haut/en bas*. Ces confusions-là se situent peut-être aux limites des connaissances de l'enfant.

L'intention devient nettement farceuse lorsque la substitution de mot va contre l'évidence. Il montre une *pierre* et dit *oiseau*. On est alors certain qu'il se trompe volontairement. Il produit un « gag » verbal en créant une incongruité. Il y a incohérence entre ce qui est vu (la pierre) et ce qui est dit (l'oiseau).

Lorsque l'enfant prend un *savon* et dit que c'est une *gâteau*, fait semblant de le manger et de se régaler, il est capable de naviguer entre deux plans, celui de la réalité et celui de la fiction. On peut dire aussi qu'il extrait quelque analogie de deux objets qui n'ont pas les mêmes qualités et n'appartiennent pas à la même catégorie, deux objets que tout oppose même. Gâteau/savon ont une petite analogie de forme mais s'opposent totalement par : mangeable/non mangeable.

Ici encore l'enfant pique un détail analogique relativement négligeable pour en faire le pivot de son association. Par ce procédé il fait voler en éclats le concept et n'en retient qu'une parcelle. Son acrobatie mentale est sous-tendue par une opération analytique instantanée, une fragmentation, une parcellisation, le travail de l'humour.

Comme celui qui téléphone en mettant une feuille contre son oreille, comme celui qui fait semblant de manger le savon, l'enfant qui prend son fromage et le fait rouler en faisant *vroumvroum!* détourne la réalité, fait un saut « de l'autre côté du miroir ». Son action, ses gestes et ses mots permettent de voir comment commencent les « effets » qui vont devenir, dans les comportements et dans la langue, les effets métaphoriques.

Quelques mots sur la métaphore, une position-clé de l'humour sur le territoire du langage. Nous venons d'en voir naître les procédés aux tout débuts du langage. Elle remplace un mot par un autre. Les deux mots appartiennent à des champs sémantiques différents (*la dégringolade du dollar*), à des registres différents, par exemple concret/abstrait (*brûler d'impatience*).

Elle produit un effet de sens, s'autorisant des violations de frontières. Humain/non humain - animé/non animé - mangeable/non mangeable...

Elle se permet des libertés, faisant surgir un mot qui n'a rien à faire dans ce contexte (*l'or du couchant, les étincelles du givre*). Ses mobiles sont simples : expressifs, poétiques, ludiques. C'est une touche créative dans les rigueurs linguistiques. Du nouveau sur fond de discours familier.

De nombreuses métaphores se sont figées. Nous les employons sans même penser à leur origine, car, en se lexicalisant, elles ont évidemment perdu ces qualités initiales : elles n'ont plus rien de créatif, plus rien de libre ni de nouveau : *tuer le temps, casser les prix, les idées noires, la valse des années...* sont des métaphores figées.

Les effets métaphoriques apparaissent chez l'enfant qui commence à faire semblant, dans la période très active de construction du langage, entre deux et trois ans et au-delà. Il est aux prises, tout d'abord, avec les métaphores du lexique ou des expressions toutes faites, qui posent des problèmes tant pour la forme que pour le sens. Le plus souvent il prend à la lettre des tournures qui s'y prêtent, comme Valérie à trois ans et demi, faussement naïve : *Pourquoi on dit «j'ai eu chaud», c'est chaud?*

Ou, à cinq ans, se moquant ouvertement de ce genre de formule. On parle du «soleil qui tape» : *ça tape? j'entends pas taper à la porte? ah, ça tape, tiens v'là une gifle!*

Ce retour au réel, au sens propre, dégonfle l'expression et la laisse vide. Ces remarques de l'enfant sur les effets de sens constituent, avec ses questions sur la langue, l'essentiel de la démarche métalinguistique qui jalonne toute l'acquisition du langage. Il cherche à apprendre, se montre curieux de ces formules qui sont souvent, il faut bien le dire, plutôt bizarres et de temps en temps, il tombe dans le piège :

> **Ivan**, quatre ans.
> — *Qu'est-ce que ça veut dire «<u>battre comme plâtre?</u>»*
> — *C'est quand on bat très fort et beaucoup.*
> Le soir, en se couchant, il embrasse sa mère :
> — *Maman, je t'aime <u>comme plâtre</u>!*

Le piège d'une très légère inadéquation : il suffit que l'enfant reprenne l'expression de l'adulte avec un tout petit décalage pour que la tournure ne colle plus :

> **David**, cinq ans.
> En vacances, petite déception, il n'y a pas la télé. J'explique (GM) que les programmes de l'été sont souvent bêtes et qu'il est excellent de reposer un peu le cerveau. David, conciliant, m'approuve :
> — *Tu as raison, la télé, ça défait le cerveau.*

Quant aux productions métaphoriques, elles ont, au début, le charme des tentatives maladroites et la fraîcheur de l'inédit. Souvent une discrète inadéquation, comme Leslie, quatre ans, qui théâtrale, un jour d'été, supplie son grand-père d'ouvrir la fenêtre... *Sinon grand-mère va <u>mourir de chaud</u>!*

Comme *mourir de faim*, alors qu'aucune menace grave ne trouble l'ambiance! L'enfant aime bien nuancer ces expressions-piège :

Loïc, quatre ans et demi.
Il boit un grand verre d'eau.
— *Tu vois si j'avais soif! une soif de loup!*
— *On dit plutôt une faim de loup...*
— *Alors une soif de baleine!*

Les trouvailles sont plutôt des images :

Céline, deux ans et demi.
— *Regarde le ciel, c'est rigolo, le soleil il fait bleu et rose comme dans un puzzle.*
— *Le soleil c'est la lampe qui fait briller le ciel.*

Etienne, trois ans et neuf mois.
— *Maman, t'es comme le soleil et la nuit parce que tu as un pull bleu marine et un pantalon jaune!*

Ivan, quatre ans.
Marie-Paule (M) a un maillot de bain noir :
— *Oh, c'est comme une mouche!*

David, trois ans et demi.
Il arrive en courant, sous le soleil, enlève son chandail :
— *Je suis trempé de soleil!*

Jessica, vingt-deux mois.
Regarde le soleil :
— *Oh, il fume!*

Plutôt recherche d'expressivité :

Bruno, deux ans et neuf mois.
Voit un cercle doré sur un paquet de cigarettes :
— *La lune, c'est pareil?*

A trois ans.
Il est toujours impressionné par le soleil couchant qu'il compare à du feu ou à un feu rouge (!).

L'association est banale. Elle est déjà en préparation dans des comportements d'enfants tout petits qui n'ont pas besoin de mots pour exprimer ce qu'ils perçoivent :

Jessica, un an.
Elle vient de souffler sa première bougie. Quelques jours plus tard, nous arrivons à la montagne, c'est la fin de l'hiver, elle découvre un énorme soleil, comme elle n'en a encore jamais vu.
Elle fixe longuement le soleil et souffle.

Très proche de Julie qui va chercher son chapeau de paille, parce qu'elle retrouve devant la cheminée la chaleur qu'elle connaissait sur la plage au soleil. Chez l'enfant plus grand, l'expressivité est parfois tout entière dans le mot :

> **Ivan**, trois ans.
> Voudrait qu'on étale son fromage sur une tartine :
> — *Assomme-le moi sur le pain!*
>
> **Marie**, sept ans.
> Se bagarre avec son frère :
> — *Attention, tu vas me déchirer le bras!*

Complicité souriante et un peu blagueuse :

> **Ivan**, trois ans et demi.
> Je sers des œufs au plat sur lesquels on voit nettement le poivre.
> — *Papa, ton œuf est plein de sable!*
>
> A quatre ans.
> Nous rentrons de vacances de ski. Il enfile un pull et se trompe de manche :
> — *Maman, j'ai fait une faute de carre!*

Parfois de réelles réussites :

> **Ivan**, trois ans et demi.
> A son cousin qui vient de faire une bêtise :
> — *Eh, Benjamin, tu voyages dans ta tête!*

Bien qu'il existe longtemps des tâtonnements et quelques ratés, les trouvailles de l'enfant ne sont possibles que dans la mesure où sont réunies la sécurité sur les mécanismes essentiels de la langue, et la liberté que permet précisément cette sécurité. L'enfant peut se déplacer d'un plan à un autre, d'un domaine de référence à un autre, en contrôlant ses dérapages, sans perdre de vue ce qu'il veut dire.

Ce mélange sécurité-mobilité existe autant dans les activités de jeu que pour le langage. Celui-ci colle à ce que crée l'enfant, passant instantanément de la réalité à la fiction dans de brefs épisodes dont nous saisissons les très furtives expressions :

> **Sophie**, six ans.
> Dans le jardin, elle est accaparée dans un grand jeu de poursuites et attaques, grimpe dans un arbre, surveille l'entrée, elle roule un journal devant un œil :
> — *C'est une jumelle!*
>
> **Grégoire**, cinq ans.
> Il court dans le vent, anorak ouvert. Il sort les poches de son anorak qu'il écarte des deux mains :
> — *C'est mes ailes!*
> Les rentre :
> — *J'ai plus d'ailes.*

Ici encore l'enfant parcellise, saisit de chaque objet un trait-pivot autour duquel s'opère le déplacement. L'objet quitte son cadre et se met à fonctionner dans un autre contexte, grâce à la maîtrise du jeu, de la fiction et du langage.

Chez l'enfant jeune, dans les jeux de fiction, le mot se déplace mais il le fait avec l'objet qui est ainsi faussement étiqueté. La transformation journal/jumelle ou poches/ailes serait la même si l'enfant n'y ajoutait pas son commentaire verbal. Mais ce dernier est précieux, car sans lui l'observateur ne comprendrait pas souvent !

On s'interroge évidemment sur l'âge de la compétence métaphorique. Les linguistes qu'intéresse le phénomène hésitent à reconnaître cette capacité avant 6 ou 7 ans, âge auquel il est possible que l'enfant explique s'il comprend ce que signifient des expressions comme *il a une voix grave* ou *le bras long*, ou, *ce monsieur, quel ours !*

Dans la même optique, on en vient à opposer des métaphores transparentes, ou faciles, celles qui s'appuient sur des analogies de forme, taille ou couleur (un basset : *quelle saucisse !* - *des talons aiguilles* - *la boule de feu du soleil*) et des métaphores opaques ou difficiles, basées sur des perceptions moins objectives (*à pas feutrés* - *le visage ombrageux*), sur des glissements concret/abstrait ou des termes polysémiques. Les métaphores limpides étant comprises plus tôt que les autres. Ce classement des métaphores existe dans la tête de l'adulte qui essaie d'analyser la question, mais il n'est pas certain qu'il aide à comprendre les mécanismes chez l'enfant et que tous les enfants progressent en suivant les mêmes critères [2].

Pour situer le début de la compétence métaphorique, nous allons partir d'exemples et non des théories, comme nous avons pris le parti de le faire depuis le début. Deux exemples simples se situent autour de deux ans :

Céline, vingt mois.
Regarde tomber la neige et dit :
— *C'est beau les flocons, on dirait des patillons !*

Céline connaît bien les deux catégories : les flocons de neige - les papillons. Elles ont un point commun : de petites formes blanches qui volètent dans l'air. C'est le pivot : ces deux classes n'ont que ce détail en commun, mais il est essentiel au point d'occulter tous les autres au moment où naît cette image poétique dans l'esprit de l'enfant.

C'est de plus une ressemblance réelle, chacun peut comprendre instantanément l'association qu'a faite la petite fille. Une référence communicable. C'est bien plus encore une référence qui fait rêver et poétise la réalité, qui parle en d'autres termes que les leçons de choses. Une autre façon de dire ce que l'on voit. Cette qualité commune qui réunit un instant neige et papillon est en même temps transparente et transcendante.

L'enfant crée une image, facile à transmettre, relativement universelle. Relativement seulement : on ne peut s'empêcher d'approuver Céline : *c'est bien ça, c'est bien vu*. L'effet n'est cependant pas universel. Sur la même autoroute, un conducteur fatigué ne verra aucune poésie dans cette neige. Certains aussi ignorent les références communes indispensables. Un petit noir d'Afrique débarquant à Paris un jour de neige pourrait dire son étonnement dans les mêmes termes... on ne parlerait alors pas de poésie, mais d'une erreur.

Image ou métaphore fonctionnent si les deux termes associés sont clairement connus par le locuteur. C'est le cas dans la remarque de Valérie qui connaît bien les deux catégories distinctes, par contre, le caractère commun-pivot est moins clair :

> **Valérie**, deux ans et trois mois.
> Elle vient de voir un bébé nouveau-né.
> — *Il est tout réveillé, tout oiseau.*
> — *Tout oiseau ?*
> — *Les oiseaux, ça sourit, ça chante.*

L'explication que donne l'enfant, un peu comme une justification, montre la fragilité du lien. En quoi peut-on dire qu'un bébé fait penser à un oiseau...? L'essentiel, l'enfant ne sait pas l'expliquer, et nous-même traduisons bien maladroitement ce qu'ils ont en commun de petit, doux, fragile, cette petite présence émouvante. Le trait commun-pivot tient sans doute plus à ces facteurs subjectifs qu'aux arguments que donne l'enfant, non négligeables. Comme l'oiseau, on peut dire du bébé, avec ses petits cris, *ça chante*, nous sommes d'accord. Quant à *ça sourit...* oui, ça sourit dans l'esprit de l'enfant !

Finalement, comme l'image de Céline (neige-papillons), dans l'association que lance Valérie, l'effet est plus expressif et poétique que ludique. L'articulation des deux plans reste du domaine de la subjectivité, mais elle s'impose comme une réalité dans les deux exemples. Ils contribuent à éclairer plusieurs points.

On a, là encore, la conviction que l'on passe à côté de l'essentiel si l'on ne prend en compte que les phénomènes cognitifs ou linguistiques. Ce qui est important se situe là où on ne le cherche pas, dans les interstices qui échappent aux recherches scientifiques.

On peut dire aussi que l'enfant met en œuvre ses libertés linguistiques bien plut tôt qu'on ne le dit habituellement. Avant même de totalement posséder la maîtrise de la langue, il est capable de mobiliser la partie stable déjà organisée pour exercer ses capacités créatrices, développer des productions libres, des trouvailles, des images, des métaphores. Nous ne nous étonnerons pas de retrouver ici, comme dans le jeu, liberté et créativité.

A côté des relations métaphoriques, les liens de proximité permettent des trouvailles faciles, évidentes tant le procédé en est limpide.

Jessica, vingt mois.
Elle a un pain au chocolat. Enlève tout le pain pour ne manger que le chocolat.
— *J'enlève la peau.*
Antoine, deux ans.
Dont le père est un fanatique de moto, appelle toutes les motos :
— *Papa*
David, quatre ans et demi.
Il voudrait bien faire une pétanque avec son grand-père qui est plongé dans la lecture de Nice-Matin. Il l'appelle en vain puis, excédé, lui lance :
— *On va t'appeler Monsieur Journal!*

Evidentes et poétiques :

Céline, deux ans et deux mois.
— *La mer, c'est l'amie de la plage?*

Volontairement ou non, l'enfant joue sur l'effet du raccourci, l'ellipse de la métonymie, comme encore :

Céline, quatre ans.
A la fin du repas, on apporte un gâteau qu'elle aime, un Ambassadeur, recouvert de pâte d'amandes. Récemment il y a eu ce même gâteau pour un anniversaire :
— *Tu me donnes un gros morceau d'anniversaire?*

Dans sa hâte de gourmande, Céline escamote le principal, le *gâteau* d'anniversaire, mais c'est lui qu'elle veut manger évidemment!

Les associations d'idées que nous pouvons saisir traduisent parfois des intentions profondes, parfois un petit nuage poétique qui auréole le réel :

Ivan, quatre ans.
Est très soucieux de devenir fort, invincible. Après une victoire de Noah, il voudrait devenir noir pour être fort et costaud.
Céline, trente mois.
L'été, à la mer. Elle évolue dans l'eau et connaît le prénom des amis qui nagent autour d'elle. Elle les appelle :
— *Poisson-Marcel, poisson-Michel...*
Le lendemain, elle met ses manchettes, refuse de donner la main et avance dans l'eau. Elle ressort triomphante :
— *Je sais nager, je suis poisson-Céline!*

Une tournure d'apparence banale rend parfois limpides les sentiments de l'enfant :

Guillaume, trois ans.
Son grand ours en peluche (aussi haut que lui) est appelé :
— *Papa nounours.*

Son petit frère vient de naître, Guillaume a grand besoin de ce consolateur infaillible, un papa-nounours sans lequel il ne peut s'endormir le soir.

Le langage se prête à bien d'autres manipulations dont l'humour n'est pas absent, comme dans ces formules délicieusement maniérées d'Etienne qui, à trois ans et demi, cherche à s'exprimer avec précision et demande : *papa, je voudrais une cuiller fragile pour manger un flan différent.*

On lui a expliqué que les petites cuillers à moka sont fragiles et un jour, son père a confectionné un flan... différent!

NOTES

[1] Robin M., Josse D. (1985) étudient le langage maternel adressé au bébé dans les situations habituelles d'interaction. Les termes qu'emploie la mère pour nommer, désigner l'enfant évoluent avec l'âge du bébé. Ce n'est qu'à partir de 4 mois que la mère appelle régulièrement l'enfant par son prénom.
[2] BONNET C., TAMINE J., «La compréhension des métaphores chez l'enfant, une hypothèse et quelques implications pédagogiques», *L'information grammaticale*, n° 14, Paris, 1982, 17-23.

Quatrième partie
DES REPONSES

11
L'humour art de vivre

L'humour pimente des jeux de mots, des pitreries, des fantaisies, il assaisonne aussi — de façon irremplaçable — une certaine manière d'être et de percevoir les choses.

Nous avons débusqué la diversité de ses commencements, des productions gratuites, de petites routines ancrées dans les rituels de vie et des jeux communs, des trouvailles parfois, et certaines montrent que, dès sa première année, l'enfant sait jouer de l'humour comme comportement.

Il lui permet d'encaisser des situations frustrantes, de supporter des sentiments blessants, de renforcer sa propre image, de contenir l'agressivité qui rendrait certaines conduites inacceptables, de négocier des situations susceptibles de mal tourner.

Avec quelques faits à l'appui, nous allons voir l'enfant :
– **Garder sa dignité**, quand contre toute attente, il joue l'indifférence.
– **Sauver la face**, quand il s'efforce de faire bonne figure dans la partie où il est engagé.
– **Couper la poire en deux**, quand il trouve, grâce à l'humour, un compromis acceptable pour les deux protagonistes : fifty-fifty !

GARDER SA DIGNITE

Il prend l'air sérieux lorsqu'il se moque de nous et fait des blagues, il nous provoque avec l'air absent... oui, c'est bien ainsi que procède l'enfant. L'air imperturbable... n'est-ce pas l'un des talents de l'humoriste ?

Les prémisses, dès les premiers mois, appartiennent au pré-humour, comme un double jeu, à la fois sur la présence et sur la communication. En présence d'un familier, le bébé s'attend à ce qu'il se passe quelque chose. On va s'occuper de lui, peut-être. Il fait des avances — des regards, des sourires, de petits cris — ou se contente de répondre à celles de l'adulte. Même sans aller plus loin, le plaisir d'être ensemble est le comportement attendu et présent dans la plupart des cas... mais pas toujours. Il arrive que le bébé ne joue pas le jeu, marquant même, de façon manifeste, qu'il refuse la communication. Nous l'avons noté dès le premier mois et cela se prolonge parfois, comme le prouvent Antoine, Baptiste, Frédéric à des âges différents :

Antoine, un mois.
Il crie éperdument, son père s'approche, il s'arrête instantanément et prend un air dégagé, comme si ce n'était pas lui qui avait pleuré.
On le remarque 3 ou 4 fois.

L'arrivée de l'adulte apaise les cris : c'est normal. On s'attendrait à ce que le bébé profite de cette présence, lui adresse au moins un regard. Non, des états très contrastés se succèdent rapidement. Ici, une fois la tension calmée, la présence ne compte plus. Même réaction d'Antoine, bien plus âgé :

Antoine, 14 mois.
Il joue seul dans une pièce. On entend un grand bruit, craignant qu'il ait fait une bêtise son père vient voir ce qui se passe. Antoine se détourne et prend l'air dégagé.

Antoine est peut-être, lui aussi, surpris et inquiet du «grand bruit», vaguement conscient que ça ne se fait pas, ce que confirme la venue de l'adulte qui l'inquiète ou le dérange. Il prend l'air absent, comme des plus grands qui font une bêtise et prennent l'air innocent : *non, ce n'est pas moi, je n'ai rien fait*. Baptiste se comporte de même :

Baptiste, à cinq mois.
Quand il s'est beaucoup énervé, qu'il est très tendu, quand, par exemple, on l'a laissé crier longtemps avant de lui donner à manger, il fait mine de ne pas voir sa mère qui s'approche. Au moment où elle vient le prendre, il tourne la tête, ne la regarde pas. Comme s'il était vexé, s'il se détournait.
A sept mois.
Quand quelque chose ne lui plaît pas, quand il est contrarié (s'il reste les fesses mouillées par exemple), il fait celui qui ne me connaît pas. Il ne me regarde pas.

Le jeune âge de ces bébés peut surprendre. Les mêmes observations ont été faites à plusieurs reprises, par des parents différents. On ne peut y voir des conduites de hasard. L'enfant ne fait aucune invite, et de plus il se détourne, évite l'adulte qui, par sa présence, ses paroles et ses regards (par la nourriture même, pour Baptiste) met dans la balance des propositions très alléchantes.

Ces évitements sont très nettement ressentis dans des contextes bien différents et avec des enfants de comportements très dissemblables par ailleurs. Alors que Baptiste est au sommet de la rage lorsqu'il se détourne, d'infimes indices ludiques laissent présager une fin heureuse de l'épisode chez Frédéric :

> **Frédéric**, quatre mois.
> Lorsqu'il prend un biberon ou un petit pot, alors qu'il a faim et qu'il aime ce qu'on lui offre, à chaque fois qu'arrive la cuiller ou la tétine, il prend l'air distrait et tète avidement ses doigts.
> Son regard reste rieur et ses yeux rient dès qu'il accepte de prendre la cuiller ou la tétine.

Ici, Frédéric s'amuse. Au même âge, la fausse indifférence ponctue une séquence dans laquelle il cherche surtout à attirer l'attention :

> **Frédéric**, quatre mois.
> Le petit déjeuner. Frédéric est dans son relax, entre sa mère et sa grand-mère qui discutent sans faire attention à lui.
> Il se met à pousser de grands cris et dès que nous le regardons, il regarde ailleurs, d'un air distrait en suçant ses deux doigts. Recommence systématiquement pendant vingt minutes.

Là, le jeu prend la forme d'un va-et-vient : éclipsé par le bavardage des adultes, le bébé attire l'attention sur lui en criant ; arrivé à ses fins, il joue l'indifférence. *Mais non, je n'ai rien demandé!* et ne cherche pas à communiquer. Comme Antoine à un mois. En grandissant, Frédéric continue à utiliser ce genre de scénario et pratique la dignité avec ironie :

> **Frédéric**, un an.
> Il marche plus ou moins «couramment». Il se déplace dans un cercle de personnes qui l'admirent, il va de l'une à l'autre. Se dirige vers une tante qui se réjouit à son approche, puis prend un air distrait et part dans une autre direction.

Une façon tellement gentille de couper court, de se moquer de l'attendrissement des adultes!

Chez bien d'autres enfants, l'air absent va à l'encontre de l'attente. Alors que la situation, la familiarité du partenaire devraient favoriser l'engagement d'une communication standard, que tout permet d'attendre des conduites traditionnelles, l'enfant réagit différemment. Il est d'ailleurs prêt à faire volte-face, à glisser vers le comportement attendu après une brève taquinerie.

C'est autour des situations alimentaires que ces sketches de la dignité se jouent le plus souvent :

> **Adrien**, dix mois.
> Lorsqu'il mange avec Lisette, à l'approche de la cuiller, il tourne la tête (comme s'il sifflotait d'un air désinvolte). Il regarde à droite, à gauche, en l'air, comme si le repas ne l'intéressait pas du tout.
> Mais si on le prend à son jeu et éloigne la cuiller, il revient immédiatement à la réalité et appelle !
> De même si l'adulte prend l'initiative de taquineries, comme diriger la cuiller dans une autre direction, le regard revient immédiatement à sa cuiller, très surpris et il appelle.
>
> **Aurélien**, neuf mois.
> Première bouderie. Un soir, il ne veut pas manger. Nous le mettons au lit sans repas.
> Furieux. Quand on le relève, il joue l'indifférence, ne nous regarde pas, ne veut rien avaler.
> Finalement, il craque devant un dessert qu'il adore. Il ne peut pas résister et l'avale jusqu'au bout, mais... il nous fait la tête, c'est indiscutable. Il garde un air très concentré, appliqué à jouer avec la lanière de son siège, sans un son, sans un geste, sans un regard pour nous.
> Il jette un coup d'œil rapide lorsqu'au dessert succède un yaourt, mais pas un regard pour les parents dont le fou-rire devrait tout de même l'inciter à se montrer meilleur joueur !

Le dessert permet une renégociation de la situation. Mais celle-ci se déroule dans l'ambiguïté. La fermeté de la bouderie contraste avec la facilité habituelle des conduites de l'enfant. Il a dû être très mortifié d'être mis au lit sans manger !

On peut dire de ces enfants (ils ont autour d'un an) qu'ils boudent, font la tête, ou «mine de rien» jouent la dignité ou l'indifférence... peu importe la formule, le mini-scénario est le même : depuis le plus jeune âge, il suit presque toujours un schéma identique, plus ou moins complet selon les cas : une contrariété, un obstacle gênent le jeu des relations habituelles ou des conduites prévues. Au moment où tout rentre dans l'ordre (et parfois ayant fait tout ce qu'il faut pour cela, comme Frédéric qui crie pour appeler), l'enfant reste à l'écart ou coupe la communication. Il va contre les attentes de l'adulte.

Pour un bébé, c'est une affirmation d'indépendance. Il veut dire à l'adulte : *tout seul, ça va bien, je peux me passer de toi ! Je ne suis pas tellement petit et dépendant !*

Reprenons les critères :

> **Deux plans** : sur l'un, la petitesse et la dépendance de l'enfant, sur l'autre, cette affirmation de soi, un peu dérisoire, mais qui a la qualité d'exister.

Son **initiative**, c'est lui qui introduit un registre inhabituel, qui endosse un rôle non conforme aux attentes. Une **création**, il surprend.
Agressivo-défensif, face à la toute-puissance envahissante de l'adulte.
Avec un **tilt** dans chaque histoire : Frédéric change de direction, tous se détournent.
Suivez dans chaque scène, le jeu des regards, à un moment, ils lâchent et se détournent.
Un **pic unique** pour la plupart : l'enfant se détourne. Des **touches répétées** lorsque la scène devient jeu rituel (Adrien et la cuiller).
Les **bénéfices** tirés de la situation : jeu, nourriture, intérêt et rire des adultes... l'enfant s'y retrouve toujours.

Même si, chez les plus jeunes les signes en sont très discrets, nous sommes sur le terrain de l'humour.

SAUVER LA FACE

Très voisine de la précédente, cette rubrique lui apporte quelques touches particulières en mettant l'accent sur le face à face et ses difficultés : pas facile de soutenir l'échange, de part et d'autre ! En témoignent les commentaires des parents qui, avec leurs anecdotes, nous rapportent toujours leurs impressions, comme les réflexions de Cécile :

> **Bruno**, deux ans et demi.
> Il fait preuve d'un certain humour, ou ironie, vis-à-vis de nos menaces ou réprimandes comme s'il disait : «*cause toujours !*». Je crois que c'est une forme d'humour importante chez les jeunes enfants et qu'il doit parfois en falloir une sacrée dose pour faire face à ce monde mouvementé et pas toujours compréhensible d'adultes.
> Ils nous connaissent sur le bout des doigts et peuvent bien se permettre de ricaner de temps en temps quand ils nous voient énervés. Il doit y avoir de quoi avec nos gros yeux et notre index en l'air !

Dans la vie de tous les jours, c'est bien à proprement parler un face à face qui met en présence deux visages et aussi deux forces : l'image réelle et l'image symbolique de chacun dans le réseau des codes et des significations qui règlementent tous les échanges. Ici le petit enfant face à l'adulte, avec toutes les règles du jeu social qui commencent à se tisser.

Très tôt, il est question de perdre ou ne pas perdre la face. Vous le sentez dans ses regards, dans une posture qui se détourne, dans les farces qui vous visent. Tous ces petits incidents, où se mêlent le rire et l'affront... vous sont envoyés en pleine figure, comme l'est, au sens propre (?!) du terme, la nourriture dans les nombreux «*pffrt*» la bouche pleine, précurseurs sans paroles du cinéma muet et de ses tartes à la crème.

Les échanges sociaux sont, sans qu'il y paraisse, très réglementés par des questions qui tournent autour de « sauver la face ». Deux interlocuteurs qui entretiennent de bonnes relations ajustent leurs interventions, leurs discours et leurs gestes, afin que ces questions de « face » soient respectées. Par des indices qui se règlent automatiquement, chacun donne une image de lui qui ne se met pas trop en avant mais ne se laisse pas écraser non plus. Toute ébauche d'agression, tout déséquilibre entre les deux parties (l'un brillant-l'autre médiocre, l'un a compris-l'autre non, l'un dominateur-l'autre soumis) menace la scène qui se joue. Dans une discussion tendue, l'un fait souvent perdre la face à l'autre, en lui mettant le nez dans ses contradictions, ne lui laissant plus glisser un mot.

Le maintien de relations sociales nécessite des précautions rituelles pour entrer en contact, dialoguer, convaincre autrui, le remercier, le complimenter. Celui qui reçoit directement des louanges va immédiatement les démentir, les minimiser ou renvoyer les compliments à leur expéditeur, pour ne pas paraître vaniteux et maladroitement égocentrique. Chaque message modifie la donne et entraîne une rééquilibration de la part de chacun.

Ce savoir-faire social, que chacun acquiert et utilise sans trop y réfléchir, le petit enfant ne le construit que progressivement. De plus, il en commence l'apprentissage, alors qu'il se trouve dans une situation très asymétrique : sa petitesse et son inexpérience le condamnent à assumer toujours le même rôle. Il est partout le petit face au grand, celui qui doit apprendre, qui doit obéir... Pouvoir et soumission sont plus irrationnels encore qu'aux autres âges de la vie.

Rassurons-nous : le bébé apprend très tôt comment ne pas perdre la face dans les situations qui menacent de le mettre en difficulté ; il saisit vite, sans avoir besoin d'aide. Il trouve également comment faire perdre la face à son interlocuteur... avec l'art de le rendre acceptable en sauvegardant les apparences.

Comment arrive-t-il à réussir ces ajustements qui constituent les fondements mêmes de toute une partie du jeu social ? Tout d'abord il trouve des trucs pour attirer l'attention sur lui, alors qu'on ne s'en occupe pas : il se glisse au premier rang de la scène et « fait son intéressant » : *regardez-moi !* L'un des jeux classiques : faire semblant de tousser. De 3 à 8 mois, Frédéric, Etienne, Bruno, Julie :

> Quelque chose qui commence à ressembler à de la malice ou ironie : il s'efforce d'attirer l'attention en toussant très fort.
> Tousse d'une petite toux sèche et en rajoute, en regardant l'effet produit.

S'est mis à tousser pendant les repas d'un petit air malin.
Exactement au même âge que son frère (...) elle tousse malicieusement et en rajoute. Je lui dis :
— *Oh, tu tousses!*
Et elle refait sa petite toux, l'air malicieux.

Cette toux est proche des imitations intonatives. Il s'agit encore très peu de moquerie, plutôt d'une stratégie pour capter les regards.

Que se passe-t-il avant que l'enfant ait recours à ces premières stratégies ? Il suffit d'un rien pour qu'il perde la face. Pendant ses premiers mois, il est complètement désarmé. C'est vraiment un tout-petit qui n'a encore rien mis au point pour s'adapter à des situations nouvelles ou déroutantes. Nous allons constater le progrès de ces acquisitions en suivant l'un des bébés, Frédéric. Tout commence à trois mois avec le polo rouge.

Frédéric, trois mois.
Je lui enfile un polo rouge qui reste coincé autour du visage, faisant un bonnet d'âne avec les manches comme de petites oreilles. Son père et moi, prenons un fou-rire devant cette petite tête de diable. Frédéric se rend compte qu'on se moque de lui, fait la moue et éclate en sanglots.

C'est simple. Il suffit qu'en lui enfilant son polo, un détail insolite donne à l'enfant une allure comique. Rire de l'adulte. Rien ne permet au bébé de comprendre pourquoi on rit. Il sent probablement, de façon diffuse, que l'on rit «de» lui et se met à pleurer.

Plus tard, il saura se mettre du côté des rieurs et rire «avec» eux, mais il n'a encore rien organisé qui lui permette de décoder pourquoi les autres rient, bien incapable encore de retourner le rire à son avantage — ce que ferait un enfant un peu plus âgé qui pourrait en rajouter, enchaîner sur des clowneries. Frédéric se montre tout aussi désemparé dans d'autres situations :

Frédéric, trois mois.
Lorsque des adultes rient beaucoup autour de lui, il ne comprend pas. Peut-être se vexe-t-il ? Il éclate en sanglots avec une moue très spéciale que nous appelons «la petite bouche».

De trois à six mois, les fluctuations rire-pleurs restent très mobiles :

Frédéric, trois mois.
Lorsque son père lui parle avec une voix étrange, il semble ne pas le reconnaître, fait la moue et pleure violemment, comme angoissé.
A quatre mois, la scène du «petit rot» :
Passe deux jours chez ses grands-parents. Retrouve sa mère au moment où il finit de manger. Il lui fait un grand sourire tendre, suivi d'un tout petit rot. Tout le monde se met à rire. Vexé, Frédéric se met à pleurer

Ici, Frédéric est le centre d'attraction et montre sa joie aux adultes qui le regardent. Le petit rot tombe sur ce public attentif et tendre comme une incongruité, comique en soi. Croit-il qu'on se moque de lui ? Il perd la face, seule solution : les larmes. Là non plus, il ne dispose d'aucune parade. Quand il sera un peu plus grand, il saura faire des grimaces, continuer à retenir l'attention, ou au contraire jouer l'indifférence... bref, trouver un effet ou rire avec les autres.

Entre quatre et six mois, il devient de plus en plus sensible à ce qui, dans le ton des adultes, peut induire le rire. Le déclenchement du rire devient plus stable. Vers six mois, indiscutablement, il commence à rire de détails insolites, détails qui le touchent personnellement et qui, peu auparavant auraient pu l'inquiéter ou déclencher des pleurs :

> Frédéric, six mois.
> Rit aux éclats, crie, gesticule lorsqu'il se voit dans un miroir. Mais il rit surtout dans la glace de l'ascenseur ; il se voit alors « déguisé » avec son manteau, ses moufles, son bonnet. Une image de lui-même inhabituelle qui majore le rire.

Le rire est franc, sans ombre d'inquiétude. Il faut avoir une certaine sécurité pour se reconnaître dans ce déguisement, ne pas être intrigué par l'image insolite.

Au même âge, il lance, sans hésitation, ses « pffrrt » la bouche pleine à la figure de l'adulte. Ce jeu avec la nourriture, est, nous l'avons vu, légèrement pervers : l'enfant mêle les bruitages buccaux, la prise de nourriture, le plaisir ou l'affront qu'il fait à l'adulte. Comme Baptiste, Maud, Etienne, Julie et d'autres, Frédéric progresse d'un pas dans la maîtrise de son pouvoir sur l'adulte : l'enfant nous tient à sa merci, en faisant ce qu'il veut de cette bouchée, qui concrétise son envie de faire plaisir, de jouer ou de se jouer de nous. Le répertoire des comportements sociaux s'enrichit de ce scénario dont l'initiative revient à l'enfant, bien que les réponses de l'adulte puissent en orchestrer en grande partie l'évolution.

A huit mois, autre face-à-face, Frédéric répète souvent la petite scène qui est une première farce, faisant mine de filer à toute allure hors de sa chambre et s'arrêtant sur le seuil, fixant sa mère d'un regard vainqueur. A dix mois, nous le retrouvons, exerçant son pouvoir dans la scène de l'étagère (déjà citée dans les interdits et le territoire). Il s'agit bien d'un face-à-face dans lequel l'humour fait que personne ne perd la face.

Avec sa gentillesse, dans le climat de drôlerie partagée qu'il connaît, Frédéric met en place en quelques mois tout un répertoire de comportements qui vont lui permettre de se tirer d'affaire dans bien des situations de la vie, en s'amusant et, qui plus est, en faisant rire.

Baptiste, à dix mois, a recours aux mêmes trouvailles : il s'assied, regarde sa mère d'un air sérieux, lui fait : «au revoir» de la main et se précipite sur l'objet défendu. Un humour plus fonceur!

Ces enfants ont franchi des étapes rapides. Le bébé vulnérable du polo rouge et du petit rot s'engage dans les préalables de l'humour lorsqu'il fait semblant de tousser et «*pfftr*» la bouche pleine. Ensuite il prend des initiatives d'humour, dès huit mois, et de plus en plus couramment après dix mois.

Dès lors, les rôles s'inversent : l'enfant devient tout-puissant. Il détient le pouvoir exceptionnel de faire rire au moment où il en a besoin. Il maîtrise en partie les réactions de l'adulte en trouvant comment intervenir au moment où sont franchies les limites du permis et du défendu, mais il le fait avec sobriété. Il suffit qu'il ébauche un vieux rituel (les marionnettes...) et tout bascule!

Avant un an, la plupart des mécanismes de l'humour sont en place. Les habitudes vont suivre leur chemin chez chacun, suivant son caractère, les réactions habituelles de l'entourage qui, lui non plus, n'aime pas tellement perdre la face! Un grand nombre d'histoires rapportées dans d'autres chapitres possèdent une légère teinte d'outrage à autrui : Etienne qui guide la main de papa pour qu'il ramasse son biscuit, Adrien scandant : *on man-ge-a-ssis!* Elsa répondant «*oui!*» à l'adulte qui lui propose : «*tu veux une fessée?*», chacun a un ton bien à lui.

Certains enfants jettent leurs affirmations à la figure des adultes, sans ménagements, ignorant ou refusant les rituels d'usage qui mettent de l'huile dans les rouages :

Marie, deux ans.
Quand une vieille dame s'approche d'elle ou pose les yeux un peu longuement sur elle, Marie se plante, très décidée, avant même qu'elle lui ait adressé la parole :
— *Non!*

Elle perçoit des signes avant-coureurs : à en croire ses regards, son attention, l'interlocuteur inconnu meurt d'envie d'engager la communication. L'enfant pourrait se dérober, ne pas voir, ne pas entendre, ne pas répondre, rester figée, non, elle proclame d'avance : *je ne joue pas, inutile de se mettre en frais!* Elle a probablement horreur des paroles que disent les vieilles dames aux petites filles inconnues. C'est une bonne maîtrise des règles d'interlocution, mais aussi une impertinence un peu acide. Un humour rosse. De l'humour... oui, elle inverse les rôles, joue sur deux plans, ce qui fait tilt est son refus cinglant — un effet de surprise, elle va contre les attentes, un climat agressivo-défensif.

Foncer restera l'un des procédés de Marie ; bien plus grande, lorsqu'elle est punie, elle se débrouille pour envoyer quelque chose à la figure de sa mère, cherche à la dévaloriser :

> **Marie**, sept ans.
> Sa mère la punit et l'envoie dehors. Marie rentre par la porte du garage et lance, provocatrice :
> — *Et en plus, tu sais même pas par où je suis passée !*

Puis, elle revient immédiatement sur les lieux et attaque avant même d'être re-punie. Bien qu'elle ait beaucoup d'humour, Marie accepte souvent mal que l'adulte lui retourne ses trouvailles :

> **Marie**, huit ans.
> Avec son frère, préparent une blague : ils tendent une serviette de toilette entre deux chaises, formant un banc. Chaque enfant s'assied sur l'une des chaises. Ils invitent leur mère à s'asseoir entre eux, en pouffant. Elle entre dans le jeu, fait semblant de s'asseoir et ne tombe pas. Marie se fâche : sa blague n'a pas marché, il fallait faire semblant de tomber !

Le but de la blague est clair : maman doit tomber dans le piège et perdre sa dignité. Les enfants triomphants, les plus malins. Et puis... maman est encore plus joueuse, connaît ses espiègles et leur renvoie leur blague. Elle s'assoit comme sur un vrai banc mais sans tomber ! Raté ! Comme dans la fable : tel est pris qui croyait prendre... une morale que l'enfant encaisse difficilement.

Revenons aux enfants plus jeunes souvent pris par leur souci de dignité et l'inquiétude de perdre la face. Ils sont parfois saisis de doute, notamment lorsqu'il s'agit de réaliser des prouesses nouvelles, ou s'ils ne sont pas très sûrs de faire comme il faut. La réussite leur apporte un soulagement qu'ils traduisent en simulant le détachement :

> **Loïc**, deux ans.
> Loïc a reçu un vélo pour Noël. Il va l'essayer au parc. Au 3e essai il démarre tout seul. Ses parents le félicitent ; il prend un ton désinvolte : *Facile, vélo !*

Loïc soulagé ! Vous étiez tous inquiets, vous m'avez sous-estimé... je n'étais pas rassuré non plus, mais ça c'est inavouable. Alors, endossons le nouveau personnage : le vélo ? un jeu d'enfant !

Dans un autre domaine, c'est la même désinvolture chez Pascale, à trois ans, avec, en prime un peu de condescendance :

> **Pascale**, trois ans.
> Sur la plage, en maillot de bain. Le vent devient plus frais, sa grand-mère lui

demande de s'habiller et propose de l'aider. Refus, Pascale réunit ses vêtements, et entreprend de s'habiller seule. C'est long, elle a certainement froid. Elle ne se manifeste qu'une fois la tâche accomplie avec ce commentaire désinvolte : *c'était enfantin, Mamy!*

Ces épisodes sont très proches de la première rubrique « garder sa dignité ». Le thème « sauver la face » ne fait que confirmer les constatations réunies jusque-là : les conduites adaptatives qui participent à la genèse de l'humour sont observées dès les premiers mois.

COUPER LA POIRE EN DEUX

Nous avançons encore d'un pas. L'humour permet de se tirer de certaines situations embarrassantes en coupant la poire en deux. Fifty-fifty.

Frédéric, bientôt trois ans, en pleine période scatologique, se plaît à répéter toute la journée *caca* et d'autres mots. Mais en présence de sa grand-mère, il se surveille et ne lance plus de grossièretés à haute voix, mais les murmure ou les déguise. En jouant avec ses voitures par exemple, il s'amuse à dire et redire : *car-car*, en vérifiant d'un œil malin si son habile camouflage a été remarqué.

Tiraillé entre deux désirs contradictoires, l'enfant trouve un compromis. Pour moitié il obéit, pour moitié il désobéit. Il cède et ne cède pas. Il fait déjà le grand, mais encore le bébé. Il s'arrange pour sauvegarder plaisir et réalité qui se combinent, dans l'anecdote qui précède, ou se succèdent, comme une frise où se répète le même motif en positif puis négatif, dans les exemples suivants. Les premiers commencent peu après un an :

Laure, seize mois.
A table sa mère lui demande :
— *Prends ta cuiller, Laure, pas avec les doigts*, en faisant « non, non » de la tête.
Laure enchaîne : elle prend la cuiller avec un air sérieux puis les doigts avec un air coquin, en faisant « non » de la tête et continue à manger ainsi en alternant.

Fifty-fifty : moitié elle obéit, moitié elle fait ce qu'elle veut. On ne peut pas la gronder : elle fait un effort et fait alterner l'obéissance et une légère bravade. C'est « couper la poire en deux ». Laure se glisse dans cette brève période où son petit double jeu est encore attendrissant : c'est tellement bien trouvé que son astuce est autorisée et même appréciée.

Quelques mois plus tard, à deux ans, à l'occasion d'une histoire de propreté, elle trouve un petit jeu de mots qui traduit la même ambivalence :

Laure, deux ans.
Avant d'aller se coucher, elle vient de faire pipi dans son pot, je lui demande si elle veut faire caca ou préfère sa couche pour la nuit. Elle rit très fort et réclame :
— *Couca !*
Très fière de ce compromis entre « couche » et « caca », elle rit et le répète plusieurs fois.

L'ambivalence existe chez tous les enfants, même si elle ne s'exprime pas de façon aussi claire que chez Laure. Ils négocient la soumission qui leur est demandée, et obéissent « au compte-gouttes », comme Bruno qui, vers 3 ans, consent à s'asseoir par petites étapes.

Cet art de la demi-mesure, ce refus relatif de soumission n'est pas pour déplaire aux parents d'aujourd'hui : un enfant qui sait se défendre qui résiste un peu, a « du caractère ». On dit aussi : c'est un petit malin, il essaie de nous avoir. Et l'adulte ne craint pas d'être un peu « eu », quand cela signifie pour lui que son enfant est assez astucieux pour tirer à son avantage des situations difficiles.

L'enfant a parfois recours aux mêmes ajustements pour maîtriser des sentiments qui contrarient gravement ses désirs. Ils lui permettent d'exprimer et de détourner une part de son agressivité, ou de supporter des frustrations notamment lorsque la blessure est le petit frère ou la petite sœur qui vient de naître. Devant ce petit être nouveau qui fait chavirer ses repères et les habitudes de la vie familiale, chaque enfant s'en sort comme il peut. Souvent en rêvant d'être et de rester bébé, « le » bébé :

Maud, deux ans et demi.
A la naissance de Sonia, elle a repris goût au biberon. Ses parents inventent des tas de ruses pour qu'elle adopte le petit déjeuner des grands : on lui achète un ravissant déjeuner... rien ne la décide. On arrive cependant à négocier des demi-mesures et elle joue le jeu : elle accepte alternativement le biberon puis déjeune comme les grands et fait ce commentaire :
— *Une fois grande, une fois petite !*

Maud est vraiment partagée : elle aimerait bien le petit déjeuner des grands, mais aussi le plaisir de régresser un peu et de revenir au biberon, comme sa petite sœur. Pour le moment, elle ne peut pas se décider. Le compromis « moitié-moitié » est accepté par tous.

Même situation pour Etienne qui est plus petit, il n'a que 14 mois à la naissance de Julie. Il cache mal son désir d'agresser le bébé. Après une période d'apparente indifférence, il se montre très attentif avec sa petite sœur, signale dès qu'elle pleure. Mais ses sentiments restent mitigés : il lui apporte des gâteaux ou des sucettes, mais lui vole son biberon et harcèle sa mère quand elle la fait téter. Il maîtrise difficilement ses gestes avec Julie :

> **Etienne**, un an et demi, avec **Julie**, trois mois.
> Au début il posait sa main doucement sur la tête de Julie, puis enhardi il s'est mis à toucher de plus en plus fort. Nous lui avons alors appris à caresser doucement la tête de Julie.
> Un jour, il mourait d'envie de lui taper dessus. Nous étions à côté. Il a fait un grand effort pour la caresser doucement, puis s'est libéré en faisant :
> — *Bravo!*
> Et a alterné : une petite caresse à Julie :
> — *Bravo!* en criant : *Ah! ah! ah!*

La détente du «*bravo!*» et des «*ah! ah!*» aide Etienne à maîtriser la situation : caresser Julie doucement (il en a certainement envie) sans être submergé par tout ce qui est violent en lui. Il a envie de caresser, mais il a envie de taper. En faisant alterner douceur-explosion inoffensive, Etienne rend ses contradictions supportables. Il ne va pas refouler une agressivité inexprimable, tout en conservant une façade de douceur affectueuse, non, il se permet de montrer doucement son affection et d'exploser par ailleurs sans objet. Ce «*bravo!*», c'est à lui qu'il peut l'adresser!

Spectateurs de la scène, les parents n'ont même pas à intervenir. Ils prennent le jeu d'Etienne pour ce qu'il est, une sérieuse victoire sur lui-même.

Il est touchant de lire aussi clairement les sentiments qui s'entrechoquent et les solutions constructives que l'enfant y apporte. Comparez la dépense d'énergie, le drame et l'aggravation de la frustration qui résulteraient d'une situation mal maîtrisée : Etienne ne peut pas se retenir et tape sur sa petite sœur... on plonge en plein drame et tout le monde souffre!

Ces dernières histoires illustrent les raisons d'être les plus fondamentales de l'humour : se sortir d'une situation difficile sans drame, encaisser une frustration avec une pirouette. Etienne rit fort, bien qu'il n'ait pas le cœur à rire; c'est un rire forcé, grave, un rire qui participe de l'humour sérieux qui est en train de naître.

Etienne a fait un pas considérable dans la maîtrise de ses sentiments, en ayant spontanément recours à l'alternance douceur/force qui lui permet d'exprimer les deux extrêmes qui se bousculent en lui. Il le fait sans dégâts pour personne, avec l'approbation des adultes dont il sent certainement l'amusement attendri. Il met au point le schéma d'un procédé qui fonctionne comme réponse humoristique aux problèmes de la vie. Trouver un compromis entre ses contradictions, les exprimer de façon acceptable, éviter les affrontements : une solution pacifique, économique qui laisse sa place au bien-être et au rire, même s'il est un peu contraint. Cette ambivalence des sentiments se retrouve dans plusieurs scènes, de tonalité plus légère, qu'il s'agisse du petit frère ou de la gourmandise :

> **Frédéric**, bientôt trois ans.
> Je (M) frotte ma tête contre le ventre de Cyril. Frédéric dont l'agressivité contre son frère se manifeste en ce moment par des tentatives d'écrasement déguisées en câlins, me dit, d'un ton mi-moqueur mi-sentencieux, le doigt en l'air :
> — *No écraser, Mummy!*
> Au même âge,
> Nous mangeons de la glace. Frédéric n'est pas encore servi et je (M) me sers. Goguenard, il me met en garde :
> — *Don't take too much, Mummy, you'll be malade!*[1]
> On le met parfois en garde ainsi. Il me le retourne avec une double satisfaction : je me moque de maman gourmande, je fais l'adulte, je protège ma part.

Nous sommes en plein humour, un humour « adulte ». En quelques secondes nous voyons se rencontrer deux aspects de la réalité, ce qui est caché (la force des sentiments) et ce qui est visible (le petit jeu que trouve l'enfant). Un humour art de vivre.

En reprenant ces « moitié-moitié », je reviens à une toute première histoire que j'avais à peine retenue initialement : le demi-sourire d'Etienne dans son bain à deux mois et demi. L'anecdote m'avait semblé discutable : une mère trop attentive qui interprète et anticipe... et puis devant les conduites qui allaient s'établir par la suite entre Etienne et sa mère, je suis revenue au « demi-sourire », initialement avec hésitation, puis plus assurée quand je me suis aperçue que ces ébauches de mimiques étaient souvent signalées au cours des premiers mois. Relisez l'épisode, dans « Jeux d'eau » (page 132).

Il faudrait récapituler tous les thèmes abordés pour faire le tour de l'humour art de vivre. L'enfant dispose en effet de bien d'autres procédés pour faire face aux choses de la vie. Il peut déplacer les sentiments violents dans le camouflage d'une histoire imaginaire (que font d'autre les romanciers ?) :

> **Augustin**, trois ans et demi.
> Peu après la naissance d'Igor :
> — *Y'a un chasseur qui passait par là. Il a tué Igor : ppffft!* (geste de tenir un pistolet).

Il peut clamer son ambivalence toute crue :

> **Frédéric**, deux ans et demi.
> Soir de Noël, il est décidément très excité. Il se couche et me réclame alors

que son père vient de le coucher. J'entre dans sa chambre, il me lance :
— *Caca!*
Je lui réponds que s'il me salue comme ça je m'en vais et que je préférerais un câlin. Alors il m'enlace tendrement et me susurre à l'oreille :
— *Caca, mon amour!*

Il peut tout simplement faire le grand, ce qui est l'attitude la plus naturelle du monde, mais ce faisant il brave parfois légèrement l'attente, et nous ne pouvons nous empêcher d'en sourire ou de nous en étonner :

Bruno, quatre ans et demi.
Son petit frère vient de naître. Il n'a pas l'air jaloux (...).
Il est trop content d'être grand : il arrive enfin à toucher les deux rampes de l'ascenseur! Il n'envie pas du tout la situation du bébé.

Il en est bien ainsi pour des tas d'enfants : « il est trop content d'être grand ». L'adulte y est d'autant plus sensible dans ces périodes qui sont critiques pour certains. Pour Bruno, le fait de constater la petitesse et la dépendance de Louis avive son plaisir d'être capable de se débrouiller, d'être autonome. Ce faisant, il va un peu contre l'attente traditionnelle des adultes qui, suivant les idées reçues, redoutent que la seconde naissance soit une frustration pour l'aîné. L'adulte ne fait pas assez confiance à l'enfant : Bruno lui donne une leçon!

Jessica donne elle aussi une permanente leçon d'indépendance :

Jessica, seize mois.
Pour s'endormir, elle se chante elle-même :
— *Dodo l'enfant do.*
Quand elle tombe, elle s'embrasse l'endroit touché et dit :
— *Pu bobo!*

Vous vous croyez indispensable? Vous courez à son secours dès qu'il trébuche... eh bien non, il se débrouille parfaitement tout seul. L'enfant se passe très bien des petites cajoleries d'usage. La liberté! L'humour tient dans la leçon qu'elle donne à tous les parents trop empressés : il trompe l'attente. En assumant son sommeil et la consolation des « bobos », cette toute petite bonne femme montre qu'elle maîtrise un bon répertoire de réponses adaptatives, alors que la plupart des enfants sont, au même âge, des bébés hyperprotégés.

C'est aussi sur la liberté que joue, avec un certain théâtralisme, le thème du départ :

Lucie, quatre ans.
Sa mère la dispute pour quelque sottise et pour la punir l'envoie dans sa

chambre. Lucie en revient en ayant réuni quelques objets à elle, passe dignement et déclare d'un ton théâtral :
— *Je s'en va, à Dimanche!*

Lucie est profondément blessée certainement pour se ressaisir avec autant de dignité et d'activisme. Une façon de ne pas s'avouer battue ou d'avoir le dernier mot. Il faut à l'enfant dynamisme, initiative et liberté d'esprit pour réagir ainsi à une brimade. Très sérieux jusque-là.

L'enfant met les points sur les i : *attention je pars!* et surtout cette précision touchante : *à Dimanche!* Tout n'est pas cassé, sourire de l'adulte. Le scénario est cependant le même dans les vrais départs, avec les enfants impulsifs qui laissent tout en plan, ou lorsque le conflit a atteint une tension trop dramatique.

Lucie s'en sort très bien. Elle se débrouille pour lancer une proclamation d'indépendance, mais ne casse pas complètement les liens.

Même tout jeune, l'enfant est tout ce qu'il y a de plus sérieux dans ces chantages au départ. Il trouve cette issue à une situation qui le contrarie gravement. Une menace qui est toujours une épreuve pour l'adulte. On ne peut s'empêcher de penser qu'un instant l'enfant a eu envie de tout quitter, de «nous» laisser, de penser aussi qu'on n'a pas su s'y prendre... Et s'il partait vraiment?

Les commentaires naïfs de l'enfant font souvent sourire, mais un sourire mitigé, voilé d'un peu d'inquiétude. C'est chaque fois cette arme ambiguë qu'utilise l'enfant :

Grégoire, quatre ans.
— *Si on embête mon chat, je vais partir avec lui et je dirai à quelqu'un de me garder avec mon chat. J'irai à Saint-Haon à pied.*
Ivan, cinq ans.
Ses parents le grondent et l'envoient dans sa chambre. Il revient quelques minutes plus tard :
— *Je peux savoir où sont rangées les valises de voyage?*
— *Pourquoi?*
— *Pour mettre le cap sur les vacances!*

C'est la même détermination que la petite Marie, à un an, prête à partir derrière sa porte.

Cet inventaire n'a pas l'illusion de faire le tour de l'humour-art de vivre! Le lecteur le comprendra aisément. S'il trouve d'autres pistes, il peut les proposer, elles seront les bienvenues. Les parents eux-mêmes ont fait bien des suggestions mais toutes n'ont pas débouché sur des hypothèses vérifiables :

Aurélien, trois mois.
.../... enfin on ne saura jamais à quoi il sourit quand il rêve... mais c'est là certainement la clé de son humour naissant!

Nous ne nous sommes pas totalement pris au sérieux, voyez-vous, au contact de notre bande d'humoristes!

NOTE

[1] Pas trop, maman! tu vas être malade!

12
Les choses de la vie

L'humour est, nous l'avons vu, astuce, défi, ajustement, progrès, création, liberté. Mais rien ne dit les sentiments et les émois qui chavirent souvent derrière les apparences.

La petite Marie qui se dirige vers la porte avec son manteau sous le bras met fin, par sa résolution, à une brève mais violente tempête. Adrien qui prend un masque figé devant un adulte de rencontre laisse deviner quels vrais sentiments cache son immobilité. L'adulte doit saisir au vol ces messages qui font surface. Ils fonctionnent comme avertisseurs, mais rien ne dit clairement ce qui se passe dessous.

L'adulte, s'il y est attentif, lit dans les mimiques, les regards et les rires une foule de messages. Ils permettent aux sentiments et aux émois de circuler dans les relations humaines. Le langage ne supplante jamais totalement ces moyens d'expression. Lorsqu'il commence à parler, l'enfant n'est pas encore équipé pour exprimer verbalement ce qu'il ressent : les premiers mots traduisent surtout la réalité concrète ; de son côté l'adulte parle peu du monde subjectif, si bien que le langage ne prend que très partiellement le relais et qu'une grande partie des émotions continue à s'exprimer de façon non verbale.

Les moyens dont dispose le bébé trouvent chez les parents des échos très forts. Il en est ainsi toutes les fois qu'existent des liens d'affection exceptionnels. Chaque message éveille chez l'autre tout un jeu de résonances. Il suffit d'une expression fugitive — un air désappointé, une inquiétude qui plane, la brillance d'un regard — pour qu'entrent en vibration chez l'un et l'autre un réseau de résonances amplificatrices. Elles entretiennent un climat d'empathie et participent certainement à « l'activation »[1] de l'état de l'enfant.

Nos histoires montrent bien ce jeu des apparences. Rarement, l'irruption à la surface du désir nu, lorsque Elsa presse Arthur trop fort, lorsque Céline bondit dans le lit de sa mère après la naissance de David.

Rarement aussi le va-et-vient visible des désirs contrariés, dans les « moitié-moitié » de Laure ou de Maud.

Plus souvent se lit sur le visage l'expression d'une volte-face rapide, lorsque le bébé joue la dignité, lorsqu'il passe de l'inquiétude au rire devant un détail nouveau du visage.

Mais l'apparence que revêt le plus souvent l'humour, c'est d'offrir un visage inexpressif, alors qu'il se passe quelque chose. C'est Frédéric qui se mouche précipitamment, tandis qu'il vide le paquet de Kleenex. C'est l'air innocent d'Etienne dans ses innombrables impertinences. C'est Loïc rassuré : *facile, vélo !* Tant d'autres. Cela s'appelle le flegme, infaillible recette des meilleurs humoristes !

Dans le flot des circulations du microcosme, l'enfant trouve finalement par lui-même des solutions qui ne peuvent pas lui être apprises. Car, malgré toutes les résonances éveillées chez l'adulte, tous les soutiens que celui-ci lui apporte, c'est l'enfant qui, en dernier ressort, doit se débrouiller avec les émotions et les sentiments qu'éveillent en lui, petites ou grandes, les choses de la vie.

Depuis le simple quotidien, le spectacle du monde, la nature... des nouveautés inépuisables pour le petit enfant :

> **David**, deux ans.
> Par les portes vitrées, regarde le soleil couchant. Il se déplace d'une porte à l'autre, sensible aux lumières et aux ombres, et chaque fois :
> — *Ici, c'est pas là...*
> Sa sœur veut fermer une porte :
> — *Ferme pas, Céline, je regarde les choses !*

Et confronté à la nuit, avec la pointe d'une brève frousse :

> **David**, trois ans.
> Le soir, il joue dehors avec les grands. Tout à coup, détresse, il se retrouve tout seul et n'arrive pas à ouvrir la porte. Sa mère le retrouve en larmes :
> — *J'pouvais pas ouvrir la porte, j'étais seul avec la lune !*

Jusqu'aux grandes questions. Les résonances émotionnelles sont particulièrement vives autour des thèmes existentiels, où se mêlent les questions humaines fondamentales et les sentiments propres de l'enfant. Les questions de vie et de naissance, ainsi que celles qui tournent autour du temps et de la mort.

LA NAISSANCE

Les bébés d'aujourd'hui sont élevés dans la «transparence» et la plupart savent, tout petits, que le bébé commence dans le ventre de maman. Connaissances si familières qu'ils en font de petites astuces :

> David, quatre ans et demi.
> Nous déjeunons dans le jardin. Il enfourne un morceau de thon si gros qu'il lui déforme la joue. Il rit, montre du doigt cette joue :
> — *Regarde, j'attends un enfant dans ma joue!*

Ils croient comprendre, mais ne saisissent évidemment qu'un aspect infime, ce qui n'étonne guère puisque tous les humains, les adultes eux-mêmes, ne peuvent tout comprendre vraiment.

Les réflexions des enfants sur les bébés et la naissance sont l'un des thèmes des «mots d'enfants» traditionnels. L'humour en est rarement volontaire. Derrière leur naïveté il faut comprendre la gravité des sentiments. Ivan, désolé que ce petit frère tant attendu se fasse attendre indéfiniment, brûle d'impatience, accueille son père d'un ton déterminé : *alors, tu la mets cette petite graine?*

Et Maud, caressante, narcissique, reconnaissante : *on peut dire qu'il l'a bien réussie, papa, ma petite graine à moi!*

Mieux réussie que celle de ma sœur, s'entend! L'enfant ne fait pas d'humour, il clame son désir à l'état brut. Comprenne qui pourra! Ce qu'il nous donne à comprendre ce sont des sentiments si forts, si importants pour lui, que le parfum d'humour qui entoure ces mots naît précisément du contraste entre la gravité du sujet et la formule simplette qui tente de l'exprimer.

Même si ce qu'il comprend de la naissance est très partiel et vague, la perception qu'en a l'enfant est certainement marquée par le fait que sa naissance à lui est encore toute proche. On ignore la précision de ses souvenirs, mais dans le discours de l'adulte et dans la proximité temporelle, ce que l'enfant entend ou ce qu'il voit autour de la naissance éveille certainement des résonances personnelles que nous ne pouvons apprécier avec exactitude. La proximité physique de ses relations avec sa mère favorise aussi les idées qui tournent autour de : ce bébé dans le ventre de maman, il n'y a pas si longtemps, c'était moi — cette intimité, c'était la nôtre, j'étais là.

Par bouffées, tout un mélange de sentiments exacerbés par ce bébé à venir dont on parle tant, cette naissance proche, puis ce petit rival dont l'arrivée coïncide immanquablement avec l'absence de maman, ce monde étranger et inquiétant de la maternité. Les repères familiers sont durement mis à l'épreuve! Toute la sollicitude des proches ne peut contrebalancer ce grand branle-bas. Mais c'est dans les à-coups que l'enfant mûrit.

Avant la naissance déjà, l'aîné partage l'impatience des parents, jusqu'à les harceler parfois, tant il aimerait la compagnie d'un petit, enviant les copains qui ne sont pas seuls. Bruno (4 ans) qui est clairement informé cependant, ne peut plus attendre, il suggère qu'on achète un bébé de la garderie! Les sentiments sont mêlés, Loïc (4 ans et demi) se réjouit mais, à l'annonce d'une naissance, sa première réaction est : *je vais manger la saucisse qui est dans ton ventre!*

Il n'en est pas moins impatient et plein de sollicitude, réellement aux petits soins, tant pour maman que pour le bébé, comme plusieurs autres «grands» :

Maud, deux ans.
Juste avant la naissance de Sonia, recommande à sa mère :
— *Repose-toi bien, maman, pour que le bébé du ventre soit bien gros et bien beau!*
(Elle avait certainement entendu dire qu'elle-même était née prématurément, qu'elle avait été un bébé tout petit).

Dans son impatience, Bruno ne s'y retrouve pas bien. Il confond un peu tout :

Bruno, quatre ans.
Plusieurs de ses copains ont des petits frères, il continue à en réclamer un avec insistance.
— *Que faudrait-il faire, tu crois?*
— *Eh bien, il faut que tu aies un gros ventre et que tu tricotes!*
Un peu plus tard il me demande :
— *Eh, c'est quand que tu me tricotes un petit frère?*

Un beau jour, il arrive enfin ce bébé dont on a tant parlé! Celui qui devient l'aîné est alors séparé de sa mère, souvent pour la première fois. Même si on le lui a expliqué, il ne peut pas vivre dans l'indifférence cette séparation d'autant qu'il perçoit l'émoi des adultes qui le gardent. On l'a préparé, on a expliqué, mais il se trouve seul, démuni devant ce qui devient soudain réalité. Comme re-naissant lui-même dans cet événement si voisin de sa naissance, à laquelle les adultes n'ont pas manqué de faire référence dans leurs explications : (*c'est comme toi, tu étais aussi dans le ventre de maman...*).

Au point de tout mélanger et nier l'évidence, comme Maud :

> Maud, deux ans et demi.
> Sa mère est hospitalisée quelques jours avant la naissance de Sonia, c'est leur première séparation. Le matin, Maud lui parle au téléphone :
> — *Aujourd'hui, c'est le jour de ma naissance!*
> — (Il faut expliquer : non ce n'est pas ta naissance à toi...).
> — *Non, c'est _ma_ naissance!*

Ou d'avoir un besoin absolu, immédiat, de rejoindre, comme Céline, le giron maternel :

> Céline, deux ans et demi.
> David vient de naître. A midi, elle va le voir, très tendre, admirer la petitesse de ses mains. Sa mère lui explique, maintenant le bébé est dans son berceau, il n'est plus dans son ventre.
> Très intriguée, Céline va vers sa mère, retourne vers le berceau puis finalement se précipite vers sa mère :
> — *Je veux me coucher près de toi!*

Dans ce grand remue-ménage d'émotions, l'aîné découvre que le copain tant attendu est ce tout petit être que l'on contemple dans un berceau. Déception souvent. Bruno négocie bien sa surprise dans un rebondissement blagueur non exempt d'un certain doute :

> Bruno, quatre ans et demi.
> Louis vient de naître. Stupéfait de sa petite taille :
> — *Mais il était plus gros dans ton ventre!*
> Il regarde mon ventre qui est encore un peu gros :
> — *Ah, mais c'est parce qu'il y a encore une petite sœur dedans!*

Si petit, il ne peut être ni un compagnon de jeu, ni un rival. Et cependant, dès que l'adulte lui consacre son temps, dès qu'on lui donne des soins, qu'on le nourrit (plus encore s'il tète le sein), ce tout petit bébé prend aux yeux du grand une importance démesurée. L'aînée n'est plus la seule vedette, et même si on l'aide à composer son nouveau personnage, les remaniements émotionnels subis vont entraîner des réactions, transitoires ou durables, que connaissent tous les parents.

Il prendrait volontiers la place du bébé, profitant parfois de l'occasion pour rappeler qu'il préférerait encore être enfant unique. C'est clair chez Loïc, cinq ans, dont la sœur Laure a trois ans et demi lorsque naît Thomas.

> Loïc, cinq ans.
> Thomas vient de naître.
> — *Je voudrais être tout seul.*
> — *Ça serait pas drôle!*

> — *Mais avec papa et maman.*
> — *Tu t'ennuierais !*
> — *Je veux bien Thomas, mais pas Laure.*

Et l'on découvre que l'enfant qui le gêne, ce n'est pas tant le dernier — le tout-petit — que le premier en date des rivaux. C'est en se trouvant encore une fois devant la même frustration qu'il arrive à exprimer la première. Et en même temps, cette révélation :

> **Loïc**, cinq ans.
> — *J'ai rêvé que j'étais Thomas* (Thomas a deux mois)...
> — *Et c'était agréable ?*
> — *Oh oui !*

Faut-il rappeler l'adoration mutuelle et la complicité entre Loïc et Laure ? Mais le grand frère, pas mécontent d'être l'idole de Laure, que dit-il cette fois ? Qu'il se voudrait seul, unique, libre et il choisit pour le dire le moment où Thomas, ce nouveau bébé, le même petit intrus pour les deux grands, débarque sur leur terrain commun à Laure et à lui. Et même si l'humeur est joyeuse, il ne peut cacher son agacement lorsqu'une amie contemple trop longuement le bébé : *pourquoi tu le regardes tout le temps ? Il est toujours pareil tu sais !*

L'enfant craint que l'adulte n'y comprenne rien, invente des stratégies :

> **Maud**, deux ans et demi.
> Depuis que Sonia est née, il faut doser l'attention que l'on porte à chacune. Nous regardons ensemble un film qu'a tourné leur père. Le bébé est sur les genoux de Maud, elles sont donc toutes les deux le pôle d'attraction lorsque nous regardons le film ensemble. Mais Maud sent bien que les regards sont amusés par les débuts de Sonia, elle veut récupérer l'attention et lance :
> — *Le bébé, c'est moi !*

Certains semblent prendre du recul, traitent le problème avec détachement, sans peur du moins apparemment :

> **Adrien**, deux ans et demi.
> Avec la naissance d'Agathe il se régale surtout du plaisir d'être grand et de pouvoir faire des tas de choses. Il parle surtout de la petitesse de sa sœur, assez protecteur :
> — *Quand je serai grand, je lui raconterai...*
>
> **Bruno**, quatre ans et demi.
> Comment trouve-t-il son petit frère ?
> — *Un peu moche, mais il faut pas lui dire, il serait pas content !*
> Il apprécie aussi énormément d'être grand (heureuse coïncidence, il arrive juste à toucher les deux rampes de l'ascenseur qu'il rêvait d'atteindre depuis longtemps !) et n'envie pas la situation du bébé. Il est plein d'attentions pour Louis, essaie de le consoler quand il pleure, le caresse, lui prête ses jouets.

Réactions heureuses où ne se glissent que d'infimes bribes d'humour. Mais dès que des sentiments contraires tiraillent l'enfant de façon plus méchante, fuse en traits rapides un humour dont les couleurs changent souvent très vite. L'aîné imite ou même caricature le bébé (et ce faisant, régresse parfois). Un humour simple :

> **Frédéric**, deux ans et demi.
> Juste avant la naissance de Cyril (actuellement quatre mois), il commençait à abandonner le biberon et buvait à la tasse chez sa nourrice. Dès les premiers repas du bébé, Frédéric reprend le biberon avec charme et mimiques pour l'obtenir.
> Il imite son frère par des cris et des mouvements qu'il exagère alors que Cyril est très discret. Il se fait plus souvent câliner. Il vole la sucette de son frère, alors que lui-même n'en a jamais eu besoin. Il tète de façon très sonore et rit beaucoup.

Un humour attendri et attendrissant :

> **Frédéric**, deux ans et demi.
> Cyril, un mois, il prend le sein. C'est une situation bien acceptée (invité à goûter, Frédéric a opposé un refus un peu dégoûté). Il fait très chaud, tous assis par terre, en tenue légère.
> Frédéric arrive avec son pingouin en peluche, un bébé lui aussi, récemment acquis. Il déclare :
> — *Faim pingouin!*
> Et le met à l'autre sein pour qu'il tète aussi. Puis changement de jeu, il s'installe, quitte son tee-shirt et «donne le sein» à son pingouin en s'exclamant joyeusement :
> — *Ma poit'(r)ine!*
> L'habitude prise, il nourrit son petit poussin. En même temps il rit et prend son jeu très au sérieux.

Un humour douteux. Chez tous, une fois ou l'autre le grand prête ses jouets au bébé et, le voulant ou non, en empile un peu trop, le submerge. Ou encore dans leurs jeux corporels, il se vautre contre lui, gigote pour le faire rire, mais en fait un peu trop, le bouscule, le coince. Certains sont désolés, affolés même de déclencher des pleurs. En jouant, Frédéric bouscule Cyril qui se met à pleurer. Lorsque Sophie, leur maman, accourt, elle doit consoler les deux! D'autres ont des formules plus ambiguës :

> **Elsa**, deux ans et demi.
> Elle ne se prive pas d'agresser son frère. Ils jouent ensemble, on entend hurler Arthur sans bien savoir ce qui s'est passé. Parfois des traces de dents. De son côté Elsa feint l'innocence et interroge : *Qui y'a Arthur?*

Un humour-déplacement tellement limpide.

Pascale cinq ans.
— *Maîtresse, j'ai une petite sœur, mais elle pleure beaucoup, c'est sûrement parce qu'elle est jalouse de moi !*

Un humour laborieux. Il a parfois bien du mérite et beaucoup de peine pour permettre à l'aîné de digérer ses problèmes. Racontée par Mylène, son évolution chez Etienne se passe de commentaires :

Etienne, vingt mois.
Bonne réaction de jalousie à la naissance de sa petite sœur. Il devient morose, susceptible. La moindre remontrance déclenche des sanglots. Puis il accepte la présence de Julie comme spectateur. Il joue, sérieux et ignore superbement sa sœur qui est à ses côtés. Il la repousse lorsqu'elle tente de participer. Julie n'est pas gênée : il lui suffit de voir son frère remuer devant elle. Elle redresse sa petite tête et pousse des cris de joie :
— *Ah, ah !*
Alors Etienne, sans la regarder, l'imite :
— *Ouli (= Julie), ah ! ah !*
Tout en continuant son jeu, d'un air supérieur. Il ne s'adresse ni à Julie ni à moi (M), c'est comme une réflexion personnelle sur ce petit phénomène qui a envahi sa vie et le trio familial.
Il me semble qu'il la boude et la méprise, mais il pense sans doute : elle prend beaucoup de place avec ses cris victorieux, on ne va pas en pleurer, on ne va pas encore pactiser, alors on se moque d'elle.
C'est à mon avis (M) une grande démarche <u>d'humour un peu acide</u> devant une <u>première grande épreuve.</u>
L'évolution des « *Ouli Ah ! Ah !* » est intéressante. Peu à peu, Etienne le redit en s'adressant à moi (M) et attend une réponse, alors je prends Etienne contre moi et nous parlons de Julie :
— *Oui, c'est Julie, c'est un bébé, elle pousse de sacrés cris :* « *Ah ! Ah !* », *c'est une drôle de coquine...*
Nous en rions ensemble et vers 2 ans, il ne se moque plus d'elle ainsi. Il la regarde toujours avec un certain étonnement, il la chahute, se roule sur elle. Ils rient aux éclats. Il lui donne la main pour la faire « marcher » et dit :
— *Ouliii...* avec une voix grave et tendre.
Lorsque nous parlons tous les deux, je lui demande :
— *Comment elle fait Julie ?*
C'est d'un ton méprisant et amusé qu'il s'empresse de répondre :
— *Ouli ! Ah ! Ah !*

L'humour a fait du bon travail ! Tout n'est pas gagné, mais, arrivé en ce point, l'enfant a organisé des stratégies qui lui permettent de maîtriser bien des situations de façon non conflictuelle. On connaît tant de façons de ne pas sortir pacifiquement des à-coups de la prime enfance.

LE TEMPS, LES ÂGES ET LA MORT

Nos bébés, pas très vieux, n'ont pas eu d'expérience trop angoissante de la vie, pas de drame ou de violence. Des enfants heureux qui, lorsqu'ils questionnent, ne reçoivent du malheur et de la mort qu'une image adoucie, se voulant à leur portée. Il n'est pas étonnant qu'avec des éléments fragmentés, des bribes, ils ne puissent construire qu'une idée très partielle de la réalité.

> **Céline**, deux ans et demi.
> Va au cimetière avec une tante qui lui explique les tombes et les morts.
> — *Alors, pour les gens, c'est comme pour les oiseaux ?*
> En vacances, on avait enterré un oiseau mort, dans le jardin.
>
> **Loïc**, trois ans.
> Il parle souvent de la mort. Sa mère perd sa grand-mère. Loïc voudrait faire quelque chose pour elle
> — *Mais il faut une autre grand-mère pour toi, tu en veux une autre ?*

Deux réalités s'entrechoquent. L'enfant a bien saisi la disparition de cette lointaine grand-mère, mais rien n'a dû l'informer clairement de l'antériorité des grands-mères. Il en parle comme d'un produit remplaçable. Ivan, lui, à quatre ans s'interroge beaucoup sur Jésus, il passe près d'un cimetière et affirme : *quand je serai mort, je serai au ciel, je verrai bien s'il y est ou pas.*

Vers trois ans, l'enfant tente d'organiser une représentation de la matérialité de la mort :

> **Bruno**, trois ans.
> Parmi toutes ses questions, celle de la mort revient souvent. Nos réponses ne doivent pas beaucoup le contenter. Il se raccroche à certaines situations qui sont claires. Il sait par exemple quand une mouche est morte. Un jour, il se couche sur le dos, ne bouge plus, dit :
> — *Je suis mort.*
> Puis se relève aussitôt et, sans transition, se remet à jouer.

Progressivement, l'enfant saisit mieux ce qu'elle signifie réellement, avec référence à son entourage personnel :

> **David**, quatre ans et demi.
> Il écoute avec Jackie un lied de Schubert. Sous le charme. Jackie parle de la vie de Schubert, sa mort à trente ans, ce qui frappe beaucoup David :
> — *Oh là, là...* (long silence) *plus petit que mon papa !*

L'enfant partage la vie des adultes, il suffit qu'il entende leur discours et regarde la télévision pour saisir très vite les menaces, les risques et les violences qui planent. Très tôt c'est lui qui fait la morale aux parents : il ne faut pas fumer, c'est dangereux, il le sait, il l'a entendu, vu, partout. Les adultes ne sont pas sérieux. L'enfant se fâche parfois, anxieux que sa mère ne prenne pas mieux soin d'elle-même. Que d'angoisse dans ces ordres affectueux qui sont pris pour des caprices ou des taquineries. L'adulte ne fait pas assez confiance à l'enfant : s'il le serine, c'est qu'il a réellement peur pour lui.

Sans savoir ce qu'il y a au bout, l'enfant acquiert une certaine conscience de la fuite du temps. Toutes ces notions sont si difficiles à expliquer, et pour lui si difficiles à saisir.

L'âge en premier lieu. Subjectivement l'enfant se situe lui-même, le plus jeune, ou un peu plus âgé que... Tant qu'il ne sait pas compter, cette notion d'âge ne veut pas dire grand-chose pour lui. Mais il est, pour certains, très important de bien comprendre ce que signifient l'âge et les différences d'âge. Sans le chercher, l'enfant construit ainsi les premiers repères temporels, logiques et mathématiques, comme Loïc :

> **Loïc**, quatre ans.
> Il a été important de lui faire comprendre l'écart d'âge entre lui et sa sœur. Ils continueront à grandir ensemble. Il ne doit pas se faire de souci, il sera toujours le plus grand. Il y aura toujours la même différence entre eux : un an et demi.
> Il a été fondamental pour lui d'acquérir cette certitude, tant il avait peur d'être rattrapé ou dépassé par Laure. Le « demi » (d'un an et demi) a exercé sur lui une réelle fascination. Cet apprentissage a été le point de départ de nombreux calculs :
> — *Quand j'aurai 6 ans, Laure, elle, aura 4 ans et demi !*
> Oui, bravo, il cherche d'autres correspondances et ne se trompe jamais. Ce « demi » est entré irréversiblement dans le système de numération et Loïc a longtemps compté en disant :
> — *Un, un et demi, deux, deux et demi...*

Le coup de pouce cognitif que donne l'importance vitale de ce « demi »! Tellement rassurant que la numération devient un repère indispensable, porteur de sécurité. La drôlerie d'une association de hasard au contraire chez Bruno :

> **Bruno**, trois ans.
> Aime répéter cette formule qui amuse :
> — *J'ai krois ans et Audrey elle a krois ans moins le quart !*

Il mêle des formules qui mesurent l'âge et l'heure, et les répète parce qu'il amuse ou pour s'amuser. Un peu comme Julie mêlait les heures et les températures. Les fausses pistes ne manquent pas : l'enfant n'avance que progressivement dans les notions complexes qu'il faut combiner pour parler des âges et du temps. A six ans, Ivan fait des projets scolaires : après la « grande école », il ira au Lycée, dans le même Lycée que papa, ce qui lui fait plaisir mais l'inquiète un peu aussi : *ben, la maîtresse sera vieille !*

C'est Ivan encore qui essaie de s'accrocher à des repères fixes, mais ceux-ci se révèlent vite trop figés pour servir dans toutes les situations, d'où cet amalgame :

> **Ivan**, quatre ans.
> Explique à Benjamin qui a juste un an de moins que lui :
> — *Tu vois, moi j'ai 4 ans, je serai papa avant toi, je serai mort avant toi.*

Et l'âge des proches! Trente, quarante ans, pour eux, ça ne ressemble à rien ou c'est une éternité! A plus forte raison l'âge des grands-parents, ces complices privilégiés dont l'enfant sent bien qu'ils sont moins jeunes et moins invulnérables que les parents. Ce qu'il cherche à apprécier est peut-être plus le temps qui reste que le temps écoulé :

> **Céline**, presque six ans.
> Câline, sur les genoux de Madeleine (GM), très réfléchie :
> — *Tu es ma grand-mère, tu as bien 57 ans?*
> — *Oui.*
> — *On meurt à 100 ans? Alors il te reste combien? Je ne sais pas faire la soustraction.*
> — *43.*
> Devant cette longue perspective, elle descend des genoux, comme rassurée.
> **David**, quatre ans et demi.
> Reprend la scène à sa façon :
> Ex abrupto à Madeleine (GM) :
> — *Tu as bien 49 ans?*
> M. ne le dissuade pas totalement : 49 ans, c'est un âge bien sympathique!
> — *Parce que tu comprends, on parle avec Céline, elle me dit que tu as 59. Si elle a raison, alors, tu seras très vite très vieille.*

Ce sont les plus âgés des enfants du groupe qui parlent ici. Ces notions sont étrangères aux tout-petits, qui n'en ont sans doute qu'une perception complètement floue. La relativité des âges fait irruption dès les premières questions que pose l'enfant, dans des formules bizarrement surréalistes, comme Jérôme, à cinq ans : *et moi, quel âge j'avais quand je suis né?* ou ces deux enfants que cite Chukowski :

> Un enfant de deux ans :
> — *Maman, qui est née la première, toi ou moi?*
> Ou le désarroi de cette petite fille de trois ans :
> — *Tu as été un bébé, maman?*
> — *Oui, j'ai été petite, comme toi.*
> — *Toi aussi tu étais un bébé, papa?*
> — *Oui, pareil.*
> Flot de larmes :
> — *Mais alors qui est-ce qui me gardait, moi?*

On rejoint d'autres questions qui paraissent absurdes, parce qu'en réalité l'enfant ne détient pas toutes les informations ou associe des faits qui ne sont apparentés qu'occasionnellement :

— *Quand j'étais petit, j'étais une fille comme Julie ?* (Etienne, trois ans et demi).
— *Comment je suis né, j'ai compris, mais comment papa et toi êtes nés ?* (Chukowski).
— *Avec quoi on fait les gens ? Avec des os ?* (Chukowski).
— *Les morts, quand ils sont morts, sous leur tombe, ils grandissent encore puisqu'ils ont des anniversaires. Mais alors qu'est-ce qui se passe quand ils sont très très grands ?»* (Vincent, sept ans).

Ce que l'on peut prendre pour des gaffes ne sont que des erreurs d'appréciation ou de formulation, comme encore cette petite fille qui découvre une carte d'identité établie quelques années plus tôt et s'étonne devant la photo : *c'est quand tu étais jeune ?*

Ou Céline qui ne peut cacher sa surprise, devant des gravures anciennes : *mais il y avait aussi des enfants à cette époque ?*

Dès que les questions soulevées mettent en cause l'image des parents, le jeu des émotions trouble la raison :

Céline, deux ans et demi.
Elle éprouve un certain dégoût devant les fesses de son petit frère que l'on change devant elle. On lui explique qu'il en a été de même pour chacun. On énumère ses proches... chacun a été un bébé et a sali ses couches. Céline comprend cela. Elle admet pour chacun mais pas pour son père. Elle ne peut l'imaginer en bébé. Elle s'en sort par une boutade :
— *T'as pas compris, quand maman et toi étiez bébé et que papa était grand comme ça* (elle montre : très très grand), *c'est lui qui s'occupait de vous !*

Certains personnages sont intouchables ! Céline s'en sort par une pirouette, une énormité... elle ne peut rester sur cette image inadmissible.

Cette gêne de petite fille est aussi celle de Maud, qui connaît l'anatomie et dessine beaucoup de bonshommes tout nus avec tous leurs attributs, puis en habille un et déclare d'une petite voix précise : *là c'est papa !*

A l'opposé, l'émotion des complicités viriles de David :

David, deux ans.
Faisant son premier pipi tout seul, debout, tellement fier appelle :
— *Kaki* (= Jackie), *viens !*

Oui, il faut être entre hommes pour apprécier ça ! Et peu après, à deux ans et demi :

Alors qu'il vit en garçon unique avec sa sœur et ses cousines, il se trouve en vacances avec un cousin du même âge. Ils reconstituent immédiatement des habitudes «garçon» communes : faire pipi ensemble, ostensiblement, devant les filles, le plus haut, rituellement, trois fois par jour et tous les jours des vacances.

La question est bien souvent de donner une forme présentable aux sentiments. Qu'il soit encouragé à les exprimer ou que son éducation et sa dignité lui apprennent plutôt à les camoufler, l'enfant dispose d'un large éventail de possibilités. Les formules qu'il emploie touchent l'adulte, l'amusent par leur maladresse ou au contraire l'art qu'elles témoignent. Pour David, c'est le cri du cœur, un merveilleux naturel heureux qui transgresse très légèrement les modèles transmis :

David, presque cinq ans.
Premier janvier, en vacances à la mer. Une journée lumineuse où l'on a bien profité de la plage. Le soir, dans son lit, c'est la prière :
— *Dieu, je te souhaite une bonne année 1987, protège papa, maman...*

Parfois l'émotion au naturel, sans le moindre habillage :

Jessica, deux ans.
Souvent quand elle me voit occupée, elle se précipite vers moi :
— *Maman, je t'aime!*

Un ton naïf, mais tellement sincère dans la bouche de l'enfant d'aujourd'hui :

Ivan, trois ans et demi.
— *Maman, je t'aime... plus que la télévision!*

Et ce trouble, si difficile à expliquer quand on est petit :

Benjamin, quatre ans.
— *Y'a des garçons et des filles dans ma classe. Quand je vois les filles, c'est comme la rougeole, je deviens tout rouge!*

La bouffée d'émotion, avec chaque fois une petite inadéquation qui nous fait sourire. On parle beaucoup d'adoption autour d'Ivan et Rémi :

Ivan, quatre ans.
Un clochard sur le trottoir, il me serre la main :
— *Maman, on l'adopte s'il te plaît?*

Rémi, six ans.
— *Maman, jamais tu m'abandonneras, moi?*

Une allusion pudique, les sentiments bien emballés, sans qu'il y paraisse :

Lucie, sept ans.
Elle part en classe verte, à l'île d'Oléron. Les enfants ont le choix, ils peuvent emporter leur duvet ou louer des draps sur place. Elle préfère les draps :
— *Ceux qui ont des draps, la maîtresse viendra les border.*

Une glissade réussie, un déplacement habile :

Adrien, deux ans et demi.
Agathe dort au fond de l'appartement alors qu'Adrien joue, comme c'est son habitude, aux côtés de l'adulte. Il s'échappe un instant, revient brusquement :
— *Ça y est, t'as encore réveillé Agathe!*

Au même âge, d'une pirouette, il sait se reprendre en main, avec une complicité protectrice :

Adrien, deux ans et demi.
Il passe l'après-midi chez Lisette (GM) avec sa petite sœur Agathe (deux mois). Lorsque Lisette s'occupe d'Agathe, lui donne son biberon, Adrien s'agite; il ne fait pas de grosses sottises, mais des bricoles qu'il ne ferait pas autrement. Le ton monte :
— *Adrien, ça suffit!*
Alors Adrien se calme, vient vers elle :
— *T'en fais pas, Lisette, je suis ton copain!*

Dans les émois actuels, «être le copain de Lisette» garde la priorité! Il faisait le fou comme un bébé jaloux? Non, non, on ne doit pas se faire de souci pour lui, il est capable de redevenir instantanément le petit compagnon qui rassure et protège!

Nous avons vu tant de façons de dire ou ne pas dire clairement les sentiments, de trouver des formules qui expriment sans tout dire. Rappelez-vous : Charlotte-culotte — le fils de la maîtresse qui s'appelle «Cake» — Baptiste partant au boulot — Adrien couché devant la porte quand on parle du loup — Frédéric glissant «milk» dans son baiser (dans les pages suivantes), tant d'autres...

Ces histoires contribuent à situer la place de l'humour dans les relations humaines. Entre partenaires habituels, il faut, bien sûr, que les sentiments prennent une allure présentable, qu'ils ne scandalisent pas. Sauvegarde l'image de soi autant que l'estime d'autrui qu'il ne faut pas perdre. Mais l'humour contribue surtout à les rendre supportables pour soi-même. L'humoriste se trompe légèrement lui-même : *la vie est très bien! pour moi, c'est même formidable!* Jusqu'à s'en convaincre parfois.

NOTE

[1] Les comportementalistes ont introduit la notion «d'activation» = ce qui favorise de façon non spécifique tous les comportements. En d'autres termes, pour J.D. Vincent (1986) : «Le désir, dépourvu de toute spécificité et considéré comme fondement de la spontanéité».
«Activation» correspond — en le traduisant mal — à l'anglais «arousal» qui est au premier plan de certaines théories de l'humour. Schlutz (1976) considère comme forme primitive de l'humour toute activité qui comporte une séquence biphasique avec augmentation puis baisse de «l'activation», comme les séquences de résolution de l'incongruité, celles des jeux de cache-cache ou de poursuite.

Conclure ?

On savait dès le départ que le recours à l'humour, lorsque le contexte le permet, a pour lui de nombreux avantages : confort psychique, économie, élégance. Une arme, tout le confirme. L'idée n'est pas neuve. On s'étonne que les éducateurs n'en usent pas mieux pour faciliter les progrès de l'enfant, son autonomie et son adaptation dans la vie. Il est vrai que l'humour ne peut être adopté sur commande, ni proposé comme une attitude pédagogique systématique. Imaginez le non-sens : apprendre aux enfants qu'avec un peu d'humour, ils pourraient s'en sortir plus facilement !

En fin de parcours, nous ne reprendrons que quatre thèmes, réflexions sur les bébés, sur les débuts de l'humour, sur les critères et... finalement sur l'humour.

SUR LES BEBES

Les enfants dont vous avez lu les histoires ne sont ni plus précoces, ni plus drôles que les autres. Tous les parents peuvent réunir des observations analogues s'ils y prêtent attention.

En les regardant vivre, nous avons souvent vu les tours de passe-passe qui leur permettent de s'en sortir de façon humoristique. Ils ne sont pas cependant de petits anges, et l'humour ne fonctionne pas à tous les coups ! Il arrive même qu'ils se comportent, comme les autres, de façon insupportable :

Frédéric, deux ans et demi.
Les poignées de porte du meuble de cuisine tiennent mal et depuis l'installation on en a cassé un certain nombre. Frédéric s'occupe à arracher une poignée, pendant que je (M) m'active dans la cuisine.
— *Arrête, tu vas les casser!*
— *Je veux la casser!*
— *Papa va être très en colère...*
— *Je veux papa colère!*
Enfin il arrive à ses fins et juge lui-même :
— *Ahah! vilain!*

«Je me sens dépassée par ma progéniture!» reconnaît Sophie (M), qui, cette fois, qualifie Frédéric de «diabolique»! Ce jour-là, il joue «contre». Contre maman et contre tout ce qu'on lui impose. L'opposition. Un jeu serré, sans le moindre petit interstice pour que se glisse un pouce d'humour. Une humeur pesante qui contraste avec l'humeur légère habituelle.

Les histoires des différents enfants se sont entremêlées au fil des pages. Nous n'avons pas cherché à dégager une typologie. Les enfants n'ont pas tous le même style. Il en est de même des parents : la même conduite est une astuce pour certains, alors que d'autres y voient une impertinence. Nous nous sommes plus attardés aux caractères communs qu'aux traits individuels. Aborder les différences individuelles aurait nécessité de prendre en compte de façon plus systématique la personnalité de l'enfant et celle des parents, ce qui dépassait totalement le contrat de départ.

Il apparaît cependant que dès leur plus jeune âge, certains enfants sont plus contrôlés, trouvent des solutions plus discrètes alors que d'autres sont sans détours, fonceurs, entiers, clowns et «bon enfant». Il est probable qu'en grandissant certains seront des amuseurs, exerçant leur pouvoir de faire rire par des grimaces, des pitreries, des histoires, des plaisanteries, alors que d'autres — non dépourvus d'humour pour autant — seront plutôt du côté du public, car on peut percevoir les choses et en goûter l'humour sans être soi-même producteur d'humour.

Rien n'est quantifiable, ni l'humour, ni le sens de l'humour, mais la diversité est évidente dès le début.

Il faudrait prendre des années de recul pour évaluer le devenir des ajustements précoces. Les spécialistes de l'humour estiment que les enfants qui font beaucoup de clowneries, de plaisanteries et de grimaces sont en même temps les plus créatifs. Leur curiosité et leur activité les incitent à chercher continuellement ce qui peut modifier la routine et créer une surprise.

La question du non-humour enfin a été tout juste effleurée. C'est cependant en partie avec l'idée de comprendre et d'aider les enfants exclus de l'humour que cette étude a été conduite. Aux constats positifs réunis répondent, dans d'autres situations, les témoignages négatifs. Les enfants qui sont élevés en institution ou qui vivent dans des milieux très défavorisés communiquent souvent peu, rient rarement, ne sourient pas, ne savent pas jouer, n'ont pas de regard. Lorsque des enfants — les mêmes souvent — reçoivent peu de stimulations sensori-motrices ou cognitives, dans un univers pauvre et peu mobile, leur curiosité est moins sollicitée, la gamme d'expériences et d'émotions dont ils disposent est tellement limitée qu'ils ne peuvent développer d'ajustements émotionnels et intellectuels. Ces enfants ne maîtrisent pas les conduites les plus simples dans lesquelles s'enracine l'humour.

Problème tout aussi aigu lorsqu'une angoisse profonde gouverne toute l'économie. Il arrive que les enfants psychotiques — lorsqu'ils ne sont pas trop enfermés dans l'autisme — aient recours à des gags, des conduites non attendues, produisent des jeux de mots, des néologismes, mais ces productions n'entraînent pas de détente ou de retombées positives. Grincement, amertume. L'angoisse omniprésente. Ceux qui s'occupent de ces enfants comprendront certainement qu'une réflexion sur l'humour peut apporter une aide.

SUR LE DEBUT DE L'HUMOUR

Pour mieux saisir la frontière : préhumour-humour, il faut revenir aux premières scènes, celles que nous avons, sans hésiter, situées avant l'humour. Le bébé sans armes, que nous avons vu fondre en larmes comme Frédéric, à trois mois, avec le polo rouge ou encore, à quatre mois, dans le petit rot. Tout est réuni pour que la scène se déroule bien : entourage rieur, tourné vers l'enfant, épisode agréable... et ça tourne mal. Le bébé ne décode pas le message ou l'interprète de travers, peu importe, il n'arrive pas à sauvegarder son équilibre intérieur. Il suffit d'un mini-incident pour que le climat bascule. L'attente générale est celle d'un bébé heureux et toc ! les larmes détrompent tout le monde. Un parfum d'humour à l'envers.

Puis, en quelques mois, tout change. L'enfant perçoit assez d'indices pour rééquilibrer une situation qui partait mal. C'est Etienne, à sept mois, bravant l'affolement général en gardant fièrement ses lunettes sur le nez. Un jeu contre l'attente, avec l'enfant meneur de jeu.

C'est autour et surtout à partir d'un an que se lisent clairement les intentions de l'enfant. Des initiatives minimes au début : il tousse pour attirer l'attention, imite des grimaces, des intonations, fait «brr» la bouche pleine. L'enfant met en place les premières stratégies : il attire l'attention, il fait rire, il imite, se moque.

Une explosion d'idées dès qu'il marche et peut explorer. Même si tous les critères d'humour ne sont pas réunis encore dans chaque épisode, l'enfant est engagé sur la voie de l'humour, lors des mini-provocations sur le territoire et les frontières, dans le jeu du piano d'Etienne, dans le sourire forcé d'Adrien.

Dès dix-huit ou vingt mois, le jeu est en place. Rappelez-vous : Frédéric sur le campus d'Harvard, Charlotte tirant «juste un peu» les livres, Laure et Maud et leur demi-mesure, le grand répertoire d'Etienne : *oh! toté!, Nanou!* et, au même âge, le recul : *colè?*

Dès deux ans et parfois avant, ce sont les blagues sur les mots : *papa* pour *maman*, un mot pour un autre, et les blagues sur la réalité : *allo!* avec la douche ou au son du réveil.

Quant aux épisodes — ils sont nombreux — que l'adulte trouve drôles alors que l'enfant ne l'a pas cherché, ils comportent pour la plupart une décision de l'enfant, une part de comportement auto-géré analogue à celui qui cherche un effet. La petite Marie prend son destin en charge lorsqu'elle se plante derrière la porte en attendant que sa mère revienne. Clément a l'initiative du jeu lorsqu'il «met dans» le cartable de son père des objets insolites, Céline suit son idée lorsqu'elle fait la course avec les santons de la crèche. L'humour n'est pas volontaire, mais la présence de plusieurs critères d'humour explique que l'épisode y soit rattaché par les proches. On ne sait plus bien, au bout du compte qui a mis l'humour sur le plateau.

SUR LES CRITERES D'HUMOUR

Qu'en est-il des critères d'humour pris comme hypothèse de départ ? Leur présentation s'organise d'elle-même en fin de parcours. Dans l'acrobatie mentale qu'est l'humour nous avons vu interférer chaque fois plusieurs critères qui s'agencent entre eux de façon diverse.

Il existe en effet, même si elle est minime, une touche de création. L'enfant a l'initiative d'une rupture dans le déroulement attendu. Il introduit une discontinuité ; il provoque la surprise, déplace l'attention.

Cette rupture l'amène à jouer sur deux plans. La distinction de deux plans s'est révélée pratique à chaque pas de l'analyse. Ce n'est pas l'enfant qui crée deux plans. Ce n'est pas l'humour non plus. Les deux plans sont ceux que fournit la vie, avec ses contrastes, ses ambiguïtés et ses contradictions. C'est en jouant sur cette double face de la réalité — le double visage de Janus — que l'enfant entre dans l'ordre de l'humour. Celui-ci se glisse entre deux plans, rebondit ou dérape de l'un à l'autre.

Pour l'humour, il faut au moins saisir que la réalité a plusieurs visages et posséder assez de mobilité pour se déplacer d'un aspect à l'autre du réel, d'un plan à l'autre.

Les retombées intéressent les deux camps : effet et récupération alimentent le feed-back de jeu, de rire, de plaisir et d'humour chez l'adulte et chez l'enfant.

Les messages apparents sont sous-tendus par des émotions, des sentiments des éléments inconscients qui sont souvent les déclencheurs.

L'ensemble de ces critères participe au climat, qui, pour le petit enfant, tient à l'ambiance dans laquelle il est élevé, au ton qu'adoptent les parents avec lui, aux sentiments qui circulent dans leur microcosme.

Climat qui oscille entre deux tonalités opposées, où se mêlent une touche de complicité et une pointe d'agressivité.

D'un côté l'humour permet de traiter autrui avec gentillesse, sans blesser, sans être trop abrupt. On peut ainsi s'exprimer et s'affirmer sans abdiquer, tout en s'efforçant de maintenir la communication, de préserver l'estime d'autrui, de confirmer l'entente et la connivence. On trouve en effet, dans l'humour, une certaine bienveillance qui deviendra, chez l'adulte parfois, un humour-sympathie. Un fort intérêt pour la vie, pour la nature humaine malgré ses défauts et ses faiblesses. Ce n'est pas un humour enseigné, ni directement imité par l'enfant. Chacun perçoit à sa façon les choses de la vie.

A l'opposé, l'humour permet d'agresser de façon acceptable ou semi-acceptable. Un compromis autorisé, même si les dépassements sont parfois cinglants.

Entre ces deux extrêmes, la tonalité du quotidien est plus neutre, moins chargée de sous-entendus et d'affects, mais elle offre à l'enfant un champ illimité. Des nuances d'humour assaisonnent sa saisie de la réalité, du langage, des usages. L'éventail des climats constitue la plus variée des palettes sur laquelle jouent les couleurs de l'humour.

Humour noir ou rose, entre le rire jaune et le rouge du « fard » que l'on pique... l'humour de toutes les couleurs! Ces nuances, nous les avons vu se dessiner dès le début.

Nous avons vu l'humour clin d'œil, l'humour complice. Tant et tant d'exemples : l'enfant connaît bien son partenaire et compte sur lui de façon absolue : il comprendra, il saisira, il partagera.

L'humour câlin, séducteur. L'humour charmeur qui peut glisser une rosserie dans un sourire ou dans un baiser.

L'humour décapant, anticonformiste, iconoclaste. Celui qui se moque des règles, qui singe l'adulte. Plus qu'un pied de nez, il claque la porte au nez. C'est lui qui peut devenir, si les circonstances s'y prêtent, l'humour destructeur, révolté, cinglant. L'humour noir !

A peu près toujours, derrière ce que nous avons souvent qualifié de fausse innocence, un humour pince-sans-rire, imperturbable, un ton décontracté, «britannique».

Et aussi un humour dominateur, celui de l'enfant qui découvre le pouvoir de faire rire, son ascendant sur autrui. L'un des talents de l'humoriste.

Enfin l'humour cabotin qui évalue les attentes du public et sait se situer juste au niveau ou juste en deçà des attentes.

SUR L'HUMOUR

Le lecteur peut être surpris de ne pas trouver les cibles traditionnelles de l'humour. L'humour arrivé à maturité, du moins celui de l'homme contemporain que l'on considère comme «sociologique» (R. Escarpit, 1972) tourne universellement autour des mêmes thèmes : l'agressivité, le sexe, des tabous collectifs que sont religion, nation, guerre, inégalités, conflits raciaux et globalement les misères, petites ou graves, qu'engendrent la vie et les structures sociales. Autant prendre avec humour qu'avec trop de sérieux les grandes peurs et les sujets graves. L'humour désacralise.

Les bébés, eux, n'ont pas grand-chose à désacraliser. Tout au plus les principes et l'autorité des adultes. Il en résulte que les tabous ne se font guère sentir dans la tranche d'âge que nous avons étudiée. Envers et contre toutes les modes contemporaines, ces bébés font un peu «enfant sage»!

Il faut dire que, dans les mentalités d'aujourd'hui, les tabous se sont déplacés. Prenons l'exemple des mots dits tabou. Les parents savent bien que l'enfant apprend des gros mots dès qu'il commence à parler et fréquente ses contemporains. Les *pipi, caca, pète, putain* sont reçus, au début, comme des expériences inévitables plutôt que des inconvenances. Les parents sont au courant : l'enfant enrichit (?!) son vocabulaire, c'est l'évolution normale. Comme est normal le plaisir jubilatoire de l'enfant qui se précipite vers un congénère en criant : *caca-boudin!* Vers trois ans, le grand fou-rire complice assuré !

Puis l'enfant apprend petit à petit l'auto-censure : certains mots existent mais ne se disent pas (n'en déplaise à Grégoire qui clame : *les gros mots existent... il faut bien les dire!*). La limite du «bien élevé» s'est déplacée, mais les frontières sont, là encore, relatives. Les parents libéraux ne contrôlent pas totalement leurs bébés autonomes. Ces mouvances renvoient parfois à l'adulte ses contradictions. Des retours parfois douloureux. Pire : «la honte», à en croire Marie-Paule (M) :

> **Jessica**, deux ans.
> Nous (enfant et mère) sommes dans un salon de thé «chic». Elle se fait remarquer par sa gentillesse et son charme et se montre ce jour-là particulièrement polie. Une dame âgée très distinguée l'appelle, la prend sur ses genoux et lui parle : «quelle jolie petite fille...».
> Jessica la fixe, figée puis ébauche un petit sourire, la regarde dans les yeux et lance :
> — *Putain de merde!*

En dehors de ces attaques directes, les écarts sont limités du fait de l'âge des enfants et de la relative banalité des interdits qui, en apparence, tournent toujours autour des mêmes sujet dans un groupe aussi peu diversifié : prise de courant, plantes vertes, chaîne hi-fi et électroménager... les affrontements sont très terre à terre !

Parmi les thèmes qui ont surgi en cours de route, nous allons nous limiter à trois visages de l'humour : l'humour est gestionnaire, il est régulateur, l'humour est liberté.

L'HUMOUR GESTIONNAIRE

Lorsqu'il surgit, l'humour assure instantanément dans la scène qui se joue la gestion de tout un tas de facteurs, intellectuels, affectifs, sociaux.

Ce rôle de «grand manitou» n'aide pas à lui assigner une place ou une fonction précises. Il n'est pas en effet un simple comportement. Il dépend bien sûr des informations reçues et des messages produits, mais s'il n'y avait que ça... aucun humour ne circulerait. Derrière le schème entrées-sorties, l'humour orchestre tout un fatras d'affects, de désirs et de conventions qui, sans lui, risqueraient de submerger l'enfant. Nous allons le voir dans une dernière histoire de Frédéric qui, objectivement, se réduit à un baiser + un mot (il demande du lait :

milk). L'importance de l'instant échappe si on ne le situe pas dans la vie de l'enfant. Frédéric vient d'avoir un petit frère au moment où lui-même commence tout juste à s'alimenter comme les grands ; les parents limitent la consommation de lait car après, il ne veut plus rien manger. L'épisode se situe aussi pendant une période de taquinerie : il joue souvent à refuser les baisers, repoussant sa mère avec une certaine coquetterie : *no mimi, maman!*

> **Frédéric**, deux ans et quatre mois.
> Un jour il me (M) réclame du lait, sachant très bien que je vais faire la sourde oreille. Au bout d'un moment, il s'approche, charmant, approche ses lèvres de mon visage et souffle tendrement dans son baiser : *milk!*
> Ses yeux pétillent... je craque!

En un clin d'œil, la formule magique gagne! Le tour de main de l'humour. Derrière ce simple mot, vous saisissez tout ce qui mijote dans le chaudron. Le sucré et l'amer! l'affection et l'attention des parents, plus vives encore depuis la naissance du petit frère, les émotions de l'enfant qui sont sens dessus dessous depuis le remue-ménage de cette naissance, sa faim, sa soif, le lait qu'il aime en même temps que son désir de manger comme un grand... Tout ça, vous le trouvez dans la syllabe sussurée par cette petite bouche qui embrasse maman et attend son lait.

Frédéric arrive à tout exprimer sans le dire, à concilier toutes les tensions sans rien compromettre, sans perdre la face... et en obtenant son lait!

On voit bien que l'humour n'est ni un sentiment, ni une émotion puisqu'il implique d'avoir assez de recul pour composer avec les sentiments et les tenir en respect.

Il est clair aussi qu'il ne s'agit pas uniquement d'une opération intellectuelle. Seul un petit futé peut trouver instantanément comment négocier une situation de façon aussi ramassée. La réussite ne résulte cependant pas d'un raisonnement mais d'une perception intuitive qui opère la synthèse de notions complexes.

L'HUMOUR REGULATEUR

Pour tous, l'humour a sa place dans les mécanismes de défense du moi. Tout près de l'humour que présente la littérature de langue anglaise « *as coping mecanism* », un truc qui permet de s'en sortir, de s'en tirer.

Il s'agit bien souvent pour l'enfant, nous l'avons vu, de renforcer l'idée de soi, son pouvoir, son territoire, d'attirer l'attention, de recueillir des compliments. Tout un ensemble de retombées régulatrices auto-centrées : avec l'humour, il va s'en sortir !

Mais il saute aux yeux que l'humour ne fonctionne que si l'enfant saisit tout le système des emboîtements. Son état intérieur — ou son équilibre personnel — ne va tirer bénéfice de sa réussite que s'il a respecté les règles interactionnelles avec les proches et les règles socio-culturelles qui leur sont communes.

Si l'enfant renforce son autorité en faisant ouvertement perdre la face à l'adulte, le jeu bascule. Ou bien la démonstration est faite de la faiblesse de l'adulte au point que le système fonctionne mal, ou bien l'adulte rétablit l'ordre ce qui ne manque pas d'entraîner pour l'enfant des blessures au propre et au figuré. Il est fondamental que les questions de rôle et de pouvoir soient respectées pour que la circulation soit fluide dans le microcosme.

Mêmes réserves pour les règles socio-culturelles. Si l'enfant s'affirme trop comme contre les règles, l'adulte se voit obligé de faire contre-poids et de s'ériger en défenseur des lois. L'enfant se retrouve alors seul au cœur des emboîtements. La situation n'est pas meilleure lorsque l'adulte se fait le complice de l'enfant en ignorant les règles ou en supportant toutes les transgressions. Les limites ne sont plus nettes, l'humour ne trouve aucun point d'appui. Pour que l'humour circule entre deux individus, il faut qu'ils possèdent un répertoire commun et se réfèrent aux mêmes règles.

Une intervention ne marche pas si elle fait courir trop de risques, si elle menace de déstabiliser l'un ou l'autre partenaire.

L'HUMOUR EST LIBERTE

On peut parler de l'humour en se référant aux classes conceptuelles habituelles, dans ses aspects intellectuel, émotionnel, social, linguistique. Ceux-ci permettent des hypothèses mais, nous l'avons vu, au bout du compte, l'humour est ailleurs.

Il se glisse dans les interstices, entre les objets d'étude que l'on croit importants. Il occupe les plages de liberté. Il se cache dans ce qui n'est habituellement pas décrit. Dans la vie, comme dans l'Histoire (n'est-ce pas ce que recherche Kundera qui retient, de l'environnement historique, ce que l'Histoire néglige, par exemple «les massacres de chiens qui ont précédé la répression russe de 1968 en Tchécoslovaquie ou l'essoufflement de Dubcek, au micro, après son voyage de soumission à Moscou »?), ce qui se passe d'important ne réside pas forcément dans les événements les plus officiels.

C'est souvent dans les petits riens que l'humour se glisse. Lorsqu'il est question de leur enfant, que racontent les parents ? Quand tout va bien, ils racontent des petites histoires : il vient de faire une bêtise qui les a amusés, il a fait une réflexion qu'ils ont trouvée « bien bonne ». N'ayant pas de problème majeur, ils parlent de l'accessoire, du superflu, et c'est là qu'est la vie.

Pour un enfant qui a des problèmes, le discours des parents est moins léger. Il ne décolle pas des questions qui sont prioritaires à leurs yeux. Leur enfant marche, il dit tel et tel mot, non, il n'ose pas monter l'escalier, il refuse de manger... bref le discours est plus académique comme le sont également les questions que nous leur posons.

C'est ainsi que, dans la réalité et métaphoriquement, l'humour renoue avec l'humeur, les « humeurs » dans leur sens classique de liquide circulant et véhiculant (Vincent J.D., *Biologie des passions*, éd. Odile Jacob, Seuil, 1986). N'a-t-il pas la même mobilité? Ne véhicule-t-il pas les émotions? La circulation, nous l'avons dit, doit être fluide dans le microcosme.

Les histoires des tout-petits nous ont situés dans le quotidien et le banal : des histoires de sucettes, de biberons, de chatouilles, de rots et de grimaces. Enracinées dans ce qui est le plus terre à terre, mais décollant dans le charme, l'illusion et la complicité. C'est bien là que scintillent les paillettes de l'humour, dans le mélange de banalités, de contradictions et de rêve de la condition humaine. L'humour dont les retombées ne vont pas forcément faire rire. Rivé au réel, aux petites choses de la vie et cavalant dans l'imaginaire. Pour le tout-petit, déjà, un pouvoir qui change les couleurs de la vie.

Bibliographie

AIMARD P., *Les jeux de mots de l'enfant*, Villeurbanne, SIMEP, 1975.
ANZIEU D., «Une passion pour rire : l'esprit», *Nouvelle Revue de Psychanalyse*, 21, 1980, 160-179.
BARDON N., «Les créations verbales chez l'enfant de 4 à 6 ans», *Neuropsychiatrie de l'Enfance et de l'Adolescence*, 32, 1984 (7-8), 331-339.
BARIAUD F., *La genèse de l'humour chez l'enfant*, Paris, Presses Universitaires de France, 1983.
BENAYOUN R., *Le nonsense. De Lewis Caroll à Woody Allen*, Paris, Balland, 1977.
BENVENISTE E., «Remarques sur la fonction de langage dans les découvertes freudiennes», in *Problèmes de psycholinguistique générale*, Paris, Gallimard, 1966, 75-87.
BERGSON H., *Le rire. Essai sur la signification du comique*, Paris, Alcan, 1900.
BERLYNE D.E., *Conflict, arousal and curiosity*, New York, McGraw Hill, 1960.
BERLYNE D.E., «Humour and its kin», in *The psychology of humor*, Goldstein J.H., McGhee P.E. (eds), New York, Academic Press, 1972, 43-60.
BLOY L., *Exégèse des lieux communs*, Paris, Union générale d'Edition, 1983.
BONNET C., TAMINE J., «Les noms construits par les enfants : description d'un corpus», *Langages*, 1982, 66, 67-103.
BOUMARD P., *Les gros mots des enfants*, Paris, Stock, 1979.
BREDART S., RONDAL J.A., «L'analyse du langage chez l'enfant», *Les activités métalinguistiques*, Bruxelles, Mardaga, 1982.
BRUNER J., *Savoir faire, savoir dire*, Paris, Presses Universitaires de France, 1983.
CAILLOIS R., *Les jeux et les hommes, le masque et le vertige*, Paris, Gallimard, 1967.
CHATEAU J., «Le sérieux et ses contraires», *Revue philosophique*, 1950, p. 449.
CHATEAU J., *L'enfant et le jeu*, éd. du Scarabée, 1967.
CHUKOWSKY K., *From two to five*, University of California Press, 1963.
COTTRAUX J., PELLET J., «De l'humour», *Information Psychiatrique*, 1971, 47 (10), 911-921.
DELAY J., PERSE I., PICHOT P., «Les tests d'appréciation de l'humour», in *Méthodes psychométriques en clinique, Tests mentaux et interprétation*, Paris, Masson, 1955, 209-230.

DUNETON C., «La puce à l'oreille», *Anthologie des expressions populaires, avec leur origine*, Paris, Stock, 1978.
ESCARPIT R., *L'humour*, Paris, Presses Universitaires de France, coll. «Que sais-je?», 1972.
FABRE C., «Dans les poubelles de la classe : subjectivité et jeux de langage», *Le linguiste*, 1982, XVIII, 99-113.
FERENCZI S., «The psychoanalysis of wit and the comical», in *Further contributions to psychoanalysis*, London, 1950.
FRAIBERG S.H., *Les années magiques*, Paris, Presses Universitaires de France, 1967.
FREUD S., *Le mot d'esprit et ses rapports avec l'inconscient*, Paris, Gallimard, 1953.
FREUD S., «Des sens opposés dans les mots primitifs», in *Essais de psychanalyse appliquée*, Paris, Gallimard, 1933, 59-67.
FRY W.F., «The appeasement function of mirthfull laughter», in *It's a funny thing humour*, Chapman A.J., Foot H.C. (eds), Oxford, Pergamon Press, 1977.
GAIGNEBET C., *Le folklore obscène des enfants*, Paris, Maisonneuve et Larose, 1980.
GOLDSTEIN J.H., McGHEE P.E., *The psychology of humour*, New York, Academic Press, 1972.
GUIRAUD P., *Les jeux de mots*, Paris, Presses Universitaires de France, coll. «Que sais-je?», 1976.
GUTTON P., *Le jeu chez l'enfant*, Paris, Larousse, 1972.
JANKELEVITCH V., *L'ironie*, Paris, Flammarion, 1964.
KERBRAT-ORECCHIONI C., «L'ironie comme trope», *Poétique*, XLI, 1980, 108-127.
KOESTLER A., *Le cri d'Archimède*, Paris, Calmann-Lévy, 1965.
LAFFAY A., *Anatomie de l'humour et du nonsense*, Paris, Masson, 1970.
LAURENT C.M., «Les jeux d'esprit et de salon», in *Les jeux et les sports*, éd. de la Pléiade, 1967, 1084-1123.
LEBOVICI S., DIATKINE R., «Fonction et signification du jeu chez l'enfant», *Psychiatrie Enfant*, V., 1, 207-243.
LEGMAN G., *Psychologie de l'humour érotique*, Paris, Laffont, 1971.
LE GUERN M., *Sémantique de la métaphore et de la métonymie*, Paris, Larousse, 1973.
LEROY-BOUISSON A., «De l'inquiétude au rire», *Enfance*, 5, 1955, 455-483.
LEVER M., «Le sceptre et la marotte», *Histoires des fous de cour*, Paris, Fayard, 1983.
LEVI-STRAUSS C., «L'ethnologue devant la condition humaine», in *Le regard éloigné*, Paris, Plon, 1983, 47-62.
McGHEE P.E., «Humor», *Its origin and development*, San Francisco, Freeman W.H. and company, 1979.
McGHEE P.E., CHAPMAN A.J. (eds), *Children's humour*, Chichester, John Wiley and sons, 1980.
MALRIEU P., *Les émotions et la personnalité de l'enfant*, Bruxelles, Dessart, 1967.
MORIN V., «L'histoire drôle», *Communications*, 1966, 6, 102-120.
MORIN V., «Le dessin humoristique», *Communications*, 1970, 15, 110-132.
NEILL A.S., «Jurons et gros mots», in *Libres enfants de Summerhill*, Paris, Maspero, 1973, p. 229.
OLBREECHTS-TYTECA L., *Le comique du discours*, Editions de l'Université de Bruxelles, 1980.
PARIZOT H., «Lewis Caroll», *Poètes d'aujourd'hui*, Paris, Seghers, 1972.
PIAGET J., *La formation du symbole chez l'enfant*, Paris-Neuchatel, Delachaux et Niestlé, 1968.
PIRET R., «Recherches génétiques sur le comique», *Acta Psychologica*, 1940, 2-3, 103-142.
RICŒUR P., «Imagination et métaphore», *Psychologie médicale*, 1982, 14, 1883-1887.

SAMI-ALI, « Le haschich en Egypte », *Essai d'anthropologie psychanalytique*, Paris, Payot, 1971.
SCHOTT B., « Histoire naturelle du rire », *Congrès de Psychiatrie et de Neurologie de Langue Française*, Rouen, 1976, 55-80.
SINCLAIR H., STAMBACK M., LEZINE I., RAYNA S., VERBA M., *Les bébés et les choses ou la créativité du développement cognitif*, Paris, Presses Universitaires de France, 1983.
SROUFE L.A., WUNSCH J.C., « The development of laughter in the first year of life », *Child Development*, **43**, 1972, 1326-1344.
STORA-SANDOR J., « L'humour juif dans la littérature », *De Job à Woody Allen*, Paris, Presses Universitaires de France, 1984.
TRAVERS P.L., *Mary Poppins*, Paris, Hachette, 1963.
VICTOROFF D., « Le rire et le risible », *Introduction à la psychologie du rire*, Paris, Presses Universitaires de France, 1953.
WOLFENSTEIN M., « Children understanding of jokes », in *The psychoanalysis study of the child*, New York, 1953.
YAGUELLO M., *Les mots et les femmes*, Paris, le Seuil, 1978.
YAGUELLO M., « Alice au pays du langage », *Pour comprendre la linguistique*, Paris, le Seuil, 1981.

Numéro spécial consacré à l'ironie, *Poétique XXXVI*, 1978.

Numéro spécial consacré à l'humour, *Revue Française de psychanalyse*, XXXVII, 1973.

Table des matières

Avant-propos 7

Première partie. MES SOURCES 17

Deuxième partie. LES RACINES 57
  1. L'insolite 59
  2. L'imitation 81
  3. Les présences 95
  4. Le corps de l'enfant 111
  5. Le jeu 143
  6. L'humour à table 181

Troisième partie. LES REGLES 197
  7. Les interdits 199
  8. Les pieds de nez 231
  9. Les fausses pistes 251
  10. Humour et langage 265

Quatrième partie. DES REPONSES 291
  11. L'humour art de vivre 293
  12. Les choses de la vie 311

Conclure ? 327

Bibliographie 337

Table des matières 341

PSYCHOLOGIE ET SCIENCES HUMAINES
collection publiée sous la direction de MARC RICHELLE

1 Dr Paul Chauchard: LA MAITRISE DE SOI, 9ᵉ éd.
5 François Duyckaerts: LA FORMATION DU LIEN SEXUEL, 9ᵉ éd.
7 Paul-A. Osterrieth: FAIRE DES ADULTES, 16ᵉ éd.
9 Daniel Widlöcher: L'INTERPRETATION DES DESSINS D'ENFANTS, 9ᵉ éd.
11 Berthe Reymond-Rivier: LE DEVELOPPEMENT SOCIAL DE L'ENFANT ET DE L'ADOLESCENT, 9ᵉ éd.
12 Maurice Dongier: NEVROSES ET TROUBLES PSYCHOSOMATIQUES, 7ᵉ éd.
15 Roger Mucchielli: INTRODUCTION A LA PSYCHOLOGIE STRUCTURALE, 3ᵉ éd.
16 Claude Köhler: JEUNES DEFICIENTS MENTAUX, 4ᵉ éd.
21 Dr P. Geissmann et Dr R. Durand: LES METHODES DE RELAXATION, 4ᵉ éd.
22 H. T. Klinkhamer-Steketée: PSYCHOTHERAPIE PAR LE JEU, 3ᵉ éd.
23 Louis Corman: L'EXAMEN PSYCHOLOGIQUE D'UN ENFANT, 3ᵉ éd.
24 Marc Richelle: POURQUOI LES PSYCHOLOGUES?, 6ᵉ éd.
25 Lucien Israel: LE MEDECIN FACE AU MALADE, 5ᵉ éd.
26 Francine Robaye-Geelen: L'ENFANT AU CERVEAU BLESSE, 2ᵉ éd.
27 B.F. Skinner: LA REVOLUTION SCIENTIFIQUE DE L'ENSEIGNEMENT, 3ᵉ éd.
28 Colette Durieu: LA REEDUCATION DES APHASIQUES
29 J.C. Ruwet: ETHOLOGIE: BIOLOGIE DU COMPORTEMENT, 3ᵉ éd.
30 Eugénie De Keyser: ART ET MESURE DE L'ESPACE
32 Ernest Natalis: CARREFOURS PSYCHOPEDAGOGIQUES
33 E. Hartmann: BIOLOGIE DU REVE
34 Georges Bastin: DICTIONNAIRE DE LA PSYCHOLOGIE SEXUELLE
35 Louis Corman: PSYCHO-PATHOLOGIE DE LA RIVALITE FRATERNELLE
36 Dr G. Varenne: L'ABUS DES DROGUES
37 Christian Debuyst, Julienne Joos: L'ENFANT ET L'ADOLESCENT VOLEURS
38 B.-F. Skinner: L'ANALYSE EXPERIMENTALE DU COMPORTEMENT, 2ᵉ éd.
39 D.J. West: HOMOSEXUALITE
40 R. Droz et M. Rahmy: LIRE PIAGET, 3ᵉ éd.
41 José M.R. Delgado: LE CONDITIONNEMENT DU CERVEAU ET LA LIBERTE DE L'ESPRIT
42 Denis Szabo, Denis Gagné, Alice Parizeau: L'ADOLESCENT ET LA SOCIETE, 2ᵉ éd.
43 Pierre Oléron: LANGAGE ET DEVELOPPEMENT MENTAL, 2ᵉ éd.
44 Roger Mucchielli: ANALYSE EXISTENTIELLE ET PSYCHOTHERAPIE PHENOMENO-STRUCTURALE
45 Gertrud L. Wyatt: LA RELATION MERE-ENFANT ET L'ACQUISITION DU LANGAGE, 2ᵉ éd.
46 Dr Etienne De Greeff: AMOUR ET CRIMES D'AMOUR
47 Louis Corman: L'EDUCATION ECLAIREE PAR LA PSYCHANALYSE
48 Jean-Claude Benoit et Mario Berta: L'ACTIVATION PSYCHOTHERAPIQUE
49 T. Ayllon et N. Azrin: TRAITEMENT COMPORTEMENTAL EN INSTITUTION PSYCHIATRIQUE
50 G. Rucquoy: LA CONSULTATION CONJUGALE
51 R. Titone: LE BILINGUISME PRECOCE
52 G. Kellens: BANQUEROUTE ET BANQUEROUTIERS
53 François Duyckaerts: CONSCIENCE ET PRISE DE CONSCIENCE
54 Jacques Launay, Jacques Levine et Gilbert Maurey: LE REVE EVEILLE-DIRIGE ET L'INCONSCIENT
55 Alain Lieury: LA MEMOIRE
56 Louis Corman: NARCISSISME ET FRUSTRATION D'AMOUR
57 E. Hartmann: LES FONCTIONS DU SOMMEIL
58 Jean-Marie Paisse: L'UNIVERS SYMBOLIQUE DE L'ENFANT ARRIERE MENTAL
59 Jacques Van Rillaer: L'AGRESSIVITE HUMAINE
60 Georges Mounin: LINGUISTIQUE ET TRADUCTION
61 Jérôme Kagan: COMPRENDRE L'ENFANT
62 Michael S. Gazzaniga: LE CERVEAU DEDOUBLE
63 Paul Cazayus: L'APHASIE
64 X. Seron, J.L. Lambert, M. Van der Linden: LA MODIFICATION DU COMPORTEMENT
65 W. Huber: INTRODUCTION A LA PSYCHOLOGIE DE LA PERSONNALITE, 2ᵉ éd.
66 Emile Meurice: PSYCHIATRIE ET VIE SOCIALE
67 J. Château, H. Gratiot-Alphandéry, R. Doron et P. Cazayus: LES GRANDES PSYCHOLOGIES MODERNES
68 P. Sifnéos: PSYCHOTHERAPIE BREVE ET CRISE EMOTIONNELLE
69 Marc Richelle: B.F. SKINNER OU LE PERIL BEHAVIORISTE
70 J.P. Bronckart: THEORIES DU LANGAGE

71 Anika Lemaire: JACQUES LACAN, 2ᵉ éd. revue et augmentée
72 J.L. Lambert: INTRODUCTION A L'ARRIERATION MENTALE
73 T.G.R. Bower: DEVELOPPEMENT PSYCHOLOGIQUE DE LA PREMIERE ENFANCE
74 J. Rondal: LANGAGE ET EDUCATION
75 Sheila Kitzinger: PREPARER A L'ACCOUCHEMENT
76 Ovide Fontaine: INTRODUCTION AUX THERAPIES COMPORTEMENTALES
77 Jacques-Philippe Leyens: PSYCHOLOGIE SOCIALE, 2ᵉ éd.
78 Jean Rondal: VOTRE ENFANT APPREND A PARLER
79 Michel Legrand: LE TEST DE SZONDI
80 H.J. Eysenck: LA NEVROSE ET VOUS
81 Albert Demaret: ETHOLOGIE ET PSYCHIATRIE
82 Jean-Luc Lambert et Jean A. Rondal: LE MONGOLISME
83 Albert Bandura: L'APPRENTISSAGE SOCIAL
84 Xavier Seron: APHASIE ET NEUROPSYCHOLOGIE
85 Roger Rondeau: LES GROUPES EN CRISE?
86 J. Danset-Léger: L'ENFANT ET LES IMAGES DE LA LITTERATURE ENFANTINE
87 Herbert S. Terrace: NIM, UN CHIMPANZE QUI A APPRIS LE LANGAGE GESTUEL
88 Roger Gilbert: BON POUR ENSEIGNER?
89 Wing, Cooper et Sartorius: GUIDE POUR UN EXAMEN PSYCHIATRIQUE
90 Jean Costermans: PSYCHOLOGIE DU LANGAGE
91 Françoise Macar: LE TEMPS, PERSPECTIVES PSYCHOPHYSIOLOGIQUES
92 Jacques Van Rillaer: LES ILLUSIONS DE LA PSYCHANALYSE, 2ᵉ éd.
93 Alain Lieury: LES PROCEDES MNEMOTECHNIQUES
94 Georges Thinès: PHENOMENOLOGIE ET SCIENCE DU COMPORTEMENT
95 Rudolph Schaffer: COMPORTEMENT MATERNEL
96 Daniel Stern: MERE ET ENFANT, LES PREMIERES RELATIONS
97 R. Kempe & C. Kempe: L'ENFANCE TORTUREE
98 Jean-Luc Lambert: ENSEIGNEMENT SPECIAL ET HANDICAP MENTAL
99 Jean Morval: INTRODUCTION A LA PSYCHOLOGIE DE L'ENVIRONNEMENT
100 Pierre Oleron et al.: SAVOIRS ET SAVOIR-FAIRE PSYCHOLOGIQUES CHEZ L'ENFANT
101 Bernard I. Murstein: STYLES DE VIE INTIME
102 Rondal/Lambert/Chipman: PSYCHOLINGUISTIQUE ET HANDICAP MENTAL
103 Brédart/Rondal: L'ANALYSE DU LANGAGE CHEZ L'ENFANT
104 David Malan: PSYCHODYNAMIQUE ET PSYCHOTHERAPIE INDIVIDUELLE
105 Philippe Muller: WAGNER PAR SES REVES
106 John Eccles: LE MYSTERE HUMAIN
107 Xavier Seron: REEDUQUER LE CERVEAU
108 Moreau/Richelle: L'ACQUISITION DU LANGAGE
109 Georges Nizard: ANALYSE TRANSACTIONNELLE ET SOIN INFIRMIER
110 Howard Gardner: GRIBOUILLAGES ET DESSINS D'ENFANTS, LEUR SIGNIFICATION
111 Wilson/Otto: LA FEMME MODERNE ET L'ALCOOL
112 Edwards: DESSINER GRACE AU CERVEAU DROIT
113 Rondal: L'INTERACTION ADULTE-ENFANT
114 Blancheteau: L'APPRENTISSAGE CHEZ L'ANIMAL
115 Boutin: FORMATION ET DEVELOPPEMENTS
116 Húsen: L'ECOLE EN QUESTION
117 Ferrero/Besse: L'ENFANT ET SES COMPLEXES
118 R. Bruyer: LE VISAGE ET L'EXPRESSION FACIALE
119 J.P. Leyens: SOMMES-NOUS TOUS DES PSYCHOLOGUES?
120 J. Château: L'INTELLIGENCE OU LES INTELLIGENCES?
121 M. Claes: L'EXPERIENCE ADOLESCENTE
122 J. Hayes et P. Nutman: COMPRENDRE LES CHOMEURS
123 S. Sturdivant: LES FEMMES ET LA PSYCHOTHERAPIE
124 A. Pomerleau et G. Malcuit: L'ENFANT ET SON ENVIRONNEMENT
125 A. Van Hout et X. Seron: L'APHASIE DE L'ENFANT
126 A. Vergote: RELIGION, FOI, INCROYANCE
127 Sivadon/Fernandez-Zoïla: TEMPS DE TRAVAIL, TEMPS DE VIVRE
128 Born: JEUNES DEVIANTS OU DELINQUANTS JUVENILES?
129 Hamers/Blanc: BILINGUALITE ET BILINGUISME
130 Legrand: PSYCHANALYSE, SCIENCE, SOCIETE
131 Le Camus: PRATIQUES PSYCHOMOTRICES
132 Lars Fredén: ASPECTS PSYCHOSOCIAUX DE LA DEPRESSION
133 Mount: LA FAMILLE SUBVERSIVE
134 Magerotte: MANUEL D'EDUCATION COMPORTEMENTALE CLINIQUE
135 Dailly / Moscato: LATERALISATION ET LATERALITE CHEZ L'ENFANT
136 Bonnet / Tamine-Gardes: QUAND L'ENFANT PARLE DU LANGAGE
137 Bruyer: LES SCIENCES HUMAINES ET LES DROITS DE L'HOMME
138 Taulelle: L'ENFANT A LA RENCONTRE DU LANGAGE
139 de Boucaud: PSYCHOLOGIE DE L'ENFANT ASTHMATIQUE
140 Duruz: NARCISSE EN QUETE DE SOI
141 Feyereisen / de Lannoy: PSYCHOLOGIE DU GESTE

142 Florin et Al.: LE LANGAGE A L'ECOLE MATERNELLE
143 Debuyst: MODELE ETHOLOGIQUE ET CRIMINOLOGIE
144 Ashton / Stepney: FUMER
145 Winkel et Al.: L'IMAGE DE LA FEMME DANS LES LIVRES SCOLAIRES
146 Bideaud / Richelle: PSYCHOLOGIE DEVELOPPEMENTALE
147 Schmid-Kitsikis: THEORIE CLINIQUE ET FONCTIONNEMENT MENTAL
148 Guggenbühl / Craig: POUVOIR ET RELATION D'AIDE
149 Rondal: LANGAGE ET COMMUNICATION CHEZ LES HANDICAPES MENTAUX
150 Moscato et Al.: FONCTIONNEMENT COGNITIF ET INDIVIDUALITE
151 Château: L'HUMANISATION OU LES PREMIERS PAS DES VALEURS HUMAINES
152 Avery / Litwack: NEE TROP TOT
153 Rondal: LE DEVELOPPEMENT DU LANGAGE CHEZ L'ENFANT TRISOMIQUE 21
154 Kellens: QU'AS-TU FAIT DE TON FRERE?
155 Rondal / Henrot: LE LANGAGE DES SIGNES
156 Lafontaine: LE PARTI PRIS DES MOTS
157 Bonnet / Hoc / Tiberghien: AUTOMATIQUE, INTELLIGENCE ARTIFICIELLE ET PSYCHOLOGIE
158 Giovannini et al.: PSYCHOLOGIE ET SANTE
159 Wilmotte et al.: LE SUICIDE
160 Giurgea: L'HERITAGE DE PAVLOV
161 Ionescu: MANUEL D'INTERVENTION EN DEFICIENCE MENTALE
163 Pieraut-Le Bonniec: CONNAITRE ET LE DIRE
164 Huber: PSYCHOLOGIE CLINIQUE AUJOURD'HUI
165 Rondal et al.: PROBLEMES DE PSYCHOLINGUISTIQUE
166 Slukin: LE LIEN MATERNEL
167 Baudour: L'AMOUR CONDAMNE
168 Wilwerth: VISAGES DE LA LITTERATURE FEMININE
169 Edwards: VISION, DESSIN, CREATIVITE
170 Lutte: LIBERER L'ADOLESCENCE
171 Defays: L'ESPRIT EN FRICHE

Hors collection

Paisse: PSYCHOPEDAGOGIE DE LA LUCIDITE
Paisse: ESSENCE DU PLATONISME
Collectif: SYSTEME AMDP
Boulangé/Lambert: LES AUTRES, L'EXPRESSION ARTISTIQUE CHEZ LES HANDICAPES MENTAUX

Manuels et Traités

2 Thinès: PSYCHOLOGIE DES ANIMAUX
3 Paulus: LA FONCTION SYMBOLIQUE ET LE LANGAGE
4 Richelle: L'ACQUISITION DU LANGAGE
5 Paulus: REFLEXES-EMOTIONS-INSTINCTS
Droz-Richelle: MANUEL DE PSYCHOLOGIE
Hurtig-Rondal: MANUEL DE PSYCHOLOGIE DE L'ENFANT (Tome 1)
Hurtig-Rondal: MANUEL DE PSYCHOLOGIE DE L'ENFANT (Tome 2)
Hurtig-Rondal: MANUEL DE PSYCHOLOGIE DE L'ENFANT (Tome 3)
Rondal-Seron: LES TROUBLES DU LANGAGE (DIAGNOSTIC ET REEDUCATION)
Fontaine/Cottraux/Ladouceur: CLINIQUES DE THERAPIE COMPORTEMENTALE

Philosophie et langage

Anscombre/Ducrot: L'ARGUMENTATION DANS LA LANGUE
Maingueneau: GENESES DU DISCOURS
Casebeer: HERMANN HESSE
Dominicy: LA NAISSANCE DE LA GRAMMAIRE MODERNE
Borillo: INFORMATIQUE POUR LES SCIENCES DE L'HOMME
Iser: L'ACTE DE LECTURE
Heyndels: LA PENSEE FRAGMENTEE
Sheridan: DISCOURS, SEXUALITE ET POUVOIR (Michel Foucault)
Parret: LES PASSIONS